◎山东省社科理论重点研究基地齐文化研究基地重大项目

淄博古代文献丛刊

王志民　主编



# 刘鸿训集

（明）刘鸿训　撰

阮爱东　整理

山东大学出版社

SHANDONG UNIVERSITY PRESS

·济南·

**图书在版编目（CIP）数据**

刘鸿训集 /（明）刘鸿训撰；阮爱东整理 . -- 济南：山东大学出版社，2024.1
（淄博古代文献丛刊 / 王志民主编）
ISBN 978-7-5607-7967-6

Ⅰ . ①刘… Ⅱ . ①刘… ②阮… Ⅲ . ①刘鸿训—文集 Ⅳ . ① Z429.48

中国国家版本馆 CIP 数据核字 (2023) 第 203221 号

责任编辑　傅　侃
封面设计　张　荔

**刘鸿训集**
LIU HONGXUN JI

出版发行　山东大学出版社
社　　址　山东省济南市山大南路 20 号
邮政编码　250100
发行热线　（0531）88363008
经　　销　新华书店
印　　刷　山东蓝海文化科技有限公司
规　　格　710 毫米 ×1000 毫米　1/16
　　　　　25.25 印张　427 千字
版　　次　2024 年 1 月第 1 版
印　　次　2024 年 1 月第 1 次印刷
定　　价　101.00 元

图一　张炳坤绘刘鸿训像

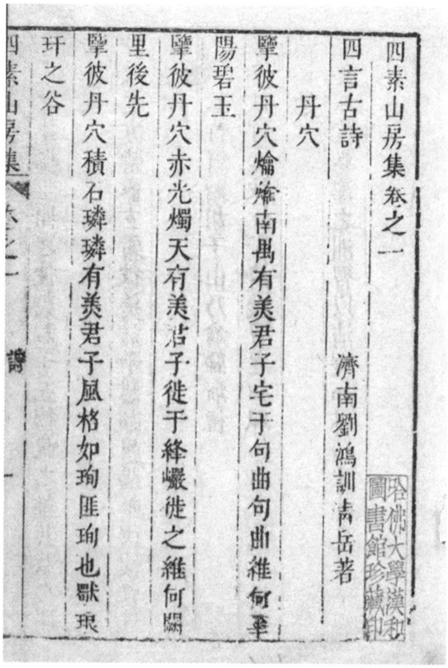

四素山房集卷之一

四言古詩

濟南劉鴻訓青岳著



丹穴

擥彼丹穴㷲㷲南禺有美君子宅于句曲句曲維何𡸁
陽碧玉
擥彼丹穴赤光燭天有美君子徙于絳巘徙之維何闕
里後先
擥彼丹穴積石璘璘有美君子風格如珣匪珣也猷琅
玕之谷

四素山房集　卷之一　詩

图二　哈佛大学汉和图书馆藏
“明刻清修本”卷一书影

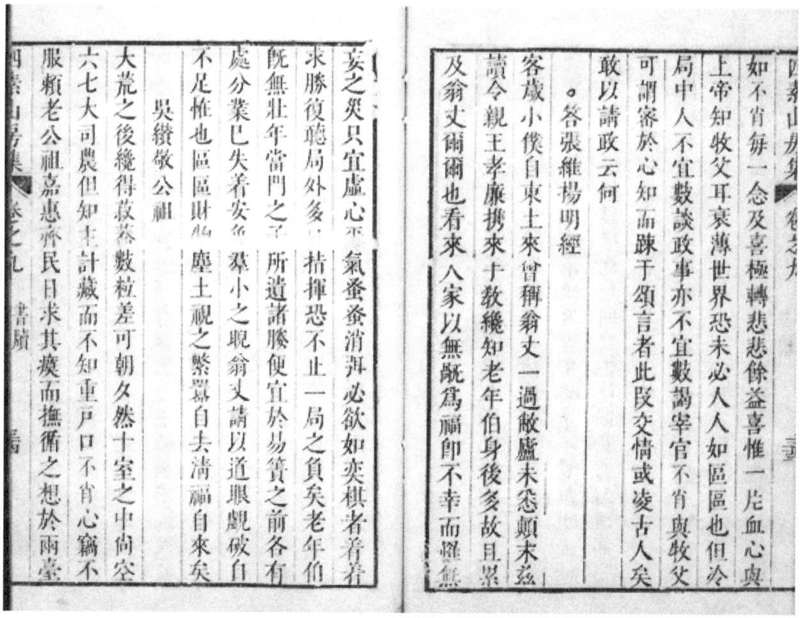

如不肯每一念及喜極轉悲悲餘益喜惟一片血心與
上帝知牧父耳衰薄世界恐未必人人如區區也但今
局中人不宜數談政事亦不宜數謁宰官不肯與牧父
可謂寄於心知而踈于須言者此段交情或凌古人矣
敢以請政云何

答張維揚明經

客歲小僕自東土來曾稱翁丈一過敝廬未忝頗未茲
讀今親王孝廉携來手教纔知老年伯身後多故且累
及翁丈爾爾也看來人家以無亂爲福即不幸而經無

妄之哭只宜虛心平氣蚤蚤消弭必欲如奕棋者着着
求勝復聽局外多口指揮恐不止一局之負矣老年伯
既無壯年當門之子所遺諸媵便宜於扐賫之前各有
處分業已失着安知小之覡翁丈請以道眼覷破自
不足惟也區區財物塵土視之繁囂自去清福自來矣

吳纘敬公祖

大荒之後纔得菽麥數粒差可朝夕然十室之中尚空
六七大司農但知主計藏而不知重戶口不肯心竊不
服賴老公祖嘉惠齊民日求其瘼而撫循之想於兩臺

四素山房集　卷之九　書牘

图三　哈佛大学藏“明刻清修本”《答张维扬明经》篇书影

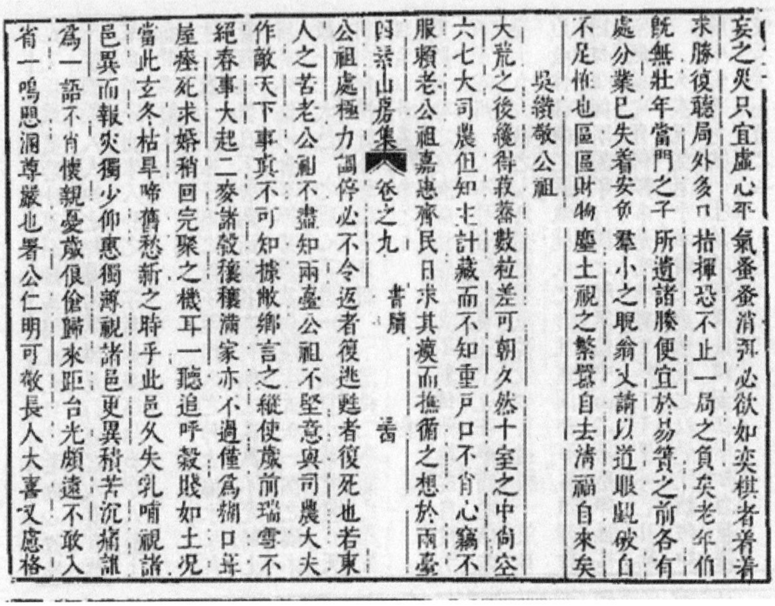

妄之災只宜虛心平氣悉悉消弭必欲如奕棋者着着
求勝復聽局外多口指揮恐不止一局之負矣老年伯
旣無壯年當門之子所遺諸勝便宜於易簀之前各有
處分業已失着安危羣小之眼翁又請以道眼觀破自
不足惟也區區財物塵土視之繁慇自去清福自來矣
吳纘敬公祖
大荒之後幾得菽蓀數粒差可朝夕然十室之中尚空
六七大司農但知主計藏而不知重戶口不肖心竊不
服賴老公祖嘉惠齊民日求其瘼而撫循之想於兩臺
因樹山房集 卷之九 書牘 書
公祖處極力調停必不令返者復逃甦者復死也若東
人之苦老公祖不盡知兩臺公祖不堅意與司農大夫
作敵天下事眞不可知據敝鄉言之縱使歲前瑞雪不
絕春事大起二麥諸穀穰穰滿家亦不過僅爲糊口耳
屋瘞死求婚稍回完聚之機耳一聽追呼殺戮如土兒
當此玄冬枯旱啼號愁新之時乎此邑久失乳哺視諸
邑異而報災獨少仰惠獨薄視諸邑更異積苦沉痛誠
爲一語不肖懷親憂歲俱倦歸來距台光頗遠不敢入
省一鳴愚洞尊嚴也署公仁明可敬長人大書又慮格

图四　影印“崇祯刻雍正印本”《答张维扬明经》篇书影

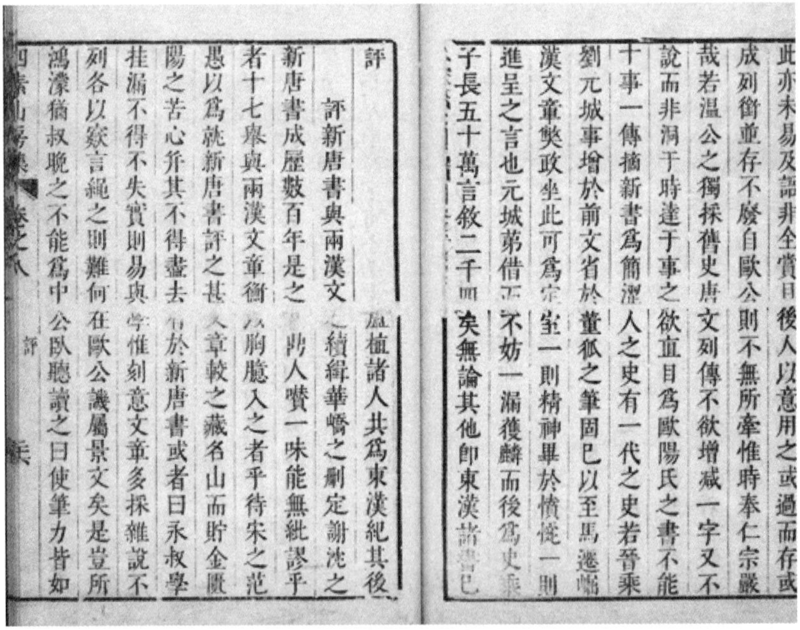

此亦未易及語非全質目後人以意用之或過而存或
成列銜並存不廢自歐公則不無所牽惟時奉仁宗嚴
哉若溫公之獨採舊史唐文列傳不欲增減一字又不
說而非洞于時達于事之欲直目爲歐陽氏之書不能
十事一傳摘新書爲簡澀人之史有一代之史若晉乘
劉元城事增於前文省於董狐之筆固已以至馬遷嚙
漢文章弊政坐此可爲定宝一則精神畢於憤悱一則
進呈之言也元城弟借正不妨一漏獲麟而後爲史乘
子長五十萬言敘二千[illegible]矣無論其他即東漢諸書已
評
盧植諸人共爲東漢紀其後
評新唐書與兩漢文之積縟華嶠之刪定謝沈之
新唐書成歷數百年是之[illegible]人贊一味能無紕謬乎
者十七舉與兩漢文章銜以胸臆入之者乎待宋之范
愚以爲就新唐書評之甚文章較之藏名山而貯金匱
陽之苦心弁其不得盡去者於新唐書或者曰永叔學
挂漏不得不失實則易與[illegible]惟刻意文章多採雜說不
列各以竅言繩之則難何在歐公識屬景文矣是豈所
鴻濛猶叔晚之不能爲中公臥聽讀之曰使筆力皆如
因樹山房集 卷之八 評

图五　哈佛大学藏“明刻清修本”断版书影

# 《淄博古代文献丛刊》编委会

# 总 序

淄博是齐文化的发祥地，有着源远流长的著述传统。先秦时期，齐地沃土孕育了诸多文化经典，包括我国第一部手工业技术专著《考工记》、齐文化的百科全书《管子》、“无传记之名，实传记之祖”的《晏子春秋》、兵学圣典《孙子兵法》以及《孙膑兵法》《司马法》《六韬》等兵学著作，还有《慎子》《尹文子》《鲁仲连子》等稷下诸子文献。战国秦汉间，齐人在经学方面成就突出，《易》《书》《诗》《春秋》今文经学的传承，均与齐人有密切关系。魏晋以后，淄博文献众多，有史书方志、科技著作、笔记杂著、戏曲小说、诗集文集等，各呈风采。西晋左思《三都赋》曾令洛阳纸贵，北魏崔鸿《十六国春秋》是研究魏晋南北朝历史的重要著作，贾思勰《齐民要术》标志着古代农书的成熟，唐代段成式《酉阳杂俎》和宋代王辟之《渑水燕谈录》是唐宋史料笔记中的代表性作品，元末明初贾仲明的杂剧“骈俪工巧，有非他人之所能及者”[①]。特别需要注意的是，明清时期，淄博文风兴盛，涌现出了众多文化名人，留下了大量的文献著述，其中很多被收入《四库全书》，如毕自严《石隐园藏稿》、薛凤祚《两河清汇》、孙廷铨《颜山杂记》、王士禛《居易录》《池北偶谈》《香祖笔记》《古夫于亭杂录》《分甘余话》《精华录》《渔洋诗话》《衍波词》等，而蒲松龄《聊斋志异》被誉为“短篇小说之王”，成为淄博文化发展史上耀眼的风景。

古籍文献是中华优秀传统文化的重要载体。淄博古代文献不仅是研究淄博地区历史文化的珍贵史料，也是中华优秀传统文化的宝贵遗产。党的十八大以来，传承、弘扬中华优秀传统文化成为国家重大文化战略。2017年1月，中共中央办公厅、国务院办公厅印发《关于实施中华优秀传统文化传承发展工程的意见》，要求“加强中华文化典籍整理编纂出版工作”。2022年4月，中共中央办公厅、国务院办公厅印发了《关于推进新时代古籍工作的意见》，指出：“做好古籍工作，把祖国宝贵的文化遗产保护好、传承好、发展好，对赓续中华文脉、弘扬民族精神、增强国家文化软实力、建设社会主义文化强国具有重要意义。”为发掘保护淄博文献资源，传承弘

① 无名氏：《录鬼簿续编》，《中国古典戏曲论著集成》（二），中国戏剧出版社1959年版，第292页。

扬优秀传统文化，推动中华优秀传统文化创造性转化、创新性发展，助力淄博文化强市建设，山东理工大学和淄博市政协决定联合编辑出版《淄博古代文献丛刊》（以下简称《丛刊》）。山东理工大学党委和行政领导高度重视，给予了多方面的关照与支持。淄博市政协专门召开党组会研究，将《丛刊》列为市政协文史工作重点项目；张延廷主席、朱正林副主席非常关心该项目的实施和进展，提出了许多推动措施和指导意见。山东理工大学齐文化研究院和淄博市政协文化文史和学习委员会具体负责项目实施。

淄博历代文献数量宏富，根据《中国古籍总目》《山东文献书目》《山东文献书目续编》等书目及各类方志资料，今天保存下来的淄博古代文献就有近1000种。《丛刊》的收录原则，一是水平高，具有重要文化、学术价值；二是未经过点校整理，或虽有整理但不够规范系统。根据这两项原则，在充分调查的基础上，《丛刊》选取了淄博古代23位文人著述进行整理，共16册（部分文人著述篇幅较小，进行了合并），总计700余万字。

《丛刊》项目酝酿于数年前。张宇声教授提出编纂整理《明清淄博文人别集丛刊》的建议被采纳，经过专家研讨，根据实际选目，后改为《淄博古代文献丛刊》。为做好整理工作，我们组建了四个编纂小组，分别由山东理工大学张宇声教授、巩曰国教授、上海交通大学朱丽霞教授、山东师范大学王培峰副教授担任组长，张宇声负责《孙廷铨集》《赵进美集》《张笃庆集》《高珩集》《王培荀集》，巩曰国负责《王象晋集》《王象艮集 王象明集 王与玟集》《王象春集》，朱丽霞负责《王教集 袁藩集》《刘一相集》《刘鸿训集》《毕自严集》，王培峰负责《段氏三代诗文汇编》《杨梦衮集》《何世璂集 王祖昌集》《张象津集》，延请上海交通大学、中国海洋大学、山东师范大学、重庆师范大学、山东理工大学、西安航空学院、商洛学院等高校相关学者组成了一支水平较高的整理队伍。《丛刊》编纂日常工作由山东理工大学齐文化研究院执行院长巩曰国教授负责。

整理过程中，我们统筹组织，多次召开会议，制定具体措施，严把质量关。各集整理者广泛搜集各种版本，科学选定底本与校本，严格执行整理体例和古籍整理规范。初稿完成后，各组成员之间对书稿进行了互审，各组组长对所负责的书稿进行了通审并提出修改意见，书稿汇总后，王志民、巩曰国、耿振东等又组成终审小组，分别审阅了书稿并对各集的前言进行了统一审稿，逐一提出修改意见。各集整理者根据修改意见对书稿进行了修改完善。2022年8月，《丛刊》书稿交付山东大学出版社。山东大学出版社对《丛刊》的出版非常重视，王贻社总编、刘旭东副社长、刘森文主任统筹协调，精心组织编校，保证了《丛刊》的出版质量。

《丛刊》学术价值主要有以下几个方面：

其一，首次对淄博古代文献特别是明清时期淄博文人著述进行了较大规模的整理，填补了学术空白。文献整理是文化建设的基础工作，历来为人所重视。省一级的文献整理，前有《畿辅丛书》《云南丛书》，今有《齐鲁文库》《荆楚全书》《湖湘文库》《江苏文库》等。近些年来，地市一级的文献整理也不断推出，如《金陵全书》《苏州文献丛书》《金华丛书》等。淄博文化底蕴深厚，文献资源丰富，古代文献虽有整理，如《管子》《晏子春秋》《考工记》等先秦齐文化典籍，左思、王士禛、蒲松龄、赵执信、徐夜等文人的著述以及部分方志，但零散不成系统。《丛刊》作为第一种淄博古代文献整理丛书，弥补了淄博文化建设的这一缺憾。《丛刊》16 册中，有 11 册的全部内容均为尘封数百年后首次整理面世。

其二，注重规范、全面挖掘整理，为淄博地方历史文化研究提供了详实资料。《丛刊》各集，对原著者的各类著述尽可能全面收录，如《张笃庆集》，不仅收录其诗集《昆仑山房郢中集》《昆仑山房诗集》，还收录传记类著作《先相国少保公年谱》《两汉高士赞》以及史评类著作《班范肪截》《五代史肪截》。每一种集子，书前都有前言，介绍作者的生平、著述及贡献，书后附录详列相关传记材料、诗文唱和、诸家评论、著录题跋、诗文辑佚以及作者年谱（年表）。这样一册在手，即可全面了解其生平、著述及各方面贡献。文献作者均为淄博人，他们有关当时历史地理、风土民情、名人掌故、名胜古迹的记述，是研究淄博历史文化的宝贵资料。如《张象津集》中《新城水利四议》包含了小清河、孝妇河、郑潢沟、乌河等河流的诸多信息，是研究淄博历史地理的重要文献。《孙廷铨集》中的《颜山杂记・琉璃志》全面、系统地记述了当时中国北方美术琉璃生产中心颜神镇（今博山）的琉璃生产工艺，包括烧造琉璃的原料、呈色、火候、配色、产品、做工、工具、吹制等，对研究名闻中外的“淄博陶琉”具有重要史料价值。

其三，整理发掘诗文、戏曲创作资料，有补于中国古代文学研究。《丛刊》的文献作者均为富有才情的文人，有很多在诗文、戏曲创作方面卓有建树。如王象春是公认的晚明山左诗坛巨擘，主张“重开诗世界，一洗俗肝肠”，推动了山左诗风的转变以及“济南诗派”在清代的繁荣；张笃庆诗歌创作不拘一格，各体兼擅，《四库全书总目》称其“才藻富有，洋洋洒洒，动辄千言，风发泉涌”；毕自严博通经史，雅好文学，高珩誉其文章可比韩愈和苏轼，《四库全书总目》认为“虽乡曲之言，未免稍溢，而以经济兼文章，则自严要不愧也”；赵进美是明末清初诗坛上由“前后七子”的格调说至王渔洋神韵说之间的一位重要诗人，同时也有《瑶台梦》《立地成佛》等戏曲作品；高珩诗文丰富，其诗“近元、白《长庆集》体”，又有通俗弹词《醒梦戏曲》。《丛刊》各集，全面呈现相关作家的诗文、戏曲创作成果，其中包含了一些稀见的稿本、抄本，为丰富拓展古代文学特别是明清时期山左文坛的研究，提供了重要的文献依据。

需要指出的是，《丛刊》文献的作者多出自文化世家，与国内著名文学家、政治家广泛交游，其活动与当时全国的政治局势、文化创造颇有关联，其意义不局限于淄博一地。像毕自严是关涉明末政局的人物，王象春、高珩、赵进美的文学活动都与明末清初文坛发展有很大关系，段成式家族在唐代全国的地位更具代表性。因此，《丛刊》的出版不仅有益于淄博地方文化建设，对于推动山东乃至全国的文史研究和文化建设，也有积极的学术意义。

整理古代文献，弘扬中华优秀传统文化，是我们的历史使命。《丛刊》首次对淄博古代文献进行较大规模的整理，我们深知责任重大。整理中，我们尽管力求严格学术规范，严把学术质量，但校书如扫落叶，疏误在所难免，且《丛刊》是集体项目，出自众人之手，各卷质量不尽相同，恭请专家读者批评指正。

王志民

2023年10月16日

定稿于山东理工大学齐文化研究院

# 前　言

本次整理的《刘鸿训集》，包括《四素山房集》19卷、《皇华集》2卷。刘鸿训的长子刘孔中在为《皇华集》撰写的序言中说："兹拣先大人遗稿付剞劂，而《皇华集》独为一编。"从刘孔中话里可以获知两条重要信息：一，刘鸿训的两部著作是由其子刘孔中亲自编撰完成的；二，两部著作合刻，正集以刘鸿训的斋号命名为《四素山房集》，《皇华集》则附于正集之后。本次整理，一仍刘孔中刻书之旧，将全书分成《四素山房集》《皇华集》两部分，而将整体书名定为《刘鸿训集》。

## 一、刘鸿训的生平

本书著者是明末名臣刘鸿训。刘鸿训（1565—1634），字默承，号青岳，长山（今山东省淄博市周村区）人，前陕西副使刘一相之子。鸿训早慧，但科场蹭蹬，乡试九举，直到45岁（万历三十七年，1609）才考中举人。万历四十一年（1613）举进士，授庶吉士，三年期满后授翰林院编修，与修国史。

天启元年（1621）春，刘鸿训与礼科给事中杨道寅分别担任正副使，颁诏朝鲜。回国时因辽路阻塞，朝鲜特意建造二艘海船，分别载二位使者浮海而归。刘鸿训所乘海船在旅顺附近遭遇风浪解体，几遭不测，换小舟漂泊三日夜后，始自山东登州泊岸。刘鸿训因身体不适，暂回长山老家调理，而让副使杨道寅携朝鲜使者晋京覆命。刘鸿训回家不久即遭母丧，天启四年（1624）正月丧满，征右中允，不久改左谕德。同年四月，父刘一相去世，刘鸿训归乡为父亲守制。天启六年（1626）冬服阕，起少詹事，很快又因忤魏忠贤而被夺职。

天启七年（1627）十二月，崇祯帝模仿古人枚卜选相，将写好的十个候选人姓名放入金瓶抽签，首得鸿训名，当即以礼部尚书兼东阁大学士衔就家征召。鸿训三次上书请辞，不获准，于是在翌年四月入京就任大学士。入相之初，鸿训锐意任事，深得崇祯帝信任，多次因进谏受赏。鸿训主持斥退杨维垣、杨所修等阉党旧人，遭到嫉恨。七月，鸿训请崇祯帝发内府资帑劳军，渐受猜忌。九月，惠安伯张庆臻任职敕书被增改一事牵连到刘鸿训，科道官借机攻击，以改敕、受贿、毁《三朝要典》以及曾经抱怨“主上毕竟是冲主”等四事轮番攻击,鸿训连上七疏自辩,不果。十月,罢相待罪。崇祯二年（1629）正月，被处谪戍代州。在贬所五年，于崇祯七年（1634）二月二日病逝，享年七十岁。

关于刘鸿训更详尽的生平和著述情况，可参考书末所附《刘鸿训生平及著述年表》。

## 二、刘鸿训的著述

刘鸿训的仕宦生涯基本都在翰林院和馆阁、宫闱任职，因此生平著述颇富，刻印传世的有《四素山房集》《皇华集》《玉海纂》《困学纪闻钞》等数种。本书是刘鸿训的别集，收入刘氏著述两种，即《四素山房集》和《皇华集》。

《四素山房集》得名自刘鸿训的号。刘氏在其诗文书启中多次提到自己的名号，如《答彰圆比丘》云：“简牍韶秀，宛觌丰神，不佞喜不自已。镜亭心月与四素山人，岂昕夕为缘耶？”《天竺和尚塔铭》云：“大觉禅师，岂云阿私。四素居士,若挽若慕。”《书金刚窟册》云:“客谓四素居士曰……余应之曰……”可知他以“四素山人”“四素居士”为斋号。关于“四素”的意蕴,刘氏门生周应期在《四素山房集序》中曾有解释:“然则自命‘四素’者何居？用是意揣，以为生人之遭，大抵富贵、贫贱、夷狄、患难四者而已。君子素位而行，求惟安顿，此四者而已矣。”意思是说，君子安于当前地位，并且努力做好分内之事，惟求身心安顿，富贵、贫贱、夷狄、患难，都不能变我素心。这个解释，也可以从刘氏文字中找到佐证。刘鸿训晚年被贬代州时，曾给翼城丞王肃卿写信说：“我实纤毫无愧，竟以不干之事相坐，惟辟作威，臣子奈之何哉。至代州已三越月，起居食息浑如野衲山僧，全无烦恼。我生平得力,养德养身,政在此时,四素山人之号不虚矣。”（《王肃卿翼城丞》）可见“四素”之号的确具有“不管顺逆而唯求无愧、不忘素心”的意思，这就是他的诗文集以“四素山房”命名的意蕴。

《皇华集》之“皇华”，典出《诗经·小雅·皇皇者华》：“皇皇者华，于彼原隰。駪駪征夫,每怀靡及。”取诗中使者受天子之命持节出使藩国之意。明朝与朝鲜关系密切，双方使节往来不绝。明朝使节来到朝鲜后，朝鲜一般都会派出精通汉文的文臣在边界迎接并全程陪同,称为“伴送使”或“远接使”。伴送使与明使朝夕相处、诗酒酬唱，往往能与使者结成融洽的私人关系，从而与宗主国建立一条良好的沟通渠道。以刘鸿训为例，他使朝期间，与朝方伴送使李尔瞻结下深厚友谊，之后一直保持对朝友好的态度，甚至会站在朝方立场考虑问题。如萨尔浒之战后，朝鲜在满洲的军事压力下被迫屈服，明朝朝野有人认为朝方已经背叛己方阵营，刘鸿训却坚决否定。他替朝方辩解说："朝鲜乐国，亦弱国，事事观望，动见两歧。盖亦辽事之贻笑使然，而非恭顺之不真。"可见他对朝鲜的感情和立场。也正因为如此，朝方特别重视明朝使臣出使期间的诗文唱和，每次行程结束后，都会迅速将两国文人的唱和作品刊刻传布，并以"皇华"命名，这是自景泰元年（1450）倪谦使朝并著《辽海编》以来的惯例。姜维东、黄为放《明末〈皇华集〉三种的学术价值与研究现状》一文指出："李朝政府还通过倪谦作品《辽海编》在明境的影响，认识到诗赋外交能够起到在明朝内部宣扬朝鲜正面形象的功效，从而将刊刻《皇华集》作为一项政治任务来做。"因此，从倪谦的《辽海编》（即《庚午皇华集》）以来，明朝共产生了25种《皇华集》，天启元年刘鸿训的《皇华集》是这个系列的第23种。刘鸿训去世后，其子刘孔中将其诗文集《四素山房集》刻版印行，并附以鸿训使朝期间的《皇华集》，但所附内容只保留了鸿训本人的作品，明廷副使杨道寅和参与酬唱的朝鲜文臣如李尔瞻、朴叔夜、柳根等人的作品则"以繁委，未敢该载"（刘孔中《皇华集序》）。

## 三、本书的文献价值

本书所收刘鸿训著作两种，是其长子刘孔中主持刊刻的，付梓前应该经过精心整理。之所以这么判断，依据有两点：一是本书内容严格按照文体分类，先诗后文，诗下又分古诗、律诗，古诗下再细分为四言古、五言古、七言古和长短句（指杂言古诗）等；二是每类作品基本都按写作时间的先后顺序排列，如《皇华集》的诗歌部分，基本按照刘鸿训出使朝鲜的行程依次编排。不过，虽然本书内容有按时间编排的总体规律，但为谨慎起见，书末为刘鸿训生平及作品编年时，仍然只依照刘鸿训作品所述的时间或作品所涉及的历史事实来编年，而不将无法考证写作时间的作品编入年表。

刘鸿训的诗文集从私人角度记录了一段详尽的晚明历史，其最有价值的内容在于三个方面：出使朝鲜的纪闻，天启至崇祯年间的政坛闻见，以及他与当时政坛、文坛、节帅等名人的书信往来。反映刘鸿训使朝见闻的《皇华集》，是研究明代中朝交通史的核心史料，这早已是本领域研究者的共识。他自己的政坛沉浮及相关奏折、书启，无疑是研究晚明政治变迁的重要史料：他与何如宠、朱平章、邹元标等重臣名士的往来书启，可以用来研究晚明政治以及士大夫生活；与吴用先、熊廷弼、周永春、靳于中等边庭督抚的往来书启，可以用来研究晚明对满洲的军事决策。因此，整理出版刘鸿训的别集，可为以上领域的研究提供更便利的资料，是非常值得投入的基础性工作。

## 四、本书的版本情况

《四素山房集 / 皇华集》只有一个刻本体系，整理者广泛检索国内外各大图书馆的数据，尚未发现其他传世刻本。只有一个刻本体系，说明它很珍贵，但这也给整理工作带来了不少麻烦。但幸运的是，这个刻本体系有两个不同版本存世，而且两个版本在文字漫漶不清的地方大多可以互相补充，同时无法辨认的文字非常少。这两个不同的版本即“崇祯刻雍正印本”与“明刻清修本”，后者是前者的修订本。本书的校点，即以《四库未收书辑刊》影印的“崇祯刻雍正印本”（以下简称“明刻本”）和哈佛大学汉和图书馆所藏的“明刻清修本”电子版（以下简称“清修本”）为据。

“明刻本”刻成后并未立即付印，并且在崇祯十六年七月补刻了周应期序（因此国内部分图书馆将这个版本定为崇祯十六年刻本），排在周序后的章世纯序字体与周序不同，刻版时间应当更晚，全书正式印出更是迟至清雍正年间。这个刻本中，《四素山房集》前有三篇序言，分别是王与胤序、周应期序和章世纯序。王序字体最大，每页六行、行十三字；周序字体次之，每页七行，行十六字；章序字体最小且是据手写体刻成，每页七行、行十六字。《皇华集》前则有两篇序言，分别是朝鲜柳根序和刘孔中序，其版式、字体与正文完全相同，显然是一次刻成。全书正文版式为单栏版框，界行明显，版心为单黑鱼尾，花口。鱼尾上方标示书名，鱼尾下方分别标示卷数、文体以及页码，其中标示文体的字号较正文偏小且居于版心右侧。全书正文每页九行、行廿一字。部分卷帙首尾盖有收藏印，但印迹模糊难辨。

“明刻本”颇多文字舛误，因此印行后又经历过一次修订，在原有书版上改正了很多错别字后重印，国家图书馆把这个修订本称为“清修本”，修版时间当在雍正时或稍晚。校点者未曾经眼国图所藏“清修本”，但从内容来判断，哈佛大学所藏的版本就是清修本（后来托国图的朋友以哈佛大学藏本与“清修本”对校了其中两卷，发现一字无差，因此可以确定哈佛大学所藏即是清修本）。不过，哈佛大学所藏“清修本”只有王与胤序，而且王序缺失了第十二页的内容，至“赐进士第文林郎湖广道监察御”即止。考虑到哈佛大学所藏“清修本”的电子版的制版方式是将十二册从封面到副页、正文、封底全部按顺序拍摄制版，这个版本的序言部分应该已经残缺，不过正文内容尚属全璧。另外，哈佛大学所藏“清修本”电子版的制版模式也与影印版不一样，它没有拆开书页，而是直接将书摊开拍照，所以是上一版的右页与下一版的左页共同构成一个版面（见图三、五、六）。哈佛大学所藏“清修本”的版式与“明刻本”完全一致，每册首卷第一行的底部空白处都钤有“哈佛大学汉和图书馆珍藏印”的鲜章，非常清晰（见图二）。

“明刻本”与“清修本”系出同一刻本体系，这个结论，比较两个版本的基本特征就很容易得出。

第一，凡有漫漶不清的地方，两个版本都基本一样。不过，因为影印版“明刻本”经过制版和重新印刷，所以图像有部分失真，相对而言，哈佛大学所藏“清修本”电子版的清晰度明显更高。如《四素山房集》卷三第三十一版右页，影印“明刻本”就有第四行“璚树荑”和第六行“未艾”共五字模糊不清，但“清修本”电子版的这五个字却都清晰可辨。只有少数时候“清修本”电子版不清晰，需要据影印“明刻本”校正。如卷九《刘心海茂才》一文，“清修本”电子版中“吾丈此札视子卯二札夐别”句中的“二”字的上一横缺失，而影印“明刻本”的“二”字比较清晰；再如，卷九《答张维扬明经》篇，“清修本”电子版的后五行中间“平”“口”“子”“免”“物”五字仅显示上半部分（见图三左部），而影印“明刻本”中这五个字则比较清晰（见图四右部）。

第二，有断版并重新拼接的地方，两个本子也完全相同。全书只有卷八《评新唐书与两汉文章何如》篇出现了断版，两块版都是从中间断开，断板的下半部分因为标有页码所以顺序正常，但上半部分却拼反了位置（见图五），导致这篇文章难以卒读。

哈佛大学所藏“清修本”最大的不同，是缺失了一块原书书版的内容，缺失内容在第九卷“书牍”部分，从《寄一弟》篇的“品俱佳”始，至《王寿三》篇“不知何时得”止，共计307字。这块书版后来补刻，字体与全书很不一样，风格枯瘦无锋，是比较标准的仿宋体，但每页行数、每行字数以及具体排版则与明刻本完全一致。

“清修本”在“明刻本”的基础上订正了很多错别字。例如，卷六《贺许宝坻奏满序》一文仅千余字，“明刻本”就将三个“而”字错刻成了“面”，一个“干”字错刻成了“于”，这些显著的错误都在“清修本”中得到了改正。校点者在校点过程中比勘两个本子的内容并随手记录，所得“清修本”订正“明刻本”文字的统计结果在105例以上。校点过程中，仅发现一处“明刻本”有误、“清修本”改完后仍然有误的事例，即卷十七《资德大夫南京都察院右都御史赠太子少保可泉宋公行状》篇中的“未始不勃勃于怀”句的“于”字，该字“明刻本”作“干”“清修本”改作“千”，均误。正因为“清修本”在“明刻本”的基础上订正了很多错别字而且清晰度远高于后者，本书校点即以哈佛大学汉和图书馆所藏“清修本”电子版为底本，而以《四库未收书辑刊》影印的“明刻本”参校。

除了上文介绍的“明刻本”“清修本”这两个刻本，孔夫子旧书网上还曾出现过一种署为清抄本的《四素山房诗集》。该书一函二册共八卷，为红栏笺纸，以馆阁体抄写，线装，共收刘鸿训诗105首，署为康生旧藏并钤有“康生”藏书印，品相特别好。不过该抄本已在拍卖会上高价成交并流入未具名收藏家之手，无由得觏全貌，姑置而不论。

## 五、本书的校点原则

本书校点，严格依照《淄博文献丛刊》的编纂体例。结合本书的校点例证，大概介绍点校原则如下，供读者阅读时参考：

1. 原书字形与其他形近字混用者直接改作正字。如“巳”“己”“已”三字，“戊”“戌”“戍”三字，“日”“曰”二字，“平”“乎”二字，“汩”“汨”二字，“義”“乂”二字，“毫”“亳”二字，“母”“毋”二字等，直接根据上下文写作正字而不出注。

2. 原书中的异体字、俗体字，一律写作今天的规范字形。如“窣”写作“窣”，“窗”写作“窃”，“袠”写作“帙”，“蘤”写作“花”，“漫”写作“漫”，“唫”写作“吟”，“鸎”写作“莺”，“媺”写作“美”，“洊”写作“荐”，“堇”写作“仅”，“弄”写作“弄”，“秇”写作“艺”，“旤”写作“祸”，“尠”写作“鲜”等，不出注。

3. 少部分字并非异体、俗体，且该字与规范字都比较常见，则径将该字改为规范字。如“殽”字作“菜肴”义时改作“肴”，“胄”作“胄子”义时改作“胄”，“那”作“哪”义时改作“哪”等，不出注。

4. 通假字不影响理解者，径录原字。如“由”写作“繇”，“谈”写作“谭”，“正”写作“政”，“赐”写作“锡”，“倘”写作“傥”，“誓”写作“矢”，“常”写作“尝”，“早”写作“蚤”，“矣”写作“已”，“畅”写作“鬯”，“无”写作“亡”，“提防”写作“堤坊”，“伏惟”写作“宓惟”，“非常”写作“非尝”，“平素”写作“冯素”，“缙绅”写作“荐抻”“搢抻”“荐绅”等。这些并不是因为校点不细致而出现的别字，敬请读者在阅读时注意辨别。

5. 如原书中有明显的错别字，径录不改，但出注；可能有错别字但又不能确定的，则径录原文而不出注。如：卷十二《回张华东浙抚》最后一句“冀金玉之无遐”，“遐”字显然为“瑕”字之误；《报王康岳方宇·又》篇“伥焉神往”句，“伥”字显然是“怅”字之误；《答郭瞻月宪副》篇“坐比皋而砻国”句的“比皋”显然是“皋比”之误等。另，卷一“七言律”部分《晚出郊季叔小集刘安二君问禅书二首》，诗题标明为律诗二首，实际上却只有一首，这也是刻本原状，照录不改。

6. 字形漫漶不清无法辨认者，尽量借助两个本子互相订正；两个本子均模糊不清的，则视实际情况灵活解决：可根据上下文确定的直接确定，如卷六《白尔亨〈吹剑集〉序》的第三行第一字，字形轮廓似“蛙”字，且据上下文理解确实是“蛙”，即可确定该字；如果该字是用典或引用，则据相应典实或引文酌定，如卷九《张犹龙剑州》第一行“吾丈舞屠刀于鸡喉”的“刀”字漫漶不清，据该句用“杀鸡焉用牛刀”典以及字型轮廓，确定该字；再如《同门寄何芝岳老师公札》中“尝诵唐之李绛《国学》一疏，谓师儒重则‘朝廷无不根之论，蕃夷有慕义之名’，心窃服之”，其中“绛国学一”四字模糊，仅能辨其轮廓，考其引文来自唐李绛《论国学疏》，因据以补全信息。如果实在没有线索可资解决，则老老实实地代之以□。

7. 原书避讳用字，秉承“不为古人改书”的原则，仍而不改。如：原书避明熹宗朱由校讳改“校”为“较”，由此产生的“学较”“简较”等词；避明思宗朱由检讳改“检”为“捡”“简”，由此产生的“兰捡”“翰林院简讨”等词。这些词没有改正，很有必要提请读者朋友注意。

8. 原书付印时为避清人忌讳而被剜去或涂抹的文字，如“虏”“建虏”等，仍保持原貌，以□□代替。

校点过程中，感谢新浪微博资源博主月隐寒霜先生为我提供哈佛大学汉和图书馆所藏本书“清修本”电子版，这为校点工作提供了极大的便利。书中一些比较生僻的异体字和俗字，则有赖淮北师范大学牛继清教授、上海大学张长虹教授和重庆师范大学何亮教授等专家帮助辨认。书稿付梓前，又劳烦上海交通大学陆岩军副教授仔细校阅一过，改正了许多细节错误，在此一并鸣谢。

校点本书，前后共花了两年多时间，过程不可谓不辛苦。但限于个人水平以及缺乏更多参校本等原因，这次点校肯定还存在不少问题。刘氏诗文在《山东通志》等地方志中也收有一些，但在当前新冠疫情卷土重来的情况下，无法去图书馆一一校核。这些遗憾，只能留待以后弥补。

辛丑季秋阮爱东谨识

# 目　录

## 四素山房集

## 皇华集

## 附　录

# 四素山房集

# 四素山房集序

宰相代天理物，辅赞财成之业就，而著其理于竹帛，使人得循理而劝其效焉，则天下文章莫大乎是。夫惟文章莫大乎是，而宰相之文愈不可不揭以示诸天下。试观元气，莽莽苍苍，三光丽之，万象著而森罗，天子穆穆皇皇而已。若非保任者，于古先圣王之德、君国畜民之术，郊庙之礼、朝讲之式，田赋学较[①]之矩、兵律刑工之数，礼乐之经、经术之理，代以黼黻扬历之，何以弼亮而臻郅隆哉？《诗》曰："出纳王命，王之喉舌。"夫喉舌宣节天地，此宰相之文也。又曰："衮职有阙，仲山甫补之。"补衮职，表章太平，此又宰相之文也。读吾师青岳公文，而知古今来宰相之文一体如是。吾师幼攻苦，几于铁镝三摧，丘索典坟，搜剔无遗力，横浦双趺，宛然映短窗朝日间。为诸生时，即厌时蹊以六经子史缘饰为制举业，一时词坛推为博雅大君子。迨读中秘书，直以澹心冲气纾其中，所独得其忠莪[②]慷慨，不减宣公之五术、八计、四赋、三科。史赞敬舆曰："其文章数十百篇，本诸仁义，可为后世法。"其发愤论列，云蒸雾散，兴化致理，鸿猷克赞而六经修明，即长沙、江都何以加诸？其忠孝大节，宗社至计，留心玄远，超越世法，外可媲美留侯。白衣山人方义圆智动材静意，见之濡毫吮墨间。其古体，洋洋乎会于风雅，混沦之音，远迈镂雕。逖哉，渊乎，追陈思之俦与？其绝律诸近体，浑涵汪洋，千汇万状。昌黎有言曰："李杜文章在，光焰万丈长。"吾于万籁俱寂时，讽斯、咏斯，觉与山城长短更筹相为响答，至欲啜其残膏剩馥不可得。沨沨乎，正始之难为和也。我太祖朝文宪宋公有言曰："古之学者，使心正身修，措行事俯仰无愧而已。繁辞复语，道之蔽也。"故为文必寓忠告。仁庙时，杨文贞公有《沙羡稿》《石台稿》《文籍志》行于世，而其处心制行，则直道而行，不为阿徇，秉谦执虚，未尝自满。每曰："天下万世之事，当以天下万世之心处之。如有一毫私意，则平生著述只成虚语。"吾师不欺神明、不负君父与二公同，而文章冠冕一代，亦二公之流亚也。能以古先圣王之德、君国畜民之术，补衮职、代喉舌，以弼亮天工者，而与文士觏长絜大，从铅椠中见其能哉。先生在日，名其集曰"四素"。先生灼灼长留天

① "较"，本字应作"校"，明末人避熹宗朱由校讳改"校"为"较"。按，本书"较"字绝大多数都应作"校"，以下不再出注。

② "忠莪"，据文意，当作"忠义"。

壤者，尚不止以事业显，矧以文。胤总角时得侍先生函丈，长兄峄埜因是命以俚言弁首天下大文章，胤何能为役？然谊何忍辞？姑识其所见如此。若夫写照徽懿，与代天理物之笔俱传，自有名公巨笔在。

赐进士第、文林郎、湖广道监察御史、奉敕巡视河东盐政、督理陕西川湖茶马、提督应天学政、前翰林院庶吉士，门生王与胤顿首拜撰。

# 四素山房集序

东瓯门人周应期顿首拜撰

此故相国青岳刘先生遗书也。余以己未闱中得为先生门下士，先生以五珠囊集句评余制艺曰："闻诗六艺辨，观漏八风平。以似周克昌。"呜呼，思非昌黎、眉山之选，获是宣公、永叔之遇哉？嗣是宗门佩服，循习兹深。迨余藩屏东省，日与长白亲迩，而斯文云丧已周五祀，泰山梁木之感，其曷胜耶？于是急索是编而诠次之，盖责在余矣。夫先生一代史才，文章炳蔚宇宙间，是集所存，仅足十一。顾元老嘿调元气，耻自标炫，岂徒以词赋见长者？陆士衡曰："每观才士之作，窃有以得其用心。"余籍是编，以窥先生之用心，庶几其可乎？尝考先生年谱，则自弱冠蜚誉词坛，及其起家通籍，年已四十矣，甫佐庙略，旋遭放弃。其于志之所期，得者半而失者半；其于吾道之行，兴者倏而废者亦倏。其间身与世之离合、时与数之顺拂，亦有咨嗟忾感、莫能自已之意。故一时上告人主、下语卿大夫，与夫教诫友生及门从弟子者，莫不书以尽言、言以明心，谓之阅历，有道之言非欤？今试独概其大者：时则有若鼎铉台辅、握枢秉均[1]，而不骄、不危逊弗遑也者；时则有若解组躬耕、荣菀异致，而宴宴言笑若弗闻也者；时则有若入代王言，如丝如綍、炜炜煌煌光诸册典也者；时则有若四牡皇华、专对四方，登高赋远、播诸海外也者；时则有若主术君德、聿追古人，启沃特深、纳诲特切也者；时则有若国计民生、洞悉时艰，指画独详，披沥独恳也者。其言之行，而效其君之用之安富尊荣，若操券而取偿；言之不行，而不效其小人之迂之卒致吏奸俗弊、民困盗兴者。皆老成未然之虑也。且吾观有文之辞约而博，旨远而善讽，实经国之讦谋，垂世之大训矣。而无文之辞，又如抗疏直节，断断乎太阿出匣，而斗正芒寒犹

① "秉均"，据文意，当作"秉钧"。

为凛凛。噫，此孰非先生之心不得已而有然者耶？语有之："天地所不容秘，圣贤以无心泄之；天地所不容敝，圣贤以有心持之。"先生怀圣贤大用之术，值可以有用而终不得用之时，进无以自鸣，退有以自解，此《四素山房》之所以辑也。然则自命曰"四素"者何居？用是意揣，以为生人之遭，大抵贫贱、富贵、夷狄、患难四者而已。君子素位而行，求惟安顿，此四者而已矣。先生历之也遍，而其处之也安。惟其处之也安，故其言之也切，无入而不自得，是编殆以之矣，若止是虚车饰辕之竞竞也？而先生固曰："文，莫吾犹人也。"先生讳鸿训，山东之长山人。其行表世家，悉载倪鸿宝史氏列传，余独因是而曙其心如此也。

时崇祯十有六年七月吉旦

# 序

天下安宁无事，宰相坐庙堂之上，与天子从容讽议，为大概之言、阔远之论。其言不为夫人之所惊而退，而可以著之于史册、传之于万世。其事近于古者，论道经邦、燮理阴阳者之为，固为其人之难得，而苟为锡福之君、平康之世有以成之，则亦其时之难得也。若夫神庙未巩，暨乎今上初载，天下不为无事，奴□业已鸱张，盗贼业已猬起。当此之时，姚崇为通、宋璟为拙，萧何为优、曹参为劣。举世之人复思江陵，以为救世之宰，而青岳先生于此时爰立作相，起丁卯，迄戊辰而罢事。其事至浅，不多得见。然宰相之道行，则为事业言、则为文章言者，即其行者也。于时得一端，而论有其一端，则不足以征其又贰端矣。而先生文集，则有足征全品者。以今考之，抑何其雍雍鸣雁，有旭日始旦之致也。夫救焚者无善呼，拯溺者无雅步。今世独以一节之事相求矣，而先生犹是为包举之辞。世徒以迫切之业相索矣，而先生犹是为根本之云，如足兵饷、立纪纲、通壅闭等论，皆粹然王道荡平之旨。不为时之多艰，急在事而缓在道，而即相徇为偏事之言；不为缓治本而急治标，而即相徇为末流之论。其随事立言者亦有之，如诰敕、书启之类。然言即偏而道皆全，说即处末而理自处本，与其大建白不复有异。固知休休大臣，其博大雍容之意，当急遽而尝不失也。其文章亦复弘人之致，无奇异之辞、过激之论。孔子曰："名之必可言也，言之必可行也。"以此而久于其位，得毕见之行事。世道人心，当有救乎？夫以功业论人则易，以文章论人则难。以功业论，则为愚夫妇之所可见；而以文章论，则凭虚拟实，非犹夫人之耳目者所可列而征也。

公之甥王子凉者，当今伟人，目无千古，而独津津其舅氏。以余为有眼有口之人，为具人伦之鉴，因以集见贻。盖古之好贤者惧于失一介，而况天下之大老乎？予不得子凉之贻则殆矣，当时贤圣而失之，又何古人之有？既得其言，以知其人于是，论次之如右。

南京兵部车驾清吏司郎中年家晚学生章世纯顿首拜撰

# 四素山房集卷之一

济南刘鸿训青岳著

## 四言古诗

### 丹穴五首

揽彼丹穴，爚爚南禺。有美君子，宅于句曲。句曲维何，华阳碧玉。
揽彼丹穴，赤光烛天。有美君子，徙于绛岩。徙之维何，阙里后先。
揽彼丹穴，积石璘璘。有美君子，风格如珣。匪珣也独，琅玕之谷。
丹穴之孳，瑞世开之。彼美君子，五德载之。维其载矣，开乃来矣。
丹穴之方，紫露玄霜。彼美君子，翿翽朝阳。永德怀贤，三茅之乡。

### 孤竹篇赠胡子山乃翁归浙杭四首

修修孤竹，挺彼江干。清飔习之，如珮如珊。未见君子，云胡不叹？
修修孤竹，梦泽之洲。习以清飔，如琳如球。既见君子，德音孔休。

孤竹之下，为箵为筹。以构以筏，岂不嗣音。忘归如射，匪不归也，龙牙之特也。

亦既抱孙，孤竹之旁。为箘为簬，美彼荆杨。岂不鳞从，实缀如珰。匪实之特也，鳞从之媒也。

### 春和蠲租颂有序

尝绎管子“金生粟死，金死粟生”之言，而信民之所天惟繄租税，国之所冯惟繄畎浍穮蓑之农夫耳。《易》曰：“天下雷行，物与无妄，先王以茂对时，育万物。”夫凡此含生之伦，爰吐爰翕，惟此元和之一气，故肖翘蠕动，为芽为茁，或欣欣以敷荣，或与与而转蛰，或乘阳而聚垤，或占风而构户。怡姿育态，苏壳活缄，畴能违大地之暖吹，戕方生之仰呴，而不和其天倪者哉？况我疆我理，袭宠先农，惟是小人之依者乎？然亦惟圣人在上，顺觅土之期，勃省耕之虑，轸钱镈之凌风，痛袯襫之浴雨，何爱乎钟釜担石之余，而不以贻之髫茅圭窦之间乎？三代以降，汉诏煌煌，文帝为烈，孝景亦只逿而间一举之。建武初年复修遗事，夷想其时，挟鸠杖而往，观指黄麻而手额者何啻三祝？每展玩及此，辄为忭舞。拟代鲐颐之老，勉为一颂，用美前古，以镜来兹云。颂曰：

于惟天子，德妙体元，政罔揪敛，令以春温。三壤千亩，隔于九阍。趾既弗履，民亦何言。上之一匕，为千室餐；上之一箸，为万家膰。爰念弗周，追及鸡豚。何井弗呼，何甸弗奔。帝曰吁哉，厚下安宅。易有明词，春养发陈。礼保身斯，于以保民。云胡不推，时有祥风。唤彼镃基，时有协气。瞽吏陈诗，胡以导之。念我蒸黎，何必水溢。乃恤涂泥，何必映乾。乃惜离披，康功田功。卑服者姬，盖藏几何，忧思勤思。故嫔嫱之宠，而帛不御。天厩之骥，而粟不茹。后之尊矣，而绨皂疏。黄屋巍巍，青畴隐虑。玉食粲粲，耰锄者剧。箕敛之臣，日课而富。主德惠鲜，一游一豫。帝曰都哉，孟春之月。爰有令典，祈谷于帝。冀锡丰腆，浩浩罔臆。曷如报免，后即不足。宽之惟先，一分之赐，庶罔瘠转。天语如雷，天泽如雨。靡不欢呼，继以拂舞。扶老携稚，舍哺而鼓。何以况之？婴儿仰乳。匪珠是食，蠲之为聚。匪玉是衣，蠲之如缕。望岁未殷，乃来妪妁。畅及八埏，众父众姥。民之歌之，商羊振羽。天地之大，犹有憾焉。惟兹皇仁，譬彼天泉。何土不濡，何膏不滋。天子好生，胡不万年。方升之日，方至之川。小臣矢颂，惟以永宣。

## 陈母德寿颂有引

余闻沃焦尾水而水源生，霜华脱木而木脉复。子有令母，母有哲儿。百年诀绝，言言反顾。不为过情之诩，而淑趾本殊也；不袭文藻之尝，而圣善恐湮也。孰如陈母陈子，诵言心恻者乎？鄙亦犹子，受简宗舜，读之哽咽。再越月，宗舜奉母木舟且发矣，友人钱康侯复代为摺简，促余言挽之。夫竖儒何足绘母？亦示刘生，应知有陈母耳。既慕且哀，泣然成颂。颂曰：

法云净体，浮泳色界。种种不泥，慈济无挂。解拿戢焚，大夫雄力。何物优夷？望焉喙息。幽兰当户，凉月照帷。皤皤萧萧，永贻令规。劓修不二，蔼和有家。子为宰官，大櫜高衙。孰现此身，爰有寿母。洁德精仪，以当众父。附依为命，母子是尝。未有如陈，呼吸相将。絷之维之，胡逝胡生。一水三千，珠幢在迎。纯嘏默扶，笃于宗舜。克济时艰，家声丕振。母容孔升，母垂孔大。何以颂母，大白伞盖。

## 题汪道川像

岿然道川，仿端佛和。既以示人，孔违匪多。为丹鸟穴，为明月螺。竟尔雄飞，瑞世峨峨。竟尔上荐，太液之玻。胡以自老，硕人之邁。诒裔维何，刻晷罔蹉。甲子三奇，腮毛未皤。白璧中藏，梁木蚤歌。庞德何绘，江汉余波。式谷奉之，永矢弗磨。

### 飔也四首

飔也西届，零露萧斯。奄矣仲秋，粱熟岸垂。
孝渚青陂，渔父然斯。我姝家桓，蚤饷来斯。
时醪浵苾，余耆不酷。大盩如钺，小盏涓斯。
三酌五倾，掀髯乐胥。畴曰[①]得名，高阳之徒。

## 五言古诗

### 初夏喜雨

已拂熏风度，独怜冉冉云。朝来看础润，入夜发兰薰。童稚欣相指，堂中甓水裙。聊沾轻霡霂，散作碧氤氲。出郭望青畴，麦浪摇清芬。燕泥欢自和，珠荷乱初员。检书尘欲定，看剑湿星文。为喜商霖溥，悬知六责勤。坐冥莲漏久，并作一宵闻。

### 中秋不见月有感

向晓轻云发，今夕愁月明。灵娥扃玉户，漠漠下帘晶。竹径全无影，花间续短檠。已办霓裳舞，空邀河汉清。吟肠劳换却，总为惜阴晴。哪计珠胎减，惟怜皓魄盈。还看银箭下，寒峭斗初横。长风聊借得，无复海云生。

### 餐菊

人传甘谷水，岁岁发庞眉。我亦篱落间，遍插纷差池。清霜下阶墄，幽香动微飔。羽羽集金仙，泛泛相离披。岂不惜葳蕤，所羡慰灵饥。玉露酿为饵，琼英与之宜。楚客独有怀，陶令讵酒卮。此味伊人知，宁与粱肉期。莫以凌寒

① “畴曰”，据文意，当作“畴日”。

姿，采采不及时。但令蓓蕾尽，无使玄冬萎。

## 丁卯九日登米阜直赋其事

天光清且和，人事复空平。弟儿闱中来，淡焉无兢名。白石增一岁，射覆如后生。羽客真仙子，宛也两澄泓。宗人翁与子，恬恬罔世营。余亦兀病人，暂释臀下栟。眉宇若为开，小饮忘其程。陟巅中晡前，罗列指高甍。不图厨中儿，抟黍和虚饧。亦曰登高餐，不奉主人呈。佳言物外发，玄趣偻云征。往者岂不乐，今日居其彭。

## 马家涧

丱时知慕道，独往不偕人。探书求密谛，寻壑聚清真。初买磷磷疃，旋于涧户遵。阿弟爱山居，窈窕穷幽津。朝巡万花谷，暮宿白云屯。西距三十里，一往动经旬。阿咸甫七岁，茁茁能清颦。莫言营厚糈，早蓏百年身。

## 九日登高喜午晴得柚字

有骨耽看山，朝雨迷岩岫。冒雨往寻之，秋山漾白昼。霜柿满林肥，不须垂橘柚。斸洞卧他年，清宵友勾漏。

## 歌韩大中丞久视楼

苦哉结此生，陶哉结此生。陶苦铸为环，寻端目已盲。方圆自积气，亿息但分精。薨薨同一吹，茸茸共一荣。顺乘吞刀锯，倒乘濯金茎。鸡犬聚成欢，新丰土已平。昂骝系深荫，白首劳相迎。所以独醒人，高筑卧云楹。生齐厌齐氛，至道悲兼程。静听脑中人，玲玲童子经。夜丙一相晤，轮杲寂无声。真栖问黄房，安有去来名。自呼旋自应，捷于石金铿。清静为大药，虚极自相萦。萦之像抑何？蒸作九霞英。遗娱斯得娱，外身身乃成。寒苔没新阶，空中构赤城。仙人爱栖居，紫气千秋横。

## 渡济阳水东望长白

五载别长白，渡济初相见。晴云淡护之，日华复高眩。讵是吴门望，影摇数长练。不须极目力，行行若来眷。日转黛光回，地近岚容变。亲舍东麓下，梦魂久驰恋。安能腋羽生，飞度西山弁。感君驻乡思，为君洗莆砚。

## 赠妙峰和尚

曾译沃焦义，复考河源星。水轮本无水，含灵讵曜灵。万派沃之竭，妄云水所停。假使永为停，众流断其经。河源弗任起，沃焦宁任扃。始信水帝宰，首尾终冥冥。是以四大壑，号之云四溟。觉皇本无法，法海扬其舲。法亦众所汇，众以一为听。一者本自一，来汇乃谬形。法师坐宝林，群耳矜有聆。法师不受故，洪钟离赤莛。然亦不废法，握兰忘其馨。惠哉妙峰师，婆心顾淄青。不云群愦愦，岂云独惺惺。坐环千里间，上士归仪刑。一切携智子，迎风捐其瓶。举似水之喻，请师为丁宁。何日走下尘，东望云门垌。波旬如可逐，受灌当为铭。

## 再游回路峪七人

拘挛九年来，青山为破械。客作竹林啸，诸峰擥罗拜。涓涓泉脉动，药根永不坏。畴昔沐雨中，月华零沆瀣。于今静忆之，尚而有余快。心谷久未熟，恐终逊荑稗。顽石作我师，逢人绝睚眦。

## 壬戌除前二日纪事

乙夜施须囊，丁夜每脱去。既脱怀转空，湛焉忘百虑。忽闻大鸟音，耳根罔攸据。树羽及水禽，种族无是处。纵匪节与足，枭鸡亦何与。雄雉兼野鹤，戛号不足语。此音洵不群，洪大谢众庶。三鸣复三鸣，栖飞尚犹豫。我生废奇述，斯奇良可誉。漫歌成一阕，椖白知向曙。

## 西山游

揲俗频年苦，看山百不忧。裹糇十余日，跨蹇二三头。松稚今成荫，茅檐葺晚秋。药圃无崩岸，石田足素柔。物外为余侣，尘中何所求。每对寒泉喜，时逢野老留。亦过富人屋，惟与贫者谋。谁云择清贫，厥志在前修。

## 自朝鲜归病起纪事

病以丙而生，乃自沃焦起。楼船海外来，一活先九死。铁山晚风动，龙戏千寻水。万古骇舟人，余独宿其里。蛟龙攫余舟，送余蹲山觜。挈送见阿谁，丰隆雨师耳。苦雾如幕垂，戎马来相视。仓皇神不迷，旅顺尚可指。图籍与衣衾，留入海中市。短衫失中裙，浮来双革屣。扶曳坐漏舟，西望三千里。腥卤煮黄粱，五日餐寸匕。唇气薄饥肤，飓浪吹臭齿。不如水之族，吞漱适甘旨。快哉登海岸，残息化为喜。偃卧拊皮毛，暴下鲜生理。果蓏非昔味，殽醴换新髓。肌骨藏瘨痏，隔岁发隐疹，手摩如蚕纸。一日三沃汤，呶呶怼婢子。赖有胡麻剂，饮之甘露美。饲羔复击鲜，淡薄觉非是。旧事若前生，霍然聊纪此。

## 九日纪怀

米阜自无恙，米流苦不足。今秋泉脉生，十里环新渌。高瞩兴于舒，云开怀不束。岭头陈五毳，觞政俱离俗。鸣镝卫长戈，稍为时所局。海风东北来，苎袷肌生粟。四览未周回，三卮方索续。自分酒力薄，西山峙寒玉。好况兼素交，不尽宣衷曲。候吏[1]简牍催，令人欲仆仆。此日尚牢骚，何时脱蛮触。马上照流波，尘容聊浣浴。

## 紫牡丹

移自韩翁宅，珍重三十春。诸葩容易炫，奇英独隐沦。子标三寸绕，孙芽何殷诜。岂不遍蓓蕾，八九稿藏身。锦绣成什袭，光颜鲜向人。谁为敷春匠？此回如有神。满放及五头，绛桃洗淡匀。碧王映朱实，摹之恐未真。主人病且瘦，三载避风尘。茶铛共笔床，朝来与尔亲。为君四毾石，祝发鹿胎频。茄紫浑无赖，的是魏家珍。

## 惜紫牡丹是岁无花

幽人自退寂，不避弄天香。寂矣无所见，绕砌多宝妆。奇葩不易逢，鹿紫尤难芳。前春曾五头，老干生夜光。所以增护惜，霞縠庶纷张。马童面白好，花神理未商。偶从篱外来，为我简花王。摧生以为枯，蓓蕾寻已尪。披沙弃其

---

① “候吏”，据文意，当作“侯吏”。

其[1]珍，砉瑕去其肪。名花复何言，暗中如此伤。岂以幽谷人，英华合敛藏。我生无癖事，此癖小未忘。

## 李笃臣小隐园

燕山跨蓝水，流结塞云长。中有雄心人，用晦含其章。诛茅无侈构，垂柳覆苍光。濞濞沙泉来，小筑寒修篁。夏沼复秋篱，一区互相徉。心与众芳俱，水石涤肝肠。匪关风物殊，能开天一方。自言名小隐，妙略托贫房。看君神骨奇，宁与世相忘。

## 王玄珠乃翁六十

昔闻被裘翁，今有玉枢叟。苏门风物殊，芳蹠寻先后。前人但石隐，玉叟怀文斗。怀玮徒牢骚，深情唯薄取。古人三旬饥，何妨复餐九。舌耕滫瀡艰，况乃失中白。辛茹六十春，良弓弗脱手。学箕伊何人，行行垂藻縠。咀蔗已临甘，披沙见琼玖。揆初杖于乡，阀高当吴右。甲子属神仙，入夏欣相偶。婆娑景风来，舞衣翻素肘。愿随斑斓阶，聊陈燕市酒。

## 刘厚吾太恭人八十

百植露其顶，华滋承于乾。萌根刺重壤，所受实独骈。疾痛辄母呼，密理识绵联。敢云阳德薄，劳抱多奇偏。古来传舄奕，母寿纷母贤。今登刘氏堂，此理良嫣然。结桂荫已满，茁兰馥且连。萱颜不及霰，况发雉宾[2]前。冷羽西池来，绛雪拂雕筵。度曲逸仙裾，持念生青莲。蔼蔼方岳君，莱舞狎天年。缶奏安足云，聊以杂花笺。

## 高简庭侍御双寿册

深山猗大泽，龙蛇之所居。葫芦汇为陂，遂名千年潴。硕人以之生，媛淑和鸣雎。缥缃薄于获，惇作芝兰锄。厥里睨太丘，风韵陶归与。橘中恣遗世，黑白付枰虚。漠然挥一觥，胥庭恍吾闾。况有伯鸾匹，出门挽鹿车。芳华归血

---

① “其其”，当作“其”，衍一字。

② “雉宾”，据文意，当作“蕤宾”。

胤，报食墨庄初。髦头共鬖鬖，鸠扶同居诸。堂中曜朱霞，绕膝响寒琚。畹玉复森茁，共揖青鸟书。乐哉柱史君，此际双肩舒。

## 题吴福生家乘册

前隐不可名，后念何时竟。旧德方来食，眷言托讽咏。子情俱如此，延陵特至性。先躅芳于兰，先华丽于藻。藏阄逊其腴，德让握为宝。竹叶梅花歌，尘情资却扫。母氏甘茹荼，翁家但图史。两贤比翼栖，鹓雏炫厥美。国门奉遗像，永言载色喜。血缕既升闻，舄奕从兹始。倬哉吴福生，采言及下里。金玉正相宣，惭予乌可已。

## 寿张侗如两尊人

白鹤山自奇，储精为贤淑。作匹鹤山下，伏雏今式谷。一经负青箱，重趼寻白鹿。淑人执中爨，孝先复佐读。居然庞公家，清芬覆幽谷。忽而鸣九皋，天衢驾云毂。甲子共一周，拍浮歌海屋。昔嚼涧底芹，今分大官肉。自有朱霞裾，换取衿鞶服。小言举一觞，兆彼山龙轴。

## 题鲁遹云家乘册后

士之子为士，商子习为商。精魄没于中，托付永相望。商也市三倍，伎俩售之尝。士即绍阙声，仅不捐青箱。未有耽素封，梦想唯素王。莆之曾太翁，商瞿逾十霜。始获诞宁馨，矢志群胶庠。倒囊出其赀，为儿列墨庄。夜卧弗交睫，提携篝灯旁。及见富坟典，未见升玉堂。头角恒先人，迫迫狎文昌。翁丘木已把，天露零膏香。厥德潜复潜，乃来扬其光。小景留清真，宛矣多含章。惭余拙幽赞，逡巡玷左方。

## 题刘氏双烈册

娟娟复烈烈，披图见石心。耳亦有所闻，强暴绝交侵。犹然在井里，白意能独任。或以亡人决，或缘霜刀临。不免血溅土，甘饿自经旬。目毛尚及瞬，生死论浅深。未有如刘母，绾抱球血琳。婴臼安从托，弱艾悲江浔。世辱皆因浮，儿女遂与沉。衣袂不相及，形影何能淫。江波白日立，浩漠惨弗禁。有翁自鳏鳏，江水濯其襟。况乃三君子，大贤已如林。魂淼不须相，楔表高于嵚。

采采唯江篱，千秋奉母歆。

## 小祇园偕周瘖西、史静之、王元起、潘德卿、丘介子诸年友访真璘上人得绿字

烦暑散晚风，况接祇园绿。有美六友人，休暇苦不足。呼酒辄攒眉，寻僧纵高躅。城曲初开径，露坐肌生粟。未必清凉殊，筵罢如终局。禅那密于林，此缁独不俗。宝墨师辨才，礼佛讵数数。河汉坐来明，人烟尚蛮触。出门竟有获，今夕获良玉。

## 送杨年伯还晋江

抚树怜虬枝，看山倚苍巘。朝槿与拳石，高士非所选。逢人睇眉角，所见惟茹暖。孰如杨太翁，石隐同善卷。颜古接苍龙，吐辞绝其谫。自性不为谑，令人洽清宴。又如孤竹君，清和匪骄蹇。所以诞哲人，用誉从兹显。翁唇酒不濡，翁去令人泫。片言入怀袖，聊作东门饯。

## 送孔泰华年友奉亲还句曲

君额如高岸，君才逸似流。举匕眇肉食，引觥及三酬。信言无美选，老氏征挚修。怛怀醉殊面，雄文食九牛。有翁如仙人，酡颜不知愁。兰英抽的的，桂萼连清秋。石室为君开，取次杨文彪。胡为听骊唱，遽而怀南州。君去寻三茅，廿子尚淹留。耦升白玉堂，十九忽相求。送子芦水涯，羡子如轻鸥。亦有皤皤亲，四载东山头。既不奉双舆，何日鸣前驺。喜尔能拔刀，惭余空濡柔。

## 王曙峰家乘册

大槐已三围，陵楸亦双抱。巍然乔木家，天风吹浩浩。我闻颍川公，祥源发仙岛。恍若扶桑巅，曦轮上初杲。初杲光乃来，命名以为宝。是为让德公，腹巩罗弘造。孝格下卯精，冥纪增难老。笃生二千石，筇龙蕃且早。余亦品题之，各各掞天藻。湛粹百年间，芬芸讵草草。呈来五色葩，前德白如澡。须知海内士，胡为共倾倒。敢告趾与毛，永矢先躅好。

## 送顾益庵馆师归省

三事类晨星，大人急将母。岂忘龙衮依，母氏年跻九。依衮尚有身，将母怵期后。天子隆孝治，予省事非偶。去去上元夕，春觥介眉寿。解缆泳新涛，杨镳[1]垂紫绶。南云日以亲，北斗拟回言。瞻斗复瞻云，子舍宁容久。胡不奉潘舆，雍雍来四牡。日罗大官羞，陟扈亦何有。况乃纶扉开，邻哉当左右。愿言效一筹，君亲两不负。

## 题涌泉寺八景不拘沈韵

### 疏钟撞月

千古悠然者，味淡复声希。有如空山中，悬虡欲何依。皓魄岂相待，戛焉鸣者谁。我欲叩厥因，脉脉问三微。

### 象坞云深

古德欲深藏，道情不可见。妙哉北涧户，渊然象为岸。云来幙无心，退亦忘舒卷。我思幽谷栖，闻言时眷眷。

### 仰公春晓

仰公习静处，初开琪树林。物外多鲜华，此地独清真。我慕达观生，前步欲为邻。何缘叩一语，与公同千春。

### 霜林归鸟

喧寂岂两头，晨昏惚二景。归鸟投霜林，是静匪是静。两机欲互夺，冷然忘冥省。何如守愚心，月在葛洪井。

### 溪桥晚眺

长虹天外落，乃在涌水西。古木斜阳老，寒熏四望齐。醉翁何日醒，亭榭晚来迷。可爱阎司马，陶然不作泥。

### 寒松戛漠

栗栗听来久，西北有神物。神物何苍苍，虬姿吼如怒。轮盖栖云鹤，参天凌广漠。勾丽奇柏歌，恍焉重题拂。

### 雪崦啼猿

闻道巴江上，啼猿挂水皮。夜冷啸如沸，此景一何奇。北归四十秋，众喧空离披。不意涌林外，雪崦得清悲。

---

① “杨镳”，据文意，当作“扬镳”。

## 村落烟罗

空花此地落，那处杂人烟。最是阎浮境，蔚蓝自有天。云中鸡犬度，象外茑萝县。昏晓疏钟里，如何说大年。

## 咏玄涤楼有引

孙白谷先生南郭外之囿，不陋不侈，可谓善。厥构契余衷矣，一楼未名，余请以“玄涤”额之。白谷不以为异，且扁其上，日久未闻也。余曾诺率吟数语，迟之，隔岁弗报，又愧甚，不得不草草赋此，用佐玄赏，且逭余不恭之过耳。

丈夫有倾盖，辄尔泐金石。伧矣四素生，所在忘畛迹。太上诒玄言，终古不能颐。大易垂洗心，哪可淆青碧。精心理六虚，辟疆无广迫。达人爱楼居，小睨藏远觅。金屑不入目，寥廓合当宅。余与白谷君，危坐谈虚白。声臭及毫毛，弗辟无弗辟。澄神卉石间，如饶空山泽。栖息荷渠上，修然狎六翮。智故于何有，宾主岂殽核。旷焉了素心，尘芥自不役。余亦千里人，嗒然忘非责。摛此玄涤篇，灵响应与释。

## 题沈氏双寿册

酌酒慈溪馆，殷然问所生。所生业肥遁，齐楚旧专城。伯父垂七十，阿母随霜茎。鹓雏兢将翔，一羽遥天横。下饮玉堤水，高和上林莺。鹓雏复鹓雏，卵翼孳瑶京。珠玉缀之奚，其无瓦缶鸣。为予归奏之，筵外五云明。

## 孙公泄水渠

古称循吏者，往往不择地。其地为硗埆，沃之作佳植。其地为污莱，治之罔弗易。余读恩邑志，痛彼河渠祟。卓哉孙大夫，凿渠通地利。邻有翟方进，旧以恩为沛。乃起大洋泺，四女树为次。护疃三十七，萸壤美复侈。往化麦成鱼，桑麻今遍莳。南阳信臣陂，郑国开新遂。武城即临高，东有千年备。走笔歌孙渠，片石永相示。

## 周公显家乘册

余友周公显，白鹤江上人。向余一拉泪，诵伊多艰身。谁生此身者？归去如千春。卵翼转相属，血缕若为氤。为儿幸不殇，亦既能负薪。负薪复负米，炊熟生不辰。孑然顾微躯，曷以酬四亲。仰视周公显，君已垂缙绅。九地不可见，胡为徒伤神。积愫既如许，移之为忠臣。土封埒蠖屈，龙綍纷以伸。多艰乃多荣，丰碑大海滨。千秋扪其石，尚可呼青旻。弩力[1]事明主，前人讵隐沦。

### 淄侯李公邹滕之变武戒独蚤，淄人戴而歌之，漫为一阕志喜

兵燹频年有，妖氛复降娄。犁锄将课岁，来牟几曾收。邻震无宁宇，拳空鲜妙筹。潘舆初莅薛，狐绥薄尼丘。国士多安石，神君更杞忧。不须聚侠少，井牧有良谋。什伍联阡陌，埤垷借猕蒐。观兵还视隙，枕戈不忘耰。淄人歌保障，般水听安流。紫气原李耳，阴符政可求。旄头昨夜落，秋气任雕锼。

## 七言古诗

### 久旱悯农

频年淫秋禾漂委，玄冬六出眇成蕊。每入春明徂夏来，阳风吸习麦为秕。天泽不决悬有因，空祀先农安所恃。土龙娇首不为云，泥人鹄立亦徒耳。陇亩如焚罢耰锄，几无青草堪搜薙。殷汤六责宁虚文，周成悔过安可已。江蓣荆璧不闻荐，剪爪之代今往矣。匪关赤乌见日中，讵是肥蝤生岳峙。天人呼吸如一籥，有其调之罔弗理。可怜袯襫为谁服？悯人须从至尊始。君不见天子一匕靡千金，安得泉货如流水。古来长世但子氓，忍令田家敲骨髓。

### 施设生邀饮徐丹竹水亭得排字

曾闻田夫望云汉，眼中欲枯如生柴。卯年已度百六十，那更三日无风霾。施君携壶邀我坐，忽而开拓千日怀。箸头不敢弄庖腥，当轩惟喜青嶂排。一水西来汇作陂，徐生竹牖临东涯。主人高旷酒政宽，肯令清赏当筵乖。归去归去乘余晖，六衢灯火无相偕。

① “弩力”，据文意，当作“努力”。

## 明河篇

习习罗幌晚风生，忽见雕栊天汉平。酷暑销人皮骨尽，神情赖尔聊为清。案户浑如溯长河，凝望何曾乌鹊过。晶晶波光乍清浅，盈盈一水愁金梭。为问天孙几度来，绿云想已成皤皤。箕斗之间名汉津，天梁高架伊何人。银汉津梁同一色，商飙千尺绝纤尘。似是仙人洗玉盘，月轮西度何蹒跚。近岸白榆差可数，遥连绛阙流光寒。须臾低度欲侵人，转眼横斜五夜阑。寸心千古凭君濯，净彗瑶阶启芸阁。有时骋目临高台，愁见关山影摇落。

## 九日眺米山得见字

耳后流光灭如电，眼前米阜频相见。每逢重九来此游，主人不惜罗芳宴。阿谁主人曰松皋，皋下松涛如海淀。海淀当年醉茱萸，戚里风光目为眩。何如长白九十峰，好似燕山分半面。岩隈拨换此钟孤，独枕佳园乃奇羡。培塿有灵今始知，摇曳白虹牵素练。昔时兵卫尚登临，去岁冲泥劳眷眷。惟有此会神情彻骨清，泠风数斗棕榈荐。米山草堂今成矣，黄金莫惜为佳院。主人道力淡且真，此地风流应久擅。千种毫华[①]须扫除，但留芥蒂非方便。请看头上未满轮，纤尘飞不及冰片。

## 歌晴晖堂

晴晖堂上祖夫人，朱明念八设帨辰。九十二年但茅屋，大人既遗构乃新。揆作初成祝七十，春酒之介筵何频。刘家孙子十余辈，钦若母仪何森森。大人率之登此堂，执爵雅拜荣簪绅。苦蘖寒霜六十载，严标亮节千秋身。曾辞千金绝锦籽，手持一杖血在龈。泫令母贤使君说，几曾抗疏弁人伦。护儿课孙老不倦，舍美食贫如隐沦。是以大人名此堂，春晖寸草存其真。训也孙为第一枝，每敛坤仪摄心神。辰年史职乞病归，墓门痛哭读贞珉。越西九死来海邦，栖息重结双璘珣。牙签之堆号竹素，药里武備卫生珍。堂东西楹增构竹素、卫生二阁。丹穴麟薮漫相夸，此中聊以铭苦辛。怀恩何必李令伯，报刘生死或重申。此母此子复此孙，唯有片赤于青旻。

---

① “毫华”，据文意，当作“豪华”。

## 蒲坂张光禄园光禄，张太史广翁也

粤蒲坂兮虞之都，于中盘摄特为殊。所读光禄拟古篇，再讶名园斸名区。星海东流当一轩，三条二华从招呼。小之结翠掬为餐，大之开眼排虚无。杰杰爽气绝嚣蓙，阴阴前迹怀康衢。仙人苍穴今如何，首阳千载胡为乎？惟有真人能坐收，来者非今往非徂。须知此境异豪华，并作君家集灵图。惭予受简太史公，歌残明月寒当垆。

## 卫陵雨霖坡歌

前年冒雨雨霖坡，今日坡前风拔柯。眼中变态已如此，耳下还疑青笠歌。古来大士戒习气，他年未必秋风多。

## 丁巳麦歌

有麦有麦可长号，对客举食意如刀。匪伤汗土盘餐苦，讵为犁泥作者劳。卯年剥榆不见粒，辰年有粒不堪拾。三冬干暵无牢根，眼中谁敢言奢入？幸有天泽尺许深，惊作芸芸满原隰。翠颜几变粗成浪，邻家未熟纷相饷。今日抟食岂不欢，前愁展转仍为怆。贪农尚尔称半凶，赖有良牧或无恙。嗟嗟，予为里人漫作歌，击鲜沽酒无相尚。

## 九日得散字

委宛涧南高彼岸，每往寻之冥昏旦。畴昔落魄欲逃人，买山不及三十贯。已而挟策违厥初，讵亿幽人生忌轮。上林琼树偶相别，来访猿鹤缔为伴。佳晨逢雨屐头滑，何幸岩端湿云散。宿粻市肉不妨空，杂捋山肴于供爨。惊颤疑是草虫熟，充肠赖有芜菁烂。昨闻关陕报荒饥，潦倒山中犹寤叹。东方有秋未满车，吴江鼠渡千群乱。藿食之人焉敢谋，啧啧斗筲何足算。安得篮迹如渐鸿，世路清夷歌衎衎。

## 李小湾年友归粤东

吾闻黄流初出如轮绠，孟门之下忽而逞。为无群山随东盘，遂于蛮口为三警。君有雄中正相如，每观落笔绝其景。千奇百幻罔所摹，但有风雷飘舴艋。

吉士何尝遇盘错，座中偶举聊相省。君以湛庐中断之，镡锋尽敛归闲静。心事空如十月霜，嶙峋堪比蜀峨岭。幕中贾生能识君，每从中夜倾耿耿。共为桐城门下士，惭予蹇走无修颖。君去海南予影孤，骊歌欲放心头冷。君不见刘生格套几昼绝，愿留片语当斤郢。

## 长短句

### 履霜篇

向晦房星出，凌晨草之头。草头抑何如，皑皑凝不流。葛屦往从不忍践，偶而践之令人愁。逐子悲清朝，哲人讽大易。龙潜用有时，履霜惨冰至。不伤萧艾折，但恐芝兰瘁。亦有筠贞者，不随葭菼植。众颜一朝变，坚心安所悸。中弗悸兮亦弗摧，铜肤虬顶当风雷。青腰玉女年年度，岩端老干经如雾。应有灵秘拥其根，多少忠魂支国步。嗟嗟，君子履之胡不悲，玄黄之战良足思。胡不于初绥绥时，急转阳和一荡之。

### 玉署读书歌

有地何清切，有群何楚楚。吾闻双璧画水痕，今见空珑奠文础。吾闻修篁栖鹄鹤，今见仙班集岛屿。御沟东槛泳冰澌，御沟西畔读书处。竹素千秋映玉人，传篝午夜连牛渚。腊气浑相忘，六月宁知暑。愿以酉穴藏，肝胆相期许。际兹辰兮安，得雪花拂舞。积瑶京泠浸，绮疏赓大吕。

### 楼居望雨歌

山川云气升为雨，吾土占云西北起。每持此语折乡人，乡人摇头说非是。五日濛濛不作泥，下瞰乾方薄于纸。四敞周环望几回，惟有海云归如驶。我欲高歌暂尔停，拱揖长白为君止。残云久住复为蒸，晻光没尽如清泚。须臾风静溽烟生，高山大陂连为水。凭栏料理夜如何，虽有叆叆徒为尔。轻衫午湿晚来干，始信土言有玄指。予孝月令分龙日，但遇霏霏好芸耔。吁嗟乎，行云不须留，浓淡安足恃。痴眸竟日望云根，会见陬隅令人喜。

## 风乌曲

偃风乌，去地不盈尺。如何不高飞？以无大鹏力。风摧翼翼，亦还凌风。我今欲抚大鹏背，直入紫虚窥帝妹。丈夫羞学原上乌，使我临风多感慨。

## 古歌五首

日出矣，杲影长。玄鲤没，朱禽翔。舍南舍北抟糇香。
日入矣，驱犊来。风吹发，何毰毸。柴荆不掩鼾如雷。
饮彀腥，来凿井。黄泥汨汨，覗为太清，淄渑既分神不灵。
茹草而甘，习为种谷。尔服牛，我削木。三壤穆穆，云谁追呼。
陶践土，虞戴茅。上无黄瓦，谁识低高。劳心劳力何嘈嘈。

## 题李比部寿母册

嵲嵲有泉脉，脉脉学东倾。母氏生儿贵且贤，谁忍母氏无令名。古来贤母何累累，哪能乳哺兼师程。邹国孤尘霜银机，欧氏空传画荻茎。仙李根盘生比部，中龄余母还为父。衺匜全于读者倾，廿年咀茹惟荼苦。既为司理训廉平，堂下桁杨非饰怒。所以白云同舍郎，日将平反陈阿姥。明年设帨七十期，霓裳雾縠来西池。君拂斑衫我作歌，朱实冰碗杂婆娑。重将甘露酬金斝，涤却熊肠可若何。

## 游五台山歌

说山灵越惟青削，今见五顶但兀然。亦云幻区必玲珑，兀然五者如安禅。天开此宇不可诰，竺乾震旦来挥宣。余已秉心向师利，默表窃附维摩贤。古德云：三十二大士各说入不二法门，惟维摩一默响如雷。先大夫以默承字余，故云。初于南天祝两离，新兮故兮吾从先。宜从东上望沧海，乃于薄暮临其巅。一岑似于诸山绝，神僧之壑纷一椽。把火夜至华严岭，土人畏寒护余冷。哪知山灵不妒余，终宵温响浮春境。奇绝坎北龙翻石，片片凌如攫爪影。中峰一抱四围同，当天亘出石梁景。咫尺西去属金天，鹫岭飞来夜如炳。八功之水西竺分，积沍但见堆坎井。此山曷以号清凉，万年冰雪埋渊静。纵令野火烧狂夫，一展文殊见中耿。清凉石，特擅名，一壑之隔传幽清。三刹犹如对膝坐，钟铙之溢如合并。危楼新栈驾千尺，长爪静者绝逢迎。此间的的有异人，我欲寻之学无生。

月川老人不可见，竹林苍韵若为情。观来有义为独诠，栖贤谷口宜双旌。端如岩佛护琅玕，二老早已全坚贞。塔院显通类朝市，诸刹鳞错炫丹琼。香积一庀不胜收，饥王酌我玉之瑛。罗睺镇海啼饥饿，沙弥无力响金鐍。我为题壁呼檀施，半缣勺粟谁与营。吁嗟乎闵哉，台也中区已如此，慈悲广大何时倾。狮子窝，金刚窟，微密之藏如宝月。秘魔已塞后门牢，聚福之海歌百樾。菩萨顶，番汉杂，黄缁交臂半垂发。莲花一绽百佛生，轮藏之转何时歇。羯鼓鸾笙规作奇，忽突金钱漾佛出。凤林宛矣下九苞，带雨归来欲见巢。朝谈虎噬夕歌凤，令人展转相啾啁。龙华鹿苑何不有，丈夫七尺如虚泡。石佛砻处古堂开，畚锸之筑初刈茅。从来废事不如新，老僧为我遴山骰。因之重题戒律院，千年一字非解嘲。兴言告耆宿，礼佛戒其多。未能多礼无多设，化身千亿空嵯峨。清规自在僧自玩，崩崖颓殿覆阿罗。试看北山于金阁，七层连甍今如何。又闻西北有严城，我欲凌高望海螺。假若金像幻无数，如来结果拟恒河。闻道达观妙德庵，五台居士怀蔚蓝。天空地迥不见佛，仙经徒自涌阿含。又不见应门之童牵牛出，谁课前三与后三。东南门户如海口，宛委射入一千二百黄金龛。允矣此地名涌泉，佛光道驾如丛蚕。回头想望紫府君，杼轴灵山匪美谈。菩提树，优昙花，朱明遍出金莲葩。阿谁三赴清凉山，咄哉刘子悬情赊。于今往复亦如是，五百坐具浑天涯。空想三车如浩汉，口持半字生绳蛇。有时酌水澡浴池，凡夫帝释云一家。寄语真空原不空，互夺徒自起咨嗟。殷勤托付诸阇黎，色空空色绝愿哗。为问斯言谁主盟，道人复复阿罗耶。

## 五言律诗

### 不凋园刘特[①]伊诸君小聚，资况大佳，因忆西江景生畴昔之游

垂垂短墙柳，瑟瑟长松风。
对酒关玄度，含情濯太空。
景差三载别，刘向五云通。
但有南天月，饶君聚散同。

---

① “特”，原作“持”，据正文标题改。

## 送曾全简判鹾闽中

眉宇澄秋水，忽而两过从。
千林归老宿，万派合儒宗。
履遍三山雪，笻飞五老峰。
仙舟草草别，吾道自从容。

## 王烈妇册

众美歌兰秀，霜姿独倚云。
鱼睛终自比，木理几曾分。
淄水萦芳垄，黉山老赑文。
烈魂应不灭，化碧作氤氲。

## 女侄冰筵喜呈尊人

旧是朱陈里，新知对酒开。
喜从儿女事，添得老人杯。
彩绶纷相结，酡颜日几回。
今晨夸弄玉，不久见龙媒。

## 回路涧山作二首

闭息经炎暑，披襟入雨山。
人迷回峪道，水学武陵湲。
啸赖容岩笞，栖欣牧子还。
不须品己事，云麓足幽跧。

杖屧曳行云，凌晨酒半醺。
沼通泉脉细，雨洗木容欣。
斸穴排荆户，开窗督石耘。
为君规药圃，日日采清芬。

## 西山云

暮气山深翠，高云结阵还。
排阿分霞彩，拥树暗柴关。
虎啸今夕定，龙秋忍自悭。
油油烝作雨，莫伴野人闲。

## 月夜归马家涧

不记山行路，参差乱石梁。
岸回来是去，泉咽出还藏。
果实随荆筥，吟蹄杂药囊。
夜深甘静默，仿佛雪梨香。

## 挽刘玉笥世伯二首

何必垂绅者，先生已立言。
舌耕甘黧黑，腹笥老孤骞。
鉴水歌同调，龙山许对门。
焚将戋戋帛，吾道足丘园。

不识先生面，清风早袭肌。
鹤毛看种种，斑管想离离。
刘贽藏书少，虞卿著作迟。
空来无一事，鹤与素心知。

## 五日忆江南竞渡

京国逢兰浴，魂摇湘汉间。
霞标探碧落，歌榜射飞湍。
开芷惊双鹞，临风想六翰。
且将蒲酒味，缅彼水涯欢。

## 禁林春望二首

为问条风发，祥烟织禁林。
韶华明百羽，淑气带千岑。
井干青依柳，龙舟绿转浔。
宸游何地是，想像五云深。

辇路芊芊处，瑶光扑扑回。
冰鳞迎泮出，冻舌度花来。
霭合披香近，天空太液开。
万方春事好，玉律共相催。

## 大行皇太后挽歌二首

龙隐昭陵人，鸾回瑶岛初。
拟张冰雪宴，忽促穗兰车。
湘瑟灵歌发，娥池月影虚。
千官哀响罢，缟素裹悬鱼。

大夜何时旦，寥寥阒紫庭。
母仪九畹秀，仙梦六宫灵。
纵有金鹅药，终昏宝婺星。
太平天子在，佳气满西坰。

## 玉署槐荫二首

**其一**

北门何深深，况复槐龙古。
茂密无暾夕，阴森俨风雨。
堂虚翠欲流，宇邃凉如聚。
坐卧晤羲皇，不知日亭午。

**其二**

槐老能生火，新枝且舞风。
影翻青玉案，帘卷绿华宫。

荫砌苔文长，临池藻色同。
水天清切地，长自碧茏葱。

## 送黄持之归漳州

史玉清漳去，西山雪未消。
黉廊倾盖酒，黄井列仙瓢。
独喜论文久，空遗入梦遥。
何时窥月白，金液发新苗。

## 寿萧玄圃

箕尾星何朗，垂垂照木天。
阅来新甲子，归去捧神仙。
揆览虚瑶席，方壶指锦笺。
婆娑阶下者，五色凤毛鲜。

## 归自西岩

携筇清兴发，入夜更徐飞。
樵语迟山月，岚光上客衣。
古来争一眺，此日澹忘归。
又坐寒烟里，青篝指北扉。

## 溪上作

洗砚收泉乳，烹茶折柿薪。
野夫来对踞，山犬不相狺。
欲问囊云术，忽逢采药人。
黄昏未归去，凉月照青苹。

## 益都山中舆上作

山行逢大露，岩壑一空濛。
冲白疑航海，凌玄似御风。

樵苏天外遇，鸟路树边通。
尽日看垂幕，惟闻响乱淙。

## 寿孔母

昔赋尼山桧，今歌孔氏萱。
五花明鹤宰，九凤下鱼轩。
度索盘中熟，云璈曲里喧。
人间多寿母，此祝独骈蕃。

## 望雨偶成

七月生马齿，何疑霖雨迟。
朝霞盂水落，晚暑卧人知。
赖有芜菁发，能忘重櫋滋。
翟家子感过，共议白公陂。

## 畴昔梦语有验时事志感二首

**其一**

沙塞雁门紫，人悬金仆姑。
关山寒月小，野戍汉城孤。二句梦语。
敖插传飞羽，河湟别有呼。
官家庚癸急，不止为东□。

**其二**

月饷三十六，何时得满腰。
朱颜白骨梦，壮士羽毛翛。
昏日劳明主，斡旋任斗杓。
野人空欷息，哪是霍嫖姚。

## 景承弟出虚字

潦尽临笼水，笼水不泥车。
清浅窥凫胫，通明见蚪潴。

风高千树朗，禾纳四郊虚。
只恐无新雨，长滋二麦初。

## 雨雪中与诸友忆五台分得先字

菩提相望处，色相隔诸天。
法雨翻灵雪，春山涌素莲。
清凉诵来古，大士不知年。
楼上仙仙者，如何说密千。

## 送张华东给事北上三首

团彼黄山树，而连长白云。
素心倾一舍，霜干眇千群。
庙略窥君富，交情我亦芬。
相看如总角，前路老欣欣。

狐隼及鼪鼬，累墉复凿垣。
止应悲硕果，无复笑乘轩。
杼轴方区画，薪樵事仅存。
几人谈爱惜？君去叫天阍。

逢人瞻眉宇，真意不须多。
大朴存吾道，狂澜亦逝波。
云开知拱日，天晚听挥戈。
别去愁无那，临风一浩歌。

## 送王曙峰守平凉三首

见说萧关远，耕刀尽汉人。
凄风多侠骨，凉月濯边尘。
耿弇初分部，王尊旧有神。
送君临此地，举酒洒青蘋。

况是二千石，长驱万里车。
英声河渡虎，素节壁悬鱼。
静揽笄山翠，幽探帝子书。
崆峒今咫尺，步步蹑清虚。

雉堞同诸路，风猷自塞垣。
衣冠全罽毳，生事杂橐鞬。
正好携黄石，因之策鲁蕃。
功名今卓尔，宁复惜寒暄。

## 吴师每梅诗五章见示属和

千岩祈瑞雪，四壁动花光。
诗格并来瘦，昙云拂去香。
罗浮初结衽，蛟室乱明铛。
定有盐梅手，氤氲帝座傍。

## 腊夜饮李元冶太史宅

长安愁落落，残腊忍相催。
赖有衔冰客，来寻卜夜杯。
雪光凌月度，酒晕入楼开。
未许豪华子，清真共一裁。

## 丙辰元日趋朝即事二首

龙飞四十四，辑瑞入骈阗。
海外呼多历，阶前隔九天。
祥烟黄阁里，灵雪紫城边。
共道春容好，归与课石田。

班联何翼翼，舞拜亦雍雍。
方美朝鹓肃，惊传市虎凶。
上公应请剑，高隼虑乘墉。
为告弯弧者，还宜省括从。

# 七言律诗

## 初秋悯雨

黍稌初香岁望劳，山人长自坐东皋。
榴枝日照如擎雨，杨叶风回似作涛。
云气争于三月薄，流光已是九秋高。
西檐龙窟甘霖在，愁向寒塘试桔槔。

## 十一弟过东郊楼值雨喜而赋此

坐指空濛度岭来，喜君暇日亦登台。
我耽戏作苏门啸，尔已豪然邺下才。
幸有云山分气色，好凭禾黍荐樽罍。
人生乐事谁如此，一味清真莫浪猜。

## 宿古郑州城

何年天子备强胡，筑得双城势不孤。
北望雄州空白水，南连瀛海半青芜。
玄狐犹自凭谯橹，乌鹊还来占女隅。
枯木寒烟人欲断，好从何处问樵苏。

## 庚戌九日访苑山老僧不见

凌晨跃马白风吹，正及僧厨早荐糜。
山似列肴求作赋，云如征盖护探奇。
瞿昙为我开三丈，雪岭从谁积六时。
宿草于今呼不起，虎溪空度小禅师。

## 癸丑喜首揆典试

玉河冰畔彩云飞，桃浪英英动紫薇。

久乏上公论桂籍，忽推元老晃朱衣。
黄麻三日勤中使，蕊榜千春耀帝畿。
何幸小臣分异数，也叨簪笏到晴晖。

## 刘特伊宴中廓叔宅得山字

黄云涌涌冲飙起，红雨淫淫隔岸还。
春酒尽拟歌柳色，桃花岂为贮宫颜。
耶溪星聚分丹粒，洞口泉飞结翠鬟。
昨夜与君仙骨换，繇来无处不蓬山。

## 晚出郊季叔小集刘安二君问禅书二首

片片桃华系紫蹓，哪堪风雨恣夷犹。
暮山并郁千峰色，春水空余一线流。
野圃松云摇梵影，高台竹月浸乡愁。
江南短棹无多隐，终许相将汗漫游。

## 饮于岩□山庄二首

岭南策蹇岭西过，午夜愁心今若何。
白练淡裁云锦薄，绿靡初试酒旗多。
春风的满千溪柳，好雨全归二月簑。
此度须回十载梦，烟霞双构问阿那。

芊芊陌上五花骢，公子腰悬七宝弓。
拂雨直冲前渡合，凌风聊踏故园空。
凄其孟母盘餐后，去住刘郎尊酒中。
日暮山风嘶骨马，可怜骑到碧霞宫。

## 同刘特伊过安曰睿晚返

我马青兮君马黄，风流团扇掩斜阳。
恰从海国添新侣，涕为神京道路长。

漠漠千峰牵岸井，蔪蔪二来总沧浪。
谁容卷袖空归去？花径明星乱竹床。

## 送刘特伊过都门迎娶

桥头绿缛雨漫漫，七夕别人不泪难。
越客半留云雾管，齐讴全付黍鸡盘。
鸾情萧史三山合，凤曲秦娥五夜阑。
白雁芦花千里月，江风吹去为君寒。

## 瀛海道中

河间藩邸献王名，化作畿南二邑城。
官路有梁分野水，村檐无脊覆柴荆。
高原纳稼仍渔艇，细柳沿堤送客旌。
千载图书收不得，惟余苍雾晚来横。

## 忆醴泉僧舍怀范希文

云吐窗虚二十秋，读音曾和谷泉流。
僧迷古德如顽石，地借名贤作胜游。
一日烟霞空自变，千年忧乐几时收。
希文心事谁堪托？遗像高临笼水头。

## 卜雨不验志罚

千里云屯绕电生，梦中阿阁入窗明。
已拚檐溜迎珠珞，不见荷盘漾水晶。
丹地有人司调燮，山家无计课升平。
休将酒政学金谷，我自斋心问太清。

## 涿鹿道中

风尘牢落鬓浮霜，簪笏于今又上方。

潭底日轮凭暗淡，山头月色任苍黄。
虽无柱杖为元放，也携葫芦学费房。
最爱东坡居士语，万人如海一身藏。

## 梦卜求贤咏

人情梦卜总相需，圣主开天巧自符。
箕尾一星连夜动，渭阳双骭正堪图。
白驹那是留空谷，黄发行看尽软蒲。
千载于今劳侧席，小臣何以效讴歈。

## 东门祖道

为许抽簪别紫宸，离筵纷出晓城闉。
风生彩帐传金斝，座入黄花簇锦茵。
纶阁几年夸盛事，东门千载惬同心。
翩翩一鹤摩宵去，廊庙江湖共此身。

## 落花

东风老去领芳魂，又点千林作绮园。
舞席半摇歌扇影，临塘全乱水衣痕。
武陵自诧鱼舟入，越客犹寻苎女村。
惟有残红能解妒，飞将片片到长门。

## 阅辽左边图

冯将榆塞绝天骄，背拥神京左界辽。
万里长云归指顾，千秋王气郁迢遥。
不劳聚米筹关厄，自有将军策隗嚣。
讵向凉风沙徼望，披图犹自起萧萧。

## 再题冯青芳竹卷

逢君初入小淇园，孤鹤扁舟掠水门。

四壁筼筜飞醉墨，一川晴雨濯龙孙。
风尘欲改湖边色，标柳翻奇肘后魂。
为问前身谁可似，越王枝上老白猿。

## 丁巳中秋之夕奉觞两尊人，越七日，始削二章识之

几年初度白山秋，忽得清光满玉楼。
为爱蟾蜍卜虚敞，况饶丛桂话箕裘。
雕盘乍泛玻璃影，新曲曾翻供奉愁。
预祝广寒老仙子，肯教此会醉双眸。

移尊早向引纤阿，只恐微云拂绛河。
已办呼芦传夜罩，还催鼓瑟下灵娥。
岂无琼液杯中堕，似有仙人醉里过。
赤鲤红莲归去后，霓旌望望逐秋波。

## 重阳后九日复梦游西山

梦入云峦草树边，嗒然孤坐似逃禅。
黄花不共俗人眼，清赏全归古涧泉。
饭罢莳苗无一事，呼将老契说三田。
长安消息今如此，拟向山中学大年。

## 赠临轩殿下

桐幕疏垂雨濯枝，覆茅谁见凤仪时。
毰毸忽度朱陈里，萧散依然琼玉姿。
我以露葵当竹实，还将鸣缶代奚斯。
古来豪艳何须说，如此清标不可追。

## 雪路偶成送刘经历登仕

千山皛皛带春温，冰谷忽开涨水浑。
岸上凝云迷去马，林间积雪失前村。

野人有梦瞻天表，岁瑞无心见主恩。
且下寒帘生活火，好邀莱客对清樽。

## 经麻姑堂

人间久著仙坛记，遗像忽经旷野堂。
喜说丹砂原是米，不疑沧海变为桑。
陂光潋潋空含雪，火宅劳劳鬓有霜。
异域归来真九死，眼中何事不苍茫。

## 北村即事

数年村落叹参差，此日风恬景物移。
牧犊麦青肥似韭，啄鸡黍熟获如坻。
田家菜色逢人换，邻舍牛衣尚旧垂。
为语王生宜力学，丰凶原不到书帷。

## 读韩忠献公文集书怀

纵横千古自为庞，国士何曾得有双。
梦里尧阶舒蓂荚，愁中夏甸揖龙逄。
智囊不学晁家令，文帅何如张曲江。
前步魏公堪托足，安阳遗稿惜残缸。

## 古城之行得殽字

人间寂历是冬郊，云白溪清阒鸟巢。
霜叶无风还独下，雁行有字几曾殽。
凌晨古堞寒烟发，匹马夕阳素影交。
静里机关哪可对，焚香宴坐想羲爻。

## 怀二尊人

牛马风尘久不归，偶随清梦似南飞。

儿簪渐觉生白发，子舍宁忘制舞衣。
槐午盖团看米水，松林云织款荆扉。
忽闻天语垂慈孝，顿使羔乌惜落晖。

## 乙卯五月闻召对喜赋二首

### 其一

慈宁宫厂几筵开，龙种琼枝驻辇来。
睿藻有天全吐露，官僚无地竭涓埃。
悬知积雪翻雷动，讵意阳春入夜回。
万象不须愁幻化，好随元斗接三台。

### 其二

人间罔两欲纵横，划尔天开寂不鸣。
幼海[①]波恬千怪灭，前星光彻六符明。
西山佳气来阿母，北阙晴云散帝京。
玉署小臣无以颂，太平尝自奏韶英。

## 瀛州亭听鹂

莲漏蓬池午梦清，残莺忽尔换新声。
流来夏木阴阴见，啭出春愁脉脉生。
照水金衣偏自丽，入云羌管更多情。
孤亭镇日无喧寂，到耳翻令百虑轻。

## 雨后见西山

一洗峰峦秀色深，宛如明月挂遥岑。
青螺尽拭风霾气，丹巘全消瘴疠阴。
似是诸陵呈瑞霭，故将法雨见天心。
伫来豪爽忽飞去，忘却随鸦入禁林。

① “幼海”，据诗意，当作“幻海”。

## 晓过燕市有感送黄揆之归涂南

冷露朝曦是几何，蓝舆晌息万人过。
郎当风袖吹如许，缥缈云冠态复多。
古貌有朋谭介石，乡心无计结烟萝。
剑南叔度今归去，千顷汪汪为尔歌。

## 送黄持之

剑外燕山入梦悬，偶来长白合联翩。
青州从事留君醉，石壁仙人揖我前。
晓日环桥观胄子，夜分开匣拭龙泉。
赤肝一片凭谁许，送尔霜华十月天。

## 寄谢王枕堐司理

桑阴梓里漫天涯，兰臭于今止可嗟。
紫气久浮巴子国，素心空结梦中花。
一曾举火通眉目，但有传书阅岁华。
君已及瓜归画省，燃铛空煮武夷茶。

## 送万积之还锡山

山头雪色未全消，早发骊歌向柳条。
闻道独来风作翼，何如双去玉为箫。
惊鸿影渡桃花浦，春水初生杨子[1]潮。
醉里新诗频欲染，惭无冰雪织鲛绡。

古道今人不可求，敢云尔我即千秋。
玉壶春酒邻方熟，燕社诗盟共拟留。
细雨兰茁香楚畹，条风花萼映朱楼。
相逢若个称兄弟，左袒如君独为刘。

---

① “杨子”，据文意，当作“扬子”。

### 台山栖贤社鉴玄禅师走乐禅笔见招赋谢

草露何如视此生，因寻玄药到灵京。
斋心喜入峰头雪，清供欢同饭里菁。
罪福有因谁处问，楞伽无路叩阿明。
翩然二妙来相引，已付空空出世情。

### 赋张元初写文昌

北斗魁前六戴匡，人间天上说文昌。
清真不藉黄金阙，灵异全归白玉堂。
丹穴云根移作供，空岩石乳掬为浆。
元初绝笔惟余此，一室星芒照八荒。

### 趋三泉偶成

勾丽哪曾是妙游，代门西戍志初酬。
团栾毳帽防吹脑，蔌粝盂餐喜入喉。
梦想诸天光舍利，行看法界恣夷犹。
此时大慧于何乞？明月空山任尔收。

## 五言绝句

### 赋得我爱夏日长四首

白日丸丸下，忻兹昼漏长。前绥不可到，刻晷令人忙。
喜听濯枝雨，开帘纳景风。何缘身不动，恍矣玉壶中。
星火分南纪，不须秉烛游。有堂临灌木，无梦学庄周。
瑶草侵阶长，博山沉水飞。科头湘素里，仿佛弄明玑。

### 闻莺四首

残梦空窗尽，新声鸟舌来。似从羌管里，吟弄五更梅。

寒谷愁春发，莺迁已上林。千门通柳色，流啭晓阴阴。
斗酒长林下，凄其画阁中。何如临御苑，听绕建章宫。
乍出春云薄，交鸣晓气清。声中如有意，伐木正丁丁。

## 霜叶

霜苦能为绛，偏于山柿深。到来原不染，冷对碧云心。

## 官道柳二首

片片枯柳株，枯尽成奇植。尔为惜行人，剖心永相示。
一物幻千形，谁如道旁柳。至人无肺肠，万化恣所取。

## 有感二首

春来羊角风，旋天复卷地。怪尔无根株，胡然蹑高位。
羸镜不照人，许评愕月旦。娟娟合浦珠，鱼目欣成玩。

## 广川舟

去年为守冰，冰开复守浅。扬帆不及时，忽忽岁已转。

## 杂兴五首

斸斸蹊田牛，摇摇覆种者。何愁不食人，惭余空驾马。
春风连日动，草色涨平堤。已渡何须说，前溪不暂迷。
世波等怒号，人事如尘土。安得泠然心，连纤施微雨。
中夜闻新雁，迢迢负雪霜。不知春尚早，北至复南翔。
不是匣中物，还归千尺潭。有时惊雷火，飞出倚天南。

## 眸子吟

眶膜根未坚，风烟迎作楚。减来八两吞，温臬雠如女。

## 再宿马家涧

小饿探山栗，轻酣舐柿浆。月明催下榻，聊憩积云堂。

## 丙辰初腊瑞雪，偶李圣河自秦来，孙尔吉、宋子振、若承弟集景承弟宅同赋，得腊雪培元气五首

邻叟叹三农，昨夜不敢答。忽而有佳集，瑞霭及新腊。
客自蓝关来，带得漫天雪。坐上一杯干，疃外迷车辙。
畅哉太和里，刻烛掞天才。搔首问苍苍，繇来栽者培。
去年海神火，东人未返魂。玉龙下今夕，沃辔喜朝元。
沸来竹叶香，飘出梅花气。林外寂无声，灯前弄珠玑。

## 射覆言三首

日日吐笔花，恐碍丰年雪。此地冯藉君，君心不可竭。
酌酒破君闷，遂倒十余垒。有如□马市，悔愁为君开。
不见须弥缩，安见芥子纳。而鼓本无声，余桴谁为答。

## 与茅庵道士

硁然贫道士，羽毛久不生。向余指所食，未断火黄菁。

## 为史炼洲丁酒

玄磁自引针，糟丘自颓玉。感君提诲深，为君课醽醁。

## 代嘲三首

午盘易为倦，熏吹弛我筋。扪心罔所获，恬然卧水云。
快与逃净界，霾深须闭门。道瘦良不多，浅试已忘言。
连咏人憎苦，棋高莫漫痴。洗茶聊为品，前梦觉支离。

## 石河偶然四首

荒人初下气，容容隔紫庭。曾问张平叔，岩溪路自通。
买墅六千日，主人经几过。守奴半凋落，遗核已抱柯。
乌臼残惊梦，云螺静客心。万吹浑未定，三叠舞瑶琴。
琴叠何关关，临铜想驻颜。不须萸菊味，灵液漱潺湲。

## 闲居十八首

一
静事以何习，观心不动时。南岩云穴发，去住问安之。
二
憔悴枯皮柳，下辟蜀葵霜。折葵登君筵，举白恣相望。
三
西山三镇抚，半岁转睫过。哀哉中泽鸣，苍苍亦若何。
四
罪福三天下，残躯六十春。茕茕卧紫塞，早晚见真人。
五
阚此六虚身，受他无明触。前侦已销尽，尚尔念河曲。
六
针石既非习，药匕亦非医。不如节粱肉，善几罔所疲。
七
丈夫念敕罚，非怀毁名誉。我本泉石人，片心为谁语。
八
胎密钟鸣酒，太玄在人间。如此蔬草味，何为驻容颜。
九
开眼一何醒，妙在多阖眼。丈夫自满洒，不将遭蹇产。
十
终古一烦恼，兵荒烦恼碎。唯有知学人，薄焉发一慨。
十一
百尺修翎罢，将雏一摩空。冥冥思羽翼，宛在九宵中。
十二
三春无翼鸟，好雨良禽来。何必问其名，音响宜徘徊。

十三

八柄空在持，三光自明寐。何如安乐丸，动而无不利。

十四

七尺轻安了，天机只自来。险夷惟一路，世运谁与裁。

十五

日出菁精饭，中餐杂野辛。讵慕肉食者，从容了此身。

十六

天霓变七层，穹虹惟一度。何年携我游，抛此红尘路。

十七

河洛撰已邈，焦翁何以贡。如许六十四，终焉混大梦。

十八

机缄自茫茫，京生何以灾。非曰先后知，可猜未可猜。

## 问入谢执笏不

氓庶亦五拜，无簪笏亦除。快哉天放民，不见主恩疏。

## 陛辞之次日

亦云附日月，投入风霾里。玄黄战已成，野服何曾泚。

## 涿北晚大雾

讵是蚩尤气，黄昏亦一喷。先锋坡下路，隔鬣不能言。

## 代门朝望

云护菩萨顶，烟含仙子楼。雁门朝气望，是处隐丹丘。

## 问玄

问数探蓂荚，谈理识玄珠。六十始浑合，甲子可重呼。

## 七言绝句

### 初夏署中即事四首

交交黄鸟下新槐，署阁凉生绝点埃。好向绮窗摇麈尾，素心玄箸倏然开。
铜龙金马映帘栊，鼍砚柟凭拂拭中。赋得子虚犹未就，上林花气晓来通。
蓬池分得大官庖，荷底游鳞细作殽。供奉千年歌盛事，不知何以解清嘲。
雨气初和翰墨香，藤花冉冉落空塘。东临玉水时相注，摇漾蓬壶岛屿光。

### 午睡偶成

梦里浮沉数十年，岂无一孔可谈天。于今管见何曾是，莫笑凡夫莫浪仙。

### 摊书

病起摊书忽满窗，牙签哪是为君降。尔时五藏知沉爽，小下禅床理夜釭。

### 甲子九月苍松涧五首

水穷山尽可诛茅，木末云根构一巢。五十年来成底事，何如半晌坎离交。
石上游人天鼓鸣，石间流水写玄清。劳劳久矣无佳句，韵自铿然曳杖行。
说到生时一发无，千岩霜叶渐凋枯。参同今古谁分别，且向闲中诵五厨。
淙淙留客且徐徐，晚色来时画不如。一路月明三尺剑，送君归去课清虚。
诵罢维摩问疾章，数年尘累换清扬。凡夫哪得飞升去，只乞流珠入□□。

### 茅亭成偶憩

皛皛霜威圃色寒，茅亭初展小栟团。隔年花事如昨日，丹棘依然护药栏。

### 重九次日回峪道中

#### 其一

秋容老去落霜迟，涧草岩花尚有姿。知是山灵留待我，千林全及未黄时。

### 其二

犹怜秋色挂西峰，况有高寻浩宇从。何日乘将华表鹤，千年犹落故山松。

### 其三

不知何处是丹丘，陆地神仙惬此游。待得他年龙虎伏，归来依旧白山秋。

## 下帘曲

角香枝长珊瑚身，六月兰英冷照人。细萑作帘景如鳞，一函缃素流清尘。

## 喜雨三首

回燕楼前怅早霞，崦光尝自赤归鸦。愁来欲作田家泣，今日扶桑不见花。
前年刈麦稻如云，四野于今旷若焚。一自窗中惊电白，忽来面面长氤氲。
昨夜如豨渡玉河，一天灵澍散么么。儿童不习中原韵，采得欢声是此歌。

## 阳丘北界

洛泊河西旧草莱，愕看新麦覆平垓。于今治世全无略，直尔宽租寸壤开。

## 感时

古来几个学清真，学得清真钝杀人。惟有鲁褒能住世，不须十万已通神。

## 搜扶辛

甲帐璇题绣五灵，两行如丐捡清芬。书生记得前朝事，疑是当年花子军。

## 窗晓

回风林外度鸣鸦，纱曙胧瞳入早霞。学得无生全未了，冷然拈出白牛车。

## 若承弟归自颜神书此劳之

肉身直恨少风霜，饱得风霜是法王。我已知君求面壁，早从双膂结昂藏。

## 送别刘冲倩四绝

越□鲁北自神交，十载来过问鬅茅。伯子须眉如仲子，又从伯子数同胞。
凭君青眼阿谁开，残菊当门熟早罍。休计平原十日饮，留将雪色饯江梅。
淄水白山见客新，弹冠绝倒若耶人。君归忆得韩生舍，一带烟岚走石鳞。
怜君肝胆赤于金，阅得英雄共一簪。我欲买舟淮水上，不知何日到山阴。

## 附题孙旋翁年伯行略后四首

千钧一发想婺姑，五叶祥开瑞世符。中有旋峰丹作穴，翩然将出是鹓雏。
仰胆何如嚼蔗甘，姚姑原自老瞿昙。休从妇德前头论，合向三三数里参。
曾搴朝槿比虬枝，李耳云乎大器迟。异等茂才初束发，肯教摇落愧霜皮。
句胪初唱紫罗风，马上逢人意气雄。独有吴山孙伯子，泣将先烈富诗筒。

## 游不凋园

手挛桃萼点云裳，多少从游割岸凉。此际已裁金谷数，到来看取小山房。
澹淡清溪濯柳根，铺将茸茸是重茵。几回欲堑花村路，犹恐花神入梦魂。

## 山游谯语

策杖斯须度数溪，从横春草复离迷。山灵怪我来相问，终岁何曾见马蹄。

## 南行之频自笑

除前除后惯南征，淄益□川欲识荆。昨日雪中初话别，今于雾里又生星。

## 雪诗三首

松间掬雪满三罂，宿火新开自取烹。不到竹枝三沸罢，吟肠早已为君清。
长安此日度豪华，暖壁歌席傍□衙。最爱青藜扃不启，呼儿移灶煮冰花。
雪迎寒雾发琼条，万树千林总未凋。若见曦车携少女，满天珠蕊落萧萧。

## 景承弟曾梦题桂首句，为足一章，然已忘其岁月，偶追纪之

蕊如金粟干如龙，雪兔初肥桂影重。我已主盟白水上，与君同听五陵钟。

## 雪晨二首

五加新酒举三觞，短发初收意渺茫。怪是心头生活火，急来舌底取寒浆。

雪路搴帷银海舟，还疑白浪铁山头。年来魂魄如顽石，君子人与百不忧。

## 携孔中儿有事澧水早发诲勤

西山雪色衔苍月，东岭寒烟荐赤暾。多少蝬温眠未起，轮蹄早已度三村。

## 经凤凰于飞纪石处

凤仪何日雁门来，应觉云根五色回。千古河山能几见，至今感瑞想毰毸。

## 谒李牧祠

塞上烽烟藐不分，忽而下拜李将军。于今拊髀成何事，北望宣云意若焚。

## 定林寺

岩端古佛动幽思，断碣荒台势若夷。句注山头何所见，前朝遗事半迷离。

## 雁门邸中偶谈王明府所遗牡丹

家园消息怨逐臣，辜负曹南十样春。但得清凉行锡满，掉头何事不微尘。

## 涿之楼桑一首

层层覆覆字为桑，又借楼台说古祥。苞蒂从来原不死，尚留蚕食发千霜。

## 祝雨词四首

林外看云颓不流，林间风色荡新愁。凭将甘澍深三尺，尽扫妖埃说有秋。

龙湫瓶中插柳枝，商羊社鼓听村儿。不须咀咒驱风伯，
已见山灵覆帽时。土人谓长白山有云冠其上，呼云“戴帽”，其日必雨。

翩翻杨叶作涛惊，午梦初回似雨声。分付农人修钱镈，斗边白气夜来明。

好鸟枝头水作音，夏蝉才放古阴森。偶来范宇重瞻拜，也是先忧后乐心。

## 若承小筑一桃之奇喜赋三首

绥山桃子想鲜妍，结实开花度几千。曼倩看来终是拙，骞尝何似徙根便。

不逐丝黄不逐秋，丹砂凝火缀枝头。繇来此硕非凡种，陆海仙人是此丘。

宝光焰焰玉脂肥，带雨寻看露未晞。地似武陵迷草树，人如阿母宴初归。

## 春行六首

霜苦风凄意与清，春来酣睡转如醒。非关塞外愁心结，还是南天阳艳生。

十七年来想又玄，刀圭黍米亦空悬。风尘牢落何时歇，辜负黄婆过不眠。

投宿山城懒折腰，黄昏下马已星杓。更宜夜雨深深闭，提弄韩甥破寂寥。

轻舆熟路趁朝晴，委巷冲泥莫漫惊。待得渡河看爽垲，关关早已送春声。

旧树新萦古渡边，旧家楼阁屡新迁。华清又筑阿房土，王谢堂中燕自怜。

雨洗郊畴日射林，羌红羌碧费沉吟。春光欲烂元如此，味淡声希尚可寻。

## 望夜河二首

一缕玄云拂绛河，白榆历历照流波。人间何必求灵雨，天汉通时岁事多。

雁门紫气仙人语，早晚来时谁与收。我欲东归携得去，银河夜夜洗白头。

四素山房集卷之一终

# 四素山房集卷之二

济南刘鸿训青岳著

## 册

### 拟册立皇太子文

皇帝制曰：朕惟自古帝王，膺图受箓。即诒缵绪之谋，奉天子民，首重承祧之寄。惟国本之早定，斯泰运之弥长。是以东方列长子之宫，华夏臣民归命；主器履元良之阼，社稷宗庙以安。咨尔元子，仁孝性生，岐嶷夙著。久系人心之戴，允宜执鬯之归。矧承先帝之遗文，敢后升储之典礼。兹特授以册宝，立尔为皇太子。尔尚学懋缉熙，德深磨砺，审几惟始，诗书礼乐是求；辨志在初，逸欲游盘罔事。勿远忠贞而迩邪佞，勿忘恭俭而务骄奢。养性清心，主术预端于今日；盛谟大烈，敬修益扩于将来。庶万年之堂构维新，而百世之瑶图永固矣。尔其钦哉。

## 谕

### 拟宣谕虎墩兔憨等夷无使助逆敕

敕谕：尔虎墩、兔憨等诸酋长，我国家定鼎北平，坐镇燕蓟，尔等部落，介在辽海迤西，蓟屏迤北，实称外藩，颇效忠顺。我成祖文皇帝嘉尔先人兀良哈树有扞御微劳，不惜三卫近徼之地，割以与尔，用示酬赏。即二百余年间，尔等时有谲诈反覆之事，作哄边陲，亦何尝兴师大创，以新威易旧恩？顷者疆臣失职，建□生心。乘我不备之地，残我单虚之堡，凶锋日炽，怙恶不悛。周岁以来，人神共愤。朕誓灭此贼，以慰辽人、安忠魂，不烦再计矣。方欲檄尔等为中国出力，省我转调之劳，殄厥东□，表尔恭顺。乃近日边臣奏报，尔等擐甲拥众，逼塞要挟，意欲何为？夫岁赏宜给宜停、当仍当减，边吏自有酌据，通官亦足传达。何物春耕之日，致令羽书之驰？情若乞恩，形同助焰，朕甚疑之。兹特遣官往谕尔等。衅不可开，恶不可济。建州之贯既盈，天讨之诛罔赦。尔等有能整兵东向，荡灭□□者，事定之日，分别功次，即举□之土地人民，悉以畀尔。□所冒中国爵印不但并付，且有加焉。盖懋赏旌勋，用示大信，何吝之与有？至于一切赏赍，俟责令该地方经管诸臣查核历年缘繇具奏，以凭裁处。尔等宜归巢静听，顺天恤民，朝廷断不尔负。若犹未也，汉过不先，威德何妨互用。尔等好传谢诸酋长，共熟筹之，无为□□所愚。可耳钦哉，故谕。

## 拟宣慰朝鲜从征建□敕

敕谕朝鲜国王：尔之国事天朝，与天朝之嘉御尔国，非要荒四裔所可比而同者。朕尝览高皇帝御宇以来迄于今日，天朝所降尔国文告、玺书，及尔国贡琛称贺、助顺乞援之奏，休戚与共，不啻内屏。顷者□□逆天犯颜，豕突鸱张，曾令疆吏甫传一札之书，檄尔国提旅来会，共剿此贼。尔即整搠兵马，裹粮相从，一听指挥。虽子弟卫父兄、手足捍头目不急于此，良可嘉尚。昨疆臣失算，殒将损师，颇闻尔国元帅姜弘立等所部将士亦有斩获之功，不补败折之数。按臣报至，朕甚悯之。凡我东征文武将卒，发愤而死者，方拟查核，优恤未遑也。兹特先遣官赍御前所出白金一万两，驰送尔国。一以爰治生刍，吊死者之忠魂。一以慰问疮痍，佐伤者之敷剂。暂于倥偬之时，聊示朕轸恤至意。因念兵凶战危，不讳死伤，疆场之事，一彼一此。况骑虎之势既成，掎鹿之局须结。□□一日未灭，朕能一日忘东顾乎？将尔国同仇之心，亦宁能少驰乎？且往岁鸭绿之役，暴师七年，捐饷数百万，在中国不计兵食之耗，用成字小之仁。无足自多，尔亦宜念。今再檄尔，速命将帅，简练士马，务期精强，屯置沿江，所在固垒坚营，时其侦探以备，相机协力，共图进剿。歼蛟鳄于浑河，筑鲸鲵为京观。则朕心嘉悦，不惜大示旌异，图叙尔劳已。钦哉，故谕。

## 拟谕礼部议大行王皇后谥制

制谕礼部：朕惟乾坤合德，《易》文笃爱假家；日月贞明，《诗》旨永符难老。讵意我大行皇后忽弃朕而登假也，爰念淑轨有闲，令闻夙著。宫廷宵旰，资箴戒以弼成；宗庙蒸尝，赖芗禋而克赞。繇肇册以迄今日，忧勤自矢，欲追《葛覃》《卷耳》之风；事圣母而逮六宫，仁孝丕宣，雅有《关雎》《麟趾》之意。教化渐通于四国，休嘉日盎于三朝。用能辅朕之所不及，而神人胥悦者也。胡为降割，遽尔中摧。介福箕畴，虽显承于既艾；美仪鸿号，宜早垂于来兹。矧国有彝章，朝有舆论。是宜采诸中外，酌之佥同，援美谥而布告焉，以示朕悼惜笃挚之怀。礼部其即集廷臣，博议以闻。钦哉，故谕。

## 拟谕礼部进生母王太后谥制

朕惟自昔追崇盛典，必先笃生。故圣善令闻，及时宣著。良以庆源之发既久浚于神人，而诞育鸿恩不宜显煜后时尔。朕以眇躬，膺上天眷命，奉皇考遗诏，嗣缵丕基，亶受多福，何能一日忘所自出也。则我生母进皇太后才人王氏，朕甚殷焉。畴昔天监，搜求才淑，凤丽丹穴，葛覃幽谷。幸而周姜胥宇，汉后推毂，祥钟钇降，庆启冲人。虽褟褓之甫脱，实温清之全疏。不意倏归清汉，遽返玄灵，言念每及，不胜悯恻，则欲伸罔极之哀衷，惟有肇称乎不朽。且稽诸祖宗旧典，代有追述，俱得永贲陵寝，享祀大内。兹当如故事，仰溯贞符，恭崇美号。用称异日祔葬祔庙之隆仪云尔。礼部其会官详议，并具合行礼仪来闻。钦哉，故谕。

## 拟谕官员久任严禁私派敕

朕惟人主代天理物，首重民生；朝廷为民求牧，必先吏治。朕自御极以来，蚤夜兢兢。非不日求民瘼，而职司民牧者恬不加意，百姓何时受福？朕昨召对阁臣并九卿、科道等官于平台，见辅臣鸿训奏：近来天下官员更调甚速，若不举行久任之法，终鲜实效。又奏云：海内差繁赋重，民力已竭，自今以后，万万不可加派。朕切思之，更调速则民受扰，官久任则课成功。倘蘧庐其一官，自秦越其赤子，官徒自便，民岂聊生？剜肉医疮，势所必至。张官置吏之初意，等之弁髦；用二用三之厉政，漫为尝试。民困治窳，端必繇斯。朕痛心焉。今后藩臬郡县等官，务择人地相宜，俱遵照祖宗朝旧制，俸其一日未足，不许朦胧升转。铨除之后，一任地方大小，各营职业，不许钻刺改调。其间或有不肖者，听抚按官不时劾去，勿令殃民。但有莅任无几，倏调他方，及无故加衔者，科道官即时参奏，以凭拿问，仍治铨曹、抚按通同之罪，决不姑息。再照辽黔兵事，虽未结局，前此加派，业已不少。果能精核虚冒，军兴自足。该部即将新旧兵饷的数，各造简明清册进呈，以备朝夕查阅。在外抚按官亦遍查州县赤历，私派分毫者，即参劾拿究，不得照管情面，贻害地方。三尺具在，朕断不尔贷。至于司农一官，尤系军国命脉，非清操心计之臣，岂胜厥任。所荐毕自严，经济素裕，才品兼优。户部尚书员缺，速行推补。朕既轸念穷民，尔等大小臣工，亦当为国爱民，为民请命，以副朕加惠元元至意。特谕。

## 拟发帑赈荒诏

诏曰：朕闻王者之冯于民，与民之冯于食也，论治者至两系之，曰：所天在焉，不翅重已。朕以眇躬凉德，覆育函夏，四十三年于兹，惟尔元元翼戴是藉。何比岁以来，民生多艰也？夫从古有国者，上蓄九年，中蓄六年，下蓄三年，凡以备凶旱水溢之非尝耳。然一极备凶，一极无凶，宁堪数罹，何凶旱水溢，岁累累而地在在也？夫时之不和，年之不丰，一岁之计既诎，再食之饥难免。况积荒积饥乎？顷闻畿辅、山东，夏秋之间，旱魃为虐，晚禾甫稼，螟螯荐食。遂至奸民煽饥民以啸聚，饥民应奸民而蜂起。郊保为驰，居民荡析，朕深闵之惧之。爰念皇之不极，民则何辜。民之无良，以无糜可恤耳。即敕司农如督抚诸臣所上议，速发通仓米七万石于三辅地方赈之，聊示朕昭苏困氓之意。其顺永、真定、山东等处，除听所在有司设计赈恤安集外，仍发临德粟三十万，酌量近远，平价出粜，俾济燃眉。夫临德二帑，军兴之储耳，何可数借？况以三十万粟活亿万民，如以一掬粒施蚁，未必蚁蚁得粒。又有巧滑朘削辈，阳务拯恤之名，阴躬干没之实，民孰与沾？言念及此，深用疚心。其诏下之日，有能应时接济，不扰不渔，如汲黯之于河南、刘思之革遣赈者，即不假奏请，便宜行事。朕方嘉之，决不尔罪。其牟利侵掊置民秦越者，视平居贪墨之罪，不但倍之，朕岂尔贷！稍俟三殿，爰诹既定，足备庀材鸠工之需，朕又何爱内帑之崇墉比栉，不以急吾民哉。惟尔亲民之吏，悉心图之。务若膏雨濡土，罔非实受，用副朕轸惜饥黎至意。

四素山房集卷之二终

# 四素山房集卷之三

济南刘鸿训青岳著

## 诰敕

### 原任太子太保礼部尚书文渊阁大学士李廷机

制曰：朕营精上理，祗通先猷。惟兹论道，经邦之臣。懋著调元，弘化之烈。矧启沃勤共于旃席，而寅清夙表于礼闱。眷尔忠嘉，光予休命。典刑遽谢，纶诰宜申。尔，具官某，宅心正直而出之以温恭，秉识闳深而守之以贞介。轩墀专对，蚤成华国之章；史局践更，丕擅弘文之誉。历储寮而司乐正，繇端尹而贰秩宗。造士抡材，障狂澜于末习；弼谐降典，振冲翼于春宫。金华之讲义时陈，玉铉之谟谋久裕。爰参密勿，俾预论思。纳牖摅忠，赞万微而无斁；和衷笃棐，蔼一德以承休。夙夜在公，石庆醇谨之风可挹；委蛇退食，杨绾清廉之节特彰。黼黻允赍乎皇猷，弥缝每资乎衮职。肆嘉岁阅，既跻保氏以升衔；适溯旧庸，宜霈廷纶于巽命。庆流延世，宠冠群伦。兹补授尔阶光禄大夫，锡之诰命。于戏，亮工熙载，方倚毗于黄扉；雅尚贞操，遽逊肤于赤舄。恍忠贤其如在，阐德业以若新。祗服龙章，永辉凤阁。

制曰：元臣赞化，竭忠荩以事一人；淑媛刑家，荣敬共而处四德。爰酬庸于鼎铉，特疏宠于坤贞。尔，具官某妻、累封淑人林氏，毓自望宗，嫔于儒硕。肃珩璜而谨度，誉协桃蕡；谐琴瑟以和鸣，恩覃葛藟。枲丝时理，式襄补衮之功；锜釜勤湘，允佐调羹之业。懋宣令闻，荐沐隆恩。是用封尔为一品夫人。象服表其山河，再三非渎；鸾章贲于图史，伉俪永光。

制曰：善人积德百年，庆垂奕叶；王者疏荣七命，泽及曾闱。惟一臣保我子孙，斯数世并兹祉福。朝为钜典，家曰殊恩。尔，李仲，乃具官某之曾祖父。种德心田，储休性地。怀珍韫采，不役志于纷华；体信惇仁，特邃情于孝友。矫矫达人之致，好爵勿縻；坦坦履道之贞，暗室不愧。肇嘉祯于长发，茂起阿衡；溯笃祜于深仁，聿隆烝衎。是用赠尔为光禄大夫、太子太保、礼部尚书、文渊阁大学士。秩峻宫阶，荷荣光于宝笈；恩流家乘，阐烈假于璇源。

制曰：朕惟锵鸣应吉，诞开昌炽之符；樛木垂仁，爰启振绳之祚。眷天工之寅亮，追世德以扬徽。尔，谢氏，乃具官某之嫡曾祖母。肃雍自性，敬慎持身。蚕绩惟勤，赞清修于蘋轴；筥筐是饬，协孝祀于宗祊。衮裯之惠特宏，式隆匕鬯；瓜瓞之源俶启，瑞应盐梅。惟福履之永绥，宜恩荣之远逮。是用赠尔为一品夫人。纶綍辉煌，昭芳猷于正始；簪缨嗣续，绵多祜于方来。

制曰：望崇调鼎，合荃宰以同心；兆叶征兰，历云礽而介祉。既永开乎苗裔，宜并逮以芝函。尔，胡氏，乃具官某之生曾祖母。顺正无违，承尊有则。祥钟筦簟，实天吏之示其征；祚衍宗祧，佐仁人而昌厥后。惟于秉成之良弼，乃尔笃庆之曾孙。金作砺而川作舟，平章允赖；水有源而木有本，渥泽均沾。是用赠尔为一品夫人。贯鱼锡羡，同谐五世之占；饰翟有光，永作九泉之耀。

## 原任太子太保兵部尚书黄嘉善

制曰：圻父掌王爪牙，北斗为天喉舌。兵钤靡测，固难遥制其机宜；庙算贵周，式赖居中以翼赞。旧劳足念，新命宜颁。尔，具官某，谨恪廉方，端凝弘毅。抱经伦之雅度，一德咸资；具文武之兼才，万邦为宪。牵丝叶邑，性喜真龙。随牒云中，伐高分虎。荐跻藩臬，作障边方。干旄孑孑，既崇秦晋之金汤；申伯番番，爰畀贺兰之节钺。威令久孚于一镇，简书宠制于三陲。弭外患以底内宁，皆出石公之秘略；净西偏以巩中国，孰非方叔之壮猷。适有事于辽阳，因晋司夫枢秉。姚崇宠任，宰相而总夏曹；毕召异恩，三公而兼司马。忠诚并竭，何堪羽檄之交驰；心血几枯，欲副股肱之硕望。庙谟聿布，隆泽宜沾。兹以覃恩，授尔阶光禄大夫，锡之诰命。顷二鼎告成，卿扳髯毕慕；比皇图嗣极，卿引翼尤劳。光龙未优，冥鸿遽蹈。尚其悬心魏阙，不忘入告之猷；梦寐虏庭，用究折冲之伐。衷忱弥坚于葵藿，召命只俟夫蒲轮。

制曰：雾中隐豹，清修之操以敦；琴里离凰，白首之思弥笃。昔共襄于王事，今宜体夫私衷。尔，具官某妻、累赠夫人江氏，芷馥芳仪，川流淑问。湘锜湘釜，克光孝享之诚；解珮解环，用相下贤之度。干城式资乎锁钥，尝致儆于鸡鸣；表里岂恃乎山河，每咏歌夫虎韔。穆然梱范，念不去膺；秩尔德音，言犹在耳。痛虞渊之既没，尤湛露之宜瀼。兹以覃恩，赠尔为一品夫人。六珈之象服，申以丹纶；孤保之翟车，光于玄壤。

制曰：楚茨抽棘，济跄先祖是皇；疆场菹瓜，寿考曾孙之祜。德可久而业乃大，世虽远而泽自长。尔，黄昭，乃具官某之曾祖父，赋性真醇，饬躬毖谨。力田孝弟，含太古之淳风；辑族仁恩，抱高贤之懿范。与人惟不妄，乡评雅重彦方；处世本无心，月旦共称叔度。既以诗书为弓冶，宜膺兰捡之丝纶。兹以覃恩，赠尔为光禄大夫、太子太保、兵部尚书。太液之恩波，三孤独渥；南山之福泽，二雅赓歌。

制曰：保衡保奭，疏荣推克敬之休；多黍多稌，烝畀侈孔皆之咏。种德迈百年有庆，于飞叶五世其昌。尔，于氏，乃具官某之曾祖母，慈和性与，柔顺坤贞。持孝敬以承尊，行芬兰茝；推慈恩以洽族，惠润江河。俭御茹蘆，桓氏之风宛尔；勤亲缁綖，敬姜之范犹存。兹以覃恩，赠尔为一品夫人。溯鹿门之偕隐，哲浚闻孙；飞凤捡以流恩，庆归祖妣。

制曰：韩侯受命，干庭追匪解之劳；山甫徂齐，赋政有缵戎之誉。执砚念书香世泽，锡圭重两叶王休。尔，累赠资政大夫、太子少保、兵部尚书兼都察院右副都御史黄正，乃具官某之祖父，资同璞玉，德比醇醪。集木持身，世识禀特操之范；虚舟触物，人知怀不竞之心。源远流长，自植一乡。善士器宏载重，笃生命世元臣。顾观启沃之良，皆本诒谋之谷。兹以覃恩，加赠尔为光禄大夫、太子太保、兵部尚书。皇恩虽荡，台阶之锡独隆；余庆方浓，东海之波不尽。

制曰：乌鸟私情，犹慕重闱之养；燕诒介祉，当穷水木之源。顾兹宿草已生，尤重采芹隐念。尔，累赠夫人时氏，乃具官某之祖母。肃肃为资，雍雍作度。行必期于珮玉，不露疾辞；德尝抱夫白华，惟知纯孝。名门毓秀，不忘布素之遗风；奕世浚祥，笃胤蹇躬之元老。溯璇玑之酌元气，宜圭卣以渥宗祊。兹以覃恩，赠尔为一品夫人。恩加于难加之地，申命方隆；类锡以永锡之孙，孝思不匮。

制曰：击钟列鼎，方兴风木之思；良冶学裘，宜普霞纶之锡。盖子述必繇于父作，君恩贵体夫臣衷。尔，累赠资政大夫、太子少保、兵部尚书兼都察院右副都御史黄作圣，乃具官某之父，斫雕为朴，赴谊如趋。恬甘石隐，耻逐荣利之场；教笃舌耕，遂获丰年之庆。披素襟以应物，与世若虚；歌伐辐以风廉，处脂不润。顾老成精忠以忧国，实庭训移孝之诒谟。作辅王家，增光弥庙。兹以覃恩，加赠尔为光禄大夫、太子太保、兵部尚书，如尔子官。贤劳念旧，姓名永载于旗尝；恩泽方新，宣贲长光于松柏。

制曰：罍惭瓶罄，方深何恃之思；丝断机空，靡重终身之慕。正痛宫闱而恸念，宁忘褕服以推恩。尔，累赠夫人王氏，乃具官某之母。徽音雍穆，矩度贞严。奏琴瑟以和湛，庭钟瑞气；借渊流而散润，邻被仁风。曩子主中权，晋持枢柄。缪绸之豫计，皆效拮据；痛痒之关心，式遵顾复。功即存于宗社，泽可缓于慈闱？兹以覃恩，赠尔为一品夫人。昊天罔极，即怀陇木之悲；国庆有加，少慰陔兰之养。

## 总督蓟辽兵部右侍郎兼都察院右佥都御史文球

制曰：朕丕覆华夷，深惟攘抚。简兹熊罴不二心之臣，畀以蓟辽数千里之寄。内扃神皋，外疆戎索，以驭东北蠢尔之众，而联九塞率然之形。托属滋重，控制惟艰。尔，具官某，性笃忠贞，才兼文武。爰从大农之署，旋专雄郡之城。践历臬藩，茂著采薇之烈；晋隆开府，益彰鸣剑之伐。迨东方羽檄交驰，特畀尔今兹之任。尔能以恩威驭□，以整暇诘戎。甲兵夙富于胸中，绦緤潜掣于掌上。款以制诸□，不使□得制其机；饷以饱三军，讵令□得饱其欲。百城尽遵约束，四夷咸惮风稜。佐佑上卿，计覃兴而赞枢务；区画总镇，固牖户以壮金汤。望重三朝，功高八座。兹用覃恩，授尔阶通议大夫，锡之诰命。夫御戎有长策，金缯直羁縻之权；夺人以先声，樽俎寓折冲之略。将师中奏吉，阃外宣威耳。今朕且料□运将终，尔筹益展。伫闻露布，树未有之奇勋；好勒云台，媲前人之伟绩。尚需后命，用答壮猷。尔其钦哉。

制曰：上臣勤安攘之略，靡室靡家；士女处赞助之劳，维筐维莒。眷言同德之匹，宜敷并贵之荣。尔，具官某妻，封恭人杨氏，系出名宗，躬含淳德。表珩璜而植范，肃苹藻以持家。务俭去奢，克佐素丝之节；履荣持满，犹廑杂佩之规。惟幕府之风清，知中闺之政举。是用覃恩，加封尔为淑人。枫宸宣宠，申三锡以弥光；榴阁承恩，历百年而未艾。

制曰：无竞维人，庆裕百年之积；不显亦世，恩隆三庙之光。爰嘉竹帛之殊勋，用霈蓼萧之濡泽。尔文贤，乃具官某之祖父，蔼蔼吉人，瞿瞿良士。闾里称为长者，今世所谓古人。启尔闻孙，开厥庆祉。是蕉是蓘，可忘种德之勤；维翰维垣，方举酬功之典。兹特赠尔如尔孙官。纶綍貤荣，宠在群僚之上；祖孙济美，永垂奕世之庥。

制曰：王母基德，受介福以善贻；价人殿邦，肇戎公而锡祉。特崇钟鼎之绩，用体似续之思。尔赵氏，乃具官某之祖母，禀德静专，禔身孝敬。成白华之志，恭洁藻芹；佐朱萼之情，欢偕芣苡。钟百年之余庆，启一代之伟人。勋庸既茂于公家，尊宠宜归于大母。兹特赠尔为淑人。徽音如在，宁忘执砚之思；优渥方新，长慰析薪之望。

制曰：国重干城，需壮猷而宣武烈；家宏堂构，资式谷以树丕基。方锡祉于劳臣，宜升华于祢庙。尔，累赠中宪大夫、山东按察司副使文遇，乃具官某之父。含真赤子，程德先民。务滋以沃其根，不雕而返于朴。居然石隐，蔚矣清修。故年有限而泽长，克开柱础之佐；乃德可久则业大，遹昭彝鼎之勋。不有崇褒，曷旌上善。是用覃恩，加赠尔如尔子官。功懋懋赏，鸿名并勒于旗尝；子爵爵亲，鸾綍光生于泉室。

制曰：劳臣宣力驰驱，歌来谂于将母；孝子有怀鞠育，哀衔恤于鲜民。况普纶綍之荣，更饮杯棬之痛。用锡尔类，以作臣忠。尔，累封太恭人盛氏，乃具官某之母。躬有令仪，嫔子硕德。螽斯不妒，哪数樊姬；樛木流慈，讵惟商女。

蚤沐大官之赐，虽酬寸草之心；晚膺名臬之封，未竟树萱之养。即今三镇节旄之寄，悉繇百年杼轴之遗。兹用覃恩，特加赠尔为淑人。玄英永谢，难留白日之辉；紫诰重颁，长贲黄垆之色。

## 原任巡抚四川都察院右佥都御史吴用先

制曰：勋垂竹帛，宪邦资文武之才；业绍箕裘，承家本创垂之烈。是以嘉勋猷者不靳殊恩，劝忠孝者特隆蕃锡。尔，赠奉政大夫、礼部主客清吏司郎中吴应道，乃具官某之父。行崇坊表，学探渊源。丙夜篝灯，丁年赍志。虽瑾瑜之未试，而蘸袭之已丰。爰启甫申，司余锁钥。循良誉蜚严邑，寅清望重春曹。餴饎之劳，旗尝载勒。特简旌旄于玉垒，聿隆保障于锦江。尺檄星驰，罗活之跳梁剪灭；全师电扫，藜歧之反侧荡平。资事父以事君，朱干有赫；寓教忠于教孝，素业弥光。兹特移赠尔为中宪大夫，如尔子官。穹阶晋陟，锡三命以升华；异数载膺，贲九原而不朽。

制曰：国之所宝唯贤，剑阁功高仗钺；士也靡依匪母，萱帏教溯趋机。尚假宠乎露萧，庶纾情于风木。尔，累封宜人方氏，乃具官某之母。毓精鼎祉，婉美坤裳。髧彼悲深，独身而肩前后；藐诸辱在，专屋而任父师。劳已彰于当日之导舆，庆弥流于兹辰之秉钺。严瞻惟允，杼训所诒。雕戈荡节之隆，言崇公衮；象珥鱼服之宠，用锡慈闱。兹特移赠尔为恭人。玄垆赫奕，服恩命以维新；彤管辉煌，播德音而如在。

## 翰林院编修李孙宸

敕曰：旧言词臣之地，凌玉清，溯紫霄，亦惟是高华亲切，在人主左右耳。然匪丰仪蕴抱足以备顾问而擅编摩之长者，夫亦安取？尔，翰林院编修李孙宸，器度嶙珣，文词蔚茂。爰列北扉之选，早窥中密之藏。而尔逊志惟勤，禔躬滋慎。值嚣谇纷华之会，品概如山；持清夷恬淡之操，门庭若水。学既储夫二酉，才更擅乎三长，可谓华实并隆、人地两重者已。兹用覃恩，阶授尔文林郎，锡之敕命。于戏，词臣之职，至不易称，况朕临御方新，锐思典学。尔尚益宏陶练，博综千古，用弼成余一人。朕且以不次庸尔也。尔其钦哉。

敕曰：儒臣列金马之班，朝推骏望；淑媛赋鸣鸡之咏，室戒燕私。宜被国华，用章壶德。尔，具官某妻罗氏，柔嘉秉则，端肃为仪。无方竭佐馂之欢，一意襄下帷之业。早叶熊罴之梦，已露颖而见奇；久甘荆布之尝，但食贫而敦素。既宽内顾，可耀中闺。是用覃恩，封尔为孺人。珠帔静好，永怀杂佩之风；

象服委佗，弥砺素丝之节。

敕曰：士有在笥之经，必诒诸子；国有疏荣之典，必逮其亲。子以父贤，父缘子贵。故兰滋有种，祭必先河。尔，李厥永，乃具官某之父。诚心为质，于世寡营。有诗书发冢之心，为里闾当户所夺。孝友敻绝于流俗，逍遥顿出于风尘。海上忘机，山中阅世。竟起丹穴之凤，来栖白玉之堂。家瑞已呈，国恩渐被。兹以覃恩，赠尔如尔子官。龙章甫锡，表潜德于香山；马鬛貤封，下明纶于榄水。

敕曰：慈母之德如美玉，在渊精光外见；儒臣之贤如琼树，有本溉沃宜先。爰沛闳纶，用褒懿范。尔，何氏，乃具官某之母。严以成慈，静而不惰。禋祀致虔于蕰藻，旨甘务敬于瀡滫。食无兼味，日惟脱粟藜羹；座有高朋，何妨剪发锉荐。尔殆贤母也，亦才母也。乃获书之诲已成，而湛露之恩弗待，良可闵斯。是用覃恩，赠尔为孺人。光生瘗玉之墟，宠慰执杯之慕。

## 翰林院编修杨景辰

敕曰：词臣珥笔螭头，侍朕左右，实为清切之班，必择端良之彦。所以储养辅佐，待才用之府也。尔，翰林院编修杨景辰，器宇沉凝，题品有如彝吕；赋才伟畅，摛文注若江河。昔弁冕于礼闱，今编摩于史室。燃藜天禄，能读九丘八索之书；染翰石渠，独追五诰三盘之体。承明著作之庐，有才如尔，恐不多得，良足嘉尚。兹以覃恩，授尔阶文林郎，锡之敕命。朕践祚之初，勤思文治，方钦崇奖儒臣，昌明大业。尔尚殚心铨次，加意讨论，无但字句比栉之为工，则裨益宏多，用占表树。尔其钦哉。

敕曰：人臣甫释褐即享大官之饩，而井臼食贫之匹鲜不易。乃鲜华顿改寒素，妇德之凉，内美何存。尔，具官某妻黄氏，清风偕励，益友相宾。捐簪珥以调甘，躬緝绩而佐读。尔姑杯棬遗痛，几至陨生，尔舅鳏焉一室，尔夫单车就道，万里瞻云，惟尔夙夜承颜，补乃疏缺。尔夫之忠，尔孝成之也。兹以覃恩，封尔为孺人。方膺一命之荣，弥赞五紽之节。

敕曰：朕崇奖文学之臣，问其家世，乃知衡门隐哲，有迪德笃诲之功焉。褒叙成劳，俾从子贵，国之经也。尔，杨南宗，乃具官某之父。读书孔博，制行惟醇。清方不逊太丘，表厥宅里；严正有如公绰，振乃家声。盖自辟咡，负剑以至。尔子读书中秘，视草銮坡，作朕史职之良，惟尔之教，尔子罔不率焉，朕甚嘉之。兹用覃恩，封尔如尔子官。国华初贲于丘园，家乘渐光于纶綍，殊未艾也。尔其钦承。

敕曰：子能奋迹蓬茅，班联笋玉，宁惟父教是冯？盖折葼授荻，劳以成爱，率致显荣，则母氏之慈诲足多也。尔，张氏，乃具官某之母。诞美名阀，作俪儒英。妇德静嘉，相夫贤而解佩；母仪令善，佐子学以鸣机。尔既见尔子之成名已，乃天庖之禄予初秾，而萱闱之摧零蚤至，良可闵斯。未及佩玉之荣，自有焚纶之典。兹用覃恩，赠尔为孺人。彰淑问于明廷，贲芳魂于泉室。

## 大理寺卿郑继之

制曰：朕肇建储闱，覃敷闿泽。眷惟棘寺之正，服在大僚；爰有慎狱之功，佐予钦恤。宜加褒宠，以答殊庸。尔，具官某，志操端纯，才猷畅裕。自蜚声邑宰，晋补曹郎。以清融敏练之资，著廉惠精勤之绩。既而擢守剧郡，践历臬司。乃望云之念即深，而悬车之日亦久。爰以夙望，召起西藩。旋入佐乎冏尝，遂正秩于廷尉。尔能以明清断狱，以仁恕率僚。五极咸中，三乂惟允。当朕肆赦之会，实多平反之功。厥绩茂矣，朕甚嘉之。是用授尔阶通议大夫，锡之诰命。于戏，定国祥刑，冤抑消于闾里；善果执法，风裁显于公卿。惟恕惟公，乃称明允。尔尚体予一人好生之意，令斯民无失人之忧，罔俾二臣得专美于前。朕于尔有崇寄，钦哉。

制曰：明五刑以弼教，允藉仁人；谨四德以宜家，亦资淑媛。故奖臣劳于棘寺，必旌妇顺于兰闺。尔，具官某妻、赠恭人胡氏，德中珩璜，教遵图史。柔贞素凝于燕婉，恪供堂上之旨甘；敬戒益切于鸡鸣，克佐帷中之辛苦。顾乐机犹在，而桓范已遐。爰旌清犴之功，益眷鸣环之助。是用覃恩，赠尔为淑人。光贲黄垆，誉垂彤管。

制曰：妇有懿德，能嗣美乎前徽。则夫克交修，能永终其令誉。故即悲深旌断，而必宠贲纶褒。尔，具官某继妻李氏，令仪躬备，淑行性成。笃孝敬于苹蘩，式慰白云之慕；禔言容于图史，每陈玄豹之规。今尔夫狴狱风清，渐历斗枢之崇陟，而尔鸳帷劳谢，久遐环佩之余音。是用覃恩，赠尔淑人。显命荐承，幽原永贲。

制曰：人臣有功于国，实资父以事君；贤士不显其躬，乃受祉而及子。故有追崇之典，以昭式谷之光。尔，贡士、累赠中宪大夫郑时中，乃具官某之父。行树儒宗，腹涵经笥。董帷夜静，冥搜六艺之渊；马帐风高，坐会四方之笈。乃名以文显，蜚声已占一经；而道与时迍，落日竟迷五色。乃眷握兰之彦，式成听棘之功。广予德之好生，实尔躬之遗训。兹者茂隆储位，式普恩纶。是用赠尔为通议大夫，如尔子官。荣方新于三锡，泽永贲于九原。

制曰：程妇德者以夫，观母教者惟子。若乃夫为名士、子为名卿，则淑范已树于彤闱，而恩光宜锡于玄壤。尔，累封太恭人陈氏，乃具官某之母。性含纯德，身有令仪。拮据佐勤，效趣机之乐范；廉平示训，伻听阁之郑模。芬藻润于缣缃，本之内助；霈鸿慈于犴狴，厥有母仪。兹以覃恩，赠尔为淑人。爰颁翟袚之华，于慰杯棬之慕。

制曰：达人种德，尝施及于孙谋；君子树勋，亦克绳其祖武。故列于崇秩者，咸加以纶。词盖本源，亦示优眷也。尔郑玺，乃具官某之祖父。瞿瞿雅士，坦坦吉人。孝弟力田，迹不逾于畎亩；谦和与物，诚可格乎嚣纷。乃啬于用，亦啬于年。而丰于德，即丰于后。积善必报，岂曰天道无知；稽古为荣，实以燕贻有自。是用覃恩，赠尔如尔孙官。祗荷国恩，永光家乘。

制曰：世有闺阁而修烈士之行者，不独可以起颓风，乃其坚贞之操，亦足砥砺后人，而令以精白事主也。推恩有章，朕不敢靳。尔，金氏，乃具官某之祖母。动遵女史，德备妇师。颜辞鸾镜，秉坚白于一心；爰笃熊丸，启汗青于再世。眷兹阀阅之盛，益显徽音；加以纶綍之荣，庶扬内则。是用覃恩，赠尔为淑人。尚克歆承，以绥来裔。

## 太常寺少卿程绍

制曰：振礼乐之菁华，辅修盛典；昭神祇之精爽，赞导法仪。于奉尝式嘉赖之，故收耆望以端浮，亦简儒英以崇雅。尔，具官某，才比霜刀破竹，品同玉树临风。理郡天中，播仁风于二石；拾遗雉尾，扶赤口以六龙。补衮职于王躬，何辞张胆；援衣冠之泥首，不惮批鳞。草野忠贞恋主，心悬魏阙；国家耆旧赐环，荣列容台。摅夔契之芳猷，渐见星禽率舞；佐虞周之文治，行看祥凤来仪。兹以覃恩，授尔阶中宪大夫，锡之诰命。朕惟天地之翕张，非底丰则啬；王猷之凝系，能反沴为祥。尔尚准金石为节宣，持箫韶以调化。则人神胥訚，世风无愀郁之期；气运从亨，国祚有灵长之庆。尔之绩也，朕敢忘哉。

制曰：弋雁与凫，诗有将翔之美；困鳞委羽，室无交遍之讥。贤既冠于笄流，恩宜隆以衮锡。尔，具官某妻、封孺人袁氏，兰德惟馨，坤仪效顺。春风苹藻，有齐行皎珩璜；静日帘花，爰处和鸣琴瑟。闻星明之儆，忠荩尤勤；弘雾隐之箴，文章自泽。兹以覃恩，封尔为恭人。祗膺泥捡之休，弥赞旗尝之绩。

制曰：渊珠铲采，国怀照乘之珍；璞玉流虹，家衍连城之庆。况值宫闱疏泽，自宜车服隆恩。尔，生员、封文林郎、河南汝宁府推官程讷，乃具官某之父。早袭书香，长怀左癖。茧骝价重，才屡摈于天闲；祥凤名高，瑞复钟于丹穴。玄成之综博，宁云得手应心；汲黯之戆忠，共道象贤式谷。尝飞流以布润，真修自重旦评；非采药以救颓，理性直跻眉寿。兹以覃恩，封尔为中宪大夫、大常寺少卿。祗膺兰捡之荣，用俟蒲轮之召。

制曰：瓶罍既罄，蓼莪何恃。兴嗟机杼犹悬，风木亲违在念。方重昊天之蠹，宜敷零露之恩。尔，赠孺人马氏，乃具官某之母。妇仪玉曜，闺则兰芳。相哲士以俭勤，挽车比躅；袭高门之贵介，斥绮同贤。安世为诤臣，明目皆繇母训；孟宗有清范，封鱼允作官箴。兹以覃恩，赠尔为恭人。显膺飞诏之云霞，默相升名于日月。

## 鸿胪寺左少卿展自重

制曰：朕恭己垂衣，朝百辟而临万方，所肃等威于表著、传辞令于廉陛者，惟胪臣是赖。故地秩清华，自昔重之。尔，鸿胪寺左少卿展自重，矩度端凝，风仪严整。观光胃子[1]，播雅誉于芝兰；荐贰华卿，依清光于日月。音姿爽朗，周官之礼乐在兹；进止改观，盛世之威仪复睹。贤声久茂，普庆宜加。兹以覃恩，授尔阶奉直大夫，锡之诰命。顷者宫闱多故，事务倥偬，尔熟于朝章，拮据典礼，著有劳绩，业赏赉尔，尔尚靖乃职。朕将明陟，尔懋之哉。

制曰：国家流庆荣及闺闱者，虽云并贵有典，亦以比德宜隆耳。尔，具官某妻，封安人王氏，坤德维柔，居丰能俭。綦巾茹藘，即素丝五总之风；杂珮明星，为束带立朝之范。官尝克赞，妇则足嘉。兹以覃恩，封尔为宜人。式服鸾书，用章翟茀。

制曰：士慎修厥德，而未繇耀采明时，乃钟庆于子，能为国典九宾、肃容仪，即尔蕴抱之售于世也，褒崇宁可后耶。尔，赠儒林郎、鸿胪寺左寺丞展希文，乃具官某之父。自守孤贞，不求闻达。坚雅谊于金石，名重乡闾；通至行于神明，誉彰孝友。裘马之风虽泯，诗书之泽犹存。兹以覃恩，赠尔如尔子宫[2]。恩光荐被于夜台，世德永芬于家乘。

制曰：板舆御母，人子燕喜之情也。若履綦犹在，风木兴凄，体恤下私，宁遗锡宠。尔，封太安人柳氏，乃具官某之母。坤仪效顺，妇德柔嘉。弋鸿雁而将翔，明星有烂；持熊丸而课读，片月夜光。追怀蔗境之欢，业荷芝泥之贲。兹以覃恩，赠尔为宜人。彰淑问于明庭，贲芳魂于泉室。

## 尚宝司少卿邵辅忠

制曰：和鸾在序，固多謇谔之臣；海水群飞，式赖忠贞之侣。欲备节旄之

---

① “胃子”，据文意，当作“胄子”。

② “宫”，据文意，当作“官”。

妙选，暂司符玺之清华。尔，具官某，于莫雄才，醍醐仙品。朱轮理郡，仁风尝拂荆溪；丹笔平刑，惠露昔湛棘木。授玄夷之秘，名重鸤鸠；司禄籍之衡，价收神骏。忧时愤世，击奸宁捋虎须；匡主输猷，弃甲知关鱼集。树霞标于月路，足新四国之瞻；扶日驭于烟衢，可受连城之寄。兹以覃恩，授尔阶奉直大夫，锡之诰命。方今东□梗化，威信不行，若何而寸符足寒□胆，若何而尺组可系单于？尔尚吁乃谟、矢乃志，朕将宏尔畀尔，惟称朕衷哉。

制曰：湘锜及釜，顾苹藻之无人；采佩褰裳，怅蕙兰之坠露。人情不免惋惜，褒锡所宜隆嘉。尔，具官某妻、封安人曹氏，诞毓华宗，素娴女训。慈仁钟于庶胤，螽斯雅咏在兹。孝敬悦于姑章，燕喜私怀足慰。性甘布素，桓少之行追踪；识冠笄流，许允之妻比躅。芳仪芷馥，淑问渊含。兹以覃恩，赠尔为宜人。显承申命之丝纶，默相皇猷之黼黻。

制曰：蓝玉生烟，式重闺仪吐曜；浦珠有泪，何期艳质忽凋。宜芝捡之重颁，慰茹藘之隐思。尔，具官某继妻赵氏，秀擢松花，慧同楮叶。机丝纂组，巧过古之针神；腹笥经书，文冠今之女史。相外谆谆祗洁，洲乏木奴；理家井井有条，壶无稗政。兰年不待，蕙露方浓。兹以覃恩，赠尔为宜人。祗膺纶语于丹宸，尚绎休声于彤管。

制曰：仇览蒲亭，鸾凤栖于枳棘；玄成石阁，龙驹产自渥洼。溯世德之发祥，宜循源以沃本。尔，封承德郎、刑部陕西清吏司主事邵凤来，乃具官某之父，少嗜诗书，动循矩矱。耻公庭之刀笔，聊事赀郎；慕高士之清修，力严弊窦。爱隆同气紫荆，兄弟为花；教肃后昆赤玉，谢家作树。羔裘司直，畴非庭训之诒；蜗舍固穷，自有啸歌之适。爰沾露綍，更普霞函。兹以覃恩，赠尔如尔子官。服鸿休之荐锡，酬龙剑之埋光。

制曰：山云可望，畴无子舍之怀；薤露易晞，曷释慈闱之念。咏《蓼莪》之何恃，隆芝捡以为恩。尔，赠安人谢氏，乃具官某之母。设帨华宗，结缡彦士。承姑章而祗载，孝结于心；抚幼叔而协衷，和蒸为瑞。雾豹之心不欲，行比蕙兰；塍鱼之爱宜家，风腾葛藟。贤宜宠锡，庆值覃恩，是用赠尔为宜人。式膺枫陛之休，永贲槐阶之业。

制曰：褕翟隆恩，视露萧而笃庆；鼎钟欲养，溯风木而增怀。朕方注念于深宫，允宜霈施于有位。尔，赠安人郑氏，乃具官某之继母。高门之胤，素位而行。履泰不骄，仪一而心如结；食贫无愠，室劳而意尤甘。幂酒醴以相娱，惟知旨蓄；积诗书为教泽，宁异属毛。舞席既违，恩纶荐至。兹以覃恩，赠尔为宜人。下凤书而申锡，被马鬣以扬辉。

制曰：翩骓苞杞，将母来思；乌鸟茹荼，号天罔极。自非蕃庶之厘，曷慰贤劳之念。尔，封安人叶氏，乃具官某之生母。妇德柔嘉，闺仪祗若。身亲操作，贤如瓮汲之流；心厌繁菙，德媲荆椎之范。伴篝灯以课读，欧阳之爱何殊；脱簪珥以易书，络秀之风犹在。凡此明廷之伟树，胥繇壸教之勤斯。是用覃恩，赠尔为宜人。荐申纶綍之荣，聊慰杯棬之慕。

## 光禄寺少卿胡克俭

制曰：古之设禄勋也，掌醴典羞，虽养和平之福，论羹喻腹，实关献替之规。职居九列，为清华官，赖正人以考德。尔，具官某，生而孝友，长抱忠贞。振藻词林，花丽江淹之笔；绣衣盛府，霜寒张著之冠。抗疏逆鳞，心不回于九折；投闲戢曜，名弥重于一方。开炉冶而铸人，道隆淮汝；置学田以敦俗，化洽善良。物望久归，崇跻允协。芳猷初著，普庆宜加。兹用覃恩，授尔阶奉政大夫。修正庶尹，锡之诰命。朕冲年嗣祚，求治靡遑，外患内宁，嗜贤若渴。闻尔之里居也，能化刁顽而改行，立宗法以遵彝。傥修之家者移以燮国，则鹓鸾有雍穆之风，蛇豕无披猖之虑。朕将明陟尔，宁至借材哉。

制曰：以引以翼，闺仪雅咏鸡鸣；靡室靡家，下悃重违燕喜。况环珮之声已寂，鸾弦之绝堪怜。尔，具官某妻何氏，端方夙禀，辛苦自甘。祗敬事姑，江水之鱼比范；敛华饬己，南山之豹箴廉。咏《樛木》以流恩，抚庶不殊离里；著绸缪以结爱，宜家何翅吹篪。屋月虽沦，兰风弥馥。兹以覃恩，赠尔为宜人。式膺泥捡之庥，默相鼎鼒之祉。

制曰：骅骝累蹶，方怜命世之真材；祥凤来仪，宜锡推恩之章衮。矧值宫闱普庆，更宜云汉昭回。尔，生员胡琯，乃具官某之父。文蕴日星，学宗洙泗。訚訚与世直方，大以能容；穆穆怡家孝友，施于有政。教人必循理性，及门多瑚琏之资；处困不汩天真，结社尽斗山之侣。生钟维岳，道为士类所宗；没祀于乡，名比嵩高不朽。兹以覃恩，赠尔如尔子官。祗膺尺綍之方隆，少慰千钟之不逭。

制曰：寸草三春，人子之心綦切；鸣钟列鼎，慈闱之念尤勤。发遗笥则云徂，咏维罍而宜体。尔，王氏，乃具官某之母，躬有淑德，夙佩女箴。事姑栗玉同温，煦族渊珠比润。忍栲丰客，贤声蔚彼盘山；刻意守孤，和气蒸于紫水。置一身以任事，教茂女宗；奉三釜以为欢，昔称寿母。兹以覃恩，赠尔为宜人。被王言之初涣，溯淑誉而犹存。

## 光禄寺寺丞柳佐

敕曰：光禄为尚礼尚食之官，置署禁地，举王宫之汰约奢俭，司其事并制其节，任至重也。然庞杂需才，膻腻需守，易侵冒需风力，卿佐每难其人。尔，具官某，金石肝肠，冰霜节操。循政业隆于初组，直声大著于峨冠。逆鳞可撄，何惧一生九死；高隼可射，无妨螳背车辙。追削籍而飘然，遂藏身而淡若。门多隽士，族有义庄。弘渡小溱洧之舆，食贫起清源之瘠。尔可谓恬而且才，仁以述行者已。兹以覃恩，授尔阶儒林郎，锡之敕命。夫大官一丞，惟是借尔廉干，以旬日之厘剔，为诸署之仪式耳。朕求治方殷，正赖耆硕，寻不次陟尔也。尔其益展宿抱，裨佐新猷，无替朕命。钦哉。

## 户部右给事中张国祥

敕曰：朕御极之初，见宝幄双引导乘舆出入者，曰六垣给事之臣，何亲切也。因考国初设官之意，欲其职献纳、司封驳，能令主无专恣，政鲜违失。不有正人，曷堪此任。尔，具官某，丰仪端雅，才识精融。正色立朝，矢志绝无偏党；因时启事，陈牍但有公忠。能折众言之淆，不堕风闻之误。古所称司绳补衮之良，尔可追踪而趾美已。是用覃恩，授尔阶文林郎，锡之敕命。夫六垣号称源士，谓政事源头，清浊基此。尔能举廷议廷推廷鞫，以及细大得失之故，先事而陈，后事而救，朕攸赖之。伫有后命，尔其钦哉。

敕曰：士有结缡之媛，佐下帷而攻苦，厥劳著矣。故从爵有章，存逝勿问，毕被光华，所以重伦始也。尔，具官某妻王氏，宜桃协范，纫茝扬芬。俭勤谨于衿鞶，肃雍共乎锜釜。篝灯丙夜，方启绩于鸡鸣；溘露乙朝，倏沉沦乎燕婉。兹用覃恩，赠尔为孺人。式贲如纶之宠，爰纾断袿之悲。

敕曰：掖垣之职，陈义引绳，争是非于黼扆之前，必有贤媛为之箴儆于室，岂其疏宠，可遗内阶。尔，具官某继妻王氏，德门毓范，哲士作逑。前徽笃嗣，曾无出阈之言，内则夙闲，雅绝鲜华之慕。曳缟綦而从仕，节赞五紽；瞻星露以规勤，功襄一德。是用覃恩，封尔为孺人。丕承珈茀之荣，茂赞琐垣之烈。

敕曰：弼直明廷，人子资以广孝；推恩家世，朝廷借以酬庸。惟堂构之相仍，锡兹亮节；斯弓裘之并赉，泽及严闱。尔，封修职郎张汝孝，乃具官某之父。蔚矣清修，居然硕德。柴桑更老，业是蓑而是藨；畎亩诗书，遂既收而既获。自乐丘园之贲，人高衡泌之风。道属名流，福宜大至。兹用覃恩，益封尔如尔子官。用褒式谷之功，益励教忠之劝。

敕曰：为王耳目，荩臣宣謇谔之忠；生我劬劳，孝子切鞠育之慕。情宜上逮，国有彝章。尔尝氏，乃具官某之母，孝恭自性，端肃为仪。椎布甘贫，克副冥鸿之志；篝灯佐读，雅称和胆之规。母范克闲，宾仪罔斁。既诞朝阳之凤羽，允协普被之龙文。兹用覃恩，赠尔为孺人。袭恩光于黄闼，玉捡缤纷；启幽赞于玄扃，金泥错落。

敕曰：妇行母仪，两者盖并重矣。兼而蹈之，则福祚之钟，不于其夫，必于其子，宜宠锡之未艾也。尔，王氏，乃具官某之继母，性秉幽闲，躬有淑慎。终笱梁未竟之绪，绍桑鸠均爱之仁。佐硕隐以如宾，缟衣是曳；躬象贤之曜里，珠帔犹需。兹用覃恩，赠尔为孺人。华纶贲地下以如生，懿德借天言而不朽。

## 江西道御史史永安

敕曰：国家所重于有执法殿中持斧行部之臣者，为其众言淆而不随，群邪兢而使惮。皂囊白简，吏察民安，乃能其官耳。尔，具官某，端亮真才，通达国体。陶镕中秘，虚憍之气不留；謇谔明廷，条奏之言切中。循此可为名御史已。兹以普天之庆，阶尔文林郎，锡之敕命。尔今奉有简书，澄清黔地，行矣陛辞。夫黔地，迩年兵燹灾伤，最称多故。尔宜益展谋猷，多方整顿，用抒朕眷焉。南顾之思，尔之职也，恩且荐加矣。尔尚钦哉。

敕曰：比德之偶，弗克齐年。朕读子绂、我佩之言而悲之，不有闵册，曷慰幽贞。尔，具官某故妻戴氏，本以淑媛，作逑髦士。虽静瑟之调未能偕老，而倚玉之素应有光华。兹用赠尔为孺人，庶表闺英，永垂家乘。

敕曰：御史为朝廷纪纲风宪之臣，十九在外，所以专厥志业，俾无内顾忧者，其需于厥配尤亟焉。尔，具官某妻郑氏，天与静庄，家宜令善。幂浆职，馈承欢，克毖于晨昏；醢葅和，糁殷荐，致虔于伏腊。尔夫用誉，尔助实多。兹以覃恩，封尔为孺人。早分北阙之光，益赞西台之绩。

敕曰：朕闻树德者如人耳鸣，己独知之而人不知。乃天鉴不爽，福祚随焉，不必于其身也。尔史朝佐，乃具官某之父，托迹市廛，悬情冥鹭。黄金散尽，玉已种于无心；玦树敷荣，德遂食于必报。乡称不二之老，宜生笃棐之臣。兹以覃恩，赠尔如尔子官。从爵之典，虽未服于生前；诒燕之功，实方酬而未艾。

敕曰：鞠我之恩，并称罔极。爱则慈母，教同严君，故朝家疏荣之典胥及之。尔董氏，乃具官某之母，性秉慈和，躬操节俭。式谷训子，有柳姬和胆之勤；脱珥延宾，类陶母锉荐之德。是母是子，螺月珠胎。已乃尔子贵为御史，尔既见之，而誉命未逮也。兹以覃恩，赠尔为孺人。炜彤管以垂芬，烛玄扃而锡贲。

## 巡按直隶四川道监察御史周万镒

敕曰：柱史茜绶，持斧而出，采风陈俗，察吏贞刑，职至巨要。矧畿辅为四方根本，能肃纪纲于岳牧，树标准于官联。朕首嘉焉。尔，具官某，雷轰电掣之才，玉栗珠莹之守。分符楚水，草木知恩。较士秋闱，荆材脱颖。治行湖湘第一，因晋列于铁冠；声华殿陛无双，遂荣分夫绣指。簪缨雾集，总属甄陶；将士云屯，尽归综核。凝清霜于白简，半壁威寒；随甘澍于朱轮，一方稼润。允称隼击，展矣鸾祥。比职业之日崇，宜纶言之改涣。兹以覃恩，仍授尔阶文林郎，锡之敕命。顷者巡方匪时，吏治民生日就凋窳，而畿南尤甚。昔之简尔，正以尔能整顿积习，砥柱颓流，业刃发于铏矣。尔尚振厥采以率乃属，懋乃官以竣厥事。朕不难抉格，副尔庸也。钦哉。

敕曰：士方萤牖雪几，所与守者，缟衣綦巾耳。若机阁犹存，珮音已远。爰念畴昔，能不兴怀？国恩亟恤之矣。尔，具官某妻、赠孺人张氏，庄谨夙娴，夫内则敬共，作范于中闺。育华胄之门，能躬布素；佐颀硕之彦，克备灯膏。事姑瀡瀡必甘，湘釜苹蘩祗洁。人情念旧，宠命宜新。兹以覃恩，仍赠尔为孺人。服芝泥之申锡，酬柏隧之幽思。

敕曰：四牡咨诹，每怀靡及，良以王事贤劳而靡室靡家矣，则所为慰念骁骁者，褒锡顾可缓耶。尔，具官某继妻、封孺人韩氏，饬物躬庄，好修性洁。雅耽书史，能分鲁豕之讹；祗载姑章，克著江鱼之范。肃祀僮僮在序，筹家井井有条。式赞官尝，弥昭妇德。兹以覃恩，仍封尔为孺人。尚承滋至之庥，益笃相成之徽。

敕曰：士绩学弗售，而能以韫椟授其子，则维周之桢、弓冶之泽也，故锡典先之。尔，赠文林郎、湖广黄州府黄冈县知县周瑄，乃具官某之父，赋性真淳，授资超颖。采兰养母，《白华》式咏《南陔》；《尝棣》[①]怡兄，韡鄂兴歌傧豆。卓望飙驰于芹泮，夙饱丘坟；真材淹困夫棘闱，晚陶诗酒。与物无竞，机缄不露于心；砥行自修，世味不形之口。里闾望重，衮锡宜崇。兹以覃恩，仍赠尔为文林郎，如尔子官。式膺恩命之荐隆，永相皇猷于舄奕。

敕曰：齐有义母，古称之矣。盖以抚子非难，抚庶胤不翅离里为难耳。惟是洽庆流恩，先是为兢兢也。尔，赠孺人王氏，乃具官某之嫡母，闺秀夙闲诗礼，天资更博图书。广置媵以宜家，樛木之风蔼尔；亲授经以型子，佩兰之教依然。娱姑孝笃慈帏，裕后志期贤的。兰芳弥远，旌号宜隆。兹以覃恩，仍赠尔为孺人。被凤诏于琅函，慰乌啼于蒿里。

敕曰：谏官为天子诤臣，明目张胆，置身任国，苟能以是为天子勖，即古贤母流也，衮褒何爱焉。尔，封太孺人李氏，乃具官某之生母。性恭而惠，宝俭与兹。绥福绳绳，允叶梦兰之兆；秉心翼翼，敬襄采藻之勤。爱劳素笃于熊

① “尝棣”，据文意，当作“常棣”或“棠棣”。

丸，思善尤殷于鹤发。懋启西台之誉，方添东海之筹。兹以覃恩，仍封尔为太孺人。祗膺豸绣之章，永袭翟车之綍。

## 陕西道监察御史贾毓祥

敕曰：侍御簪羽赤墀，上列太微法象。雄巨之秩，宁惟虚贵。将进质直端亮之臣，是咨是度，为匡为弼已耳。委寄斯重，褒宠宜先。尔，具官某，襟期宣朗，操行真淳。文披月窟秋风，秀濯杏林春雨。一身茹蘖，凛玉壶以凝冰；两地流膏，指金茎而裛露。乃从群望，晋尔西台。朕见尔雅操清标，渊停岳峙[①]，必能不激不随，无偏无党，弼一人之冲德，倡百辟之和衷，为豸绣之班作仪式也。是用覃恩，仍授尔阶文林郎，锡之敕命。夫人臣谔谔，于朝忠厚正直。觭则两伤，惟正直出于忠厚，乃为不欺。尔尚益殚乃精忱，以佐朕明目达聪之志。朕将显陟，尔其钦哉。

敕曰：夫少康之野刈蓍薪而失簪，辄不免欷歔陨涕。而况穷居之伉俪，中道弃捐，显荣弗觏，得无心惋于庭柯也。尔，具官某妻、赠孺人林氏，芳则若兰，温其如玉。身绝兼纤之御，室无逾阈之声。既言动之靡愆，亦德仪之咸淑。爰念尔之曳缟无华，受荼为苦，亦曰子觳我佩，而溘焉中殂，竟不及一共厥荣焉，悯如之何。是用覃恩，仍赠尔为孺人。式贲如纶之宠，用纾断袿之悲。

敕曰：人臣执法殿中，激扬百执事，而厥配相之，俾无挂于内恤。朕不难褒显，以劝有家。尔，具官某继室、封孺人崔氏，性闲妇壸，教预儒门。旭旦于归，允绩朱弦之洞越；明星有烂，能从羔素之贞恬。□尔夫缉柳营书，弹弦治邑，峨冠立朝，胥赖尔恪共于内，旦晚勤襄已耳。兹用覃恩，仍封尔为孺人，聿新敕命，祗奉宠之自天，勿忘规于视夜。

敕曰：闾阎踔跞之杰，往往学不必仕，以予其子，乃有启迪后人，为国司直，而显融卒未之觏，则孝子所为列鼎而悲也。尔，贾翰臣，乃具官某之父，远度旷心，姱修笃行。雄才雅能干国，伟抱洵足牧民。乃未仕而赍志以往也，翼凤子以凝章，成象贤而缵绪。欲著澄清于行部，蚤扬謇谔于明廷，惟尔之教成之。是用覃恩，仍赠尔为文林郎，如尔子官。晋列柏之崇阶，纾承桥之永慕。

敕曰：生我劬劳，人子之思慈最切；褒彼淑懿，朝廷之锡类甚闳。望著兰台，庆流萱室。尔，赠孺人周氏，乃具官某之母。静庄植性，贞淑褆身。佐馂夙洽于采蘋，启训不忘乎断杼，亦云贤母矣。乃风树兴怀，嗟禄养之不永；而杯棬饮痛，眷口泽之犹存。兹用覃恩，仍赠尔为孺人。尔日夕冀尔子为名臣

① “渊停岳峙”，据文意，当作“渊渟岳峙”。

也，尚幽赞之，以竟无穷之朗烈，伫有后褒。

## 江西道监察御史刘应龙

敕曰：御史代朕省方，以弊吏治民，大指安之而已。而或以严健为察察，岂所以将明德意哉。平康正直之臣弘予教化，朕甚嘉之。尔，具官某，伟志贞操，宏才卓识。名封宰剧，盛府驰声。入秉纲维，出宣条教。大畏讵烦乎鹰隼，至诚可感于豚鱼。风猷茂于阅练之深，节概表于静专之后。誉高十部，绩冠一台。兹以覃恩，授尔阶文林郎，锡之敕命。属者海波虽静，邻震犹闻，倘精神尝厉于有严，则氛祲自消于无隙。激扬振刷，时尔职也。尚隆表率，以固疆隅。钦哉。

敕曰：樛木流慈，实繁螽羽。母仪正内，埒于所生，闵册先承，是维彝典。尔，赠孺人孙氏，具官某之嫡母，淑慎禔躬，俭勤治室。珩璜比润，箴纩训勤。拮据无忝于在中，慈惠有闻于逮下。惟燕诒之懿训，启骢路之高骞，兹仍赠尔为孺人。载霈廷纶，增辉家乘。

敕曰：夙兴夜寐，无忝所生。绣斧经营之勤，可谓夙夜已。生我之恩，显扬是亟。尔，封太孺人陈氏，乃具官某之生母，德秉静贞，仪成婉娩。称诗蹈礼，用趾美于江沱；式谷梦兰，益绍隆于阀阅。方欢色养，遽远音徽，是用赠尔为孺人。华荣荐锡，幽显均沾。

## 江西道监察御史潘士良

敕曰：法无斁而不饬，吏无墨而不澄，民无困敝而不昭苏。惟执简持斧之臣能任之，谓其可以言、可以行耳。尔，具官某，受林端亮，任事真实材。尔之昔为蠡也，有异慈乳、异剔厘、异拯恤，岁祲频仍，蠡独生全，一何卓也。顷简司风纪，服豸乘骢。抗疏明廷，独知缓急。埋轮之采已渐著于都城，揽辔之风将远驰于行部，朕甚嘉之。兹用覃恩，仍授尔阶文林郎，锡之敕命。夫古称御史，比之权衡绳墨，倚藉宏多。尔能以天下事入告于内，出而谕朕志于外，用以布德宣隐，纠违黜邪。时惟尔庸，尔其钦哉。

敕曰：中台之职，陈仪引绳，争是非于黼扆之前，必有贤媛为之箴规于内。讵谓疏宠，可忘内阶。尔，具官某妻、封孺人姜氏，名门毓范，令士作逑。尊章曲得乎欢心，有愉其色；闱阈悉调于妇顺，无遂其仪。乃爨织筐筥之躬亲，金玉罗纨之弗御，尔亦贤矣。兹尔夫秩晋西台，适际普天之庆，用仍封汝为孺人。缄开紫泥之华，帔绚丹霞之色。

敕曰：瑾瑜之士人位不足天爵有余，其胸臆之奇结约未伸，后之人每起而光大之。故或缓或速，若挹注焉，表儒效之必显耳。尔，增广生员、赠文林郎、直隶保定府蠡县知县潘云路，乃具官某之父。钟天善类，为世儒英。沉潜窥千古之精，文藻擅一时之誉。敦伦履孝，立身尺幅。自严市义，饮和涉世。虚舟不碍辞荣，章服未遂题桥。启绪籯经，竟弘式谷。蔗蓑得岁，谟谋本自家传；山川出云，忠诲不殊亲见。兹用覃恩，仍赠尔为文林郎，如尔子官。箕裘业绍于百年，泉壤光增于再命。

敕曰：王臣效悫，勿辞鞅掌之烦；母氏劬劳，弥切终身之慕。故存既弗及于鼎养，而殁犹荐锡乎褒章。尔，赠孺人万氏，乃具官某之母。仪称士宪，德为女师。蚤服仕族之甄陶，遂解儒林之旨趣。布素而襄一德，荼苦以立三孤。柏列霜寒，机杼之言犹在；萱闱霰集，杯棬之痛弥深。兹用覃恩，仍赠尔为孺人。丝纶增耀于九原，图史传芳于百世。

## 山西道监察御史李九官

敕曰：台臣执简而入，持斧而出，将令主德民生，周知善败，文臣武吏洞察忠邪，密而宫府之安危，显而寮寀之迕，俱得明目张胆以从事，岂不艰哉。尔，具官某，硕人颀颀，德容表表。爰自祥刑之署，特抡风纪之班。乃能劲直端亮，勿激勿随。正笏朝端，凛著不回之节；埋轮京国，共传且止之谣。遂使螭头法从之臣，隐有虎旅长城之重，知尔行为，真御史已。兹用覃恩，仍授尔阶文林郎，锡之敕命。夫抗言补察，极力抨弹，不患词之不直，而虑知之未审。尔能白意精心，因时入告，耻作风闻言事之误乎？不但朕虚怀听纳，亦实于国事有济也。尔其钦哉。

敕曰：人臣执宪中朝，必资内佐。故课赏之典，荣逮中帏。盖朝廷激劝人伦之义至优渥也。尔，具官某妻、封孺人郇氏，夙秉女贞，于归彦士。毖劳夙夜，允宣静好之风；娴习中闺，雅有敬共之节。滫瀡承欢于垂白，脱簪勖志于汗青。聿开麟趾之祥，弥引鹊巢之福。是用覃恩，仍封尔为孺人。爰分豸绣之光华，益励鸡鸣之勤恪。

敕曰：士生白屋，雅慕青箱。竟约结于当年，乃流祉于后胤。盖德福相为灌注，而家邦递引光辉。天之与善，固其恒耳。尔，儒官、封文林郎、湖广荆州府推官李邦佐，乃具官某之父。慈让矢心，孝友为政。能辞沃而取瘠，亦含垢而纳污。既金粟之可捐，何寸尺之忍较。是以名不出闾里，薰而善良者多；足不履公庭，望而式庐者众。仁人有后，盛德居前。兹用覃恩，仍赠尔为文林郎，如尔子官。阐潜德于山泽，表恩光于丘陇。

## 山西道监察御史周昌晋

敕曰：柱史绳准之司、匡弼之任，专以纠不法而拾阙遗，非清修謇谔之士，望若威凤祥鸾者，何以肃朕之纪纲？尔，具官某，昆刀竹箭之才，霜沚冰壶之守。公同胆镜，妍媸应以无心；明并然犀，幽隐归夫毕照。鸣朱弦于岭表，爰洽沦肌；簪白笔于殿中，忠怀指佞。直声风凛，皂雕之誉方隆；劲节霜寒，骢马之威弥肃。惟兹塞违昭德，燮雅化于一人；将以激浊扬清，耸观瞻于四国。顾职业之雄俊，宜綍语之申隆。是用覃恩，仍授尔阶文林郎，仍锡之敕命。朕惟雅化不专，抟击世风，有贵潜镕，尔之知东官也。茂著六政，讴歌八异。尔惟以治粤者持纪西台，则所以瘳民之疢疾、广朕之聪明者，皆尔绩。朕不忘尔庸。钦哉。

敕曰：士披绣持斧，为天子耳目，职至要矣。然昔与修治世之具者，备尝辛苦之妇也。蔗境未甘，兰年已谢，可不思所以慰之？尔，具官某妻、封孺人郭氏，天资玉粟，雅性蕙薰。食蓼犹甜，倒箧聊充家政；处脂不润，缟衣即作官箴。甘滫瀡以承尊，行光朱萼；和琴瑟以宜室，瑞晔紫芝。兹以覃恩，仍赠尔为孺人。式膺申命之纶，永相绳违之绩。

敕曰：柱史清华，将以时巡方岳，澄清县寓。则草虫阜螽，斯所为写室家之乐、体眉案之情者，朕有以劳之矣。尔，具官某继妻陈氏，华门诞秀，彦士作逑。珩璜式润，闺仪兰茝，驰芳妇则。儆目移轮，为豸服摅忠之范；捐奢斥幔，即羔裘司直之风。适观箫管之凤仪，允称山河之象服。兹以覃恩，封尔为孺人。云霞之捡初承，萧露之休荐至。

制曰：国制隆情优本，宁以顾复之恩，亦以式谷之泽。若父方翱翔仕路，则明淑有旌，而必流庆慈闱者，所以体人子之心，周且渥也。尔，见任顺天府涿州儒学训导周应浙妻、赠孺人王氏，乃具官某之母。德自天钟，贤繇性茂。体承欢之念，殚力以孝姑章；修弋雁之资，备苦以成夫子。以引以翼，虽环珮犹闻；之笱之梁，惜鼎钟不逮。昊天罔极，零露弥湛。兹以覃恩，仍赠尔为孺人。祗膺豸绣以申纶，永受鸿休之命服。

敕曰：朕闻方进之贤，有继母织屦以成之。今有能踵前修之美、延宜家之誉、诒弼直之休者，朕所亟嘉焉。尔，周应浙继室、封孺人毛氏，乃具官某之继母，行光明月，穆叶春风。理壶辛勤，机杼银缸夜烂；禔躬淡薄，齑菹瓦釜朝香。豹隐敦廉，方赞青毡之冷；凤鸣表瑞，聿端白简之威。母范芳驰，妇仪雅著。兹以覃恩，仍封尔为孺人，仰受龙章之再锡，勿忘燕喜之新恩。

## 刑部陕西司员外郎赵鹏程

制曰：刑关民命，服讯为难。至于辇毂之下，五民杂糅，网织多端。明不及瞩，法有难行。匪明允之士，孰与奏当，以惠嘉师？尔，具官某，识均犀照，操凛冰壶。抡秀大庭，流膏壮县。簉擢比部，加意祥刑。而尔本以矜恤之心，出为虚朗之听。视表见里，谨凛三尺之衡；原情明罚，宏开一面之网。金矢入而待剖，雷电合以为章。民自不冤，行致君于尧舜；文焉无害，宁逊烈于萧曹。圜土风清，覆盆春盎。兹以覃恩，授尔阶奉直大夫，锡之诰命。《书》不云乎："敬尔繇狱，长我王国。"尔能永矢一心，弘余钦恤至意，朕不惜显陟尔也。钦哉。

## 工部虞衡司郎中路周道

制曰：虞衡一官，职山泽冶场、武器军装之事，至烦杂也。而良楛弛厉、坚窳肉好之辨，匪才谞精详、廉同瓦铸，恐难任也。尔，具官某，纯如韫玉，辨若列眉。明刑榷税，曾遗惠于淮湘；鼓冶除戎，益见才于监局。拓源谨委，既轨良筹。国课商赀，复称两利，视伯益为虞，具兼综已。兹以覃恩，阶授尔奉政大夫，锡之诰命。尔能益展才力，树伟冬曹，朕将挈前功、计后效，用副尔庸也。汝其楙[①]哉。

制曰：朕闻朴士掩文，华士掩质。乃若兼调文质，蔚起嗣人，朝廷将再锡褒之未艾也。尔，已赠承德郎、工部都水司主司路可行，乃具官某之父，撷芳艺苑，抱璞儒衡。当其笥有遗书，堂承寡珥。追疏荣于北阙，乃荐宠于南陔。青氈之业为恢，虞部之阶转贵。是用加赠尔为奉政大夫，如尔子官。霈明命于枫宸，表恩光于蒿里。

## 刑部浙江司署员外郎事主事刘继礼

敕曰：朕观汉神爵间务综核矣，而一时法吏何深获公名，卒多后患也。朕数下诏为宽大，随以计簿按其后，盖亦从综核者。有司体朕意，无复为汉吏，朕其有爱焉。尔，具官某，以轩策贤良，握符壮县，荐历云曹，而尔操凛餐冰，材恢游刃。塞浮淫之窦，则十万旋留；抗熏轑之权，则一官可谢。严能行恕而人竞称平，公以用明而物来自鉴。阅尔状，朕心嘉焉。兹特授尔阶承德

① "楙"，据文意，当作"懋"。

郎，锡之敕命。语不云乎："莠盛禾秽，何可不锄也。"乃文皇帝谕，所司明慎，特曰："目有不见，并良苗去之。"仰何恳笃也。尔以抗法从文，学既明既慎矣，懋之哉。法之所取，礼之所弃也，悉弃取乃无害良苗。尚竟尔明慎，以谨所不见。朕显陟汝。

敕曰：士当俯首下帷，而元嫔作苦佐之。即不登于年、不载于显，而内德茂焉，宁无菅蒯之思也？尔，具官某妻丁氏，有婉其质，维德是共。当其出自素门，归于儒彦，而调匕以躬妇顺，闻鸡而相夫勤。轧轧残机，眷尔糟糠之日；垂垂宿缟，尚余韨佩之盟。是用赠尔为安人。祗佩明荣，光于幽隧。

敕曰：朕读《诗》至南涧之助也、北门之儆也，未尝不数数焉。曰：善败之原也。特褒贤者，有室风之。尔，具官某继妻周氏，清第含贞，儒室作俪，而恪勤古史，趾美元嫔。动有楷模，独甘泊素。尔夫循良起誉，明允当官，惟尔以儆烂相之，是用封尔为安人。尚调静好之琴，以佐丹笔，赞册殊未既也。

敕曰：朕闻朴士掩文，华士掩质。乃若兼调文质，蔚起嗣人，朝廷将特褒之，况疏宠于程书也。尔，原任云南安宁州学正刘光大，乃具官某之父，撷芳艺苑，抱朴儒衡。当其笥有遗书，堂承寡珥，追献书于北阙，乃徼宠于南陔。攻词遂可成家，有子亦能得笔。既大青氊之素业，载成粉署之直声。是用赠尔为承德郎，如尔子官。有赫明纶，尚以光贲于黄垆也，其祗佩之。

敕曰：夫啜菽而椎服，致足乐也。乃曰：非君之禄，无以养吾亲；非君之爵，无以荣吾亲。无亦亲得君为重与？尔，罗氏，乃具官某之母，以儒素淑贞，嫔于清第，而慈和秉德，庄静持躬。拮据而贵不忘勤，澹泊而好行其德。用是庭无嘻谇，室有雍和。慈浃含饴，爱成咀胆。盖既以禄养，载以爵荣矣，是用封尔为太安人。当退食而问平反，尚为加一匕与？祗膺九陛之华，茂衍百年之庆。

## 礼部仪制司主事刘应宾

敕曰：惟兹含香之署，实为典礼之司。秩既寅清，品宜峻洁，昔人号为应文昌而袭天禄，亦至华倨矣，胜任未易也。尔，具官某，赋性中和，储才俊爽。蚤擢泽宫之秀，旋分壮县之符。卓茂初升，夔龙接迹。畿南留爱，既存召伯之棠；阙下明仪，伫赖叔孙之蕝。虽班联之未久，业履蹈之可观。普庆方加，尔实欣际。兹用覃恩，授尔阶承德郎，锡之敕命。朕于御极之始，他务未遑，典礼特慎。尔列秩宗首署，宜殚心考据，班布详明，一切彝章，务期修举。朕不难显陟尔，尔其钦哉。

敕曰：士以明经起家，既有誉于作人矣，而志诎于遇，位不配德，有子起而光大之，倍为显融。矧官箴之儆，不辍于虑者乎。尔，东昌府丘县教谕、封文林郎、南宫县知县刘励，乃具官某之父。孝友名儒，圭璋粹品。横经而正师席，岂弟著声；秉铎以长泽宫，誉髦无斁。惟能以身教者从，遂令读父书者达。戒弥严于簠簋，兰署风清；志独乐于盘阿，椿庭日暖。是用覃恩，封尔为承德郎，如尔子官。祗承纶綍之荣，永介冈陵之祉。

## 兵部职方司主事桑学夔

敕曰：金玉之需于镕砻也，将以化山泽之初质，备清明之大荐。故百火千淬，乃称国宝。此大受之器，得力于挫抑，而世之赖藉宏也。尔，起授具官某，一片丹心，千寻劲气。蚤分符于吴地，遗爱如新；曾晋秩于夏曹，壮猷克赞。偶逢震怒，顿致削籍。林壑之养弥恬，廊庙之忧更切。乃从恩诏，起尔家园。品协众论之公，环赐一朝之速。兹用覃恩，授尔阶承德郎，锡之敕命。方今寓中多故，耆定为难，政赖老成谋国之人运筹借箸，蚤为销弭。朕之虑也，惟尔之营，寻以不次陟尔已。尔其钦哉。

## 户部福建司主事李烨然

敕曰：内外之吏，能濯磨益才、裨国用，无如户曹。惟烦惟剧，劳瘁实多。然匪夙课钱谷拮据于外者，未必能其官也。尔，具官某，两令西秦，威而能爱。蒲城畏地，拔大薙而烹小鲜；省会烦区，除绎骚而敦雅化。再闻卓异，入佐司农。具议筹边，直堪借箸。综核内帑，尽解丛神。狐鼠之窟既清，出纳之度惟允，属地部郎之铮铮者。兹以覃恩，阶授尔为承德郎，赐之敕命。尔既摄篆视草，为大农之倚重，才谞可知。必有酌盈济虚、抒目前军兴之急者，不妨入告。朕有异数，以俟将来。尔其钦哉。

敕曰：士人食淡攻苦，应有敬共之配。迨其握筹裕国，风稜介然，岂无比德之助乎？尔，具官某妻、封孺人崔氏，素风同励，益友相宾。孝奉尊章，共殚情于菽水；慈宜森振，复普惠于江沱。梦悬碧落之文，讵是馌耘之妇。至其百亩佐让，五夜佐读，一获课子，举簠簋二物，以励夫君之操，或食禄之室，不易有此也。兹用覃恩，进封尔为安人。再服珠縠之华，益砥素丝之节。

敕曰：树谷者获，树德者昌，天之休命，与国之恩礼藏焉。矧绩学累行，彼苍默瞩，因而佑贤嗣以亢宗，启才臣而干国，此疏荣者所宜荐被也。尔，赠文林郎、陕西西安府长安县知县李养质，乃具官某之父，性涵白贲，业笃青缃。玄言析理于毫毛，高义北崇于云汉。多才多艺，克孝克恭。群晓折服，式闾不忝太丘；士论归依，表里有如通德。矧子有茂绩，国有普恩，可后纶褒乎？兹用赠尔为承德郎，如尔子官。荷龙章之有赫，绵马鬣而永昌。

敕曰：人子之仕，服劳于国，而邀宠于亲，有偕荣之典焉，无问属毛。尔，房氏，乃具官某之前母。柔嘉有美，婉嫕无违。愆期弗字，志冥契于伯鸾；茹苦自将，义允符于桓少。虽静好之未久，实幽芬之可风。是用赠尔为安人。同穴韬光，奠百年而瘗玉；并崇锡命，扬奕世之席珍。

敕曰：庭闱积庆，阀阅斯昌。式繇钟美之贤，爰溯发祥之自。若夫寿祉云茂，国宠聿新，此尤人世之极荣也。尔，封孺人刘氏，乃具官某之母，珩璜令度，图史芳规。作匹硕人，遂开哲嗣。绩麻课读，青云恢远到之基；脱珥筵宾，白屋聚誉髦之彦。艰辛百试，慈惠千端。既惜福以从淡恬，应诒谋而俾昌炽。是用覃恩，益封尔为大安人。迓景命以升恒，介康禧而益豫。

## 户部云南司主事宋祖舜

敕曰：六卿之曹，各有分职，而繁杂委细、出纳句捡，无如司农署。故匪清廉局干、远驾密综之臣，恐未易胜其任也。尔，具官某，才堪经济，学有本原。言利羞比于桑羊，较筹更精于刘晏。初试惟错之司，再摄三仓之计。介乎不染，井然有条。旋以西庾，俾尔监督，乃才日恢，守日栗已。兹以覃恩，授尔阶承德郎，锡之敕命。夫度支之难在于，急则病民，缓则病国。尔虽堇握大农，一筹乎而赢诎利病，必有缘职掌而灼知者，宜更勉庀而茂明之用，以风示诸署。尔其钦哉。

敕曰：国有恩波，遍满是究。故臣下敌体之配，罔不沾暨，存殁勿问，况实有赞佐、更宜表著者乎？尔，具官某故妻张氏，毓自温室，作匹誉髦。萤雪下帷，殷勤佐读。齑盐举案，儒素是甘。乃见尔夫之攻苦，而未享其成也，良可闵惜。是用赠尔为安人。爰彰从贵之普恩，不负庄肃之私谥。

敕曰：德赏之典，爰及伉俪，岂独臣子之私是恤。盖惟旦惟夜，实需考庀焉耳。尔，具官某妻陈氏，令仪躬被，淑德性成。笃孝敬于苹蘩，式佐白华之誉；禔言容于图史，每陈玄豹之规。尔夫自咏芹藻、听鹿鸣、宴泽宫、筹国计，历有令闻，尔力居多。兹以覃恩，封尔为安人。祗膺冠帔之荣，益饬衿鞶之度。

敕曰：人臣有功于国，实资父以事君；贤士不显其躬，乃受厘而及子。故有追崇之典，以昭式谷之光。尔，生员宋灿，乃具官某之父，行树儒宗，腹含经笥。表厥宅里，无忝通德之乡；启祐后人，雅有过庭之训。虽瑾瑜之未试，而穮蓘之已丰。兹以覃恩，用赠尔为承德郎，如尔子官。肇三锡以升华，贲九京而不朽。

敕曰：人臣将母之谂，靡盬不忘。何恃之怀，罔极奚报？必援国典，用慰私衷。尔，陈氏，乃具官某之母，产自名阀，嫔于儒硕。大家《女诫》，夙辟咠于班庭；内则母仪，遂昌明于柳室。尔子廪饩于学宫，方逭负米，尔遽仙游于玄壤，致叹遗杯。兹以浩荡之恩，赠尔为安人。服宠命以维新，播德音而如在。

## 户部山西司主事蓝近任

敕曰：人臣宜洁己奉公，持筹奏效，百职皆然，其在户曹，尤需廉干云。迩年出入之途，两穷分筦之司，并诎日求，饬羡素、课委输，可佐司农缓急者，实难其人。尔，户部山西清吏司主事蓝近任，静质拟波上之峰峦，细心晰衡间之燕雀。虽试剸于分署，蚤见谞于一班。展拓谋猷，悬知远大。兹以覃恩，授尔阶承德郎，锡之敕命。尔有鄚侯、刘晏之识，能令民力不疲，军储不匮，抒目前饷事之忧乎？尚悉意条奏，用辅计臣之未逮，朕不难抉格听庸也。尔其钦哉。

敕曰：国家有崇墉比栉之臣，夙夜在公、不遑内顾者，岂无持丹秉烛之助，则从秩之典，安可后时？尔，具官某妻江氏，扬芬士女，俪美人英。端庄协度于珩璜，勤俭嗣徽于苹藻。光昭懿范，允佐清修。尔夫绩学成名，筹邦用誉，尔实中襄。是用封尔为安人。拥珠帙以缤纷，轸布荆而寤寐，惟汝贤。

敕曰：士有学综坟典、行盖里闾，己之不售而嗛嗛一命之沾者，岂天固靳之？应有待也。尔，蓝复蓁，乃具官某之父，绩学有闻，乐善不倦。茹淡独深于道味，课读程志于鸿儒。力田而未逢年，赍志而留永誉。尔子作司计之臣，业有勤劳，不负任使已。兹以普天之庆，用赠尔为承德郎、户部山西清吏司主事，如尔子官。虽鼎釜之养莫追风木，而丝纶之逮应彻泉台。

敕曰：形家者言，朝拜之瑞，钟厥外孙。夫卜吉在彼，毓英在此，二宗攸系，去住偕荣。尔窦氏，乃具官之前母，浚祥鼎族，伉俪哲人。宁馨之诞，虽有待以属毛，而光显之恩，初无分于存殁。兹用赠尔为安人，载贲幽芳，并垂家乘。

敕曰：朕闻之，苞采腾于丹穴，则母氏圣善，实笃庆之源也。矧乃壸范，式毖成其子以司会之劳者乎。尔，荣氏，乃具官某之继母。某所自出者，婉嫕淑德，诗礼名宗。桓汲徐灯，既佐夫以豹隐；柳丸欧荻，载翼子以鹏骞。禄养方来，寿祺滋茂。是用封尔为太安人。服宠命以维新，介纯禧而未艾。

## 户部山西司主事范中彦

敕曰：祝鸠氏有分曹，凡以司国用而调租庸，职綦重矣。顾匪颁之数繁，事既填委，综核之人众，情尤难协，于兹得人焉。惟所在任使罔不克称，则恩礼宜荐被之。尔，具官某，才猷东箭穿犀，操履渊珠莹月。涌春泉于笔底，早掇巍科；赞石画于帷中，式光国计。闻尔综核七十八万之军士、关支六十四庾之斗斛，稽察有严，出纳惟允，匪操持才谞、度越夷等，曷克堪此？兹以覃恩，授尔阶承德郎，锡之敕命。朕惟国方多事，财之入孔出孔并值其难，尔能条奏利病，汰狐鼠而裕京坻，用通于尝法拘挛之外，朕不难显擢，以表尔才。尔其钦哉。

## 吏部稽勋司主事张振秀

敕曰：国家设铨衡以甄管九流、品藻清浊，任至艰巨。苟力能综核名实，为人物宗者，朕所首嘉焉。尔，具官某，川流倒峡之才，泰岱参天之品。昔剸二邑，风驰右辅清声；晋践五兵，华处中台妙选。舆情推重，勋署来司。宝镜龙盘，鉴识直同秋水；日车凤翼，公忠不负赤心。宠专起草而怀香，功懋抑华以取实。即云明试，正值覃恩，是用授尔阶承德郎，锡之敕命。尔昔之司驾部也，能矜邮役、肃禁城，比当大典，缉卫无虞，尔才积既茂著矣。尔尚充尔猷为，以统六师者甄百职，朕不难酬以不次之擢。尔其钦哉。

## 兵部职方司主事石维屏

敕曰：职部首诸曹，主武功爵级、澄别世官，凡冠带之国咸序成焉，职未易办也。迩年特广其员以埤益之，讵惟优之宠秩为缀而已乎？尔，具官某，云鹤修洁，嶰竹琳琅。著绩严邑，分猷夏省。笃公忠而日茂，佐庙略以风生。再入戎司，式参枢务。樽俎之抱，伫且见于折冲；鼓鼙之思，每不忘夫将帅。器征大受，业赞鸿基。兹以覃恩，授尔阶承德郎，锡之敕命。今四夷时肆虺螫，而建州小丑尚尔鸱张，时事孔棘，实轸予怀。所赖借箸运筹，协谋戮力，于以销外侮而伸国威，惟尔蚤夜图之。露布既闻，并宜优叙。尔其懋哉。

## 工部都水司主事张时俊

敕曰：朕惟司空诸曹，水衡最剧，矧兹国家多故，经费错出，匪得公忠干济之臣，孰与分猷综理，以称朕意？尔，具官某，器宇轩爽，识度精明。品既类于清镛，才复称天游刃。大庭应制，出牧花封。雨膏来慈乳之称，电决著神君之誉。乃从中土，晋秩水衡。当鸠工庀材之时，亦陆运海输之会。尔能以料理内乡者，益展拓而经营之。寓供应于节慎，广储蓄于疏通，抑尔之本职乎？兹用覃恩，授尔阶承德郎，锡之敕命。朕思军旅烦兴，制器修备，孔庶且亟，尔署几告竭矣。参佐匮乏，协济戎政，宜更身经而善策之。惟尔之功，伫有崇陟。钦哉。

## 兵部车驾司主事杨觐光

敕曰：驾部之设，掌乘舆、守卫、厩牧、邮传之事，其关摄至巨，条例至庞杂，而曰窳、曰弛、曰挠、曰伪，颇烦纪纲。矧厥署在枢臣帷幕间，庙略爰诹，任未易称。尔，具官某，器宇端凝，才谞朗利。蚤登名于胪陛，遂奉职于輶轩。枕藉六经，可佐皇猷。黼黻凛严一介，堪为士类仪刑。穆如清风，展也大受，盖不必尔视事之久，已知尔之能其官已。兹用覃恩，授尔阶承德郎，锡之敕命。方今戎事倥偬，急在兵曹，尔能恪共职掌，外抒奇帷幄之筹，用佐挞伐之策，朕不难抉尝格以庸尔也。尔其懋哉。

# 四素山房集卷之四

济南刘鸿训青岳著

## 诰敕

### 南京大理寺左评事王象春

敕曰：大理，古之廷尉，而属寺实分理之，所以辨已具之辞，不狃于法；核未定之狱，求得其情。自非明恕端敏之人，曷克任此？尔，具官某，英姿雅度，博学宏词。髫年窥二酉之藏，射策中重瞳之选。文能贵纸，赋可夺标。乃自上林，暂移留署。饱阅江山之盛，宏开经济之才。其于丽察之中、平反之当，特尔余绪耳。顷尔以祀事北来，适值山陵卜度之会，溯龙望气，尔与有劳，知尔为有用才臣已。兹以覃恩，授尔阶文林郎，锡之敕命。怀德怀刑，庶狱庶慎，是为上下共凛之意。尔能于棘寺益才累庸，宏我钦恤，朕将有显擢焉。尔其敬哉。

敕曰：妇德不逾阃阈，国恩可达幽明。即结缡之久捐，宜同纶之并涣。尔，具官某妻李氏，毓自名阀，来匹英人。秉德柔嘉，服躬婉淑。当合卺而见庙，遂解佩以同心。衿鞶笃其敬共，琴瑟谐其静好。方叶凤偶，遽掩鸾辉。是用覃恩，赠尔为孺人。贲丝纶之五色，慰魂魄于九原。

敕曰：朕读《吕刑》至惟内惟货之戒，而知佣成之吏，所资内德多也。从贵有章，可无并逮。尔，具官某继妻许氏，有美其仪，不愆于度。下帷绩学，爰需筐筥之劳；曳缟从官，克赞素丝之美。尔夫惟良，折狱执烛以从。繇戒日勤，鸣环相佐，亦惟汝贤也。兹用覃恩，封尔为孺人。爰服锦衣之褧，弥殷彤管之规。

### 大理寺左评事刘弘光

敕曰：昔汉宣帝选于定国为廷尉，求明察宽恕，黄霸等为廷平，一时民以不冤。理官所系之重如此，其有能称朕意者，可忘褒嘉？尔，具官某，丰标孤秀，才识茂明。擢对枫廷，持平棘寺。而尔推心置腹，两造悉小大之情；察丽求中，片言居轻重之要。能使老吏束手，缧人知恩，可谓慈惠之师已。兹以覃恩，授尔阶文林郎，锡之敕命。呜呼，民命至重，天鉴在兹。一经参详，不可复变。庶狱庶慎，用体朕钦恤至意，惟尔也。《书》不云乎：“哲人惟刑，无疆之辞。”尔其钦哉。

敕曰：汉世以经术显者，至溯功其师，不难褒异之。矧受经于父，操以断狱，佐朕祥刑者乎？尔，增广生员刘四科，乃具官某之父，博雅名儒，端方硕士。数奇抱璞，志耻籝金。迹其刻意省身，尝自盟于屋漏。而教忠积德，不望报于门高。此直当于古人中求之已。非是父不生是子，朕何爱旌纶，不以为士鹄也？是用覃恩，赠尔如尔子官。鹿门并隐，生高月旦之评；鸿羽可仪，没被云霄之泽。

## 南京大理寺左寺正陈邦瞻

敕曰：古者狱成则史以告于正，正听之而告成于司寇。今大理正，其职与并，重于两都，选众斯举。尔，具官某，才兼乎守，质有其文。奋迹枫廷，筮官棘路。积累望实，以正厥司，而尔古谊足以决疑明德，用能慎罚。乃服念在得情之后，每求生于奏当之中。敬以能哀，明而克允，可谓良折狱已。兹以覃恩，授尔阶承德郎，锡之敕命。今法吏或惮于见覆，破文析律，周致其比，俾元元叩心，朕甚闵焉。尔尚根柢情事，参听色声，以称予钦恤至意。

敕曰：俗吏乌知法意？知法意者硕儒，折狱在经传。经在父，厥功焉可忘也。尔，原任江西赣州府儒学教授陈旦，乃具官某之父。学窥壶奥，躬蹈准绳。振铎黉宫，既作人而起誉；授经家塾，复翼子以成名。宜锡华褒，用彰义训。兹以覃恩，赠尔为承德郎，如尔子官。祇服丝纶之宠，永增庙祏之光。

敕曰：人子爱亲之心，讵有穷哉？于父齐体，于子并尊，不有旷恩，曷章前懿？尔，徐氏，乃具官某之前母。柔嘉维则，婉嫕多仪。赠佩亲贤，励相下帷之业；采蘋敬祀，勤宣中馈之劳。往勚犹存，徽音已邈。是用赠尔为安人。荷渥泽于黄扉，播清芬于彤管。

敕曰：贤母闻平反而喜，子用是为亲欢，并为母寿。介于蕃祉，曷有既哉。尔，熊氏，乃具官某陈邦瞻之母。禔躬庄静，秉性孝慈。桓汲徐灯，夙佐夫于豹隐；柳丸欧荻，载翼子以鹏骞。禄养方隆，寿骐滋茂，尔之食报厚矣。是用封尔为太安人。服宠命以方新，介康禧而未艾。

## 中书科中书舍人薛近洙

敕曰：夫吏综一职易办耳，至于凤池清切，鸡树森严，出播丝纶，入班法从，则国家储才之意綦重，能称斯职，繄惟其人。尔，具官某，英标朗洁，大器澄泓。抡自制科，官于秘密。璠玙美质，升天庙以为华；楩梓殊材，指明庭而需用。清风自远，博蓄难涯。兹以覃恩，授尔阶征仕郎，锡之敕命。夫国家耳目之选多自西掖，盖神闲性定，可以培劲气而综时务，养厥全锋，用资剖析，要在毋失澹泊宁静之初心耳。尔其益懋修持，明习大业，朕且有鸿畀焉。钦哉。

敕曰：闺阁之秀，如玉在佩，动必有声，岂梱言之终不外见也。故疏荣并贵，国有彝赉已。尔，具官某妻孙氏，苹蘩修洁，荆布柔嘉。德俪儒英，慧通图史。佐乐羊之力学，安桓鹿之素操。温然宜室之容满于大宅，穆矣闲家之节肃若明庭。既勤凫雁之箴，亦普鸤鸠之爱。贤称梓里，光动薇郎。是用覃恩，封尔为孺人。祗膺褕翟之荣，弥励衿鞶之节。

敕曰：天人不相远也，多取于人者，情尽厚征于天者报尽，夫惟留所不尽，而后食报愈有余，此可以人而参天者也。尔，举人薛岗，乃具官某之父。德滋世积，器韫国珍。朱萼朝晖，青藜夜映。鹿鸣初听，方指鸿鹄之程；蠖屈未伸，终厄龙蛇之运。艺而弗食，其报德乃遽夺于年，然迄今词华涌若耶之溪，潇洒动湘江之竹。庆留于驷，业托韦经。兹以覃恩，赠尔如尔子官。荣湛渥于泉扃，慰孝思于风木。

敕曰：人子之于母，没而荣名，孰与生而荣禄？惟禄不逮而急于名之扬，则悯章重已。尔，毕氏，乃具官某之母。尹姞芳规，孟欧令则。佩觿佐馂，夙承华发之欢；问夜瞻星，允赞青箱之读。尔乃夫荣未逮，子贡初膺。薇省扬芬，机杼之言犹在；萱闱锡祉，杯棬之痛弥深。兹用覃恩，赠尔为孺人。被凤诏于琅函，慰乌啼于蒿里。

## 中书科中书舍人丁一鸣

敕曰：凤池清切之地，实为制词颁布之府。故充斯任者，必其人温蔚高华，一洗尘容，独抒天藻，乃无负焉。尔，具官某，精镕类棠溪之金，琳琅拟嶰谷之竹。胸藏二酉，光联奎壁之墟；文著五千，采散紫薇之舍。以尔才品所至，岂特尽风雷鼓舞之妙，亦且资日月献纳之忠。盖地迥官暇，若见以为无所事事，而实练习几务之府也。兹用覃恩，授尔阶征仕郎，锡之敕命。夫国家遴选耳目之臣，广资听纳，得人于中秘居多。尔尚益储才猷，预宏藻鉴，以需朕不次之大用。尔其钦哉。

敕曰：惟兹中秘，式除哲人。念尔宜家，用昭壸范。故疏荣从爵，国有懿章。尔，具官某妻汪氏，鼎族惠质，彦士好逑。有婉其仪，不愆于度。范内防外，谨《曲礼》出梱之言；体柔辅刚，慎大《易》闲家之象。和睦听雍雍之鸣雁，俭勤歌莫莫于葛覃。惟布素之自安，益廉贞之并砺。兹用封尔为孺人。业承珠帔之华，无替缟綦之节。

敕曰：穷经之士，毕世弗售，数亦奇矣。有子卒起而光大之，前菑后获，天之道也。尔，丁世章，乃具官某之父。发愤下帷，潜心入彀。未遂搏宵之志，式开肯构之基。总家秉不蓄一钱，人称清白；善里俗如陈两造，物望虚平。且排难解纷，施无责报，居贞履坦，善不近名。三献韫华国之珍，一经启亢宗之胤。兹用赠尔如尔子官。秖佩服于龙章，用增光于马鬣。

敕曰：朕惟韫玉含珠，必追其所自出，故臣邻之赉溯及母仪，而衔恤之私尤宜亟轸。尔杨氏，乃具官某之母。温良载德，静正为仪。占凤以从哲人，布荆在御梦熊。而毓良嗣，丸荻为劳。今尔子秩任清华，誉命上逮，而尔教谢萱闱，慈容已邈，良可悯斯，是用赠尔为孺人。如就鼎钟之养，永流琬琰之辉。

## 刑部简较李永新

敕曰：秋官之属，视六曹所系特重。简较之设，秩虽未崇，而法律、狱讼、奏谳、赦宥、除雪、叙复之事，傥有见闻，不妨执请，以佐主者。尔，具官某，器宇温驯，才谞明决。幼趋少宰之庭，长袭天曹之荫。尔虽服官伊始，而庶狱庶慎之意颇用谨凛，视法官僚侪借三尺以肆凌厉者迥殊已。是用覃恩，授尔阶登仕郎，锡之敕命。昔人有言："一命之士，存心利物。"亦乃有济，故朝廷钦恤之慈，未必不尔赖也。尔其敬哉。

## 太常寺典簿黄宗瑗

敕曰：奉尝之有簿职，勾简金谷，察视礼数，省署文移，其任至烦剧，而一或精心不至厌为庞杂，则弗娴于礼，必未尝学问奉教于父师者也。尔，具官某，乃太子太保、兵部尚书嘉善之子，气宇嶙峋，才华蔚茂。少咏芹泮，旋荫槐阶。一振藻于棘闱，屡灰心于家难。俯首作簿，欲问礼而服官；雅志肃将，遂按籍而洁祀。可谓能用庭训，增光典礼者矣。兹以覃恩，授尔阶文林郎，锡之敕命。尔更能综核精详，用佐秩宗之不逮。惟尔之庸，伫有后命。钦哉。

敕曰：太常之署，典礼攸司，敬馈之贤，家邦允则，不逾阈而成教，宜疏爵而从夫。尔，具官某妻匡氏，珩琚世德，裘褐素风。孝奉尊人，敬承夫子。尔夫能寅清祀事，内顾不遑，惟尔之室庀罔缺，有以成之耳，良可嘉尚。兹用覃恩，封尔为孺人。益抒筐筥之劳，共赞笾罍之恪。

## 光禄寺掌醢署监事孙如琯

敕曰：昔长卿薄于为郎，曼倩诙于待诏，盖达士身犹玩世，况谢世矣，其奚以世荣为？然国恩锡羡所不遗也。尔，礼部冠带儒士孙可相，乃具官某之父，士标赤帜，家誉白眉。际厄观光，德高市义。难兄难弟，既煜爚于朝班；克俭克勤，更董修乎家政。尔子侄辈得咏芹藻、歌鹿苹，胥尔督诲之力。而尔子某复能恪修天庖之署，纤尘不染，即其簠簋之饬，益占弓冶之遗，良足嘉尚。兹以覃恩，移赠尔为修职佐郎，锡之敕命。表作述于箕裘，被光华于丘陇。

## 鸿胪寺序班张裕

敕曰：朝廷设句胪之属，以正班联、昭位序，用肃臣工之轨度，树夷夏之观瞻，非夙奉家训摄以威仪者不克任也。如得其人，恩宜上逮。尔，贡生、原任直隶永平府昌黎县县丞张尚絅，乃具官某之父。家世文学，出为民牧。乃能投簪高尚，引养林丘。虽浩志之未酬，亦清风之足采。尔子趋跄丹陛，练习仪章，维尔之教成之。是用覃恩，赠尔为修职郎，锡之敕命。冠裳奕奕，既永耀于乡邦；纶綍煌煌，更初及于泉室。

## 上林苑监蕃育署录事葛如凤

敕曰：国家设上林诸署，职司鸟兽膳馐之供，于以充庖厨、兑樽俎，事至冗细，然既育且蕃，大官不匮，非才谞谨敏之士恐不易称也。尔，具官某，乃前翰林院简讨曦之子，原任太子少保、都察院左都御史、赠太子太保守礼之曾孙也。丰标玉立，才识云蒸。铅椠之业已成，夺于家难；箕裘之遗未坠，俯就赀郎。仰乘田以兴思，感陈俎而问礼。不羞冗散，恪守清白。其视世禄之裔没于轻肥而不堪受事者，亦大殊已。兹用覃恩，授尔阶登仕郎，锡之敕命。尔能益剔夙蠹，樽节财贿，用副朕不奢不滥之意，不难抉格陟尔也。钦哉。

## 顺天府台基厂大使方应科

敕曰：朕颁命行庆，缘子及亲。厥有限于品制弗获自遂者，则体其私而曲成之。尔方宗尧，乃具官某之父，修洁自持，慈祥遇物。孝友无间于族党，俭勤可振乎家声。然本以齐民，有子陈力，际遇庆典，愿以推崇。爰念朝廷一命之荣，惟尔明发二人之自。是用覃恩，移封尔为登仕佐郎、顺天府台基厂草场大使，如尔子官，锡之敕命。既分受服之宠，益勤敬事之规。

## 都察院司务厅司务来于廷

敕曰：御史大夫幕僚，必简英俊以充之，盖执法重地，非他曹可得比埒。迨最绩奏闻，辄听贻爵厥考，以示眷酬。尔，生员来献，乃具官某之父，孝友令模，端严懿范。洁贞不染，峻驱暮夜之奔；贫苦自持，耻事公衙之谒。俨如宾以对内，勤抚侄犹属毛。迪启嗣人，扬蕤柏府。是用贻赠尔为登仕佐郎，如尔子官。祇歆恩渥于斧坊之隧，益发休祯于乌豸之猷。

## 山西布政使司分守口北道左布政使孙维城

制曰：我国家定鼎北垂，设防上谷，销萌固圉，式重神京。雄略壮猷，允资藩彦。锁钥之勋既茂，丝纶之命攸隆。尔，山西布政使司左布政使孙维城，彬彬君子，矫矫虎臣。花邑标循霜台，抗节历官西土。政并惠威，移守北边，辖更左右，而尔殚心筹画，极力经营。馈绝鞭靴，鼓清风于弁类；政推肺腑，孚真爱于毡乡。雍容伏反侧之安酋，谈笑戢骄恣之市□。备克豫绸于桑土，策不专恃乎羁縻。足称樽俎之良，有禅封疆之事。兹以岁满，特授尔阶通奉大夫，锡之诰命。于戏，虏辟豺狼不噬，终难狎玩；师如虎豹在山，为蓄威灵。尔尚益为可战之形，潜慑寒盟之志。息氛塞上，国将永赖其藩篱；推毂师中，朕且优假以节钺。钦哉。

制曰：臣子奏旬宣之绩，望重干城；朝廷疏优渥之荣，恩偕伉俪。敬助爰追其往勚，宠褒聿涣乎新纶。尔，具官某妻、累赠恭人王氏，珩璜令范，纷帨婉仪。膏火之佐读良勤，霜露之委身已蚤。蓁夭宜室，旌幽懿于鹊巢；文武宪邦，锡余休于鸿烈。是用加赠尔为夫人。徽音播美于青丘，淑德垂芳于紫綍。

制曰：国尝以外护中，家必以内资外。故边患宁则皇图固而壶政举，斯臣职专，功既相须，以有成典，得推恩而并逮。尔，具官某继妻、累封恭人纪氏，心存祇慎，性禀静贞。嗣徽恪嫔职于采蘋，佐德砥官箴于茹蘖。朔方按堵，功著保厘，中馈警星，道存敬戒。肆奖勤劳于疆场，特褒翼赞于闺闱，是用加封尔为夫人。四德增修，三锡未艾。

制曰：藩卫龙蟠之地，必藉臣忠；弘开燕翼之谋，爰资父训。肆有廷纶之锡，以贻祢庙之乐。尔，累赠中宪大夫、直隶永平府知府孙尚贤，乃具官某之父，行表乡闾，道高岩穴。逸民自晦，乃当圣世之时；明德嗣兴，正是达人之后。承流宣化，嘉经纬之全才；峻秩隆阶，昭箕裘之特报。是用加赠尔为通奉大夫，如尔子官。式谷功流于沙漠，旌庸典被于丘陵。

制曰：国旌外御之劳，溯贻谋而锡贶；臣沐上行之典，繇绳武以承恩。余庆适验于百年，懋赏爰疏于再世。尔，孙麟，乃具官某之祖父，泉石怡真，衡茅遁世。耕田凿井，相忘沕穆之风；积德累仁，远启昌明之绪。惟此屏翰藩垣之绩，自尔蕴崇郁勃而来。是用赠尔如尔孙官。聿修益激其纯忠，义率用彰乎永孝。

制曰：价人维藩，坐镇著绥安之绩；王母介福，追荣隆烝畀之仪。征凤卜于闻孙，并鸾褒于烈祖。尔，仝氏，乃具官某之祖母，林下清风，隐君良配。共敦素业，闺彝历世以弥光；助浚祥源，门祚再传而滋大。荆布之芳规如在，丝纶之巽命特申。是用赠尔为夫人。慰孙枝似续之思，昭奕业推崇之报。

## 原任浙江按察司按察使洪启睿

制曰：朕闻外台总纪，宣主德而正邦刑；观察持衡，肃风猷而清吏治。矧寰区诸省，惟浙壤首称。是非历试之贤，曷副十联之任。既昭伟绩，宁靳荣褒。尔，原任浙江按察司按察使洪启睿，丰裁峻整，器识端醇。仕学衍数世之传，良淑冠五尝之誉。策光廷献，名重胪传。久历寅清，恪守累朝之国典；独操衡鉴，聿新两浙之人文。辖方岳以扬功，长臬台而秉宪。而尔三事惟恪，一介必严。揽辔乘轩，树表仪于群吏；厘奸剔弊，示威令于百城。五教弼成，四知自许。朕采望实，业已擢尔右辖矣。兹以恩诏，用原衔授尔阶通议大夫，锡之诰命。于戏，甘棠听讼，方钦召伯仁风；东土保厘，尚现君陈渥泽。今两浙财赋繁重，杼轴其空。概蠲贷则国诎是虞，尽诛求则民穷可念。惟上下之兼济，在综理之苦心。尔其益纾远谋，以光新命。俾东南有永赖之利，庶宵旰无左顾之忧。节钺重权，伫膺简畀。钦哉。

制曰：重臣社稷宣劳，功成揽辔；内子山河比德，服程华珈。惟伉俪之相资，斯恩荣之并逮。尔，具官某妻、封淑人李氏，琚瑀中规，蕙兰流问。乐机修诤，励学殖于青箱；桓布从官，佐真操于羔緎。眷风高豸触，克奠我藩；繇儆切鸡鸣，攸宜尔室。矧广嗣洽小星之爱，宜从夫沾湛露之褒。兹仍封尔为淑人。承晋锡以弥隆，标咸贞而永誉。

制曰：夫肃寮贞度，实惟总宪之勋；激浊扬清，自是教忠之范。况世勤于民牧，而代振乎家声。国典所嘉，庆恩宜锡。尔，原任广东广州府新会县知县、累赠中大夫、浙江布政使司右参政洪有第，乃具官某之父，大器匡时，精忠体国。生多征应，绩学而慧益开；壮即成名，服官而才愈练。制锦蜚声于老吏，执法敛迹乎贵人。贷千金以赈饥，手一方而疗病。勤民之躯已毙，尸祝之祠如生。爰启宪臣，作邦司直。是用赠尔为通议大夫，如尔子官。三命酬谷子之功，百年抒劳臣之郁。

制曰：昔召伯经营南国，樊侯赋政东山，乃诗人侈宣其贤劳，而烈祖因张于篇什。眷兹陈臬之绩，可忘贻谷之思？尔，原任广东惠州府同知、赠中大夫、浙江布政使司右参政洪庭实，乃具官某之祖父，幼业雕龙，蚤膺鹗荐。寻登名于乙榜，遂绾绶于方州。两地具著循声，壮岁遽萌归志。菽水竭严亲之奉，林泉终伯季之欢。即今南北兴思，尚虔俎豆；宜有子孙绳武，光我邦家。是用赠尔如尔孙官。显命阐前休愈远，明灵庇后裔弥长。

制曰：天之祚德，厘女而从以孙；国之报功，尊祖以及其妣。爰宠劳臣之陈臬，宜疏王母以升华。尔，赠淑人张氏，乃具官某之祖母，钟祥望族，俪美名贤。孝敬克谨，蒸尝慈惠。允孚姻党，相夫成业。遑恤其躬，育子免怀，永辞于世。致念前功而誓不再室，遂昌后嗣而蔚起闻孙。是用仍赠尔为淑人。鸿名并烈祖之光，灵爽笃孝孙之祜。

## 备兵蓟州等处山西布政使司右参政邵可立

制曰：国家设监司，以采风甄俗而饬吏诘戎，尤要焉。盖吏治关乎民生，武备系于保障。况三辅为根本重地，有事正竭蹶之秋，则劳勚固不可忘，蕃锡亦讵宜后？尔，具官某，飞电长才，履冰凛守。鸣琴夜月，铜郊野树冬浓；执戟缙云，玉塞狼烟昼熄。山川夷险，总在目中；战守机宜，全归掌上。爰隆虎节，坐镇渔阳。缮器储糈，克壮危城之兽角；简徒选旅，足犁老上之龙庭。半壁金汤，何异莱公重望；四封安堵，悉归方叔壮猷。伟绩日崇，褒嘉首被。兹以覃恩，授尔阶中大夫，锡之诰命。顷东方多垒，畿甸戒严，尔能以帷筹张国势、尊俎折奸萌，明效已茂著矣。尔尚竭心膂、佐元戎，务使妖氛汛扫，边境底宁。尔之勋，朕将尔酬。钦哉。

制曰：物迁则叹，境异则怀。士槁守灯窗，缟衣茹蘆之与娱。比捧章绶，事澹而渐浓，迹存而人往，感慨系之矣。为人上者，奈何勿恤？尔，具官某妻、累赠安人杨氏，躬无粉饰，志在俭勤。旨蓄御贫，甘比孟光操作；焚膏佐读，宁辞乐子机丝。壮固国藩篱，犹是鸡鸣之范；蕃旌庸车服，当先凤捡之贻。兹以覃恩，赠尔为淑人。既承褕翟之隆荣，应释蕙帷之幽思。

制曰：梱内之政，讵惟豰糅纴缉能躬细事已者？将事姑章，饬纷帨以相彼夫子，仪兹闺闼。惟是淑行卓出，国典所崇褒也。尔，具官某继妻，封安人王氏，挺秀华宗，雅怀澹泊。吮痈孝行，聿光彤管之书；埋舌清风，弥赞素丝之节。处丰茸而去泰，诚商洛女宗；见满器而知危，为笄流标准。兹以覃恩，封尔为淑人。衹膺有查之纶，荐受无疆之祉。

制曰：干将莫邪，国之利器，乃有折阅而不售者，朕甚惜之。然天道挹注，缵戎祖考，莫非诒谋，兹售之矣。尔，贡士邵榆，乃具官某之祖父，雅度闾阎，德音侃侃。腹艺林之书簏，李善追踪；树闾里之芳标，彦方比范。心同虚谷，能收河汉众流；道在高山，自荷国家名器。兹以覃恩，赠尔如尔孙官。式承露泽之流想，更衍书芬于奕叶。

制曰：含饴弄孙，聿绵家庆，然及其生而不及贵时，人臣私衷必有仰思而欲逮者，锡类之恩，亟体之矣。尔，白氏，乃具官某之祖母，严不掩慈，和而能肃。闺闱抱德，庆钟多子之祥；夙夜持家，箧有重衣之裕。百年易谢，松老而脂犹香；双珮难忘，叶茂而根自芘。兹以覃恩，赠尔为淑人。并隆烝畀之仪，盖保昌融之祚。

制曰：士伏处林皋，虽无民社之寄，然乡成通德，人乐质成，即无地而为君，无官而为长矣，况浚哲发祥，荐沐恩畀者与？尔，累封承德郎、兵部武库清吏司主事邵来宣，乃具官某之父。少习儒书，长持家秉。一诚不贰，操行可质于神明；触地生恩，普惠尤秾于梓里。圭璋自度，衣冠奉以为宗；诗礼训庭，弓冶因之绍世。迈夷伦以种德，宜昌大之袭庥。兹以覃恩，赠尔如尔子官。式受锡圭之庆，爰抒列鼎之怀。

制曰：覃庆虽普，与善则严。苟钗布者流能拔起闺中，砥行殊尤乎？朕实嘉之。尔，累封安人李氏，乃具官某之母，柔嘉淑慎，宣慈惠和。钟一代之伟人，开百年之显伐。孝事不辞劳瘁，名动闾里；恩推可竭中藏，谊高星汉。神惟相吉，尝徙宅而垣颓；命亦惟天，闻去帷而婺殒。芳名不灭，锡典宜加。兹以覃恩，赠尔为淑人。九原如在，永照彤史之辉；三锡为光，丕阐玄扃之耀。

## 四川布政使司右参议兼按察司佥事李仙品

制曰：朝廷体国经野，分之岳牧，其于荒徼逖遐之地，更为帝德广运之区。是以察吏安民，敉内绥外，匪鸿谟硕抱之臣，未易举绩耳。尔，具官某，瑰玮真才，端方雅度。保乂勋高乎七泽，澄清望著于三湘。既践臬而跆藩，洵经文而纬武。乃缘毁誉，致有浮沉。眷兹新拓之疆，特藉轻熟之驭。正身率属，能激浊以扬清；保境息民，亦畏威而怀德。渐戢土司之翼，再缚猲寇之群。霜稜肃夜郎之墟，膏露沃南服之土。式资屏障，允赖旬宣。兹用覃恩，授尔阶朝议大夫，锡之诰命。于戏，江汉经营，已著殿邦之烈；苗民跛扈，方切□邻之虞。尚廑未雨之绸缪，益谨无形之衅孽。庶声灵遐畅，合黔蜀以向风；而德教诞敷，举华夷而率俾。朕不难崇畀，以叙尔劳也，尔其钦哉。

制曰：夫妇内外，以经二物，伉俪之谓也。况穷有黾勉，达有敬助，拜命受册而不获偕老，犹可念焉。尔，具官某妻、赠恭人墨氏，清心映玉，淑质如兰。早叶凤占，力襄萤案。尝谨身而相室，竟有志而无年。遗袿可思，徽音难泯。是用覃恩，仍赠尔为恭人。松楸扬紫綍以流辉，芝捡贲黄垆而永耀。

制曰：疏荣锡羡，虽有位之尝仪；表淑旌贤，亦有邦之令范。不有梱德，曷副王章？尔，具官某继妻、封恭人仇氏，毓贤温恭，持身淑慎。在馈谨湘盛之度，仪以无仪；举案肃宾敬之风，德以配德。儆烂而襄大业，鸣杼惟勤；曳缟而佐雄藩，静琴在御。既廉贞之并励，宜纶綍之交加。兹用覃恩，仍封尔为恭人。丕承珈茀之华，茂赞藩垣之烈。

制曰：朕惟志德所感，可动鬼神；积庆所贻，爰及苗裔。故顺昌世济其美，东海长发其祥。国典所征，天道尝与。尔，生员、赠湖广承天府知府李陈策，乃具官某之父，孝友自世，忠信为经。托业奇赢，寄神诵读。谨非礼勿之目，道以物身；矢无敢慢之心，贞不拂俗。敦行真古人之概，盟独隐君子之风。德不永年，善克昌后。芳猷日茂，严训聿彰。兹用覃恩，赠尔为朝议大夫，如尔子官。恩三锡而未已，泽奕世以弥昌。

制曰：人子思亲，则崇阶峻秩，只以增感耳。故杯棬辍饮，茵鼎兴嗟，不有悯章，曷以式慰？尔，累封太恭人雒氏，乃某官某之母，有淑名媛，作逑良士。居有鹊巢之静一，动惟蘩藻之敬共。舅姑孝事，百致以竭其情；夫子勤襄，一身无辞于瘁。嫔仪罔斁，母范克闲。念杼轴之多劳，启藩垣而懋烈。慈徽不泯，天庆乃来。兹用覃恩，仍赠尔为恭人。丝纶增耀于九原，图史传芳乎百世。

## 原任陕西按察司按察使董国光

制曰：朕唯车箱隘谷，正戎夏出入之区；金城雄关，尤兵民耕屯之所。是唯保塞之得人，乃能以守而代战。尔具官某，谨恪禔操，通明局干。薇垣展采，兰署奏庸。维刑名钱谷之兼操，乃攘剔保绥之益炼。三秦藩臬，试将十年；一障于城[①]，威及千里。廉正垂列城之表，精明耆诸部之心。民狎于野，寇无窥关。绩叙较然，业加衔布政使矣。兹覃恩，仍授尔阶通议大夫，锡之诰命。呜呼，汉祖师雄，忽困平城之厄；唐皇力盛，每虞赞普之猜。况久安之士马易弛，积隙之蘖芽难戢。何以使阴山之野斥堠不施，畴能令定羌之间田作自若？唯尔锁钥，壮边城之备，庶慰朕鼓鼙思将帅之心。钦哉。

---

① “于城”，据文意，当作“干城”。

## 湖广按察司副使张季恩

制曰：国有清宪，内总其凡而外台分之，亦或从内台出而佐之，凡以齐纪纲、一法守也。肆有成劳，无宁爱厥赏。尔，具官某，器资秀洁，才识通明。自擢制科，即为剧令。露冕独推于南国，惠洽芾棠；霜稜载著于西台，仪存贞柏。乃迁陈臬，复陟于宣。关陇澄清，再振湖湘之宪；兵屯繁重，聿勤桑土之谋。清风卓树于百城，闿泽遍孚于千里，朕甚嘉之。兹以绩满，授尔阶中宪大夫，锡之诰命。异时观察之使无三岁不迁者，然地与人相习莫若久之，俾下安其实而上积其声，无取数更为也。尔尚益殚乃心，务壮乃犹[1]，朕行且不次擢矣。

## 原任山东布政使司漕务道右参议李开藻

制曰：朕嘉参藩之臣，树屏一方，以助宣德化，民风士习，胥有赖焉，非端方正直之士，曷克称此？有物望素隆者，即起自田间，恩赉其可后乎？尔，具官某，宏才峻品，邃学贞操。以甲第之英入官版署，以清修之节往榷吴关。相士每出于骊黄，禔躬一抵于纯白。乃从建礼，出秉文衡。继起藩僚，俾司储运。猷略屡著，声望蔚腾。惟悬车之谊甚高，故受事之日尝浅。世方卜其出处，士皆待以仪刑。兹者入贺来朝，朕复命尔较文江右，而建储覃恩，则仍以原任，授尔阶朝议大夫，锡之诰命。夫吏治之不恪，与士行之不修，繇教化未宣也。尔以醇儒，范兹多士，尚明训正俗，使士究于理而一禀于先民之程，称朕简寄。尔其懋哉。

## 浙江嘉兴府知府吴国仕

制曰：二千石提衡长令，疏附皇泽，任至重也。嘉禾名郡，财赋重地，眷兹良牧，简在朕心。尔，具官某，业履端亮，才谞恢闳。筮仕爽鸠，寄嘉师之司命；克襄画象，扬淑问于棐彝。乃假左幡，用绥南国，而尔拊敉孔瘁，振刷多方。霈濊泽于列城，温然襦袴；端仪刑于群辟，皭尔羔丝。蒲鞭以宣拔薤之威，慈父而有神君之号。迨兹岁阅，中于赏程。兹授尔阶中宪大夫，锡之诰命。汉宣有言："选用贤良，固欲安之也。"赋繁役重，俗弊民劳，以扰为治，朕甚不取。故旌尔治行，以风东南诸吏。尚懋终绩，以永有誉哉。

制曰：玉麟铜虎，宰制于名邦；象服芝函，疏荣于内阃。所为贤者劝也。

---

① "犹"，据文意，当作"猷"。

尔，某官某妻、封安人程氏，淑德柔嘉，令仪婉嫕。羃浆职馈，承欢克毖于晨昏；茹淡食廉，敬助允虔于宦学。繄素丝之用誉，亮黄理之多庸，是用封尔为恭人。尚承滋至之休，益笃相成之儆。

制曰：二千石为朕勤民，拊摩鞠育，若保赤子，母教之也。甄庸展宠，不忘所自。尔，赠安人孙氏，乃具官某之母，妇德柔嘉，母仪纯备。百年占凤，遂开栖凤之祥；五夜和熊，适启冯熊之业。慈颜已邈，懿训如存，是用赠尔为恭人。载慰蓼莪，永辉松槚。

## 山东兖州府同知蒋良晋

制曰：朕览宣房《瓠子》之歌，穆然咨嗟，河之难治，从古为然。逮于本朝，陵运关纽，两利滋艰，三山之役，言者纷如。朕用疚心，惟是一二少尹左右当轴，奠兹灵渎，告厥成功。尔，具官某，渊源家学，山斗名儒。簉仕花封，久秾棠荫。贰兹河济，用锡玄圭。公尔忘私，虽木屑竹头之必借；身惟殉国，并晨餐夕寝以俱捐。若月河若遥堤，种种事半而功倍；为朱旺为黄堌，穰穰沧海而桑田。遂使河伯效灵，快睹陵漕俱便。春流无恙，宁烦璧马之沉；秋色依然，卧听冯夷之鼓。似兹茂绩，允合疏荣。是用授尔阶奉政大夫，锡之诰命。夫导河自积石汇冀，而豫而兖而徐，河身所经，湔湃激射，自非夙谙，罔厝前筹。河阴荒度，东鲁成功。就熟驾轻，投之艰巨，何施而不可。尚其殚乃心、协乃长，益光前勚，朕且显陟汝。

制曰：昔鲍宣辞桓装，而少君顿脱服御，世犹两贤之。乃躬为妇顺，不啻秾矣之肃雍，而宁无怆然于中断也？尔，具官某妻、赠孺人王氏，名阀贞姿，哲人美俪。尽谢铅华之御，独甘荆布之风。簪珥襄贤，夙志未酬。芸牖琴弦遽断，遗徽犹馥兰帷。尔夫两地功高，尔勚九原可作，兹加赠尔为宜人。褕翟增辉，遗簪永慕。

制曰：昔人以琴瑟喻政，故张而相之，扫而更之。家国一理，而能嗣美，以宣敬助之劳者，固未易光其令仪也。尔，具官某继室、封孺人万氏，赋性纯和，行遵榘度。洁瀡瀡而供馁，朝夕惟勤；躬綦缟以从宦，庭除克肃。抚育仁周一视，赞襄泽沛两河。鸡鸣有助乎国筹，鸾诰宜酬其梱伐。兹加封尔为宜人。荐承纶綍之荣，弥笃衿鞶之训。

制曰：三王之祭川也，先河而后海，或源也，或委也，国家课绩酧功，忍忘所自？矧尝畴其爵列，受朕褒封。其教孝激忠，抗丹衷于素业，报朕夫宁有涯？尔，封文林郎、河南开封府郑州河阴县知县蒋致远，乃具官某之父，读书孔博，制行惟醇。万石风流，八龙竞爽。仲氏铭勋乎漳浦，伯子标伐于河津。

睹兹昏垫之无虞，追美义方之有翼。是用加赠尔为奉政大夫，如尔子官。钦承紫綍，永贲黄垆。

## 贵州安顺军民府推官余学渊

敕曰：安顺为夷汉交讧之地，迩年以来，三狼之孽、岑氏之盟，粗有调停，不尽耆定，犹幸有二三良吏是赖。故贵竹之刑官，与诸路伸理匹夫匹妇冤者殊也。尔，具官某，升自拨尤，仕为民誉。鞅掌兵食之计，颦眉灾疫之区。尔能三尺之悬，佐以慈惠，俾谷龙岩孔间得藉以安堵者，荐书所报，尔劳在焉。兹以奏最之期，授尔阶文林郎，赐之敕命。尔惟勿替初心，益宏令绪，懋赏之典不以遐遗。尔其钦哉。

敕曰：笃厚之教，不肃而成；明允之称，燕贻有自。匪藉彰典，曷发潜光。尔，已故生员余绣，乃具官某之父，家世缥缃，庭生琼树。尔有聚萤之苦，赍志未酬乎？尔子能持廉守正，疏绩遐方，亦惟尔督诲之成也，是用赠尔如子官。丘园之贲，疑朴茂而无华；殿陛之颁，应斐亹而不朽。

敕曰：鞠育之恩，并称罔极。爱则慈母，教则严君。国家报德，疏荣宁有二哉。尔，王氏，乃具官某之母，名闺服训，中壸宣仪。疏布自甘，嗣桓姬之挽鹿；绩膏佐读，类柳母之丸熊。惟伤三釜之捐，不待五花之锡。兹用赠尔为孺人。幽承纶綍之文，明作杯棬之慰。

## 直隶广平府推官郭兴言

敕曰：朕闻神渊含珠，名岳韫璧，其所托灵者殊也。人亦有之，彼实神渊名岳，擅所韫含，何忍久忽潜德，不及时与之章光耶？尔，生员郭文元，乃具官某之父，蜚英胶序，著范乡仪。如砥如矢以励身，若圭若璧以摩质。栖心纯学，而机事不撄；锐意理宗，而空谈尽绝。尔子能布宽大之令，以昭钦恤之仁，惟尔之教成之。是用封尔为文林郎，如尔子官。披龙章于有赫，绵蛰祉以无疆。

敕曰：史称隽不疑仁恕，多所平反，母为加餐。鸠爽鸾祥，盖亦有族，则母仪远矣。尔，王氏，乃具官某之母，夙佩《女箴》，躬有淑德。和熊之训，励学殖于当年；悬鱼之风，凛廉规于既仕。南郡刑章允克，北堂鼎釜方宁，是用封尔为太孺人。显龙纶于一命，介燕喜于百年。

## 湖广岳州府推官马晋明

敕曰：郡国之政，朕以三尺寄李官，乃协中之理，惟慈惠胜明察，而后无知之民有所寄命焉。淑问既登，赏胡可后？尔，具官某，沉凝器识，精警才猷。擢秀棘闱，作人黉序。及青衿被化，遂丹笔再持。而尔比善引经，才兼读律。恻怛重一成之奏，精微悉五听之情。摄篆饮冰，辨官县鉴。累兹岁阅，最于程书。兹用授尔阶文林郎，锡之敕命。夫刑，所以生人也。乃俗吏周内见长，欲以造次之华胜平恕，然华何可久也，而民徒受其弊。尔尚用明为弼，一谌朕好生之旨，朕不难耳目畀尔矣。

敕曰：司谳平允之效，能使吾民室家媚依，而课绩疏恩不及阃内，其胡以劝也？夫是以有从爵之典。尔，具官某妻斯氏，天植惠温，家宜听婉。备白华之养，问夜燂汤；襄青简之功，分宵篝火。严持管钥，俭曳缟綦。肆棘路之报成，藉兰闺之交儆。兹用封尔为孺人。祗膺象服之华，盖赞画冠之理。

敕曰：在昔平恕之吏，垂名青简，实有先德以开之。吾李官，有监于祥刑、惠我嘉师者，此其父亦可知已。尔，马衽，乃具官某之父，伟貌出人，朴衷易俗。志违青紫，犹传绛帐之经；业在缥缃，不重金籯之积。化比闾为畏垒，抚异弟若同胞。眷兹胏石之无冤，溯尔椿庭之有谷。是用赠尔为文林郎，如尔子官。昭弓冶以方新，慰鼎茵之不逮。

## 原任陕西临洮府兰州知州李传声

制曰：秦陇北门，逼套□州，号难治。虽然，皋兰环翠，如鸟斯翼，而专城据其隩区，何虑无所鸠吾民也？在刺史得人焉。尔，具官某，志行清真，才猷敏练。升贤石室，擢守金城，而能警以当机，廉以致果。闵小东之杼轴，议法苏民；防套北之烽烟，随时设堠。其他兴除，一切本之。历试诸艰，而民庶有鸠已。兹以考成，授尔阶奉直大夫，锡之诰命。朕以尔晓畅边事，已擢尔郡丞，移治西凉。西凉地寒，回视兰州，乃在衽席上，又职高而权分，非故苦尔，念昔营平侯驰至上方略若地，盖无所不履。且吾患在番与□合，尔中处而相其机。尔勉哉。

制曰：士所任视其所习，惟女亦然。习于艰难者，其从于服官也，不约而自清，用克保厥名，暨厥荣章。尔，具官某妻王氏，柔顺宅身，拮据相室。菽水皆供于早作，篝灯每伴于夜分。至今贵而不骄，惟厥勤而生善。功襄治郡，誉在闲家，是用封尔为宜人。膺锦帔之龙光，对朱轓而燕誉。

制曰：朕崇儒奖善，尤乐闻世家名行也。虽不吾及，犹将发幽潜之光，况有子克绍前修，称贤州牧者乎？尔，李士，乃具官某之父，德门诗礼，弱横誉髦。志洁行芳，能述山阴之绩；道遐运促，空余邺架之书。竟成五岁佳儿，作朕三秦良牧。兹以书阅，赠尔如尔子官。慰壮志于穷泉，扬暗修于奕世。

制曰：朝廷敦厉风化，扬妇节、劝母慈，兼之实难。曰应旌格，功成而勿居，更可闵也。尔，施氏，乃具官某之母，艰苦备尝，严慈双至。柏舟自矢，悲更切于无衣；荻画授儿，治竟成于有谱。今日邦歌美政，亦惟家有完名，是用赠尔为宜人。焕金章而表德，永彤管之流芳。

## 直隶保定府定兴县知县毕自肃

敕曰：迩年畿辅诸邑征发特甚，繄惟良有司是赖。有能湔烦涤苛、覆露元元者，能无褒嘉，以示风励？尔，具官某，丰姿峻洁，才谞精明。抡对大廷，践更畿邑。起夙疲于衽席，霈大冻之春温。管尔牛刀，恢乎庖刃。际募兵转饷之苦，兼十室九空之时。乃能拊循泽被于归鸿，阳回蔀屋；厘剔严行于宿蠹，弊绝侵牟。闾阎鲜吠夜之惊，庾廪饶代年之积。郊无硕鼠，庭有悬鱼。兹以覃恩，授尔阶文林郎，锡之敕命。夫致远基于始仕，永终励在初心。尔业已才守卓茂，惠此一方民矣，尚益永惮厥心，以敉宁兹土。朕有显陟，用叙尔劳也。汝其钦哉。

敕曰：盖尝咏诗，《凯风》之歌“薪棘”曰母氏，《祈父》之嗟“尸饔”亦曰母氏。则生我劬劳，没更有余思已。不有悯纶，曷伸私恤？尔，王氏，乃具官某之生母，体贞于渐，协顺于随。本毓祥乎茂族，遂晋贰于名贤。世承忠厚之遗，少成若性；家衍诗书之泽，内则克闲。乃有翙翙凤毛，作我循牧；诜诜麟趾，蔚为国华。益增背树之光，永播东星之誉。是用覃恩，赠尔为孺人。白华辉谢，虽深风木之悲；丹管风留，长启芝函之耀。

## 直隶庐州府六安州霍山县知县黄守经

敕曰：士甫释诗书即膺民社，非下帷时尝留心于经济，未易称也。尔，具官某，学本承家，才优用世。偶遗珠于甲第，遂绾绶于花封。而尔能洁己爱人，殚精裕国。劳来匡直之不怠，野有归鸿；催科抚字以兼优，民嬉化日。吏尽如是，朕复何忧？兹用考绩，授尔阶文林郎，锡之敕命。人亦有言：“官怠于宦成。”谓以易心处之也。尔前徽既茂，后禄始绥。民或用从，阙下借之，兹汉法所以重久任也。益励初心，且显庸汝。

四素山房集卷之四终

# 四素山房集卷之五

济南刘鸿训青岳著

## 疏揭

### 拟请圣断综核名实剖判是非以息群嚣定国是疏

臣惟天下之患，莫甚于下有借淆乘沸之心，而上无窒源抽薪之虑，以故议论日多，实事日少，枝蔓日长，割截日钝，藩篱日启，破除日劳，究且酿时事为不可端委之形，而遗国家以玉石俱危之势。臣偶睹萌蘖，渐不可长，私心忧之，敢效杞人过计，冒昧一陈，冀圣明垂听焉。夫事未有先有其影而后有其形者，惟影之必起于形，即有巧为影以附之、伪为影以乱之，终不难穷诘而尽扫之者。本形自在，不可假也。知此，则天下之名实案于斯，是非白于斯，群言衷于斯，而无复不定之国是矣。奈何迩年以来，则有大谬不然者。其始不察影事之巧伪，而置初形于不问，寻至影影争附、影影乱真，几不可控□也。臣愚以为实不难揣，而决之亦甚易耳。乃其说有四。

一曰勤省览以破阴阳之谋。尝闻："家董惰则群舌挠，主听慵则鹿马乱。"今臣下忠直之品固多，而回伏之态亦复不少，然皆起于我皇上一切章疏未必时加省览，故苍黄交指，跖惠互名，匿端之说易纷，藏尾之术渐巧。请自今青蒲乍伏而牙签旋启，白简甫入而银管随披。如铨流品即计日而务臧否之程，明职守即按署而核掌故之实，列黜陟即及时而示赏罚之速。谷答不足比其捷，标景不足喻其信。如建洪钟于百尺之台，有叩即鸣，旦昏不爽，孰复敢溷枭鸡以昼夜，而操尺梃以冀幸者哉？

一曰肃章表以严入告之体。《书》云："辞尚体要。"《易》云："吉人之辞寡，躁人之辞多。"又云："诬善之人，其辞游；中心疑者，其辞枝。"又闻治世之人行有枝叶，乱世之人言有枝叶。迩来公车之牍，藤蔓任施，桑生转寄。虑结之易解也，而故棼其丝以尝之；惧沙之见簸也，而故碎其珠以混之。连篇累牍，兢奇骋辨，动至数千言未已也。甚且微暧媟嫚之辞、竿牍谑浪之语悉陈君父之前，毫无顾忌，岂肃乂之朝所宜有者？请自今除条陈政务不妨胪列极辨外，其他章奏，务在简核直书，言与事尽，而株牵有斥、猥附有斥，务覆匿不务显白有斥，一或邻于骂座、等于市哄者，不难以共工滔天之罪、正邪伪辨之诛加之，夫孰复敢以笔舌之弄，犯人臣无礼之戒者邪？

一曰布官僚以营职业之实。考之唐虞，曰为司空，曰为后稷，曰为司徒，曰士，曰若予工，曰作朕虞，曰典朕三礼，曰典乐教胄子，曰作纳言。夫官无不备，故绩无不熙。巧言孔壬之流，奚自而生哉？且一人无两心，营职者无暇于骋议，骋浮议者能兼为营职乎？故实事旷则空谈生，空谈愈生则实事愈旷，其弊皆起于官僚之缺乏。故代庖缘为坐啸，兼摄易为掣肘。各有救过之心，只增射影之惧，夫安在其不哓哓也？请自今繇冢卿以及九列、诸大夫，不难起硕儒于林皋，推大贤以不次。且不数日而尽布名，不数月而咸受事。则政务分而持论有据，职掌明而争端自息。即有好为弹射者，欲出于循名责实之外，而众且指为不祥之鸣已。

一曰敕和衷以杜朋党之门。《易》称“朋亡”，称“涣群”，而皋陶矢谟亦曰：“同寅协恭，和衷哉。”夫“同寅”云者，岂如季世所称同曹共署、一事相济之谓哉？尝绎解者曰：言君臣当同其寅畏，协其恭敬，诚一无间，而融会流通也。奈何迩来一人之争、一政之构，始而忿悁，继而诪张，终且不胜其钩棘，真有嚣于聚讼、惨于操戈，而恬不为异者。曾不思汉之甘陵、唐之伾文、宋之蜀洛，不过一时议论偶激，而水火之形日见，左右之袒渐成。曾无衣钵，若有箕裘。讵知其遗祸人国，以至此极哉。请自今发明诏严谕之曰：尔臣子各有事任，当精白乃心，以事一人。非若医人之胗视也，而胡得言脉络？非若傀儡之登场也，而胡得言线索？又非若梓人、圬人之营室也，而胡得言门户？不第敷奏之牍不得漫及，即群僚群寀之间，一有雷同附和、微见伐异之形者，下不难为败群之察、鹯雀之逐，上何难为魑魅之投、憸壬之诛哉？如是而犹有反唇两舌之辈，坚不欲易面而革心者，是好以颈戏镯镂者也，所必无之事也。

夫行此四术，是为不断之断，不核之核，不剖之剖，不息之息，不定之定。傥亦有俾国是之首画乎？又不然甘澍之所不济，则雷动风散之机行。惟我皇上翻然励精于上，贤宰执敏然抒忧于下，举所为群争而交诋者，刻期立限，引绳而批根焉，何胶结之不解，沉郁之不开乎？语曰：“商飙起而蛙部绝，黄钟声而瓦缶顿。”亦必至之势，试之辄效者耳。仍乞采刍荛之见所称四术者，详览而施行之，以为永永镇嚣息浮之助，未必非狂愚之一得也。臣谨奏。

## 拟请振纪纲防壅蔽励官守壮军实疏

盖闻治天下与治一身无以异也，总之，强弱、通塞、精窳、虚实之数耳。故未有以弱为强、以塞为通、以窳为精、以虚为实，而反治之者；未有弱托于强、塞托于通、窳托于精，虚托于实，讳疾而自愚者；亦未有元气可复、神气可振、甘于弱且塞窳且虚，坐视而不之救者。夫反治㞷，道也。讳疾者㞷，坐视不救者亦㞷。彼善爱其身者，必不如是之暗且忍也。通于此，则今天下不治之端了然可指，而其不难治之状亦有可得而言者矣。乃其大者有四：曰纪纲不可一日不振也，壅蔽不可一日不防也，官守不可一日不励也，军实不可一日不壮也。

夫纪纲之关于人国，如天之有日星、地之有岳渎、草木之有枝干、人身之有筋骨也。小喻之，如网之必有所承、有所挈，始可操纵而为吾用；如丝之必有条、必有缕，始可分而理之也。今国家悬于宪典，炳炳朗朗者，孰非纪纲？乃年来承之者可谓委顿之极，而挈之者可谓极弛纵亦极纷拿，几不可举而理矣。故以为在宸极而震耸之无时，以为在宫府而关应之多爽，以为在六卿而禀受之无人，以为在台谏而封驳之尘阁。夫雷霆不震，孰知其威？太阿不试，孰知其利？《诗》云："勉勉我王，纲纪四方。"夫"勉勉"云者，谓人主之心，惺惺翼翼，罔敢怠荒，罔敢废弃，而后四方受纲纪焉。非如近日之文法，徒具振举，希闻一任。其沦斁而莫之省，理也。故始而争、继而紊，而渫越随之，有如肢体虽存，血脉不贯，夫且为委顿不起之身矣。寻其原，皆自謦咳虚传、人心玩愒。章奏批答，十九置去。即臣下有力者，胡从过而问焉？皇上诚一旦惆然动念，勃然励精，自宫闱达庶府、自大政及庶事，务以不可废之功令，责不可缺之官僚，一举乖错，威稜立见。将驱驾如风雷，响应如桴鼓。魁柄在斡，星杓自运；天君出令，臂指自从。何薾弱之不转为强力乎？释今不振，将有欲振而不能者，故臣愚惴惴为纪纲虑，而曰不可一日不振也。

尝闻之《管子》曰："中央之人，人主之参也。以缓为急，急可以取威；以急为缓，缓可以惠民。威惠迁于下，则为人上者危矣。"又曰："中央之人，能易贤不肖。而为党于下，能以民之财力，上陷其主而为劳于下。兼上下以环其私，则为人上者危矣。"卓哉斯言，洞见千古。夫上之所以宣于下，与下之所以达于上，止有此路。上之未必宣于下，与下之未必达于上，亦止有此路。此路通，则蔑有不通；此路塞，则蔑有不塞。夫一寸之梗，百脉可闭；一锸之土，万斛可壅。况九阍宫闼之悬哉？今上二十余年以来求闻声称朕，遥瞻穆穆之容而不可得，所恃者言之一线耳，奈何借权于中涓，且令威福四出、内降浸有耶？其始也，不过矢荣夷之策，货无不入耳。继且伺倦勤之倪，举一切章奏，欲入则入，不欲入则百补牍而百不入矣；欲出则出，不欲出则百请乞而百不出矣。庭下之讼如市，而听断寂然；税珰之毒若焚，而扑灭无日。齿马者置，未尝齿马也亦并疑而置之；吁天者摈，未尝吁天也亦概摈而掷之。岂圣神之主所宜有哉？我皇上试思天下臣民之心，何尝一日不向阙庭、抒忠悃？皇上之心，亦何尝一日不可对天下臣民之望？惟在一旦引见大臣，咨询政务，凡有章奏，责令六科之纪载与内阁之票拟者，款款符合，亦款款批发，如初年故事，按时类奏以闻，无令扫除之役得以阴阳其术而中隔之。此庙社神人积愤积郁之一大快事也。故臣愚惴惴为壅蔽虑，而曰不可一日不防也。

古之人有言曰：未得治国先治官。治国者，治官之积也。臣愚以为：人主当言治国，人臣当言治官。夫官之有守，如庖人之于庖祝。人之于祝，典衣典冠，各受一事，侵之不得，代之不得，委而旷之尤不得。比年以来，官空其署，则苦于无官，谁复曰守？代人而守，则苦于非官，能尽责其兼而守乎？故前人未必瑕也，后人得乘其不守而委瑕于前人；本署未必治也，摄者得乘其兼守而委治于本署。庶僚之事，靡不禀仰于大僚，禀仰者无人，将庶僚之功辜两轻；臣子之事，靡不关白于君父，关白者不报，则臣子之心力俱弛。以故三公九卿以逮百司庶府，何署无留牍，何人无兼摄，何日无缺典，何岁无格越？将责之初受，初受之负担已弛；将责之后承，后承之手足尚縶；将责之代庖，代庖之肘仍掣，而议且踵也。政如新妇之身，伫视无厝，且不知姑嫜之为谁氏，敢问井臼乎？如是而欲官守之励，容可得耶？夫励者，砺也。砺物者必持其柄，持柄者必得其人。有其人、任其柄，在主器者鼓篋而俾之淬，何䂿顿之不为霜雪乎？每见皇上一赋未满、一寇未平，无不督过之者，此犹圣心之勤思耳。其他讲读之僚虚悬，秩宗之典久旷，铨除者果尽朝下夕俞旋受之任乎？大农执出入不旁借乎？运筹枢府不乏人乎？圜扉无滞狱乎？冬官以时缮治，壮宸极、耸观瞻乎？纠绳者、补察者果布在左右，且衔天宪遍历方寓乎？一有旷缺，责且无属。乃百司鞠为茂草，列署等于蘧庐。自非皇上按籍核实，一朝充布，鼓舞而磨砺之，安能人人兢奋，恪乃职哉？故臣愚惴惴为官守虑，而曰不可一日不励也。

若乃兵者，国家之神气、社稷之圉卫也，宜壮盛不宜单虚，可充实不可凋耗。自水地之义不讲，畜众之法两岐。则一夫从戎，百夫骚动；一卒裹粮，千亩追呼。如是者尚靳行伍、实士卒、饱国家，坐受子弟之卫、手足之捍，即有不虞，亡害耳。讵意法久弊生，而弊仍托于法；弊极且变，而变复缘为弊。致令谈军政者腐唇焦舌，竟无当于万分之一。卒有小丑，辄尔周张。一运未达，遽虞鼓噪。无事则专言缺饷，有事则先请兵、旋请饷，兵与饷无称足之期。至于羽林环卫之籍，百冒千虚，恬不为异。目击之而不能理，况塞垣乎？窃尝反覆思之，如迩来以来，语兵则议召募、议清勾、议转调、议土著、议严占役，语饷则借水衡、借冏寺、借陪京、借省直诸库藏，那移补凑，辗转支吾。持筹者无可观之策，受事者无舒眉之时，岂谋国之本计哉？愚谓欲壮军实，无如修屯政。盖国初之制，中外皆有卫所，卫所皆有屯。当征发则取之额军而足，饷亦取之屯而足。即今蠹蚀日久，旷废已深，诚得如充国、枣祗诸人，建必然之议，庙堂设诚而致行之军政，有不蒸蒸起，不敢知也。若曰力田不如逢年、刺绣不如倚门，此迂屯政而捷转输之说也。愚又谓本计失则无如核尺籍、惩贪冒，文臣武吏以故事应者，递以三尺绳之，不少贷，或亦小补其罅漏乎？故臣愚惴惴为军实虑，而曰不可一日不壮也。

臣愚又以为，四者之中，纪纲为要。振纪纲之术，袪壅蔽为先。盖人之精神耳目为牖，耳目清则心志奋，心志奋则百体从。举一身无受病之处，将有强无弱、有通无塞、有精无窳、有实无虚，而寿考康宁，无疆惟休矣。伏惟圣明采择而施行之。宗社幸甚，臣愚幸甚。

## 请假疏

为奉差事，竣，海上遭风，惊悸成疾，不能报命。恳乞圣明垂怜，宽假调理，以保微躯。事臣奉上命，偕科臣杨道寅恭赍两朝诏敕，前赴朝鲜国开读。自二月初九日陛辞出都门，间关数千里，半历戎马之场，耳闻辽事，迄无成画，目睹兵容颇呈萎薾。臣，词臣也，使臣也。身在折冲之外，而心切豺虎之惊；夙防出位之思，而不胜同仇之愤。是以自蓟门抵镇江，与总督言、与宁前道臣言、与辽抚言；抵辽阳，与经臣、按臣暨诸道臣言。不啻舌敝唇焦，相争如虎，仅得发四千金，与监军道臣高出，为出奇行间之饵。而此外则闻见互异，听受为难，臣业有惧心已。夫□经臣袁应泰受事之初，誓死疆场，臣一见其人，即知其有圣贤之心、忠荩之志。比以永芳三次遣六人至，应泰侧欲为朝廷歼逆□，不烦中国之力等语见告臣，则齰舌而不敢应，但私心谓应泰为可欺以方之君子，心重其品而亦心知其不能完此局。已，臣别应泰，怅怅东去，日夕忧之。家僮谓臣度辽后面皮日黄、饮食渐减，谓臣行役之苦，而不知臣已忧归途之难料矣。

三月初十日渡鸭绿江，才三日即有沈阳之报，为之神魂飞越者数日。至二十日攻陷辽阳，镇江以西道路梗塞，朝鲜供役诸人虽啧啧言之，臣未敢信。历月余，无繇见一的据，虽该国之人宴享日陈，山川佳丽胥如梦中度去，而舌端无味，寝不安席。每见义州郑节制传一报纸来，则合馆站诸人，无不失色流涕。臣素性多忧，日无好怀，而病且积矣。幸于四月十二日抵王京开读，礼成，暂憩南别宫，即与该国君臣日卜旋期，而辽路已不可问。该国星夜为臣等特造二海船，先遣通官人等前探水路，舟楫□具，始于五月朔日繇陆路抵安州，候舟师调集，浮海南下。

六月初四日行至平岛地方，科臣舟在前，臣舟在后。科臣见岸上有假□贼数人举放烟火，不欲泊舟，遂趋旅顺口。至旅顺，日且夕矣。科臣及随行诸舟渐次入泊，臣舟独后至，见岸上□贼乘马者、步行者关弧举火，列队放炮，十倍平岛，臣独叱舟人过旅顺，趋铁山口，心口相语，谓：“宁死葬海鱼腹中，必不为叛贼所执。”乃终夜风涛达旦，舟渐漏，桅折，时作异响。臣知不可保，急促舟人起维登岸，未能也。忽异风吹舟，薄沙碛。臣欲下，随行诸役力挽臣臂，捉臣两袖，尚谓无虞。臣绝袖奋身跳浅水，半蹶。二水手扶臣，才起立，而舟已沉。再移数步，避潮水击溅，而舟已片片浮矣。衣衾图籍尽付洪涛，即片纸寸缕未携也。臣着小衣，栖息山麓，雷雨大至。顷之雨歇，得一土人前导，步行二十里返旅顺，得副行一舟载焉。泥涂行潦中，相貌如鬼，衣履俱无，得科臣遣送一二衣被，聊足蔽体。然风雨惊悸之余，空饿之腹，支离昏愦，至夕不苏。家僮环臣而泣，而臣之眼泪枯而不能下矣。自是病卧舟中，不问去住，又海水煮米，日勉进数匕，尽结黄痰，呕吐不绝。

因思臣之身，为我皇上遣役之身，不能审舟审泊，自加爱护，及时赴阙庭报命，狼狈至此，臣至不忠。臣父育臣教臣，千辛万楚，见辽路不通，曾遣家僮叩阙请命，而臣不知；又臣父删定古籍数种，手付于臣，数年枕藉，不忍释去，携与俱东，一旦付之波流，臣至不孝。即臣原无病，日夜抱此愁愧，亦未有不病者，况茫茫海程，尚数千里遥也。又朝鲜所分遣供给一官，带坏船水手百余人，先告归，臣不能留，曾无一物饷臣。而米淡水苦，食不下咽，饿亦可死，奄奄微息。入大洋四望，各千余里，旁无岛屿，行三昼夜不能泊，望黄城如在天上。至初十日风浪异尝，竟日夜，舵楫俱尽，时时愿沉、愿覆不可得。臣仰天大呼，果获奇救。

臣，儒臣也，未敢以神怪语渎天听，乃舟人无不异之，臣亦不知其何以不死，犹得至登州，陟彼岸也。臣父连遣家人数辈逆诸海上，言臣父母日相对涕泣，冀臣生还。臣闻此，寸心如割，即延医，连服镇惊涤秽之药数剂，欲勉强驰过长山，一慰二亲，即力疾入都门。不意误用凉饵过多，水泻暴下者数日，惫甚，舆疾行潦水中九日，抵子舍。臣父扶杖出村，待臣一见，臣面痛几绝。臣母方笃病，臣入户庭，为臣父母叩首，不能成礼，迷仆在地，移数晷不起。臣母亦不识臣之面目，越一日始知臣归，怜臣，痛哭，病增剧。每欲臣强饮食，而臣之脾胃大伤，吐泄时作，困顿日甚。兼之舟中受湿，右臂麻木，不能执笔。在登州时已知不能手自草疏入告我皇上，实托科臣道寅先代臣一鸣，稍逭罪戾，不知科臣曾为臣一言否。臣又思病体沉重，匪旬日可愈，因于榻前授意臣弟生员刘鸿采代草一疏，急为奏闻。臣虽稍加点窜，而语无伦次，大非入告君父之体。臣罪弥深，而臣之病益不知痊可之期矣。

恳乞我皇上怜臣苦病不止一端，医药日亲，未必遽效，赐之宽假调理，保此余生。傥不即填沟壑，尚有就日瞻云之时乎？臣当竭蹶以效犬马，顶踵弗爱也。原领诏敕筒四件，旧例，事峻应送还礼部，转缴内府，已托付科臣道寅代赍入都，并无损坏。又朝鲜国遣来陈慰谢恩四陪臣，随臣等来至海上，俱遭风，文移、行李大半浥坏，敢附以闻，惟圣明怜而宽恤之。更乞敕下该部，明示此后贡道，用副该国君臣濒行相托之意。臣无任悚息，待命之至。

## 枚卜辞恩第一疏

为纶扉重地，瓯卜特隆，宠命惊闻，省躬非据。仰祈圣明，俯容辞免事。臣东鄙竖儒，荷神祖作养，拔置史局，荐历宫僚，贰端尹，忧居六载，于天启六年起复入京，蒙先帝因阁臣题升未允，旋加削夺，跧伏垅亩，无复圭组之梦矣。何虞本月十一日按吏部咨文会推阁员，臣以废籍，亦得列名。奉圣旨："钱龙锡、杨景辰各升礼部尚书兼东阁大学士，来宗道以原官兼东阁大学士，李标、周道登、刘鸿训各升礼部尚书兼东阁大学士，俱入内阁，同首辅施凤来等办事。龙锡、标、道登、鸿训差官行取来京，钦此。"臣闻命自天，不胜感激，不胜惶悚。伏念臣以樗栎散材、章缝弃物，年来偷息山泽，窃见入冬以来，天清日朗，阴翳顿尽，不必问之黄耇、证之海波，已知北极有真圣人矣。间借邮报读之，仰见我皇上英明天纵，河魁独握，剪除凶逆，不烦声色，真不世出之主也。今又诏搜岩薮，不遗菅蒯，而臣以草野名姓，遽入金瓯，臣何人斯，敢膺异数？方今尧舜在上，岳牧充庭，臣至愚极暗，上不足以备皇上之顾问，下不足以佐僚侪之谟猷。甘心袯襫，惊绅佩之骤加；久服锄耰，惧笔札之难任。若不揣分量力，控辞于君父之前，倘他日有力小任重之讥，致负皇上知人善任之哲，恐非所以光大典而重揆地也。伏乞圣慈亟收成命，别简耆硕，俾臣以草莽之臣，昕夕遥瞻帝阙，歌舞太平，皆高天厚地之洪恩也。

## 辞恩第二疏

谨奏。为政本重任，揣分难胜，再恳天恩，俯容辞免事。顷蒙我皇上起臣陇亩之间，畀臣以春卿阁学之任，臣已具疏恭辞，仰祈俞允，不意复奉圣旨："卿器品端醇，学识弘深，允孚物望。政本重地，特兹简畀，着即遵成命，前来入阁佐理，不必逊辞。该部知道，钦此。"又于二月二十一日接得行人司行人孔闻籍赍圣旨，促臣赴任，臣郊迎谢恩，不胜感激。即削夺摧残之人，宁无起色？但臣心弥感弥惧。窃念皇上之不次用臣也，期臣有卓越之才，可以仰副特达之知也。臣自顾袜线微长，奚堪补衮；尺寸之绠，讵能汲深？方今元恶虽歼，而垢染之群情尚烦洗涤；锢籍渐豁，而摧折之士气犹费滋培。疆场未谧，一人兴拊髀之思；疮痍未起，九域有泽鸿之叹。圣主宵衣旰食，政自焦劳；臣工戴高履厚，鲜所酬补。此乾坤何等时，而绵薄识力，乃轻言仔肩耶？又昨见科臣魏照乘、台臣安伸枚卜之典既隆，一疏构述，我皇上卜相之精虔，不啻殷宗之赉弼，亦惟谅同简诸臣，自有上应箕尾，仰佐圣天子中兴之治者，臣非其人也。坐是展转思维，不能即安。伏乞圣慈，鉴臣前疏，出自悃诚，俯容辞免，有余荣矣。

## 辞恩第三疏

谨奏：为参知重任，未敢冒承。两奉温纶，益增感愧。谨于途次，再陈下悃，仰祈圣鉴。事臣以摧折余生，蒙皇上拔之密勿，臣闻命后即具疏控辞，未蒙俯允，既而再疏披沥，仰渎宸聪，冀得少安愚分。不意复奉圣旨："卿端品远猷，夙饶康济。密勿政本，伫倚赞襄。着遵旨前来入阁佐理，以副朕眷怀。不允辞，该部知道。钦此。"臣随设香案，望阙叩头谢恩讫，窃念臣畴昔之触忤逆党，何坎壈之缠身；今兹之遭逢圣明，何荣幸之逾涯也。膺簪笏希觏之异数，躐梦想不到之官阶。连章虽同故事，式求遂其初心。天语又复重申，讵忍委之草莽。惟是寻尝之不烦逊谢者，皆一知一察之官；而人臣之易于肩承者，亦若轻若重之担。乃政本何地，阁学何官，而迂伧如臣，敢率尔就列耶？内揆径寸，经纶之绪茫然；外审群情，调剂之方安在。且一人励精于上，安所用其赞匡；而百司宣力于下，未易综其名实。消融偏倚，还须迈种之才；燮理阴阳，岂借侏儒之技。只缘奉召已久，谊难偃蹇于家园；距阙非遥，理当趋承于道路。但户庭未出，或贻窥观之羞；而居之不疑，又来负乘之诮。此臣所以彷徨道周，咫尺国门，而未能即前者也。伏乞皇上鉴臣进止之际，自观宜审，纶扉之地，未可尝试。容臣仍以詹翰旧职供役笔札，则臣获循分自效，而无冒昧之愆矣。

## 谢恩疏

为感激天恩，恭陈谢悃事。臣以斥逐残息，误蒙特简，皇华衔命，远贲岩阿。控辞再三，温纶叠被，何敢更为推逊，以渎宸聪？谨于本月二十三日陛见，二十四日谢恩。恭候皇上御朝之日，再补面恩。今于本月二十七日到任，随诸阁臣办事讫。臣昔奉使鲜国，遭辽阳之变，归路梗塞，海洋遇飓，舟破濒死，衣衾图籍尽付洪涛。且羁栖岛隅，困饿五日。寅冬入京，数日遽蒙削夺。深雪中跨蹇南归，逆珰逻卒森布前后，且行且踣，肘股皆伤，忧病频年，几不能载笔承明矣。乃皇上拔擢殊恩，实出意外，臣之发肤顶踵，宁复自爱，不矢报高厚乎？《鲁论》曰："事君能致其身。"身政未易致也，诸臣所当致者，只一官一职之身；而阁臣所当致者，则百责攸萃之身也。年来见诸臣条奏，凡闾阎之疾苦、征发之频仍，关宁之孤注、水蔺之逋孽，逆枢逆珰之流毒、罗织锻炼之忠魂，与夫借题摧挫、不可数计之废籍，业已章满公车矣。顾言之非难，行之为难耳。臣惟愿在廷诸臣皆实实从国家起见，而臣分猷政本更当率先，庶府无一时一事不实，实从国家起见，以人事主，不必有尔我之歧；为主择人，无所用东西之袒。以同而异政，所以化异为同。舍短取长，虽不欲长中索短。此身业已许国，哪能返顾妻孥？此心惟知有君，安得照管情面？臣谬以为，"虚公"两字，乃今日平章之第一义，而臣追随元老后，惟精白一心，期无负皇上特达之知而已。至于力持国是，自有首辅之担当；迅扫纷嚣，又在太阿之独断。若夫兵刑钱谷，各有司存。容臣与老成心许之人，从容为我皇上讲求，兹不敢掇拾而谈也。臣无任感激，惶悚之至。

## 辞疏

谨奏。为夙疾突发，不能供职，伏祈圣慈放归田里事。臣往年遭风碎舟，几死于海；继遭崔魏毒手，几死于道路。虽幸而不死，然惊忧摧折之后，已病入腠理矣。年来枕藉药饵，苟延性命，不意皇上阄卜阁员，误得臣名，且遣官行取，荣及圭筚，此草莽希世之逢也。三疏辞控，未蒙俞允，臣虽病，宁忍坚卧，以上负尧舜之主？遂勉强就道，冀得稍展藿忱，以报万一。曷期办事之始，即遇最难措手者数事。而臣所分票本章，又皆触犯凶锋、取祸最捷者。臣拟票之际，不胜忠愤，亦料有返噬，然终不欲还顾，惟是忧郁太过，饮食减少，心血耗散，陈恙顿增，即无御史言，已奄奄床褥矣。况圣明御极，海宇维新，举朝士大夫无不洗濯心志以事陛下。而乃有受事旬日，遽蒙如许訾诟如臣之不肖者，宁不辱金瓯而羞揆路耶？臣草疏甫毕，又闻御史高捷、史䇲纠疏踵至，臣俱愧服，不与辩。惟望陛下鉴臣苦衷，怜臣病骨，俞令回籍调理。臣一日未死之身，当与田夫野老朝夕焚吁，共祝圣天子万年有道之长，臣愿毕矣。

## 拟谕疏恭录圣谕于前

皇帝敕谕：朕惟人主，代天理物，首重民生。朝廷为民求[①]牧，必先吏

① "求"，该字原为墨丁，据卷二《拟谕官员久任严禁私派敕》补。

治。朕自御极以来，蚤夜兢兢，非不日求民瘼，而职司民牧者恬不加意，百姓何时受福？朕昨召对阁臣并九卿科道等官于平台，见辅臣鸿训奏近来天下官员更调甚速，若不举行久任之法，终鲜实效。又奏云：海内差繁赋重，民力已竭，自今以后，万万不可加派。朕切思之，更调速则民受扰，官久任则课成功。倘蘧庐其一官，自秦越其赤子，官徒自便，民岂聊生？剜肉医疮，势所必至。张官置吏之初意，等之弁髦；用二用三之厉政，漫为尝试。民困治窳，端必繇斯，朕痛心焉。今后藩臬郡县等官，务择人地相宜，俱遵照祖宗朝旧制。俸期一日未足，不许朦胧升转。铨除之后，一任地方大小，各营职业，不许钻刺改调。其间或有不肖者，听抚按官不时劾去，勿令殃民。但有莅任庶几，倏调他方及无故加衔者，科道官即时参奏，以凭拿问，仍治铨曹、抚按通同之罪，决不姑息。近见言官荐举人材，不无凭私市恩、真伪失实者，讵是登明选公之藉？今后吏部将一切荐疏，总勒一册，厥后所荐人材，有试之罔效及瘝职偾事者，即查出当日，举主一并连坐。再照辽黔兵事，虽未结局，前此加派业已不少，果能精核虚冒，军兴自足[①]，该部即将新旧兵饷的数，各造简明清册进呈，以备朝夕查阅。在外抚按官亦遍查州县赤历，私派分毫者，即参劾拿究，不得照管情面，贻害地方。三尺具在，朕断不尔贷。至于司农一官，尤系军国命脉，非清操心计之臣，岂胜厥任？所荐毕自严，经济素裕，才品兼优，户部尚书员缺，速行推补。朕既轸念穷民，尔等大小臣工，亦当为国爱民、为民请命，以副朕加惠元元至意。特谕。

大学士来宗道、杨景辰、李标、刘鸿训谨题：昨日文书官于万乘持圣谕一道谕内阁，臣等盥手捧读，亟颂我皇上留神治道，精核职守，未有如斯之勤渠者也。夫国家大事，无如察吏安民，其他筹边、理财、弭盗、明刑、荐举人材诸务，何得悠悠尝试？致令所在酿弊而莫之觉察？惟有皇上立赐督责，各加提醒，今而后有不洗涤兢奋、用称厥职者，必非臣也。圣谕严重，比于典谟，臣等何能仰赞一词？惟钦命拟谕来行，不敢不勉竭荒陋，稍加润色，拟上以凭圣裁。原奉圣谕尊藏阁中，谨具揭。回奏以闻。

## 请发沐镇票拟疏

题：臣昨出阁，忽闻云南沐夫人宋氏有《请袭疏》入内，称：其孙、镇守云南总兵官沐启元于六月初十日病故。臣等初闻，不胜悯惜。已而思启元于彼中抚按相构，远在天末，情事未得豁然，不但仰烦我皇上睿思，即臣等揣摩，

① “足”，该字原为墨丁，据卷二《拟谕官员久任严禁私派敕》补。

票拟未必妥当，何以服遐方而肃法纪乎？今启元病故，即有未妥，不过一二豪奴，有司可问抚按；即有未妥，沐氏可以理遣，何难相平？每见皇上御极以来，遇一事稍费调停，忽有天然之了当，不烦皇上处分。即如插酉骄横，我军忽而相值，举放火炮，打死一百余人，询之，强半皆头目也。插部落虽大，自尔散越。诸如此类，虽出偶然，实我皇上浩大之福所致耳。宋氏果有疏入乞皇上，将臣所票拟启元原疏发下，容臣等改拟，进览定夺。

## 救张侍讲等公揭

题：顷因馆选增额，进士张星等误信风传，遽入疏奏，且照寻尝陈乞之例，径列同乡职官姓名，而侍讲张士范名列于首。寻蒙皇上震怒，根究泄旨之人，叠奉严旨，将士范削职拟罪，张星冠带闲住。天威赫赫，臣等何敢代为申救？今长安舆论，佥谓士范之名，原系星等误入，即士范亦坚称毫不与闻。且吉士公选，乞增六名，原合众共议，即时据议上疏，初无密语，奉旨不允，星等亦未先闻。又，士范以珥笔侍从之臣，曾侍先帝讲幄；张星新进书生，不谙事体，冒昧从事，无知之罪，似有可原。且展转支吾，律法甚重，法司既凛天威，又惧怠缓，夙夜悚惶，罔敢措手。一时在廷诸臣，无不以矜愚宥过之仁，翘首望皇上者。臣等若缄默不言，诸臣将谓臣等心知其情，不肯明告皇上；又谓皇上原无成心，而臣等隐忍含糊，成此疑局，则臣等之罪大矣。为此合词上请，伏乞皇上曲赐怜悯，稍宽其罪，令法司得以仰成，臣等与在廷诸臣戴兹高厚。人有同心，二臣之捐糜感激又不待言矣。傥蒙皇上法外施仁，俾词林二小臣尚留自新一线，此我皇上初年旷荡之盛事，非臣等所敢必也。臣等久拟未陈，谊难终默，非敢市德于二臣。唯圣明垂鉴，幸甚。

## 请叙蜀功疏

题：自奢酋发难，残破杀戮之惨，几危全蜀，动摇诸省，盖国家之大变也。维时捐驱效力，不与贼俱生者，讵止将士？即闾里编户及士大夫，靡不登陴乘障，惟贼是御，拮据数年而后底定，厥劳甚伟，久宜优叙。但川省远在天末，每一陈奏，动辄经年，迄今尚未允叙，何以神鼓舞而慰忠魂？且黔事未襄，正宜亟酬蜀功，用示激劝，顾可一日缓乎？又闻该部已将稍涉冒滥者悉行汰除，彼中赏赉，责令该省凑处，万不敢乞诸内帑。则今三案之叙，真足以悦群情而息偶语，亦我皇上励世磨钝之大权也。缘系兵部经理叙题再四苦心，特于□奏之日，乞臣等先入一言，仰干皇上慈俞。又，科臣亦至阁门，力赞其可，臣等能嘿嘿已乎？臣无任悚息，待命之至。

## 救袁侍御疏

题：今晨臣入阁办事，见皇上发下吏部尚书等官王永光等，会议袁弘勋赃私事，欲免行勘问。臣久有是心，但未敢再陈，以渎皇上之清燕耳。夫古所重于相臣者，在包荒含垢，以成休休有容之体。御史初抗疏时，臣一闻置去，不与角口。旋出一揭，乞皇上矜宥弘勋，乃奉圣旨："袁弘勋小臣无礼，率意狂肆。卿入直几日，票拟主持，允惬舆情。无端诋毁，殊乖国体。已有旨，下部会勘，高捷罚俸，特示薄惩，卿俱不必申救。卿既调摄数日，可即出入阁，以副委任。该部知道，钦此。"今部臣历历核奏，但谓茅元仪已逐回原籍、陈钟彦已客死在途，则抚按之远行提解，与法司之追赃究拟，总非一时所可结局。臣甚踧之。臣自受命以来，矢精白一心以事皇上，雅不欲胸中别有一事。若弘勋勘事一日未释，臣心一日未安。傥部臣必欲穷致到底，使弘勋不得脱然一去，则为臣而受累者，与臣自受累无以异也。况圣神在御，言路宏开，宁使风闻而言，无使有所疑虑不言。夫使有所疑虑而不言，自臣一人累弘勋始，则臣之罪当不可救矣。恳我皇上曲宥弘勋，免其会勘，听削籍归里。其为罚亦綦重矣，是皇上之所全于臣者弥大也。

## 辞叙平蜀加恩第一疏

奏：为天恩优渥，揣分难胜，披沥控辞，仰祈圣鉴。事顷平台召对，蒙皇上传示加衔职名，臣捧览惶愧。然以特承手授，未敢渎陈，叩头而起。昨接吏部咨内开传，奉敕谕川省："奢酋荡平，内阁先今辅臣，位列紫垣，望隆黄阁，密勿运筹，帷幄决胜，朕心嘉悦，兹特加恩辅臣标、道登、鸿训、龙锡各加太子太保，进文渊阁大学士，每还赏银五十两，彩段二表里，各荫一子，与做中书舍人，余官如故。都照新衔给与，应得诰命，以示眷酬，如敕奉行。钦此。"臣惟天讨既彰，当首赉边庭之吏；武功惟叙，亦间及帷幄之臣。必发纵指使于当年，方受赏论功于今日。翳惟奢孽已作，京观载考，蔺州久归版图，戮力行阵者在外自有其人，殚心筹画者居中已非其侣。惟带励迟颁于宿将，故爵赏猥及于新参。臣某既无介马之劳，又乏传檄之勋，乃官阶窃宫衔之重，而镠弊分少府之藏。纶綍光先，薇郎耀后。此君父之殊恩，而臣子所希遘也。但臣受事方始，曷敢贪畴昔之功？揣分已逾，故直沥控辞之悃。伏望圣慈收回成命，容臣辞免，庶恩施不滥，分谊获安。臣祗服今官，益知黾勉矣。

## 辞叙第二疏

奏：为无功冒叙，辞逊非虚，再恳圣慈俯鉴愚忱。事昨因川功，恩赉猥及，愚臣具疏控辞，冀蒙俞允，何虞本月初五日复奉圣旨："卿佐理机衡，新猷克懋。川省叙捷加恩，原以酬勋，宜即祗承，不允所辞。该部知道，钦此。"臣伏思，克捷必叙，固天家之所以振武功；而恩施不僭，亦朝廷之所以慎名器。苟有功之可录，不以小臣而吝爵赏之颁；若无绩之可称，亦不因大臣而滥蕃庶之锡。且皇上之加恩，原以酬勋耳，夫克蔺之功在数年之前，而臣之待罪政本在克蔺数年之后。事体既不相涉，岁月亦不相蒙，何勋可云，而谬叨皇上之俯酬耶？如谓臣厕名揆地，恩赏宜先，请自臣办事以后，凡遇恢疆拓宇、克敌灭虏之事，系臣之旁赞一筹者，论功之日，容揣分恭承，罔敢逆命。若今兹川功之叙，则祗膺银币之外，其他异数，尤不敢冒也。伏祈圣慈，鉴臣下情，原非矫饰，俯容辞免，以安愚分。庶战功不至窃冒，而将吏益知鼓舞矣。

## 驳袁御史揭

谨题：臣昨办事阁中，接得御史袁弘勋揭帖，直纠效逆奸辅以清揆地事。臣取而读之，大段论臣票拟处分杨所修、贾继春、杨维垣诸疏，因有"大权在手，报复公行，及衅臣名节"等语。台臣心事，臣不及知，亦不暇深辩。但诸臣参论杨维垣等疏，臣同官杨景辰知此等议论颇触时忌，委之于臣。臣久在田间，并不知此中大有机阱，祇据诸臣原疏拟票以进，以俟圣断，实未敢左瞻右顾也。第诸臣自有本末，长安自有公论，皇上亦自有洞察，曷庸臣辩。若谓臣报复公行，臣寅冬入班，行旬日，递遭崔魏毒手，削夺而归，所修等各疏攻崔魏，臣方德之不遑，而曰报复耶？若夫《要典》一书，海内□忠之士吞声饮泣久矣，臣虽局外，亦不敢调此书为□刊之典。但请毁者自有人，臣亦未尝攘美。至诬臣以满载参貂，则朝鲜之役，自有后来奉差之姜曰广等可问。臣万死一生之苦，竟未敢向人一吐，以沽矫洁之名，而乃以暧昧卑污辱臣，臣不受也。臣受我皇上格外恩遇，但知精白此心，以报圣明。既经台臣指斥，惟席藁待罪，以听皇上处分。倘不遽蒙斧钺，容臣另疏乞骸，以遂首丘。臣无任惶悚待命之至。

## 辩诬第一疏

为病魂方剧，意外闻言，谨沥血剖心，以祈圣鉴，以全臣节。事臣因病给假调理，枕上伏思，犬马一息尚存，报主之心匪懈，不意忽有台臣吴玉参中书田佳璧增改张庆臻敕书缘繇。昨蒙皇上召对，玉谓臣受贿代改，臣卧闻，不胜惶骇。伏念臣摧折余生，蒙皇上特拔九渊，简入揆席，摩顶放踵，无以报此隆遇。日睹皇上励精宵旰，面商政务，知无不言，言无不入。臣非土木，宁不矢心自效，致负圣明？顾臣僵直朴拙，生平以廉耻自持，作事不至胷乱。顷总督京营敕书原有旧稿，系中书官职司誊写。臣阁务殷繁，未加简点，是臣疏略之罪，抑何能辞。若谓臣批行改稿，臣之字迹可验，臣之同官可问，佳璧活口可对。今指臣受贿作奸，固臣之忠不足以上孚皇上之信。而皇上明并日月，无微不烛，忍令日侍天颜者蒙诬不白，臣死且不瞑矣。臣备员辅弼，尽为可爱之鼎，乃至慕腐鼠之膻，犯弥天之罪？臣虽至愚，恐不出此。乃影攫金之疑亦可已矣，臣如果不才，丝毫亏节，天地鬼神必立殛之，其何以对皇上而靦颜人世乎？至于狗马之病缠绵已久，应召强出，时时委顿。今复感寒举发，恐痊可无期，亟思归卧山林，稍图苟活，而延视息。意已决矣坚矣，不能朝夕淹矣。惟仰祈我皇上不忘当日枚卜之举，谅臣于形迹人情之外，臣死有余荣矣。是台臣风闻一言，实臣益友，而感且不谖矣。臣力疾草疏，语多不伦。披沥上干，伏求天鉴。

## 辩诬第二疏

为遵谕，据实回话事。臣待罪纶扉，冰兢株守，不意台臣吴玉疏参王在晋移手本代张庆臻求增敕书，忽波及于臣，曰属臣受贿主使。因奉圣谕：“御史吴玉参王在晋大同失事，隐匿不报。又移手本内阁，代其求增敕书，着回将话来。辅臣李标等会议回奏，张庆臻行贿有据，着回将话来。吴玉又面纠辅臣刘鸿训受贿主使有无情节，着据实回将话来。钦此。”臣抱病闻命，且惧且感，仰见皇上洞鉴，宽臣斧钺之诛，使得毕其词也。臣前疏已进御览矣，今据臣在阁序居三辅承分拟票外，兢兢不逾尺寸，即在晋之推庆臻京营，臣未尝面荐一言、投荐一字，在晋可问。比在晋移手本入阁，臣未尝越俎索览。庆臻之具揭求增，臣亦未尝展阅料理。及田佳璧之办敕书呈堂批行进呈，臣未尝下笔寓目。谓臣疏略，臣无所辞罪，而谓臣受贿主使乎？夫受贿，则必为之授意于在晋、授意于佳璧、曲商于同官，今在晋、庆臻、佳璧三口可质，同官虽爱臣，必不肯为臣护罪，何所据以为主使乎？既无主使情繇，彼何所利而用贿，臣何所挟而受其贿乎？及改敕书，既蒙皇上诘问，维时同官与臣未能一具揭申饬耳。臣之本末，求全得毁，是臣之物望轻而触忌多也，臣知罪矣。臣病日深，不复望见天颜而披陈苦衷矣。伏冀皇上鉴臣曲谨，谅臣无他，臣万不敢饰说自昧，以欺皇上也。谨据实，委无受贿主使情节，遵谕回话。臣不胜陨越待命之至。

## 辩诬第三疏

为直辩异诬，以祈圣鉴事。前日文华殿召对，御史吴玉面纠张庆臻改敕事，系臣受贿主使，已具疏陈辩。十三日又奉圣谕："御史吴玉参王在晋大同失事，隐匿不报，又移手本内阁，代其求增敕书，着回将话来。辅臣李标等会议回奏，张庆臻行贿有据，着回将话来。吴玉又面纠辅臣刘鸿训受贿主使，有无情节，着据实回将话来。钦此。"臣又据实回奏讫。今又见阁揭，吴玉参臣受贿一万三千两，且引雄县大使张养性一事。有是哉，御史之骇人耶！敢不据实为我皇上陈之？吴玉疏谓庆臻用食盒送银与臣，盖指庆臻中秋节礼为词也。大凡勋戚、侯伯与文臣岁时酒果馈遗，此从来人情，通国皆然，不止庆臻独馈，不止臣独受。若盒中有银一两以至百千万两，天地明神立赐诛殛。夫臣学为君子，而玉目之为禽兽；臣虽非伯夷，而玉辄目为盗跖。庆臻虽富，臣岂负涂之豕乎？又岂庆臻家驼金银之骡马乎？御史试访于通国正人君子，知臣为何如人，必不为此论矣。兵部尚书王在晋曾为臣山东巡抚，抚育劳心，地方大受其福。臣自诸生以来，每见一好官，无不击节叹赏。故平台召对，举在晋一二语，举其为已试之巡抚，料无他耳。至于臣接连六年丁艰、一年海外、二年削夺，在晋之抚蓟辽、佐枢部、为兵部尚书，臣何繇知其状？亦未尝强不知以陈之皇上也。玉参在晋，恐臣保留，遂以波及，不知张庆臻京营一推，臣无面荐、无字荐，在晋可问；中书写敕，臣无受意、无笔迹，佳璧可问。前疏已明，不敢再赘。至职方司郎中苗思顺，曾无交往。若一识其面，臣目当枯；曾通一字，臣手当折。曾荐用一个武弁、受人一钱，我皇上即召兵部堂官、司官等人逐一查明，但有一事属臣受贿荐举，将臣即赴市曹，以为贪官无耻、坏乱兵政之戒。御史所引雄县大使张养性一事，则又奇矣。臣途中上第三辞疏，候命于雄者二日，适一过官督催夫马，不能齐备，随行人役将张养性锁去，乱行鞭朴，时见街坊。二三内臣借济银两，与养性代为雇夫，臣在公署闻知，叹息良久。雄县万耳万目，共见共闻。又，保定巡抚解经传遣承差护送，阅二日，承差为臣催夫，日前所亲见者，该县官吏驿递人等可查也。乃欲以他人之事，猥加臣仆乎？

皇上怜臣，必查明此事，而后知臣不贪污、不残忍也。往岁辛酉，奉先帝命颁诏朝鲜，臣谨慎礼节，收敛下人。该国君臣有数十万之蓄备臣取用，臣始终无一票行户曹、取纤毫，每岁进贡，使臣可问。辽路梗塞，取道海洋，舟坏濒危，神怪救渡，诸状不敢仰渎圣听。夫始发朝鲜之时，岂逆知舟之必坏，不禁之物坚不肯取，乃于遭圣明之时、忝纶扉之地，而顾受此犯国纪、污名节之物？称有分辩之人心者不至是也。岁前十二月念八日，皇上枚卜之典传至臣里，里中人喜臣四世清白，偶膺此任，期臣必可以佐皇上开太平，强臣入都，臣病难之。迟至两月余，起家北行，四月杪方伏谒我皇上，仰见天表神晬，不胜踊跃，其圣人中兴之期乎？生平何幸。比入阁办事，一味朴愚，凡章奏之大疑难、大弹劾，每一展玩，俨如天威在上，据理票拟，罔知忌讳。盖戈矛雄毒，伏之已久，经今数月，臣岂无一二知觉？皇上睿思所到，明照当空，何待臣饰辩一语哉？御史又谓臣心惊托病，臣感冒乞假，原非假托。若知御史有疏，托疾回避，亦如前誓，可乎？故因剖心自明，而并及如此统。惟我皇上鉴臣生平、按臣盟誓，直穷到底，庶臣心得白，然后敢乞骸骨，臣死有余荣矣。

## 辩诬第四疏

为愚戆之臣，无端受诬，谨剖心自明，以祈圣鉴事。日被台臣吴玉指摘，臣回奏辩明，计三疏，俱未奉明旨。今忽于二十六日闻台臣田时震有纠贪邪辅臣、欺君误国一本，内参同官周道登及臣鸿训。道登事，臣不具，震谓臣除受贿张庆臻外，又受田仰二千金推升巡抚矣。夫阁臣有主张巡抚之事哉？会推在台省、商榷在大僚，吏部谁氏一言而定，臣何繇知，而遽以二千金赂臣乎？倘有受贿，神之鉴之，当殛此昧心之臣也。又谓臣受张翼明、渠家祯六千金，为之出脱矣。夫皇上欲重文臣之罪，以警诸边督抚之怠玩，意见甚卓。阁臣等以武臣拥兵不救自是大罪，守城不失者或宜末减，朗朗召对，非臣一人之言。阁臣票拟，非出一臣之见。敢有意出脱，五脏可剖；倘有受贿，臣头当断。翼明、家祯且至，不可问耶？且外廷方恨翼明逮问系臣票拟，又谓臣受贿出脱，臣将何属乎？乃台臣犹恐不足以激圣怒也。

又引刘述祖告病改票一事诬臣，曾于众中称我皇上为“冲主”。夫恭敬我皇上之神明，爱戴我皇上之英断，心知我皇上必为中兴令主，每与同官及一时在廷诸臣，无不共相劝勉曰：“我皇上必为千古中兴明主矣，我辈务祓濯此心，恪修实事，共为第一班中兴良臣。”同官及在廷诸臣俱可问，而谓臣有率易之言哉？臣于皇上前未尝一语害及言官，何台臣害臣之深也？至于雄县代驿大使一事，前已疏辩，不敢再赘。嗟嗟！信如台臣之言，是欲使独立不惧之人为从风之草，精忠报国之臣化绕指之柔。又欲以他人之问馈往来俱为礼道之交际，微臣之一钱一帛尽属枉法之赃私，一何不恕，而不虚心平气，按臣之生平乎？且皇上每令臣等指臣下之贪污不饬者，臣以踪迹暗昧，关人名节，宁违上命，何曾冒指一人？至臣所举数人，贤而且才，一一皆中兴祯干，用久自见。臣虽退伏草野，料皇上他日以臣之举剌不苟，谅臣心事，臣虽死，当遣地方小臣洒臣一杯水也。都城内外，数月来谋臣者实繁有徒，如圣谕中反坐言官二字，微闻外廷多归罪于臣，皇上已知其非矣。又闻张士范深恨臣之不救，皇上能无辗然一笑乎？我皇上每面令臣极力担当，为臣作主，今日之言，非自担当中来耶？皇上为臣作主，此其时矣。臣之望眼枯矣，二祖列宗之怜臣应至矣。后日之邪正，翻案与否，臣弗顾矣。继此有论臣者，臣亦不誓不辩，静听皇上之处分矣。臣胸臆冲急，语言无章，惟乞亟赐罢斥，以遂首丘，臣之子孙歌皇仁于无穷矣。臣不胜陨越待命之至。

## 辩诬第五疏

为心迹之辩可明，口角之借未已。兹再一直述，仰祈圣鉴事。顷闻锦衣卫掌卫事、中军都督府右都督郑士毅等接出圣谕，擅增敕书一案，使之从公究问。已而风闻田佳璧招称：七月内新推京营总督、惠安伯张庆臻到阁会敕，具有揭帖投中堂，有李阁下批发本房，该中书具稿，是刘阁下分付说照他揭帖具，佳璧不合轻听，依揭帖字样增添写讫。夫自庆臻投揭至领敕，阅历时日，虽中堂不无公议，臣几曾一问京营敕稿哉？若说分付田中书照他揭帖具稿，臣非首揆，见在次序属第三人，臣在阁中每出一语，无不循次谨饬，谁为臣出此言者？若有之，何不令佳璧撰敕稿完送来，质正于臣？字句为之点窜，何稿完后未一入臣目耶？臣固无意于此稿，佳璧何曾致意于臣。此同官三人，一问自明，又何俟臣之喋喋为耶？噫！臣知之矣。臣未备大臣之德，虚参大臣之位，形如木偶，状若土石，其为人无端受过，应是如此。我皇上聪明神圣，亦一怜臣之无他否也。夫臣出山无赖，不能毕辅佐中兴之愿，而景象乃尔。臣每一自省，谓臣之知巧变幻百不如人，而一念不欺我皇上，则于朝臣中不敢后于人也。臣自无愧，料皇上自有谅臣之日耳。臣孤影自怜，肢体渐惫，饮食减少，仰惟圣明，俯赐怜察，臣方敢乞帷盖之恩也。

## 辩诬第六疏

为臣愚，不能防奸，觉察初得，谨据实入告，乞皇上亟剪都城诈伪，明臣心之不欺，仍乞亟赐罢斥，以谢群言事。臣初闻御史吴玉论臣纳贿如许，惟时愤懑欲绝，即指天盟誓，求皇上之信，臣岂欺皇上哉！臣以衰病之年，入直纶扉，朝进暮出，每晚必至神疲力竭，而后就榻。朝起忙忙，食粥一二盂，或朝臣相过，语罢，尝恐入直太晏，至阁兢兢，办事终日，暮出疲顿复然。止知本念，无他忠直报主。不料京城有神奸诈伪如狄姓者，知臣与张庆臻相与有年，借推升京营总督一事，谓臣与力，以张骗局，讲价贰千两，到手壹千两。异哉！不惟臣不知此局，即庆臻亦不知若人之为此局也。臣夜来闻锦衣卫再问，始得前情，不觉气丧魂飞，如堕坎窞，恨不能一刻即告我皇上，以发神奸之情状。夫推升京营一事，庆臻原未于臣，臣亦未一语转乞兵部。闻张宜夏供吐臣发书与兵部，即乞追究。王在晋、苗思顺处但有臣书，即系受贿张本，佳璧所招“照原揭办敕”等语，不过借口于臣，以逭罪戾，臣终不能代任也。如臣果受贿改敕，纤毫欺我皇上，臣岂能逃天地鬼神之殛诛哉！窃恐阁臣之地步，视千金孰多？阁臣之名节，视千金孰重？臣虽至愚，岂不能辨！况臣素以尧舜之主待我皇上，以中兴之佐私心自期，凡所票拟，于大小臣工簠簋不饬者，一切严处，不遗余力，而谓臣躬蹈不法之事乎？不意事出不测，陷臣不义，如神奸所为者。固臣愚所不能料，亦臣所值之不幸耳。伏祈皇上敕下镇抚司，即将诈伪神奸直穷到底，追赃正罪。庶臣心可白，而死亦瞑目矣。

## 辩诬第七疏

臣操纤毫不染，外议一任庞杂，谨再表臣心，以乞圣明，彻底照察事。臣与张庆臻会推、改敕二事，曾无分毫影响。会推时但有一言推毂、一字奖借，即系臣与力受贿，王在晋、苗思顺可剖白，以告我皇上。且举原书有无上闻，则狄、张二人之说谎立见已。至改敕一事，自何处说来？批揭发揭，俱与臣不相干。若分付照揭，写来一语，臣同官及两房中书官可问，田佳璧亦可不牵惹微臣矣，今亦渐入我皇上之照鉴矣。独是狄少玄与惠安伯家人朋谋局骗，变幻分赃，狐窟鼠穴，臣何繇而知？今风闻牵扯臣家人邓姓者，已十一月二十八日邓仆患奇病回家，闻之，臣即遣人急往呼回，以候质讯。若臣与庆臻千金之贿已入私橐，则臣前誓久入电烛，不敢复赘。今镇抚司揭帖不可见，臣置辨恐未妥，日惟一炷香、一卷书，静俟我皇上之照察而已。亦望我皇上圣衷宽和，圣聪平远，责令兵部及惠安伯各举本来面目，待臣邓仆唤到，一并付之拷讯。我皇上始得了然，必不任宵小之口，匿尾藏头，□为定案，斯大圣人之作用也。

四素山房集卷之五终

# 四素山房集卷之六

济南刘鸿训青岳著

## 序

### 贺赵明翁公祖晋少司马序

余闻诸父老之言曰："自昔方舆多事，传风煽讹，急宜填抚而戢敛之者，惟山左是最。"然亦惟填抚得人，则朝风讹而夕静正，遄沮遄已，何乱之能为？故克爱克威，允济弗济，又惟填抚之大人原筮而善用之，不沾沾以濡卵肆赦为恩。则封守固而王国安，四裔畏而匪茹绝，不但一路一隅之奠敉已也。吁嗟，辛楚哉，二东民瘼，至今日而极已。粤自万历甲寅之无秋，卯复大祲，易子析骸之爨，六郡且四罹，惟兖东之野青草可茹，而流亡荡徙之民，度兖东逾徐淮者，中泽哀鸿，声彻天地，乃犹曰岁也，非兵也。迨戊午，建口鸱张，奇警狎至，军兴旁午，征遣之烦、海陆之运，具车买牛之役，直令民无完肤，家无仓合储。既蠲恤之为虚，亦追呼之叠至。"大东小东，杼轴其空"，恐古人浩叹之际，未必至于此极也。维时犹幸岵云王公来抚兹土，日抗章与司马争兵、与司农争饷，奏减未能，代民任逋，二东之有孑遗，王公之力也。王公既晋贰地卿去，会延安赵公来代之，有为三方布置之议者，海波不静，而登莱戎马之扰不独海上，盖六郡共一汤火。东人之瘼，实仓公反走时也。赖我公既视事，则闵东人之沉疴未瘳、新眚踵之，民胡以堪？亟为禁耗羡、严保甲、裁虚靡，疾墨吏若仇，恤灾黎如婴赤。人方谓海上治兵，尸之者惟登莱新设抚臣在，与公无与。不知海上拟额备数万师，征发绎骚，鸡犬扰逸，诸杂流伪弁，率无制之卒，所过如疠鬼，殴衙官不啻奴隶，何有乎小民！微公日檄郡邑吏，加意裁抑，稍见惮，民其鱼肉乎？盖古人贵不闻不见之功，今人反之。每张小为大，中缓外急，哆口奋鬣，示谓能忧时。乃兵食日并增，实罔攸厝诸，一切不营不垒之事尽取办，于不能自言之氓，谁其恤之？公以孚尹直亮之衷，默默摄持折衷之，盖不必关其说、塞其窦、杜其嚣，能令不御寇而为寇之事，强半敛避不欲令公知者，人亦未必知之，则公不闻不见之功也，视张皇而罔所厝，效孰多也？有谓公察吏安民，能所在锡休养和平之福，可以绥中土而不必以御强虏，才各攸当。顷山海经略缺，廷议首推公，讵知公者？余谓乃深知公。夫辽事竟授王公岵云，征公入八座，方谓匪公大力，不足持群议而佐庙算。

我东方朝抻并力抗章，留公抚东人，若预料传风煽讹之辈将獗獗动者，主上如东人议，晋公兵部右侍郎兼都察院右副都御史，仍抚我东。逾数旬，郓城辄告变，白莲左道与椎剽亡命之徒啸聚万余人，裂中裙、剡木末，朝舞锄棘而暮蒙王号，可嗤也，亦可畏也。公疾驰榜示谕，令速解散，虞无知而冒天诛，可闵也。乃往谕之，文日再申而披猖益甚，不数日陷名城者三，焚掠劫杀之惨，几欲助辽蜀之焰而鼓其氛，宁可谕解？公旋遣兵将为营阵，坚壁相持无易动，尚冀贼宵遁星散，可无膏吾刃。不意妖贼突率众围我兵三匝，我兵始用火具四击之，贼溃，乘胜斩刈，焚其巢，死者无算。不移日，啸聚匪一群，郓、滕、邹、钜间警报递闻，公辄增兵，并移先发者削平之。方左道蜂起，全齐震动，人谓公必一主谕解，不加兵，乃公卒以兵殄。客谓余曰："文武吉甫，赵公有之。公家西塞，见诸□岁蠢动，匪威弗畏。又念国家二十余年来承平玩侮，共酿一痁，今溃矣。四肢百骸，脓血交被，元气萎薾，主人几殆，讵可以参苓粱肉愈者？公驮历四方，夙不为毛举鹰击之事，而吏畏民怀，不图仁人能以兵绥东方，则东方之福也。"余服其言，因悟建议者欲罢登抚之设，令公移驻东西，适中区以便指授，议最确。但主上冲圣，朝士大夫不尽洞晰，置弗报，然建议者未始不知公之揆奋两长也。余故谓山海经略首推公者之深知公也。夫毕公保厘东郊，亦惟是表厥宅里，树之风声，俾不率训典、殊厥井疆者，克畏克慕，固封守已尔。而其卒至于四夷左□，罔不咸赖。尹吉甫六月之师，方叔与焉，厥后颂方叔者曰："薄伐猃狁，蛮荆来威。"则我公之元老壮猷，独足靖兖东之野、销司农漕艘咽喉之虑乎？将逆□土司之凶逞，且闻风而徐戢矣。六郡大夫承公宇下，日导公之懿美而宣布之，尤喜公之得留于东，永奉章程、各伟树令，不肖代言志之。夫蕞尔长邑，雉堞既尽圮，豺狼昼入，诪张思乱之徒恬不畏人，而久乏令君，方拟偕士民合词请命于公，以不肖禁于礼，已之。会六郡大夫促余言，余不肖，又何忍以葛麻讳也？敢胪次如左。若夫被芜辞以文绣，而以当诸大夫扬觯之宣，则恐其不足佐矣。

## 赠朱大将军擢留都佥书序

尝览祖宗设官有定制，未始有定指，而一惟其时之所重。夫时重内则遴才以实内，内重；时重外则遴才以实外，外重。故太平全盛，仪卫修明，又未敢以右文弛武备，固内外并重，务并得其人治其事。时疆圉多故，调发无虚日，一时元勋宿将著有才名，可受脤以往者，几倾内储以壮边徼。乃于根本重地，一日不得老成持重之人坐镇而缉之，宁能勿摇乎？则今日之借朱大将军于留都是已。公起家宣云之间，率以奇谋异能，累级而上，以至今官。其在蓟，则余友人李汝佩述之甚悉，谓非纨裤旧习鬻虚望而贾官阶者比。每痛行伍之虚，起于占役。故自丁巳受事，即革发中右、滦阳等营牢伴匠役百七十余名往实之。酋骆驼历为边患，阳顺阴逆，战抚两无厝。公以间谍中之，亡何，骆驼果为部□纳木奈所杀，而患销矣。旧汉人近□地者，每为□作耳目，公饬沿边将吏密诘之，时于松棚、喜峰诸路旅获奸细十三人，又满旦诸□尝于中西二协时其窥伺，公设伏哨备，斩获亦数数焉。而出关公采，乘机扑杀以褫□人之魄者称是。坐是蓟北诸□稍稍惮朱公，戒勿犯彼。边将善计索取，无如多留□汉家丁，冒尺籍之虚以府廪饩。公不避嫌怨，发着营路者七百余人。三屯商民丛杂，□汉错居，时有号九龙十龙太保者结党，横行无忌，公力除耿一龙辈，恶少敛迹，军民大定。尝见各边修葺，视为故事。

公镇蓟不满三载，所筑沿边烽墩、城堡各数十座，百千丈计。胥公之严督如法，永贻保障，力劳且钜矣。汝佩谓朱公功高蓟门，廉静无索取，雅不欲借游散辈延誉当路，则公之大都也。余谓公既干且介，政可倚藉近地。又东□之讧未恬，胡以去公？余一友人听余言，笑而不答，徐谓余曰："子大夫未知督府之重，及在留都者之尤重乎？亦未知大将军之廉静不延誉，乃有此擢乎？"我国家内设五府，翼宸居，复设佥书以参理军事、分领卫所，掌一应扈从仪卫、诸武弁袭替优给等事所属，悉以上之府，府为转上，枢臣请选授。他如武臣敕书、水陆操练，京卫比并，月粮屯种，声息勾摄之属，薪炭荆苇之细，各隶所司纬理之，未易枚数也。其在留都，章皇帝特于五府添设参赞几务官，大畀钤制之柄，视北为重。顷□酋匪茹，征调之令四出，而括饷选锐，留都为甚且最先。今东方之略渐有次第，当事者或亦念肇基之地日就单虚，不得干且介如朱大将军者往治之，其谁与守？则南府非清暇罔所事事之职，可知也。《诗》曰："君子万年，保其家室。"则今日之南朱公，亦圣天子绸缪戒雨、张皇六师之意，未始非壮哉行也。一时王筐石、张翼明诸大夫介李汝佩，请余为序，以赠公行。余漫述之如此，其亦有攸当乎不也？

## 贺河南大参董定所奏满序

今寓中所赖救弊持急补苴而填定之得，上不忤贵，下不鱼民，薮溪之啸旋发而旋平、巷市之惊忽报而即恬者，惟一二文武，为宪之监牧大吏耳。夫主上渊宁之极，渐类废弛，不问鼠亦不问虎。鼠浸假而有冯，虎浸假而有翼，区区小吏，何敢过而问焉？即所称填抚、持斧之使，则又远而未必闻。即闻矣，而匕箸之与锜釜未必相及也。故迩年以来，所在无宁居，穷民日蹙、乱民日生，山泽之盗、游惰之夫，探丸、白跖、修隙之徒竽而唱之，而中州、东齐为甚。夫齐，第饥民夺糈以苟旦夕，不能不为若辈所给耳，戢之甚易。中州则藩邸初开，朱旗绣毂之迎，千里胁息，官氏日夜忧之。比就邸，诸扰忧乃滋多，而山泽游惰、探丸、修隙之种种，南北岁有告也，视齐不啻倍，难矣。嗜嚄，乃犹幸中州之有董定所先生在耳。先生仕中州最久，始视学，得人蓁盛。已备兵磁州，寻晋副宪，巡汝南，磁、汝人各尸祝之。岁甲寅，福藩之国，自卫辉登陆，历卫、怀两府，渡河而南。当事者虞骚蹂且不支，度非先生才力不能办，特会疏上请移公守河北，董其事。公宵旦经理，心血为枯，棚殿供亿，节省不下钜万，诸中使及军较咸就程格，无敢横逞，民间未受惊扰。公之作用，非寻尝可拟矣。至请乞无制中使借名王庄夺佃民腴地庐舍，大肆咆哮，为地方苦。营差征粿，四出驿骚，军较月粮稍缓、赏赐稍啬，辄尔嚣嗥，藩王患之。至梗米，本折岁输王府者，取给十九州县，溢索无算，所在应役如蹈汤火，身棰楚而家荡析。公出死力为民争，诸所请，非制勿许、夺佃地勿许、夺庄庐勿许。且止中使之征粿，创悍嚣之较卒，裁岁输之耗费，胥微密图之，不动声色而屹如山岳之不可夺，令藩王秉礼官较廪，廪奉约束，谁之力也？吁！亦大难矣。

寻擢大参，驻洛城，再移先生南。会灵宝频年多故，奸民与豪右争讼，激而成乱。丙辰三月，矿寇啸聚劫城，戎马在郊，士民惊窜，陕以东、洛以西，岌岌乎危已。先生闻变，单骑行部以身捍之，且剿且抚，贼之情形，卒无能逃先生算者。然计按灵仅四十余日，歼渠魁，解胁从，不杀一人而大乱以平。先生之胆智经略过人远矣，乃绝口不言功，而灵民衔先生之生全，相与建祠尸祝，树之丰碑，且以志勘乱之绩焉。夫河北急则移先生北，北重；河南急又移先生南，南重。文武吉甫，为宪万邦，先生似之。

盖旧灵宝令刘君，身奉先生，其为余诵之者如此，乃余之知先生不自刘君始。余为诸生时，诵所传君谟制义，见其寥廓洞越，不为细言，因臆而叹曰："此必汪。伟人如千斛之檥，所贮尚空其半者。"后得先生《鸠曹奏草》及《秋水阁》诸刻读之，复叹曰："此天授砿济才也。"故其言皆钟发而泉出，不为细响，如初余以先生文及刘君所诵治中州状，亦颇深于先生矣。属者先生以大参秩满，天子嘉之，赍其三世。主爵者业以秦之臬长借先生，得无谓秦为三陲重地，将寻借先生建牙其间，故渐移而西？今先生之小露于中州者，鸿著于秦，抒圣明西顾之忧乎？则九列三事，皆先生橐中物，又乌足为大贤祝哉？余重刘君不翅拱璧，而刘君谓自入仕来特达之遇不知何以得于先生，故每喜余言，复喜余之代刘尽言也。敢略而陈之，且以志向往之意云。

# 贺郭瞻月备兵井陉序

余每叹国家不以才需事，而惟怵于事以征才也。顷东□发难，煽动诸□，亡论经略督抚之才，始诎以年格，又虞其抉格，而未必券于用，至仅扼腕即求一治兵使者，足备缓急、惬众心，动称乏也。余间从一二知己抚膺思曰："何能遽得如潍之郭公者，一应主爵之求乎？"公官山右，奉讳归东里不为不久已，何膏车北指之耗杳如也？庚申初夏，公始入都。余喜公入，逢人抵掌，恨不卒以艰大授之。然又喜知公者不独余也，客有以公之才且贤告周大司空者，大司空曰："何事君言郭缮部为国惜金钱百四十余万，今款列具在，足愧前后之为缮部者。吾方欲以郭告冢卿，不次任之。又何事君言？"亡何，大司空执铨政，能任公，更无事从旁推毂为已。故始欲借于辽，再欲借之永蓟，以无缺，止。会井陉路缺治兵使者，公又以补奏宪副，满，于边臣例应晋二级，遂擢公按察使，治井陉兵。夫亦知井陉之重，与当事者所以借公意乎？考本路制敕所控驭倒马龙，故三关东起箭岭，南届故厄、石嘴，又恒山属城三十二及神定诸卫所，繁峙、五台诸邑之属咸隶焉。盖辐周二千余里，一何广也！于中军民之充耗肥瘠、金粟刍藁之存散储乏。塞垣、楼橹、虎落、渠答，蔺石之修堕、马政之孳损、递邮之劳逸，一何烦也！公稍抽其宏济之绪，不难立办，亦乌庸佐公末议为？惟是公之鸿才钜识，必为地方规、百世利。余之逆知公者有二，愿相质焉。

夫公之提疆，实燕晋错壤之区，或以为迩年不闻□患，可无备。夫宣大告急，而后紫荆之云火始明；朔方震惊，而后倒马之烽鼓始亟。备之则亦晚已。辽事不支，失在备不预耳。今井陉之营伍尺籍，班班具在，勾汰选练、器具战守之法，公必毕力尽制，用戒不虞。不然，屏翰锁钥之臣往往责之外户，而处堂奥者顾慢藏焉。万一有斩关之盗，行其庭不见其人，则假虞之道窥周之鼎，何所不至？余逆知公必能使三关为金城，而不忘卜素诸部之耽耽也。古者屯田塞下，即寓兵于农之意。今畿辅诸卫所在有之，然发稠垂颖，不足以供铁马之需。而水泉之久锢[①]、榛莽之日深，并初奏之额，未尝过而问焉，奈何不仰给大农，坐困不支也？公至，必核其自昔设置之田，推而广之，仿昔人山泽平地尽可垦艺之意，立课农之官，严责租之令。即恒山三十二城，亦以近日胡充寰先生所以田怀来者诲之，使辟将菑畬，畇畇之利，为诸路仪式。粟多兵强，锄耰可以御侮，余又逆知公为今之枣祗、杜当阳也。或曰："以子所称公之鸿才钜识，当事者胡不以冲急□塞移之公，而井陉犹界边腹，安在能知公任公

① "锢"，据文意，当作"涸"。

也？”余谓不然，语云：“善俯者不于远于近。”今暂借公畿南近地，或一日辽、蓟、宣、云、真、保间急需填抚重臣，又或九列三事需老成干济人，备新主充布之求，可朝拜命而夕受事，不至有稽延留滞之政。则当事者所以置公意也。

公行矣，陛辞受简书去。公之门人史静之、董原孚、毛伯高三君适被命集都下，乞余言志喜，且以颂公之天宠荐至，历三世五世而上之未艾也。无亦有取于余之知公最深，匪阿私所好者乎？是为序。

## 贺李明馨擢守真定序

杨弱水侍御按黔中还，适辽之羽书旁午，余壮其灶尚未燃也辄两上封事，因过从，反覆举疏中条件，叹息欲用而无其人，曰：“独不得司空郎李汝植者，相与毖劼都城内外，吾两人左右画，必有济。闻其弟司农郎汝佩智略肩持，政相埒然否？”余曰：“两人皆余年友，国之双璧也。”今司农郎积饩逾期，已擢真定守，将割饷绶去，乃杨侍御未知也，眉宇间犹有欲得汝佩内而用之之意，但秩任未易协，遂已。若余之知汝佩，讵待今日哉？自领乡书时，见其通眉秀颊，语必沉细、趾必约敛，殆蔼蔼吉人而动中窾綮，其贤且才，早窥一斑已。迨成进士，薄游南国，入教成均，寻晋计部郎，握筹验粮。时一内监欲请公早发军糈百余斛，以余问公，公难之。余喜甚，因举手称公曰：“是可以为计部大夫已，请勿与便。”公色乃和。终此役，撙节国储几无算，当事者以公才，借主蓟门饷。蓟当神京左背，逼邻□穴，又为辽之孔道，且征发不时而军兴每诎，苦不支。自□□作难，调援将士出山海如蚁，盖无日不度蓟门。即未必一一需公饷，而公之安插、迎送、抚定，居民不受戎马惊，皆饷臣力，举朝知之。每欲借入辽，使治兵，或曰：“蓟门之在，今日讵言者？”会主爵循资序，擢公真定守，舆论怏怏，未惬也。

夫真定，古恒州钜鹿地，亦用武之国也。其土旷莽平夷，俗犷悍任侠，道逢多长臂武健人。夫大司马以东事失利，建募兵议云：“朝抻率称募而应与多募辄多应者，无如浙之东阳、义乌。”岂东阳、义乌生聚教训，日以应募为事哉？亦其土风之产使然耳。然浙远甚，即募而应、应而联伍，遵途指榆关，而趋亦缓不及事。孰若求之燕赵、河朔，旋募、旋练、旋发，足救燃眉邪？则又无如即以蓟之饷臣治真定，理其事，谓钜鹿恒州，亦北地之东阳、义乌也。时议者或言每邑百人，或言四十人，或言惟人不惟邑，又廪廪以屯发安置赡给之难，一不协即哗众是虞。杨侍御谓今既以汝佩往，无不协。以彼其人之行事，且将风示诸郡，可亡虑此。朝士大夫知公、信公，余耳而目之，最悉者独余一人及杨侍御知公哉，公可跃然脂车往矣。又不独以镇抚三十二城往也，维时蓟守刘君偕二三邑令衔公谊甚深，眷眷于公之去蓟，乃走使乞言于余，佐举卮也。余因书以告汝佩，亦欲汝佩知真定之与他二千石敻异，幸汝佩好为之，天子且不次待汝佩耳。

## 赠李少参备兵广宁序

今日需人之急，无如治兵食二事。乃在昔官以资迁、事以官受，无遑顾其廉干与否，而瓜及则可代、序及则可陟，一切理饷备兵之臣，不必尽一时之人誉也，不急故也。语云："病徐，听庸医；病剧，求良饵。"今东方日告急，政当事者急于求良之日。余友明馨李公逆知其必借于辽也，夫迩年薪槱之额日益，监牧大吏之授，未若阁部、卿贰、掖郎、柱史之吝予也，一时积俸积序，鳞次而向用者不乏也。然一置之震撼冲击，能无缩朒乎？无浮动浪试乎？无执拗刻舟以求乎？无是其所耳食而置其所不习乎？凡此皆才谞之不真，而磨砺之未至也，故鲜推毂焉。公未治兵先治饷，治饷三稔，实无日不盱衡于兵。余且以公之治蓟饷者，知公之所以治广宁兵也。夫饷之最难理者，无如营路之虚冒，其次无如官商刍粟之负欠，公悉力核督之，窟日清、输日亟，而糜逋之弊除已。往岁永蓟间，庚癸之呼不无，脱巾之形屡见。自公受事后，月饩刻期出，士欢声动地去，无哗而不隶伍者。援辽客兵之饷给如响答，诸所鬻佐辽米豆、草束，蓄如峙、运如水，直恨官家白镪不足措公手耳。公复为廪庾三十余楹、为草厂五区，以待风雨、防浥腐，一皆前人缺事。则公之于饷，可谓精心敏给，卒应而剧理者已，又何有于治兵？

夫兵食之卫国，一如人之养身，未有养身者能饲口以肥百节，而不能搔风痒、救疾痛者也。今公已试饷，未试兵，请以臆揣公之所以治兵者悬合异日，可乎？夫养身者痒于左必不爬搔于右，腹心之疾痛必不针炙头颅，何也知之真也？今逆□巢如蒙箐穴，如黝潭忕恇出没之情形，一如行密云浓雾中，不可指点于数步外。又西□诸部落臷臷观望，未受戎索，即虎酋日秣马砺刃，欲发愤出死力誓歼贼□，盖阳答天朝款市之恩，阴报北关同仇之怨，似无异志，则赵翁孙制罕亓无使羌合之意似可仿而行也。而持论者但曰："羯羠豺狼，谁任驯怀？不翅三年之舍，汔无成画也。"夫可知不可知、可凭不可凭，主人觉性未见，将从何处施搔救之力乎？余逆知公未入辽，必先了然于此，固兵机之至大而至微者也。若夫将帅之廉婪勇怯，士卒之甘苦劳逸，兵甲器械之坚脆利钝，楼橹壕堑、轒辒火具之修弗修，刁斗旌旗之肃弗肃，公出其精心敏给之绪余，自不难办。独是众寡强弱之势，勿谓在全辽不在广宁也。夫练兵之法，得则强，不得则弱；得则虽寡亦强，不得虽众亦弱。故曰：不课不用，不试不藏。昔风后有百字演练法，近日徐玄扈先生亦师其意，刊布示海内，即广宁一路所驭，独不可蚤试其奇乎？夫匈奴右臂，定远以三十六人往，可断也。宋刘锜，儒将耳，考其顺昌仙人关之捷，出战之卒仅五千人，破金人数十万众。维时金遣人窃伺，城中寂无鸡犬声，则纪律团练之法，讵一朝一夕之故？公沉机晓畅不逊古人，医巫闾在公方幅内，高数千仞，可凭升隐见，以试吾奇。故勿谓制□胜略在全辽，不在广宁耳。尼父云："我战必克，祭则受福。"圣贤豪杰玄同要杳之致，岂决于行阵俎豆之间哉？公往矣，余逆知公之治广宁兵与治蓟饷无异已。

诸大夫王筐石、邵泰宇辈共事冯翊，知公甚深，于公濒发前数日，征余言壮公行，且列公治饷诸善状以诏余。余以善饷知善兵，因举书生蠡测之见，以请教于诸大夫，不第求悬合于我明馨已也。于是乎言。

## 又

今上岁戊午夏初，东□奋背，中外震恐，诸请兵、请饷，请易经略、易抚镇、易道将，更代推驳之疏，何啻数填公车。其为得人计，无不各举所知，冀朝扶毂而夕受事，用以效忠于国，而阴借知人之誉耳。乃宫之所推商未必和，甲之所与乙未必不争。故一时应卒当几之才夙协群望，一入推择而了无异议者，百不获一焉。间有之授事罔不效、改弦罔不调，足号通达干济之真才，则又为两匮之交夺，而众乏之兢补，无论东西南北之口，无不与、无不借之，难为应也。盖际晨星霜搫之时，曜曜亭亭，即欲弛肩委柄而有所不能，欲韬匿其不容不借之实，阴遂其内顾之挚肠而有所不能。如余友人李汝佩，其人者，良亦苦已。乃余于汝佩有夙期，政不谓苦也。夫公实具通达干济之才，既成进士，能为令而不为也，辞之。师胶庠，教胄子，用其休暇无事之日，尽读古今干济之书，以陶炼其命世观变之略。骨以日劲，气以日和，识以日员，机以日迅，故入为大农尚书郎，筹内内理，筹外外理。主客调募之士度蓟门，如蜂拥涨至，不第能饲其口、给其腰缠，且以节制钤驭之术，提诲统领迎送之弁吏，使不为所过邑落害，岂独一蓟门良饷臣哉？会募兵议急，当事者谓燕赵古多强勇士，其产薮无如钜鹿，千里内必得一时大良守尝山，始称厥任，则尽揲六卿诸寺之属，无逾公者，遂以公守尝山。乃大司农重倚公，争之力，竟留蓟门复数月。广宁治兵使者缺，则又尽揲六卿诸寺，旁及诸路，无逾公者，遂以公出治广宁兵。友人知公有老母，久不侍匕箸，谓公天性大孝，出而干国事八年于外，又时时咨叹不遑将母。是役也，或不胜其将母之念与？乃余知汝佩念国事笃，因与友人射覆待之曰："东□未灭，何以家为？古来豪杰之士即戎而忘其家，今日汝佩亦惟有咨嗟叹息，不遑将母而已矣。"语未毕，汝佩一缄见投，虽念母甚，然终不欲以广宁掷他人之肩不顾也。友人鼓掌大笑谓余："知公乃尔，今而后可与汝佩言辽事已。"

夫前之败衅，聚卵击山、驱羊投虎，藉寇之赍、开门之揖乌足论。即今日之布局不为不大也，虑祸不为不深也，呼号而叩天阍，辨击而征海内，不为不星火急也。纵异日者足以制□之死，命筑京观而绣旗尝，匪计之得者也。夫自昔大才大忠之臣，戡除耆定，无不以持重简严从事，未闻以一隅之讧骚及周垣，指臂之毒剜及腹心。如今日者，可为邪，弗可为邪？故或云："□乏食，可坐困。"或云："朝鲜告急，□有仲简渡海之思。"或云："声于东，政将骤于辽。"或云："将西连诸部以瓜分吾辽，忻之。"或云："□于老上之北并吞二千里，不敌我，则远伏深入，以疲吾征兵转粟之力。"总如暗中摹索，卒不得其情形。而我以一隅骚周垣、以指臂剜腹心之形，声已夺海内乐生之志，启四裔戌心[①]久已，不可为寒心哉？今汝佩受事广宁，虽止辽之一路，然余知辽之不难为也。愿汝佩为诸路作榜样，惟日汰老弱、练强勇、固营垒、谨侦斥、广间谍，尽罢一切无补之费，以佐椎牛享士之需。广宁不为璺，则诸路师其镉锢；广宁不为靡，则诸路象其鼓舞；广宁不为朝不给夕之失算，则诸路法其预筹镪卫兵、兵卫屯、屯济运。久之，辽人之魂定，海内之魂俱定；辽人之气张，海内之气俱张。征调止于万里，妖言绝于辇下。坚完之局成，而蜂虿不失螫、虎狼不匿爪，吾不信也。顷之，犁庭荡穴，飞朱鹭而勒燕然，皆善治广宁者劳心定策之力耳。然此自汝佩豫于休暇无事之日，他人不知而余所独知者。行取主上象龙之锡、回鸾之诰，嘉乃丕绩，如寄知人之誉，则余窃之矣。蓟守刘君受汝佩知甚深，于其行也忭且壮之，借余言以举卮。余遂走笔付使者，又宁恤其言之无章哉？是为序。

## 赠喻养初观察治兵密云序

余一日与友人谭周太仆海门之学，因叹其笃信景从之士率多名流，且浸出为世用，用而各有挚操、有宏济，以无负周先生。然不必立雪、负笈旋侍其侧，而后为及门士也。亦不必立雪、负笈周旋帐下，而后宗旨秘授，弘嗂乃来，斯称高足也。如喻公养初，不闻与周先生有相师之文，而有其实；持身莅官，不闻一一禀程周先生，而敦敛抒发，无一非周先生之喜而不寐，则喻公之为人可知已。余因是倾心喻公，第无繇一见颜色，作我范型耳。越数日，昌守一缄至，俾余有言，将持贺喻公之移节密云也，因大喜，叹曰："奇哉，曷余

① "戌心"，据文意，当作"戎心"。

甫知喻公，甫委心焉，遂得以言交邪？且藉是式于公矣，又安辞？”乃稍询士绅之习公，比诸履历，因复叹曰：“硕哉，殆大贤而度轶流品者乎？”公一出为洪都司理，即驰卓誉，蚤滥人耳，首擢谏垣，一切纠正补察划然，独往不为徇声景附，而亦不冯臆以恣弹射。然而玄镜之智，畄士所谗；介特之贞，颓人所忌。安得不出公于外？且东粤也，会恶珰惮公往，从中巧伺抑之，令公不即受事，而公之望弥卓矣。寻擢昌平路，值饥民肆掠，急蹴之则伤和，纵之又易煽聚。公侦知一二渠魁，旋缚之，不旁问，即安渚矣。

迩年军兴缺乏，营伍单虚，九塞类然。昌路为神京肩背重地，一不治，将备弛而士且哗。公方视事，即稽核而充实之，士说而军容肃矣。赈事旧多文具，公发赈平籴，妙用信票，民乃沾被。其诸察吏安民，率持大体，毋苛。然法纪森如，即监竖之往来陵寝间者，靡不敛手以避。当事者廉知公异状，乃移治密云路。夫密亦神京肩背，何捐右方而笃左方也，有以异乎？语云：“负无重无所见力，事无害无所见才。”密更艰且剧，视畿辅诸区要焉，盖边与腹错地，卒与农错居，兵与饷错事，蓟与辽错襟带。又青牧之场、贵人之租、戚畹税使之假借侵没至淆也，而罔所端委。即见端矣，而未易就理。匪有介石之操、解盘错之手、射隼高墉不大声色之识力，恐蔑有济。余友人极语密之艰且剧尔，尔谓有喻公来，始得其人。余始知当事者所以移喻公之意矣。誉命上逮，从正弹冠，私心庆之。然余有臆说焉，敢不揣为公奏之，可乎？夫公之察吏安民、肃纪贞度而兼治戎事，不难以治昌者恢而大之，余何言？第密之距□穴视昌异，其自辽海而西，诸要害烽鼓之传，递相震及，而拥护宸居为最亲。庚戌之变，三卫戎首奉之弥骄，莫或惩艾。以王恭襄之略，竟不能正把儿孙之罪，□德无厌，我实不备而使然耳。以今视昔，虚实强弱更不敢知。公宜举所部将士，时大加简阅而训练之，无不一当百、以清汰舒，诎饷以操、作砺呰窳，将迩年虚冒萎薾之习力期振刷，为蓟辽诸路倡，不数月而太白精明、欃枪息氛，抒天子左顾之忧，畅朝士大夫桑土绸缪之虑，未必非当事者密公意也。

余书生，不宜谈时事，政以隙中之见，揣公之所以治冯翔者耳。然昌人遮道卧辙之状，何如楚也？别驾白君、昌守赵君偕张顺义、杨怀柔合辞以属不肖，戋芜之愧，惟以通于大君子为快，遂勒而将之。

## 贺金峄桐大参留镇昌平序

自昔国家用人，未有不视缓急者。第于登陟，清平之日，则储之罔不真，布之罔不称，利而赖之罔不成，勘除耆定罔不济。无所事借，则自无所事留，此无论庙堂之遴拔，预而推择公。夫亦尽布而无旷，胥称而无负，则又何缓何急，何不利赖戡定，而必留甲虚乙为？夫惟既吝予则不能不吝官，既吝官则不能不玩事，既玩事则不能不养寇，既养寇则不能无发难。难发于东，神怵于西，势所必至。而况今之缓急又更有难言者，何怪乎当事者之数借数留，不无顾此而遗彼也，权计也。余谓犹贤于不顾其代，并不顾其代之得人与不，而听其脂车以往也。则今日之留金峄桐公于昌镇，为计之最得者。公在仪部时，曾遥挹丰采耳，誉望甚都，顷以大参治昌镇兵，业奏绩褒及两世，寻擢齐鲁观察使。齐鲁当荒劫之余，征兵、转饷独倍诸路，不为不急。主爵者之擢公于东，急东也夫？亦谓疆圉虽多故，而昌距□穴大部稍远，即时见一二出没樵猎之□，不过旧花当遗孽，至微弱，无足虑。及见两台使交疏留公甚力，寻得请。余不获与东人士被膏露，不无怏怏，因备询当事者，必借公意。盖不惟知昌，且知昌非公不可矣。

昌亦古上谷地，左古北、右紫荆，北际龙荒，不远百武。我文皇帝穆稽粤邃，知斯域回抱山川，为颛顼幽陵之区，幕结间气，于以肇造天府，因建长陵，藏遗弓焉。而列圣之鼎湖具在，又幅员不逾五百里，而居庸突据其中，盖未有郡邑之先，已设险外户矣。知八达岭距关三十里，墉埴渐崇。驱马而南，势如建瓴下，故先年经略大臣创城置守于此，为得扼险要地。往岁庚戌之变，也先猖肆，溃堵入，至焚三陵庑宇，汔今谭之色变。今东□炽烈，无日不计连西虏。又犬羊乌鸢之性，一闻腥风，无不扇动，言者亦往往引庚戌为鉴。然未有语及昌之中祸如此其甚者，岂未考耶，抑讳言之也？我国家金钱之耗，南付河，北付□。其耗于河者，为漕挽、为泗上，陵寝各半，可谓两重已。则今之设文武重臣宿兵于昌者，余犹以为薄也。夫河流冲突，或数年、或数十年不一中，即中，而行河使者能力加增倍卑薄，可补无虞也。未若□之附在肩臂，窃发不测，而猳猳耽耽，无一瞬不为虑，况今日之昌乎？闻公之治昌，无日不简营伍、讨军实、精器械，其诸缮治塞垣、楼橹、堑垒之属，靡不殚心拮据，焕然自公始。又援辽将卒无日不度，公力禁不得入城，谕居民亦无得杜壶之给，将领不约军士者惕以法，视畿南之鸡犬不宁何如也？则昌之人日受公赐，而忍去公乎？且□□既讧于东，卜素复构于西，倏忽情形，何可揣控？公既严备昌，而昌又能释公乎？昔范仲淹领延安，阅兵选将，日夕训练，又请戒诸将，但养我精锐，毋得轻动。夏人闻之，相戒曰：“毋以延安为意。”今东西蠢动，虽驾言掠也，而有如御之无术能免深入。昌有公，无但不敢深入，即掠亦知戒耳，况诸陵翼翼，长发其祥，环卫奠护，永妥斯疆。是又当事者之所以重公、留公微意，而公得无念乎？稍俟□氛就荡，诸君子负大贤伟略之名者，胥登崇不次。公将入而践文石之陛，列诸上公若卿，云纠缦于日月光华之例，余始得一趋下风，更询公所以治昌状，且与公纵谭九塞壮猷。余将绩赓周

《雅》，缀吉甫、方叔之后也。属吏赵君辈征余言，用志弁雀之喜，遂走笔述之，亦不自知其无章耳。是为序。

## 贺大农郎王明弼膺封典序

夫世之誉人者何多也，比周之誉，誉之最下者也。或无慨于中，遥闻声焉而誉；或有味乎其人也，乃无所试焉而誉；或谬于修爵承筐、旌悃曜目之词，而不能不铅华纂组，引前修以为质，条率履而高嘘，曰属者为异等，为第一流人，是不难举生平而实之。则世之以言持赠者，什九坐此。乃余于王明弼先生，则有越世、格谀佞之外，别司其契，即问之明弼先生，先生亦悠悠未知者。敢因蓟守刘君之乞言也，举以似先生，先生得无骇然乎？

夫余于先生为东山后进，幼习先生之名，长慕先生之奋迹翱翔，而未荆识。迨癸丑，余释褐读中秘书，先生适来官成均，教胄子，僦屋东城，往复相过，弗值。甲寅，先生以读礼归郓城。丁巳，先生即吉，再补成均。余亦于戊午入都，再投姓名，蕲一披对，弗值也。无曷，先生迁大农郎，繇东城徙居，停于南城之外，而相求亦落落矣。一日与张存予驾部、高硁斋侍御不胜溽暑之酷烈，因谈闭息清凉之理，二君疑余有解于养生家言，数相叩，而余无以应也。已而听然赧然，谓二君曰："诚有之。余以顿于棘闱，久欲谢去，从事养生家，翻阅有年已。总之，授伧父以连环之结，杜婴儿以数寸之键，有何隙之能窥，而又何指之堪措也？虽然，弗谓之有志焉，而未遇妙解启钥之人，不可也。"二君曰："子未习王明弼先生乎？食于斯，饮于斯，枕席于斯，吾两人每一过明弼止，无不豁然神开，恬然嚣尽，不敢作一谩谰无味语，即移数晷，无叩无应而靡不虚往实归也。明弼近在目前，何吾子之坐失也？"夫二君匪誉人者，余为之冷然如有会者，良久曰："余虽未见王先生，而知先生必能精以治身，绪余以为天下国家者矣。以二君所称先生大度恢杰，损身济物，浮沉仕路者十余年，而面有光泽、眉有芝采、气若香兰，神定貌怡，一如石室面壁之人，则所以治身者亦既精矣。入而佐司农之理，出而筹蓟门之饷，必能积发有经、酌济有权，弭庚癸脱巾之呼有渐。先生所部之廪庾库藏，虽未必有京坻朽蠹之积，亦必不至有衿捉肘见之事。调缓急、较主宾，一秉于均节灌输之义，此亦吐纳呼吸之绪余耳。则又何必过蓟门而问焉，而后知先生之良于储邪？顷主上覃庆之被及先生两世，余不佞曾谬为受简，代属天语之草，辱不鄙而托五花焉，未尝一言为誉。乃余之神契于先生者，亦未敢于五花吐也。请以蓟守诸君之装潢，为先资之信，不日取道蓟门，九顿阶下，愿先生发余醯鸡之覆。嘻，此岂修爵承筐、旌悃曜目之誉词也与哉？惟先生勿骇而谯之，幸甚。"

# 贺许宝坻奏满序

往岁辛丑，北海冯秩宗举士三百，既彻闱，听句胪，释菜学宫，拔庶尝，若而人与前三人蚤步清虚而凌玉清矣，其余应以次受任。即中外冷蠖不一，而总之视清华蚤历之景色，靡不艳羡其先登，而耻己之不与，曰：“舍是俱仆仆俗吏，无足比数。”嘻！不独辛丑士云然也，惟时冯秩宗进诸士于广署，特罨此义曰：“尔诸士行且为吏者多矣，余甚羡之，直恨余之堕此虚衔，而未得一绾尺组问民社也。夫古今乐利之象、太平之绩，聚而为一人之恺豫、六幕之讴歌者，其端不在朝堂而在郡县。其抟捖生殖，易夭札而乂安，薅稂而植嘉谷，于以衽卧赤子而清和海甸，不繄公卿华贯之臣，而繄履亩跋棠、戴星驯雉、户为乳而疃为诲之民牧。迨其政善俗和，嘉祥呈露，光主德、骘子姓，树一人之标表而定生平大用之脚根，有基无坏，顾不伟与？何必蚤陟清华，罔所事事，待一日之柄政握衡，而后偿宿负焉，如河清之不可俟也？”有味乎，冯秩宗之语子大夫也。余每持以似子大夫之筮仕州县者，然知言而能信、欣然而设诚致行者，什不得五焉。

宝坻许令，余所习也，治深泽二载，多善状，台使者移徼铨部，借之宝。宝视深泽之烦剧不翅数倍，亦非他令比也。他令之监司郡吏临制同，而畿内则京兆尹，体崇而条密，台使者十倍诸藩，杂以诸曹郎，皆禀仰约束视息，殿最又非他令比也。其所部，非金张许史大姓之租赋，则中阉之子弟戚属廛舍也。而又密迩辇毂，遇有征发，不少徐徐，非例之诛求，恒先四方受之，此皆他令所无也。至今日则愈殊矣，东事孔棘，一切增役之呼不翅星火。已之则干谴，稽则干罚，如上议则小民赴汤镬而供鱼肉，为牧者孰无赤子入井之心？即涕泗而敲扑之，恐未能政平而即安也。君有慈乳不苛之心而饶干济，明于火、清于水、砺于石，不务赫赫之誉，而一意厝宝之人于福地。客有缕指其善状者，余不能悉举。尚忆蠲赎锾、捐奇羡，除访陷之窟、驱市廛之虎、均宿偏之徭、省供亿之费，祛城税、戒轻生、靖盗贼之穴，悉历历核实而持久焉。

至为宝诒永利者二事：邑处九河下流，猝罹淫雨，辄为水国，故有堤卑薄善溃，民胥为蛙，无问禾稼矣。君于七里庄金龙口鸠木石治堤，延袤可百里，坚完可百世，夏秋淋涝，屹如也。邑有尝平之备，土木倾圮，久任浥烂，即担石之储何庇焉。公为捐月俸，并设法缮治之，多方储粟，以待凶荒，兼制量斛出入法，俾社猾无得高下而穴鼠焉。暇日进博士弟子员讲德谈艺，奖笃行而恤困厄。接士抻不为缛仪，轮蹄冠盖道经其邑者款而不媚，诸奉新令而追呼者，公蹙额为办，未尝干谴罚，而境内之鸡犬不惊，一何调剂苦心耶。客有自宝来谒余者，余问许令貌何似深泽入计时，曰：“昔逸而今劳，依然楚泽之癯也。

然神甚恬气甚定，出政令、通宾客，甚雍容而闲适，似不以治宝为瘁者。”余曰：“善哉，许令之治宝也。夫民安而后神恬，吏畏而后气定。动无缺失不满志之事，而后能成其为雍雍闲适，何必癯于昔、肥于今哉！”余有以知公植大用之基矣。公之同籍子大夫即多贤者，恐不得以先登华贯、傲睨赞皇皴历之实矣。顷三载陟，明被纶典，直随牒故事，乌足为公贺？公之知己刘别驾鹤松诸君子，胥一时名流，称知言者，征言于余，谅不以余言为卮词乎？请付之剪帛，用佐一触，并质诸为令者。

## 贺田瑞阳奏最密云序

人亦有言：“九列三台，坐而论道；州牧郡守，操纲举领；烦剧所钟，其惟百里。”则庶官之难任无如令矣。令以三岁奏绩，台使者上厥治状，下铨部殿最之。其最者，获明纶之褒，予之纪录，用备不次而升华焉，何显融也。夫令以三岁之拮据卒瘏夫且万状，届及瓜被荣宠，始有沾沾自喜之色。维时环附而上下交与者，亦欣然喜色而相告曰：“吾侪盍醵金称触，用劳使君千日之贤劳乎？”又率胪略其三岁中不拂于民、不怨于士、不督责于上大夫者，列款乞言，以佐筐篚。余不文，受简于称触者何啻数辈，大都按其所条记，胥形影相半，缘饰贡谀之词，而穷巷僻疃之小民，被膏仰流之未尝也，岂不悲哉？允若兹，则循卓之吏、慈惠之长。治邑如治室，叹阳春之有脚、瞻福曜之孤悬者，可一类而共哂之邪？乃余于瑞阳公之治密，重有羡焉。

公自固安移密，固人业尸祝之，善可知已。若治密状，则余耳之至熟，按之最实。不第密距都仅数舍，声响易达，而其醉心于密令，缕指向余者，悉凿凿也。姑不具论，论其大者，如辽饷、秣豆之派，密额多至五千石，如必陆运抵盖套而后息肩，费当万计，即括密民盖藏，恐不能了一往。公走才胥谋之，海滨总豆之值若运，仅需十之二。迨峻役，密人若不知有此役者，谓神输也。诸营路军器，岁开局创造，只以供匠作及监视人员干没耳。公自往，阅各库有兜鍪、介胄仅存臂手可备补制者，勒移至镇，督理之，坚完贤于新制，而省费几不赀。邑有督抚及诸台，公署如星列，其中营缮庀备之具用以悦上大夫者，有其鲜华，何当耗损，公一意撙节之，而猾胥之漏孔塞矣。语云：“爱细民者计其锱铢。”故寓中萧条之故，率起于墨吏之朘削与庸吏之纵役收受。公力惩兹弊，为除经承之陋，革柜头之余，其诸十季包收房保、代纳追呼、倾铸铃记之习，渔肉吾民者悉祛之，密何得不殷然起也？其他如清镇城之供应、经军储之出入，杜健讼之倪、谨大狱之坐、严大盗之捕、惩攒典之吏、宽棘林之囚、蠲逃亡之累，躬泊素而恤市廛，崇祀事而惠无告，皆以《关雎》《麟趾》之意，诹谋询度，课得失而后即安。夫吉人为善，惟日不足，厥初犹投豆以较其黑白，久之则倾储视豆无弗白者。公治密善状一揫百揫，又何可以更仆数也。余闻瑞阳公颀硕伟貌，法具森严，人不敢犯。至其一种陫恻沾洒之意，即郑浑之男以为字、贾彪之子曰所生，父母召杜，不擅美于昔也。讵惟密人诵之祝之，亦可以风示三辅，仪式海内矣。

余既不善谀人，又贾将军畴昔逅于桓台，其人慷慨质实，喜谈豪爽经济事，非习为谀者，余故有味乎其言，而按次之如左。又公征辟之令且旦夕至，愿相质异日，以续传汉庭循吏，且愧夫世之缘饰而影谀者，可以付剪帛已。

## 送张邑侯调黄县序

今天下吏治之弊，其未操刀而使割，不泯是务恤，而惟恐宦之不速成者，弊在下亡论已。乃有长吏慈乳，与民相宜而不能相安以久，譬之种植，业以嘉谷布陇亩，而钱镈日勤，较晴量雨，禾亦油油如云蒸，苞体而颖穗矣，乃不待其芟获登纳，而弃之以去。不知主爵者何所见？彼亦百里，此亦百里，顾夺此与彼，借寇不能，竟成苦趣也，此岂长吏之本怀哉？亦主爵者之不遑深维，故弃鸡喉，令牛刀措于大耳？夫区无小大，胥蕲安全。若不能相濡以久，即令黄颖川、卓褒德受事，与民社何益？

我君侯张公之莅吾长，岁且期美政，未易更仆其大者。侯初至时，宄野未靖，所在邪说市虎，汹汹相煽，而长未尝无也。侯亦习知魁为某某，置不问，曰："苟触吾网，跛扈可歼。不，则尽吾良民耳。"长竟安戢。往讼者盈庭，先以间入，不入则机格，入则法亡。侯直己而明听之，无所用间，讼日鲜。城垣久圮，前大夫再更，均不治。侯锐意缮筑，民忘其劳，竣且速。今云矗雉翼，长有城守，侯之大赐也。长为三郡孔道，仅小冲，顷以东事旁午，治兵海上，绎骚十倍于昔，长甚不支。会填抚赵公檄诸州邑，邮传重困民，从兹课送迎、筹刍秣一归长吏，无扰派里甲，诸州邑不尽祗奉，而侯独身任之。每向余曰："斯役方难虑始，今宽然有余课已。"旧北郭有白山驿署，颇高敞，足护邑背，废去垂七十年。长日贫蹙，罔攸利，父老每争，言驿署当兴。侯既任邮政，并复白山旧区，人亦未尝争也。而侯一询即为之，亦时之以也，长其兴乎？在昔乐岁，邑无逋赋，自寅卯大祲，汔未一稔，有积逋矣。乃氏日贫，上大夫督征日急，侯能废敲朴乎？彼揣虚议侯者曰"以羡与"。比侯已奉上命将赴黄，复扬言曰："吾不习侯之乳我也，而知侯之薄于羡。"其或继侯者未可度也，彼未信者尚然，而况信者乎？夫《周官》以六计弊吏，曰：廉善，廉能，廉敬，廉正，廉法，廉辨。六者吏道无余矣，而一比于廉，盖非廉则众美无繇生。故举一廉，而侯之众美可知已。

欷侯东矣，谓匪夺吾长之慈乳不可也，能无憾于主爵者耶？诸君子荣侯以理繁去，将持余言为贺。余曰："荣则允矣，我长人士如去怙恃，而称觞作喜，人情乎？请以当攀辕卧辙之苦词，而以余言为侯之实录，即侯之甘棠婆娑吾土耳。"故今易贺为恭送，用志依恋之意云。

## 上胡老师奏最邹邑序

小子训宿抚臆颦眉，动为希阔之谭者，无如民莫。夫一介书生，民莫非攸事也，而肺肠实然不能去。故闻墨鸷吏，即隐然以意当鹯雀逐；闻慈而乳之者，即愿为执弭焉，以抽此肺肠之痛。岁己酉，齐鲁间获麦三分，穙粱十之半，菽焦而不实者亦十之半，兖犹甚。庚戌，视酉且薄。忆酉秋，幸收师门得之邹，谒谢时，见邹境内视淄、莱、曲阜之野敻矣大治，余亦忘其为吾师之治邑也，与仆夫心折久之。比谒竟，出居城南，拜孟夫子祠，下眺峄山，留连经旬，得向野老山家问吾师治邹状。乃私相叹曰："慈母之慈无相等也，慈而惰与慈而厉精，大异也。"户口税亩之不均，所在困敝，向之不得于邹令，于邹令之不得于上大夫者，师独悉心调停，得请乃罢。邹南北孔道，绎骚已极，兼之频年中官往来，凌茶千态，师极力抗持之，盖自邮遣而外无扰也。里有约，约有躬劝。社有塾，塾得师余六十人，岁粟之可七百余石，以代子弟之不能就傅者陶化染学。讽讽弦诵，即文翁之西蜀，逊其笃挚矣。旧立保赤一仓，春秋出入，往河工为累，强半逋亡，每秋敛辄转延受拷，出斛不釜入，民大痛。乃核实请蠲，至再力除之，邹民大起。漕粟俵马之役苦相埒，廉诸不能脱者，吏为代受之，民忘苦矣。缮孟宇，赀僝千金，师捐俸佐之，孔思邹母之貌，峭然并新。于都哉，大贤之乡何幸，得吾师莅兹土也。若夫课士赡贫、掩胔赎女之事，政如慈母一爪之搔，何可胪数？乃庭如水、橐如悬盂，抚字之劳，三载一日，而艾奸剔蠹，殖兹良稼，心独苦矣。

居尝览昔人致叹于三空之厄，畴可补而起者，我国家今日视三空之世，抑何如邪？宰执不能炼五色之石，台谏不能救羽苞之火，填抚、直指、监司之臣，上九阍、下千里，爬不及痒，炙不及热。则补一隅之罅漏，酿百里之太平者，莫如令。令以一母乳群儿，饥寒燥湿劳逸之故，可心计而指调之，曲为中人为恩也。我长白偶得贤令，视事甫三月辄病。小子训方矎然四顾，偕长庶请命于神。值邹父老持吾师最迹至，匄有言，不自知生平肺肠输写之肆溢也。顾安得寓内令尽如吾师哉？昔汉传循吏所称治平第一人，今其状犹可概见，宜无加。吾师乃能勤，天子陛召而崇秩之，世为艳羡。盱吾师旦莫受兹，以风寓内之为令者，是未必非三空之一乜也。小子训日望之已。

## 送王邑侯上计序

今上御寓改元之二年壬戌，适海内郡国吏三载入计之期，则虞廷辑瑞之辰也。道无遐迩，胥以辛酉嘉平鳞次阙下，日屏息太宰宇外，席舍以听献岁，廉六计而轩轾之，至巨典也。先是，主计者及言臣各条上申饬吏治，视往事肃毖有加，亦新猷也。第念吾长为登莱孔道，顷以治兵海曲，募卒转饷，而悬弧荷戈之士、负刍挽粟之呼日夜如络，故登莱匪昔之登莱，则吾长岂昔日之长乎？又自卯岁大祲后，井里如扫，辽之征派日益，而前蠲实罔攸被。即有乳慈，犹惧追呼驿骚不可已，长之民且浸为枯鱼，濡沫不足也。邑之士抻及编户咸赴台使省若监牧上大夫所，乞檄王令君免入计，以令君慈惠不翅卵翼，恐代令君而乳者，饥啼寒号罔所关切，虺瘠之肤折蒌弗任。奈之何牒数上，竟不能得之上大夫。令君且戒行李，咏四牡已。邑士抻促不肖曰："汝史氏，尚文其词，以称觞笼水之西。"余方读礼，伏草土，不宜有言。然家大夫老已，史侍御出按黔，安水部以治藩邸入荆门，诸孝廉皆及髫发之未至往计偕，一时茂才藉甚者相与逊谢曰："吾侪党塾之言不出里，况为令君扬觯，而携之上国，无乃贻诸大夫羞，而令君之渎邪？匪史氏，谁知令君贤而能为言者？"夫余既绵力不能卧令君之辙，又不能易葛麻而彩服曳诸士抻后一觞水滨，复絷于礼而喑不一言，罪可胜讨？乃知令君贤，实无如不肖者。

夫《周官》六事之廉，曰善，曰能，曰敬，曰正，曰法，曰辩，而未尝特察其操持。无亦六者，非凛凛冰蘖之人，一无所与，而首以语善将操持居多也。老氏云："上善若水，利万物而不争。"盖未有惠而弗廉、廉而弗惠也者。今君自下车，矢清矢慈，惟约己以裕吾长是务。故胥徒曰："逋赋新税，上并急，宜并征勿缓。"令君曰："视践更，无视凶荒之逋。"胥徒曰："东方多事则多盗，宜筑雉堞而浚隍，用备不虞。"令君曰："盗可图也。驱贫氓于畚锸而夺之农，害乃滋甚。"胥徒曰："轮蹄之区，不逢之喜，则逢彼怒。惟大夫周之。"令君曰："吾岂择怒而不欲喜？迎者瓶罍交竭，喜怒何为？"胥徒曰："大夫行为计吏，不多括金钱舁而入，恐诸贵人不悦，不为交口之颂。然匪称头巧为羡，金钱不多。"令君曰："吾日饮长之水而遗其腴，长尚未有起色。以彼民力，如额未能，谁倡为羡之云者，且生拔其舌！"夫令君之操心施政允若兹，亦辛且苦矣。是以入境之蝗减于邻，取道之供应节于邻，燕雀之平准辨于邻，输纳之恐后笃于邻，逐什五而并民膏者缩于邻。令君治长未浃岁，长之丰穰即未必倍于邻，而骎骎乎化国之舒。长也谁为之也？然亦惟令君不逢上而遗下，落落穆穆，一意乳吾长，故上大夫亦不深知吾长之困敝，而竟以尝格檄令君，使入计。长士抻编户竟愤懑无聊，而取快于不肖之一言。夫昔有歌涢阳者矣，曰："悒然不乐，思我令君。何时复来？安此下民。"令君之去而复也，仅六旬耳。长民乃悦，诸士绅则可于昌言者，余更为之说曰："我令君之挟持抱负，宁独福吾长已哉？圣天子陟明而赐之，问必先及二东之急，而次及海上治兵之事。我令君当蹙额挥涕，敷奏于尺五之前。主上必用轸念而东顾，且蕃锡我令君，独以长之政卓令君邪？"诸士绅乃悦，余为歌《韩奕》之次章。维时笼水融澌，白山浮霭，胥以荐令君之觞，而冀令君之遄来矣。即制锦而绣余言，不以为僭也。

## 送云台王令君述职序

今上四年甲子冬，郡国吏当启行述职。不佞以大故里居，日望寓中敉宁。每见一牧令，无不娓娓劝抚辑而闵雕劬，曰："使方内守令，胥视民社事如其家事，所在有罅，所在补之。今日罅，翌日补之；旦有罅，夕补之。辄罅辄补，则千补之罅，吾以当完器。"岂果以补塞之器当完器哉？谓县宇之三空四尽，为酿日久，而戊午七年来，复兽骇鱼乱，万室若焚。新圣人即天纵神明，而逊志于学，批答几务，犹未满睿虑，于以明见万里，不无少需。诸填抚、直指及监牧大吏，俱在征榷调发，一彀之中，凛凛救过不遑，杼无纬而釜无糜，谁其问而恤之？则迩犹远也。惟州邑大夫怀慈慕义，雅志济世，于千百得一二焉不难。疾首弹膂，日问民单极之故，择甚而权拯之曰："官家多故，无一不索力于民。额日益、呼日急，数岁之逋并勾，旁坐而不以为异。"夫穷窭蚩民，糠覈犹不足，吾何忍上有呼而辄应？矧毛无附而骨见髓，刍牧之谓何？即当事者以白简随之，不难抽簪以谢。故逋可不尽问也，追呼之檄可勿报也。供应轮蹄之不给可以指为愆，邮而蒙萋斐也。吾宁焉嗟嗟？如此长吏，求之迩年，真千百不获一二也。

我牧父云台王公，赵人，为三辅名进士，来牧兹土，方妙龄。或虑吏事鄙俚，匪强仕人，恐厌薄弗闲也。余谓不然。闻侯初入长，有二老人偕来。不观子奇之治阿乎？白首共载，阿竟治。老成之议，决之英妙，胡不可者？亡何，静正简闲，不轻启一事惊扰长人，长人已早戴之。历数月，徐引条绪，大都闵念长民，一意与之休息。故不以钩距示明，不以钳罗示威。尼父居上首宽，老氏好静，而民自化。夫宽典静，治人之质地也。

侯有其质地而五良生焉。曰振文学。侯下车，他务未遑，首较士。只字之诲，敏于丹头。诸士如奉司南，日蒸蒸起。甲子秋省试，得俊三人，称希觏焉，一良也。曰减耗羡。收受之役，巧于浮梁之索，长民病之。侯缄縢密而权衡，一青蚨白镪之输，视若人税亩、户口入，仅如额，无锱铢称头之余。即邻封爱而颂之，况长人乎？二良也。曰省兢讼。长非多讼之区，而虞诈之习不无日启。侯什九听质而什七听平，盖虞诈不鞠自见，两无利焉，民自不争而公庭秋水矣，三良也。曰调邮传。长故三郡孔道，自海上治兵，骚益甚，仆马日僵踣道上，驿卒胥逃匿，避客如寇。以送迎之蹄，旧佥派里甲，劳不顾力，侯请之上台，一办于官，一切伪滥之符悉罢去不应，里无邮马之累，四良也。曰清市课。邑西南十八里有市，每岁额课不溢二十金，而群小蚁附市魁，一蔬一薪之佣，曾无遗索。侯力惩，为勒石陇断焉，庶藏市，而日中赴者胥悦也，五良也。夫侯之五良，即古诸侯拥大国而绥四远，明惠之政，不美于此。况吾长雕尪不支、百疴宿锢而灾害有加焉？若匪侯力抗大吏之追呼，而曲庇小民之半菽，长其秋鎽之从风乎？余所云缘罅而补、雅志济世者如侯，可多得邪？今天子英明日著，政刑除拜之大不以假人，诸计吏鳞次辇下，必轸念民艰，修先朝故事，延见守令循良茂异者，问民疾苦，当首及侯。侯不难为长民请命，亟蠲重负而赐之宽恤。则徼君侯之惠者，又不独厌百里之长也。学博赵君辈偕诸弟子员将供帐郭门，举酒祝軷而赠之行，曰："匪太史氏，孰为选言者？"余为之言如此。

## 寿少师叶台山六十序代方座师相国笔

癸丑公车之役，上特命元辅台山叶公总厥事，且令不妨阁务，往一切章疏俱就闱中送拟，大异数也。余时从里居起佐公，睹公从翻较间恭上票拟，辄上辄报可，未尝不仰见天子明圣，而服公潜格之神也。明年，公致其政以去。盖公之独秉筦轴者八年于此，距癸未成进士三十余年于此，归而乐其山水者复六年，而公始六十矣。余惟公登籍最早，柄政最久，得主最专，得请以去最便，归而怡养天真以跻上寿，必最适且永，而未敢以是祝公也。余附公榜末，偕读中秘书，风采论议时挹领之，休休之度则薰然其中焉。海内人士读公所著《苍霞集》，共相推服，比之永叔、子瞻，而余谓未足尽公也。公睿中朗识，练达世务，其有所考订指画，一一若数家珍，虽唐之陆丞相无以逾之，尝日夜冀公大用，以利社稷。即今日寿公语，度操觚家所能言者不敢复言，而第举其大者。当壬午以后，天子亲御万几，奖用直臣，其时言路益发舒自快，而相臣不无函纳之难。已而矶激过当，言路不胜摧折，而相臣复有挽救之难。迩来圣度汪洋，不示喜愠，而阴扼其召补，于是言路苦寥落，而相臣又有疏请之难。公自起家以至当国，历经其难，而若独成其易。然而公之心苦矣，何者？异时当国者惟患不能得之上，今相臣不能得之上而诸臣欲必得之相臣，相臣之望上者益急而上待之益宽，此其难更倍。计公当国时，即诸时政所称棘手难下者，非视今独减也，然公悉心调救，能令隔者通而屯者沛，有以塞诸臣之望而慰天下之心，稍伸其苍霞之绪余，而天下已治矣。若福邸之国一事，人惮发诸口，而公力竟得之，他可知也。盖公于事所难得，十已伸其八九，所未尽得者，仅遗余以二三，而犹不足。余愧公矣，余愧公矣。

方今国家多事，公将奉其八九而以舒啸自遂，余有以知公之不能也。《诗》不云乎："膂力方刚，经营四方。"夫四方之臣必赖膂力，是以嘉我未老为解。若筦轴坐论，指使劳智，政无妨于老，而况公甫周甲子，固未老乎？东山之命旦暮下矣，世人之寿公者多侈其年以为颂，而余独幸公之未老，意各有当也。此非余之意，救时之略，舍公其谁？实圣天子之意也。癸丑门下士宦于都者若而人乞余文为公寿，敬书授之，以从修爵之后。

## 寿少崖李先生八十序

大块蜿蜒，扶舆多秀，沧溟岱岳，薄云天，括地轴，则其秀数郁而为贤哲，殆往往足续嗣尼山之灵，光日月而开未然。如今所见李少崖先生，非其人耶？先生世结庐于泰麓，少从先君子北崖公入习成均，时业拣志，见衷愫之不可溷，以他日富披搜，至王文成、邹文庄所著论，尤谛观之。而其契于良知、慎独之指者，曾不啻父子之家授，真且完也。脱匡郭，抉藩篱，日浸日升，遂屹然鹄立。而四方好修之士以弗获登先生，如操矢不赴的，相与耻之。比颍泉邹先生督学东郡，遂裒然进先生，为明湖诸士宗，而吾道肥矣。继训广德士，登复初书院之堂，而吾道之柄专。继复谕献士，献士益蒸蒸起。道弥尊，风弥远矣。以故东郡士大夫未一晋见者，大都以孳孳讲学向先生。乃庸知先生固笃行君子，而无贵孳孳之讲以为名也。夫人即上摐九天、下窔九渊，未有不橐籥此心者。俯仰今昔，蕲时崎寰中，造千秋万年不朽之业，亦蕲辨此心而止。夫辨此心，亦静若明镜在楱，触若宏钟之叩，统此圣真，直内无令逸而亡羊，外无令屈辨雕龙已耳。何至如近世士，日饰葩行而造卮言，藉高明于门户？始夸独照，继招同心，继复招同臭，气味渐煽则所招渐众，而藉众以成其尊。斜有地，师有坛，言有目，再斜复有期，未聆则李郭之舟难挽，既聆则有有无无之论，如风岩霜叶，落落复起，起复落落，相仍而罔知所税，是何异持如意数寸，揭七宝座而指挥，欲坠天花耶？敝矣。又其甚，则章缝之士，楷之以游大人，而荐绅大夫，以官舍为祇园，藉二氏之口官，不可解以驾，吾道愈析愈棼，而去道日远。语云："糠秕眯目，则天地易位。"喻小蔽而大乱也。洙泗一线，虽万纷而万不可乱。惜海内士荡于此风，日堕恶途，竟且日渐之德不可成也，又敝矣。故有道之士直扃户牖、席恬夷，羞此辈相闻耳。呜呼，事有揭之，乃晦广之，斯僻美之而愈恶者，则近日讲学之谓已。

先生绍古人洁白之行，居尝躬樵采，佐二亲饘粥，以人伦课子弟，而耻为寥廓瑰琦之论。即四方好修之士多从之而无纠也，而无坛域也，而言无目也，而无纠安有期也。间有解授曰："余本谁氏？聊取古人以相证也。"间有币敦曰："人有庸行，与二三知己抒发其隔阂，足辨此心而止，吾无奇以应币敦也。"太丘之表正不足美其乡，张仲之孝友不足美其家，岂其坐受讲学之名，而咄咄书空者乎？余以是弥重先生。

先生今年八十，浚侄以得侍先生，乞余言为先生寿。夫先生非有伐毛洗髓之诞也，古人谓缘督以为经，可以保身，可以养亲，可以全生，可以尽年。先生操天下之至中而袪天下之至奇，享天下之至寡而遗天下之至多，处天下之至淡而让天下之至艳。是先生所为自信于未艾，而不佞教而曹上卮酒语，且还以相印耳。若乃缛缛缅缅，构鞶帨华百岁堂也，大非某所以重先生，而又恶足为先生重？

## 寿林封君七十有一序

往闻李伯襄谭粤东山川之胜，更哆其香山、罗浮、昆仑、崖门、横琴之岛，曰："此亦五岭间仙灵之窟宅也。从古异人介士，蝉蜕乎尘鞅之外者无代蔑有，而掞藻射雉之雄亡论焉。"余心窃艳之。一日，林澹生年友持尊人祝略，属余为之词。详之，则昆仑、崖门间，异而且介，蝉脱乎尘鞅之外者也。语云："大道未隐，同人于野。旭旭熊熊，何愚何哲。"先生以"似愚"自号，得无意乎？夫林氏家世业儒，缝衣簪绂之士踵相接也。乃先生初授《易》，辄醰邃其中，一试即为邑中冠军，以数奇，摈于督学使者，遂绝意制举，曰："穰裦而不逢年，曷必力倦？令儿曹为之，未必不颖粒穰穰也。"余友澹生竟用《易》，杰然癸丑榜中矣。先生性恬素，绝嗜好，重诗书，以朴茂孝友自将，曰："予本来如是。彼纷乎噂沓背憎、翕訿反覆之态，不欲闻且见也。"以故虽家居城市，人罕识其面者。顷岁有司举乡饮礼，以大宾延先生，先生力逊谢，竟不往，士论钦之。尝远寄语示澹生云："老人甘淡泊，亦甘岑寂。女无以禄养不膴为念，且乞归省，旷官无谓也。"今年先生七十有一，步履匕箸，一如壮岁人，殆未艾也。粤之俗，介寿者不祝十而祝一。余习于祝十也，尚异之，味其义，则与"大衍悬一"之旨煞有妙合，且得修爵者及人子愿亲无穷之意。

余体澹生意，为之效三祝焉，曰淡，曰朴，曰静。夫五味纷居，杂糅且乱，有其觭也，或则吐之惟淡，则俱受其和，而俱不有其多。谓淡乃宁，和于太冲，类至人之含一而尝清。群材厌□，刻画万营，既乃人工，而天巧散矣。朴则五技不生，是谓浑成，类至人之抱一而无营。《易》曰：“吉凶悔吝，生乎动。”疾疠夭扎，皆精魄惊怦之所为也。伏雌婴儿，如木如痴，是谓静笃，类至人之守一而无骛。先生之绝嗜好、去町畦、哕人情汹拳之态，而毫不涉其于三者，故全也。即耋一、耄一、期颐一，乌足以尽先生哉？先生精于《易》，既知大衍悬一之旨为万变不穷之门，不第欣然于粤俗之祝，或亦额刘生之居解也。况先生系出莆阳金紫光禄大夫后，九龙白岩诸胜已植仙源之荄，而粤之山祇水若又从而磐沃之。先生复解其天弢、堕其天袠，无滑其得一之性，则先生之算容可量乎。澹生廉退温文，郁为公辅器，自是凤纶荐被，龃至如簇。即迩时不获从膝下鞠跽为寿，匪嗛也，固未艾也。诸癸丑年友隶京籍者若而曹人，欲各扬觯，为先生寿，不以余言之戋绣而张之，余亦拜荣施矣。是为祝。

## 寿韩隐君迪庵八十序

吾家与韩氏世住长白东麓，为凤岭左翼，南北鬲翼，相望不半舍，实为淄长画界。故两氏笔砚之摩、婚媾之约、岁时羔黍之会，不翅同社之呼而随也。家大夫喜韩氏多君子，富而好礼，畴昔董祠醴泉之盟无论已。顷解组归里，与韩氏诸老再商雅会，诸老中惟翁最长，翁虽不治儒术，而雅重文学，喜该博，于书无不窥，而尤精黄老延命之术。居恒谈魏伯阳、张平叔及刀圭内外诸篇，不设铨注，不随曲说，每单书直解，动中要眇。方外羽人叩户请证者无虚日，率龃舌弭耳而去。喜手谈，时或他人，可了数局，翁尚睮视橘中晷移而子未移也。盖沉默含蓄，事多余味类如此。里中相兢，无细大待翁剖，如谒太丘、彦方，即铭钉、颓唐之人，见翁，必整冠理衣，嗒然而听。盖德之所镇，不第谈言微中已尔。淄多贵绅，而翁家更显者辈出。翁乃性朴素，每以毳冠蒯履，介在贵绅间。且每会必首奉翁杖屦，不为淄第二人，岂惟称里中祭酒已哉？翁醰粹款曲之容，中藏斜准，恬而不阿，其视介贵绅，与介牧竖田庚无异。语有之：“致富者不施。”云揪敛之苦也。翁坐致，足号素封，而无揪敛辜较之貌。然独乐周施，不第族之人赖翁举火者数千，指其诸目覩耳闻，望恤而乞假者未可更仆数。顷甲寅、乙卯间，市廛化为珠玉而无粟麦，翁家庾不逊古宣曲任氏，乃任氏以粟聚货贝，而翁家以粟活白骨。吾乡数里内不至析骸易子，翁之惠也。董祠，一丘土耳，翁首倡绣峙之，遂作伟观。又仿官家蜡酺之乐，于每岁上元等日，损赀制花灯，招集贸迁市马诸商贩，缀境内太平盛事，亦且有无化居方幅赖之，见翁之才大而善建也。

翁春秋八十矣，季秋某日，为悬弧之晨。家大夫久拟走笔寿翁，以年来稍事索，神不任抽毫数行，令不肖代祝厘焉。乃翁亦不以晚稚藐余，时进而教之。余不揣于畴昔困顿中所窥养生家言，间出相质曰：“昔白石先生宁为地仙，不乐飞升，地仙有术乎？”翁曰：“有。向息非今息，纳养而命续；前火非后火，为薪而火传。火传命续，繇养得其极也。子未之前闻乎？”余听然有会，盖心师翁久已。兹者新主御箓，宏开寿域，翁之诸子若孙辈将联翩蜚上林，邀恩命不次也。或者宪老乞言，执酳执酱之礼，翁行躬被之已，宁独里中祭酒已哉？公抱一含稐，其获算不可以摄提计。余得时仰鲐耇者，摛长年之什，次第奏之，亦祝鲠之一助也。

## 寿金母李太孺人七十叙代父笔

余友人李幼实母金太孺人，岁乙未，举七十觞矣。余计太孺人茕茕视室，垂二十年邪？先大夫南翁，人杰也，少负稚圭管箫之誉，竟用誉晋景州别驾，得天子玺文，称征仕郎。母亦等夫子，称孺人。南翁晓畅法律，尝手楷本逐事释注，间录时事处分状于额，以寄平反之衡，每笔终，辄箧藏之。比为倅若，佐太守数十年，均繇此翁才谞，不类功曹人，法更晓畅也。而薄诡智之吏，尝曰：“吾即不获作汉庭大吏，窥天家狱林纵横，博神明称也。苟受一命，亦不为钩距伎俩，令百里之内臧□者累息而伺。指吾箧中数卷藏，明我所知，可自束两足耳，岂其以弄狐鼠？且训诸子明习也。”乃冢君幼实暨某同举于乡，越岁，癸未成进士，官维扬理。余在留省时，幼实篚莅维扬，曾折书叩某云：“维扬之境，四方之往也，其人轻慓猾瞀，实东西南北善兢者日群而日渐之。且理官承诸直指及监牧大吏下风，为质成薮，而辄以窘书生，书生将奈之何？”余答以：“东西南北之人，则以东西南北之治治之，安在为东西南北也？惟空惟平，诸直指若大吏当一一如幼实按，故惟允，维扬将奈书生何？”两阅月，幼实再折书余云：“仆始利衔策以待黠强者，今于棼丝中得网而挈矣。每讯一狱，无问重大端，不令一连十、十连百，为清署增野马。但日手先君子释条一编，念足下‘空平’两字，或稍稍损愆尤耳。昔人破鸡得粟之智，即神奇，仆不沾沾效也。”客自维扬来者，无不问幼实理维扬状，固一一如折书语致，更啧啧称宽大长者云。夫其子为理，厌旁连众多而黜诡，故得情之智，岂非先君子不钩距弄狐鼠为若倅数年者邪？式谷而子开而大之，安见训诸子明习法律为卑卑？三载，用理最追南翁如其官，晋金母太孺人。

曩幼实安车迎太孺人珍奉维扬，太孺人愀然不乐，曰：“尔先君子不获口儿俸钱。瞻尔为理出入状，幸无陨宽大遗意，伤若志。则脊胾膻芗，如口儿俸钱者。我以一脔脱粟之外，当不复施匕箸。”某乃信维扬之政，实种翁伯而幼实丰其苞。太孺人日夜雨露拥植之，则太孺人之子之也，功视翁伯居多。今幼实既擢夕郎、问国宪，殿中虚法座，正待隽不疑、汲长孺诸人佐而秉国成，太孺人当晋不一，是为报太孺人用宽大成幼实耳。左、李两先生促余言甚剧，余以告两先生。则可充举觞繁缛语，无谓也。

## 寿赵母王太孺人九十序代父笔

赵峄山有母，寻且年九十，所吾乡之以爵弁者，知赵君有老母也，曰：“母老则可为寿。”诸君子将寿母，而牛耳猥授某，曰：“子大夫若赵氏，百尔习也。弗习弗言，弗谬弗湮矣。”然余不独谓赵母老也。夫母之入俪南圃翁也，相贤豪之夫子而堀累其家，岂不随郤缺、鲍宣外驰其徽？乃南圃翁肘后有次，相母若不知，而江沱小星之誉又起。母举丈夫子一人峄山君，则母之所为荣也。君以文章蜚声，然卒屈于大荐。即弗大荐也，而用其才且贤，得三辅完邑治之。治完五年，吏民呴呴爱之，凡两入课。比再而入也，于阙下免冠之中，颇称天口赐留者。乃赵君驱车出都门，长征弗入完，客觇知之，揽君之辔，强入完。君纵车长征，乃歌曰：“有水洋洋，胡不乐饥？南山有蕨，可采而食。二人偕老，云胡不归？”因缓颊，语客曰：“余闻古之君子，宁为雄飞，无为雌伏。余老儒，业滋侥冒。且内不能事赤衣诸郎，使知世间有赵邑令，则邑令乌能留赵氏老儒哉？且仆不效坐致披猖求退无地者伦也。”客曰：“君乎休哉，淄山可蕨，淄水可渔。上堂承温，下堂问农。春雨秋风，惟君之呼。君乎休哉，仆鄙儒也，请恣君之所之，仆安能牵也？”君竟长征归薛城矣。秋黍既稔，城中日进万余斛，瓮头大熟。无论爵而弁者，相款相酬，如星聚散，无旦莫无之。其他富厚之家，靡不逐逐此波者，各面面相窥，曰：“此地无赵君，彼地无赵君。今日弗出，来日复然。既解其组，复杜其门。”公与世无亦大峻绝乎？客有通赵家者，谓时时左右二尊人，饘粥之薄，手奉匕箸，视其作，视其息，无憾而后即安也，故弗出也。南圃翁初贵次相，朝夕与共，母自相安。比失肘后，爱峄山君，复以意迎二尊人作之合。母自相安，翁亦相安，君始稍稍无憾，故弗出也。亡曷，南圃翁先往，君事老母更为辛切，靡瞻靡趋，无不为老母也者，亦无不为君之就侍也者。故汔今数十年弗出也。博奕饮酒，捐父母之养，仁人孝子，固自有不暇，及而大都若斯矣。吁，伟哉。轻去其官而一答其勤劬之劳，即列俎而养、蜜封为荣，不啻什伯过之。况乎行美卒章、德崇必报，采风者以孝闻，彰令母，非甚奇而不可得也。不知其母，视其子。故余不独寿赵母以老也，诸君子谓之何？

# 寿吴母高太孺人八十序

余读《易》之《谦》至天地神人损益之理，而知生人注承之数涓滴不忒也。乃世以五福誉人，率什七奢言、什三窾言，苟足以登篚而举觯，不难猎赫胥阴康之奇事，佐肴俎而和云璈，一曷当焉。乃若称觞祝老之词，则更荒唐悠谬，不顾其前人之所留、现身之所惜、子姓之所寤念，而被之以其所不居、持之以其所不券，此世之所以日薄，而苏子瞻氏不欲为祝老之词也。夫子瞻难之，余亦难之。然子瞻祝老之言亦复不少，往往见脱离淘汰之意。而余以为，苟其家其人之足赞，奚斯之颂，寿母可原，言之必有以也。余邑吴叔子有母高太孺人，耋矣。长之博士偕弟子数百人，将为母寿，征言于余。夫博士弟子，言之丛也，而必以先谈属余，知余之不习为誉，而能道吴氏之留惜寤念，预卜其异日之居与券耳。

余束发受书时，以戚里之密，得为吴裕庵先生忘年友。一日，先生置酒雅集，招不佞过从焉。吴母召叔子而命之曰："刘伯子有声庠序，言必益人，且终日言无不及义者，孺子盍屏立牖下，聆而识之？应益汝。"是日，一温室亦置酒高会，邀不佞亟甚，吴先生煮西粱米未熟，诺熟啜方散去。余舒迟对先生，饱啜熟粱，方往赴温室。事历二十余年，吴叔子津津道之有味，则吴母子之不鄙夷不佞，讵俟今日哉？吴先生筮仕邹司训，邹士久乏脱颖，形家言咎在泮水，宜更凿。又云，更凿则利弟子员，不利博士。先生毅然请更之，曰："奈何以二三老厝大之故，锢诸颖士？"既更，两博士旋物故，先生亦寻以母夫人忧归。自是，春秋贤书，邹士果不乏举者，曷如响也。起训吴桥，桥历八科无举者。先生斜诸士，课之三岁如一日，傅、左两博士每窃笑吴先生迂阔无当，先生不为动。是岁戊子，刘生举于乡。厥后，桥之得隽者一榜六人，胥先生社中所课士。又殿前一桧，虬顶凌霜霰，古矣，忽一日，左伐其干，傅取其枝，先生力止，弗克。不数月，左氏子女尽暴毙，传染异病去，而叔子以是年产于桥。何奇显也。擢房山，上大夫檄先生视房篆八越月。守庾藏，雉堞惟谨，不侵事，不扰编户，铢锱之羡以赡贫士，如捐赀授室佐举火，不止一马生，房士迄今诵之。擢关中学正，辄抽簪曰："余年仅艾，尚可游。奈田园久芜，敝庐弗缉何？"则致任长往矣。

先生素性恬退，不逊鲍明远、梁伯鸾其人。太孺人鲠介简淡，时时以止足之义讽先生归，亦何愧于少君、伯暗哲妇哉！先生逾耆即化去，太孺人诲诸孤甚力，尤属意叔子。叔子冠玉温晬，更饶伉爽。为文陆离葱蒨，笔走建瓴，眇引绳步局焉，每试辄高等，谓城隅吴氏夙多才，几称儒籍者百余年已，然而卓荦不群，未有如叔子献明者。殆延陵之季，而五尝之白眉，与撇捩云汉，逆羊角而横飞，直指顾间事。夫吴先生萧条宦况，不周环堵，无以遗诸孤，而仅以叔子力学属太孺人。太孺人能不负先生，督叔子蒸蒸鹄起。行矣六珈瑱揥之荣，易于顿牟之拾芥，胥先生之坎然恬退，黜膻秽而躬淡薄，强仕未几，甘贲丘园之所遗也。其于天地神人注益之理，已见肇端，而执左券，是可祝也。且新天子改元之岁，聚万物而腰腊之菟髌八日，古《风俗通》所云“无不利”，实吴母设帨之晨。又前数日，叔子熊兆初叶，知寿母之词将属草，特告余。夫母以尝珍之年，未祝鸠杖，望之如藐姑射人，兰玉芬茁，食福未艾。

又家大夫尝以料四方所作士料不佞，竟如志。吴先生雅意作人，今翱翔云路者项背相望，岂至叔子而弗券也？谨藏钩，以待它时发覆视之。吴母必輾然色喜曰：“异哉刘生，维畴昔必啜熟粱而后去，妪已知其言之有味矣。”为进一爵。

## 寿刘太孺人安母八十序

余得郭相奎、李本宁两先生所刊刘中垒、朱考亭删定《孝经》一卷，居置窗几，出则付书麓携之，不去左右二十余年矣。欲讨尼父行事在焉之义，昕夕觉悟，修子职万分一，亦曰无忝所生耳。讵意余怙恃相继遘闵，礼所称大孝、中孝、次孝，每循省，秋毫乌有也，何以对此经哉？然喜闻人孝行，有之则必揆度于此经之味，而悬料其生平，即处里门以至服官，政不爽也。一日，有客将为安母刘太君寿，过而问序于余者，余辞弗得，因询太君家世春秋起居，知为芹明、葵明两先生母。客曰：“慈俭哉，安太君！孝哉葵明昆季，无方之养世所罕有，况子大夫达于孝，喜谈而乐道之，故为安母寿，匪善言德行如吾子不可也。”

兹据客述，太君佐赠公食贫，时辛楚力作，事大母辅温清惟谨。赠公兢于义，不无锲急，或致外侮狎至。太君能惠和默相，咸舒平焉。家渐温，诸子蜚声士林，先后掇贤科。葵明成进士，三为令，入为西台侍御，显荣荐被，太君非昔日已。甘脆鲜华，翟车文荐，胡不足于前者？率不以御。仲氏居比部时，驰进俸钱，赡朝夕，曰：“汝冷曹，安所得羡？老妪衣不过七升之布，食不过脱粟，慎勿再至。”往者季子自千里外以河梨、潞帛入，太君怒叱曰：“吾家素笃清约，不喜见此方物。尔独不为官箴虑乎？”季子严之，嗣是亦无再至，人谓有蚶鲊封书之义焉。又一日，出畴昔所寄俸金，呼季子曰：“以输官家之租，老人弗蓄此。”乃怿。其澹泊类如此。然督诸子姓甚严正，少不若于训辄废匕箸，移日愠弗解，必改步而后色宽焉。坐是诸子姓罔轶尺寸，里人贤之太君之绳削也。季子在西台，以言事切直忤当路，又兖野莲妖之乱震薄莱淄，太君愀然不乐，走家僮趋季子曰：“此非儿禄养之时。胡不归，用慰老人倚闾之望邪？”季子遂投劾返子舍，留仲氏官鸠曹，且寄语夙夜慎毖，效职业以事一人。季子归，晨昏习太君侧。或太君出赴戚里，入淄城，季子必乘款段以随。或曰：“公贵人，即至孝，有纪纲之仆以代，左右监仆夫，不至惊动太君可耳，恐不必数数为孺子劳也。”季子不谓然，每出，尾太君乘如故。盖制节谨度，跬步不忘，以士大夫而下躬庶人之孝，不卑于此。此自季子天性乃尔，何饰节之与有？夫钟鸣鼎食之家，率以侈泰其亲之崦嵫为孝，其亲亦恬然受之，以为尊养。乃安太君以藜藿疏缟为康，葵明昆季力亦可罗方丈、征歌舞以娱太君，乃竟两无所用，而两安之。子之孝、母之慈俭，安在其非一曲相成邪？语云：“致礼盛则至性薄，至性薄则子孝衰。”以余所阅，谨身节用以毕天经地义之大者，咄咄薄世，于齐鲁间，仅见安氏一庐耳。可以风矣。况太君令德上寿有如川原，以印浦而后大，天宠未艾，慈孝之余也。客曰：“子大夫达于孝而善美安氏，所以劝天下之为人子者，至矣。即云璈鹤驭之祝，弗圀于斯矣。谨谢教。”刘子瞿然曰：“有是哉！诸君子不鄙余言之质而不文乎？请涤觥而奏之。”

## 赵大司马《抚齐疏草》序

余每揽[1]国家多难之世，而深惜中外大臣之矢心苦、用力劳也。夫居中之大臣执斗勺、邻帝座，呼吸异指，万息虚盈，所引讵不綦重？然而寥于下土，阂于情状，即外有不佐不应之形，而中未必无急檄缓奏之怒；外有杼空釜县之势，而中未必无佹尽佹余之疑。骸爨之臭可以触青昊，而或不彻于帝里；涔游之枯可以入图绘，而或不以抉西江。曰课，曰蠲，曰歼，曰贯，曰斥，曰留，曰需，曰断之宜拟以对郊薮，而或不以应弦镞、抵死生。故利用是俴，岂内之弼赞不力，而不欲宣人主之轸怀邪？远故也。夫惟填抚大臣则迩矣，填抚不得其人，则尤是土崩之媒。而螟螣之饲，讵惟罔赖？得其人，不翅室乳而户哺，家量而人谘焉。其于内外呼而缓急会，又曷尝恭于桴撞之应，而不以恤蔀氓之雕劬乎？吁，亦难矣。

我大司马赵公抚东土三年于兹，余隶在编户，未一望见颜色，而其展错保厘、入告君父之牍，传之邮筒者不尽见。即见，亦转述鸦鹘不可读。顷以《抚齐疏草》六帙示余，曰：“试引其端，将以见公之矢心苦、用力劳耳。”乃余心折公匪一日，固不待卒业六帙而始知之。夫今日之二东，犹是卵裭白骨之余耳。八九年间，岁未尝熟而不灾也，课未尝实被一捐也，士马刍粟之役、舟车

① 揽，据文意，当作“览”。

牛角之供未尝一督而一弛也，重以兖野弗靖，杀人如麻，几佐辽、蜀、贵竹之炽而煽中原思乱之群，亦大岌岌矣。公澄怀定力，不独不随，曰："治民，吾民；乱民，亦吾民。总之，劳疚之所为，而酷鸷之残也。然不问一匕之剂，民亦何辜？"故公凡有条奏，必灼照力持之，而一眦于民，曰："人臣真实为国自计，其言足以导利于下，如水之必寒，火之必热。即欲以骆谷之沸泉、萧丘之凉焰觭之，而终不可易，遑恤其它？"故公之言，虽什七蒙休、什三中格，而呴沫卵翼，为主上惠我二东者，可谓拮据卒瘏、罔有不至者矣。故每见射一吏、挽一吏、更置一吏，设一弁旅、安置一悍卒、调停一水兑陆折之运、积储敉宁之筹，无不燕雀衡而蚁穴窒也。又其大者如已藩第之卜，绝波臣之兢，以宽恬缊抑杜，令东人食福而不知，伟矣善矣。至核兵食之旧、酌主客之宜，蹠丰凶陇亩之实，即趾践疆域、手弄勾股者，不如是审也。然匪棘于民而漠于上，供之呼邻人之需也，抑又罔不给焉，一何难也。故余谬译世云："多难者，罔有不难之谓。然亦惟填抚大臣攖其难，而务种种俱济，又难之难耳。"则公之谓也。美哉，殆杌陧之力臣，而奄息之灵匕乎？恐填抚诸路者未必一如公也。再读压征见征一疏，方掩卷加额，侧闻未谐于请，何主计者不悟上下两快之术，而狃为朝暮三四之误？则公之心益苦矣。然余为二东尚有无已之祈，未可一二数也。

## 李长白先生文集序

长白之有李先生，与先生之足著长白，汔今尚瞢瞢耳。始以余距先生立朝及先生没，迨余有知，且七十祀矣。余即不尽知先生，犹可考信。夫乡国史乘及故老裔叶之传说，乃先生竟以不易名，故令后来者表彰之无从。意其时内怵于□皇之震詟，而外抑于柄相之嫌妒。庚戌一罢，殊用惴□，故家笥所存，仅持斧诸奏。盖自入为棘卿，佐地部，历三尚书，视事九年，所条上诸大政，当不翅百牍可藏也，岂其一炬付之，不欲与庙略争可否邪？余一二忘年友，为余谈先生颀硕愿质之状，则东山归卧后语耳。因念颀硕愿质之人，无厚贿诒子姓，必能抱忠吐亮，毋负申甫岳诞之奇，斯人伦之镜，百世不爽者也。偶简朱两厓侍御鹾政一志，称先生按两淮时禁约十二事，喜而详之，然恨不得见先生著作之全。岁丁巳，为余请告。抵里之明年，先生孙太守元派氏始持所梓先生集问序于余，余即膝卒业，且喜且憾，为太守扼揽叹惜久之曰："何寥寥也！"比把玩其所为郊社合祀之仪，盐法、刍畜、力役、河渠、边防诸执奏，则又跃然而起，曰："是刘生所谓抱忠吐亮，不负崧岳生申之奇者乎！"夫立言者往往不衷不度，无尊上毗下之肺肝，而强以缀衍荟蕞之词，自艧其职掌。

即宫商应而玄黄错焉，所用之且古显人哲匠用以鼓吹休明、斧藻人代者，必别具一遒上不诡之气，而尽去其风华，故曰“壮夫不为”也。宜先生之质直笃挚，耻为雕虫乃尔邪？昔人谓颜鲁公之于书在寻尝指爪外，余以先生之文似之。据所梓，疏奏二十有三、四记、一策、诗歌三十七、一志、一表、七诔告，并先生季子所序二年谱，暨杨宫允、刘大司马所撰诸铭咸附，皆余之借以知先生者。然乌足以尽先生哉？史训氏曰：“抑闻之不朽三事，言亦末耳。”先生以列星之望，迪德建标，不遗余力，亡论其他。即所发淮之匿羡八十余万，守荆时悉以沙市税金抵宗廪之乏，筑公安、监利大堤百余里，秋毫不入，可谓毅而介、恬而能竖矣。余阴有以心谥先生，傒以异日，闻诸秩宗？当持公册而乞也。是先生七十年后一知己，即以传先生可也。姑因太守请而弁之。

## 白尔亨《吹剑集》序

夫万窍之开，各有所吐。然亦无吐不遂，遂而各成其致者；窍不相假，而吐自真也。亦有聆莺为簧，鼓簧如莺；听蛙为鼓，鼓部如蛙。政其相肖相失，相失相肖。绝比拟之丽，存恍然之神。好寄言以疗千古伧父直致之病，何嫌非真？总之，不至为削猴，为刻鸢，为东子之颦，斯真足存耳。余尝恨能诗者率度其所得以自遂，而奉身局中，甘为奴喘。欲傲然于希微之似，而本来一窍已封，而不可复开，殊可扪惜。余年友白尔亨癯干清真，如对竹玉。偶从赵国卿所得尔亨《吹剑集》，读而异之，曰：“是余何先生门人白之白也？非此人，恐无此吹。”浦受天称余善相人，余亦自喜知尔亨于《吹剑》之先，非皮相矣。彭泽不云乎：“此中有真意，欲辨已忘言。”余以是推尔亨，而后之推尔亨者即绘而张之，余为粉地也。

## 易二房同门稿序

制举之艺，小技也，亦妙技也。余诸生时，曾制《五珠囊》一帙，遴前人诗中佳句，汇而藏之，每与二三兄弟暨诸友人谈艺，辄摘其中片语。况厥新裁，率神为肖，而致亦勃然从生。谓贴解多迕，罕譬多逢，亦谈艺之一法门也。今闱中所获十八士各携旧制如干首，乞余拔而品题之。命不遑制与一评，仍欲人为一況，是余二十余年腐烂习肠犹然未净，请为诸士拈出，博海内一粲，亦印其似不似云何耳。余心爱叶美度之文，而口不能名也。乃歌曰：“日月之行，若出其中。星晨灿烂，若出其衷。”其于美度，为谀为肖？咄，异哉。刘梦傅迨奇踪隐五百，一朝敞神界乎？徐时御闱中墨裁巧力骈然，诸制艺则又宫草凄而炉烟袅，亦木鸡养斗之神也。“逸蚪绕云，奔鲸骇流”，以似杨阶平；“山藏伯禹穴，城压伍胥涛”，以似张抟九；“闻诗六义辨，观漏八风平”，以似周克昌；“灵凤抚云舞，神鸾调玉音”，以似黄应伟；“霁日悬金掌，寒空映削成”，以似张渊美；“火鼠重收布，冰蚕乍吐丝”，以似傅良哉；“荻岸如秋水，松门似画图”，以似侯德征；“十步杀人千里不留行”，以似梁申卿；“锦屏云起易成霞”，以似邢能世；“清晖洞藻井，流香入绮栊”，以似张敬一。“虑淡物自轻，意惟理无违”，刘征梦不第文心，亦占德器。叶国文棘中三卷不无强弩之末，而探箧读之，则有桂筵玉俎、兰圃琼芳之致，敻殊山蔌语。“继盘盂，抛俗格，气兼河岳带商声”，高若暗似之。然丹砂半熟，鸡犬欲窃，若需及九转，光烛人天矣。刘勉及“盈盈新杼有轻尘”，依扇影流水入危弦之趣，而情态未忘。熊仲山自言久顿公车，欲焚君苗之研。余读其文，殆林光淡碧，滋几无绘可施乎？然贤于椒芜远矣。夫拾沈者不足与言味，逐响者不足与言音。故深浅生熟都不须较，惟二伯一篇中，无不自信欲信人语，则余所知。故漫浪品题，以质之十八人，且杂引咏叹，寄赏意言之表，尚难冀十八人点头。敢妄意，有合于大雅先生哉！是为序。

## 代术白石为乃祖乞言引

余大父讳洁，字廉甫，别号双泉，远祖金术虎丞相高祺，宋元间避难，去虎从术，世家齐之阳丘。貌颀而资颖异，舅氏王司空蚤器之。性嗜学，旁通术艺，弱冠蜚声庠序，登嘉靖壬午乡书，数上春官不第，因谒选铨曹，除涿之房山令。房山产美石，中贵人衔命督采取之役，大为房山患。先是，督学胡侍御徼石房山，将勒京兆学宫，有纪也。时任丞视邑篆应之，先生至，阉人昝文鉴者适在事，贪婪异尝，要入贽，大父峻绝之，弗应。旋邀为杯酒欢，辞，引手挥去，若将浼焉。比征役六十，意在得直。大父力白部毋给，遂大憾，诬奏大父媚要，擅凿玉石，不法。时大珰高忠肆甚，昝阉声势相倚，激上怒已，下按臣讯状。房山人谋叩阍鸣诬，惮文鉴，莫敢发，赖李阁学、史中丞、郑通政诸大老知大父冤，力持之，犹谪戍青州。居数年，邑人李选部、王侍御辈为上章白之，复其官，而大父不禄矣。当大父负谴里居，时日与乔龙溪宪佥诸名流十余辈结社绣江上，相与扬榷千古、片言药石，兴至吟弄，则舒啸尚羊，岩谷响答，有香山洛下之风焉。迄今阳丘人每追及，辄相与咨嗟叹息，谓“安所得双泉公其人者，振此清逸哉”。不肖良知椎鲁无似，晚从长山刘顼翁先生游。先生一语阳秋，鼎吕弗翅，闻余述大父生平业，慨为立传，且歌什累累，不肖宝之，谓大父不死矣。先生冢君太史氏及诸昆季雅诗鳞次，乃太史氏复欲为不肖转乞诸海内名公大人，用大贲我术氏家乘。不肖感激泣下，然逡巡数岁未敢也。兹太史氏脂车入都门，索不肖引言代致史室，因草勒如左。得名公不弃嵬琐，惠然赐之挥洒，即单词只字，宠逾衮华矣。衔结可云。

## 李泰维诗引

余读李泰维诗刻，而有感于祖孙辉映之难也。夫簪鍪带砺，世载金书，此自泰维家事。以是为缵戎祖考，亦奚取于泰维。惟公大父秀岩先生，博极群书，雅有掞天绣虎之手，今所布《青莲》《贝叶》诸编，仅存先生之半，于时海内名流才士，亦忘其为淮封也，无不兢相唱和，聚簪推毂，置邵毂、傅永不足道，遂为我明胄裔第一人。往家大夫官两都，两值先生，在日相过从，不翅兰韵翩拂，幽然善也。越二十余年，余叨读中秘，得交泰维，属前好，间出篇什相示。余腹中业有泰维，乃犹未遂一抵掌摩泰维肚皮，叩琳球也。别五岁，再聚燕中，复出《妙观室东游稿》二帙见示，因相拉坐西郊水亭，纵谈六时，亦犹是兰韵翩拂，幽然善耳。余特喜泰维能绍大父风雅，且齑水自将，淡然遗世，谈诗说剑，两有独至之趣。至其所为诗，复悠尔舒啸，不假苦拈，亦其蓄积使然，匪苟而已也。昔郑康成有孙，手文相似，名曰小同，我泰维视秀岩先生讵惟小同已哉？又，马璘读《伏波传》，拊膺叹曰："使吾祖勋庸坠地，可乎？"夫李氏勋庸自在，则余之喜交泰维，政于缨组显奕之外已。泰维其尽合诸刻，且从此续帙数尺，用光《青连》《贝叶》之藏。余不文，亦士安之一弁也，非同调乎？是为引。

## 若承弟袖韵小引

每念八风畴调而旼穆，群舌孰节而雍喈，余方不胜休文之束缚，日取杨博南韵经，聊品笙竽，尚思参半出入，用反娲簧。乃季弟若承复以袖沈索引，余何言？此卷繄金庭朱相国藜阁间物，出以付余大人者，大人手四十年，以付若承。中表劘漫几尽，寻坚好成之。余亦爱而忘其束缚之怨，欣然命笔。还，自笑曰："余用买椟之眶，为吾弟铭无恤之简，不亦可乎？休文自陋，余亦何仇？"

## 徐时御稿题辞

己未礼闱之役，得分较《羲经》，获十八士，实首西江徐君时御，乃时御亦遂为西江第一人。业拔本房诸制艺二伯[①]余首，质海内，于中时御艺居多。时御以除期尚遥，将假归，请于余曰："不腆圭窬之义敝帚矣，赖先生之灵，幸而比于骏骨。尚意倾笥中旧藏，合先生所拔，并为一刻，志小子半生苦心。幸先生为之玄晏。"夫余生平谈艺，每拈"根气"两字，用绳夫花而不实、利而巧文而不惭之弊，而尤恶夫哮噪谲幻、强为跳越之文。故喜得时御诗，言"温温恭人，惟德之隅"。时御，婉雅温恬人也，文亦如之，不务奇。夫六经无奇字，至谈兵者虑无全力，不得不旁出眇露，以愚敌人之耳目，故设奇焉。诡道也，偏技也，人附之而成倚。夫大经大本，渊挚难窥，万化之门，罔攸边际，夫焉有所倚？故时御为文，一从正大尔雅，每诵一义，未尝不淹综今昔，勃窣理窟，乃出之容与澹荡，而格固甚高、液固甚满，峰峦楚楚，如指掌悬列。而岩谷委窈，亦复不乏。盖工深力到、苦甘俱适之时，则时御之往复公车，墨积檠帷也，不为不久已。噫，知言匪易，遇合有时，此和氏所以泣血受刖而不辞也。时御苦矣，即倾笥出之以示，海内不病其多矣，或足以当好奇者之砭饵也。车既脂，余方酌酒送时御，因即席抽笔，以续德隅之什。

## 跋闵逸之《游秦草》

每见谈《诗》者类分其人，与地戛乎相肖，是为得之。余谓大雅之音千秋同响，独往之言坛圉尽抉。余夙重闵逸之诗什，政以其不类逋臣语，而亦尽绝世俗。归美响藉之态，一如爽气度清陂，拂弄竹梧间，又如金石孤宣，铿然冷越，而无泉石舒傲之粗。故足迹遍寓内，一时才人韵士，无不兢入兰谱者。今诵其《游秦》诸篇，更信逸之敻绝流品已。余神交逸之二十余年，己未秋始得快觏都门，烧烛涤卮，开臆千古，因念海内应无复两逸之。亡何辄别去，归亳，以《秦》帙属余为数言之跋。夫数言乌足表逸之？亦以志余逢逸之之喜，而所以品题之者，意在斯乎？嘻，刘生自好人也，恶得溢？故质言之如此。

## 拟御制历代名臣奏议序馆试

追惟我成祖文皇帝天授虚衷，海收旷度。自践祚以来，荃宰同心，纠绳在侧，台谏倾骨鲠之忱，宫府绝枘凿之虑，所以来臣下之言者至矣。乃于御极之十有四年，特命儒臣杨士奇等纂辑《历代名臣奏议》一编，凡三百五十卷，列目六十有六。肇君德，终夷狄，上自苍姬，下迄胡元之季，于中四千余年

① "伯"，据文意，当作"佰"。

间，嘉谋入告、匡主庇民之言，与夫明目张胆、极言危论、犯人主之忌而不讳者，罔不并收。尽发石渠之秘藏，旁搜史乘之纪载。裒然胪列，灿若星悬。真堂帘之盛事，旃厦之鸿宝也。朕每于清暇，手取一编披之，顿觉法戒昭明，心胸开朗。因思创业之主，躬试艰辛，不难有鱼水之投、药石之纳。其诸守文令哲，凛天位、畏人言者，尚尔慕转圜流水之名，绎违拂恭敬之实。霁色和颜，以永终誉。乃有蒙安袭福，狎于宫闱，耳习韦顺之声，目便逢迎之态，一闻苦口，旋作耳瑱。不思兴王赏谏，匪以沽名；臣下不匡，墨刑用服。此臣主相成之美，古今否泰之关也。傥开谀佞之途，即属覆败之辙。朕兢兢业业，恐与愎谏自贤者同事，用取是编，常置几席，作我弦韦。简阅既久，神情畅溢，遂欣然诠次数语，摅写朕衷。上表绍明文皇之思，下启群工纳诲之牖。嘉与百司庶府，以及中外怀忠蓄荩之臣，人人知朕之虑攸伏、喜昌言也。敬弁诸简端，永存册府，且以诏奕世子孙云。

四素山房集卷之六序终

# 四素山房集卷之七

济南刘鸿训青岳著

## 论

### 君子以直道致太平

君子所以昭国是、伸国权而厝国势于不倾者，惟有持正之一术。夫正者，直道之谓；持正者，秉吾道之直而毫无回谲之谓。夫直，自天地来者也，亦人心共有者也。故独抱之可以揭人心之不磨，完人心之不死。匫出之，可以裁天地之化，辅天地之宜。一室之昭彰而不愧四壁者，惟是一行之矫特而无惭。四知者，惟是暧者使著，纠者使割，屈者使伸，蹶者使扶。焚以救，溺以拯，星辰之轨以顺，日月之光以复，而必不可使抑伏而不行于世。夫使直道抑伏不行于世，则天柱谁为之磐石，地维谁为之砥奠？人心澌灭，国势悠悠，而平陂往复之运，谁为之提挈而整顿者？君子重忧之矣。夫君子者，天地之所托心，生民之所托命，九庙神灵之所阴骘呵护，而无日不欲令天下见者。其抱此直道不行之忧也，岂为一身、一家计哉？诚以直道者，两间之烛龙也。烛龙不爚，则䰠蜴鬼蜮之辈，必且白日而纵□□交□。直道者，亦两间之列缺也。列缺不震，则沉埋隐结之奸必且露面而阴阳于共见。直道者，亦两间之堤岸，撑持也。堤岸撑持不有，则天下又何惮而不骄恣淫佚，亦何所恃而不杌陧倾覆哉？君子灼之至真、筹之至熟，雅不欲以挺然之身，效逐流之苹、从风之草也者，故以性生之直，储为百挫不屈、万折必东、精忠亮节之直。盖曰：直生罔死，皇畀□已。然誉谁毁谁，宣尼自信，又曰：“斯民也，三代之所以直道而行也。”古之人皆行之，而我何敢以欺吾君、罔吾民？亦何忍令天下有欺吾君、罔吾民者恣肆而莫制？故此道果显白也，吾与众共揭之而不矜名；此道果舒吐也，吾与众共伸之而不夸。节此道而蒙众翳、受众茹、膺众诽、敌众挠，势且拳挛佷伧，屏晦于一隅而几烬也。吾何得目群狐而不摅，觌群莵而不排，爱毛发以视爨，吝濡足而观没哉？故简可露，蒲可伏，槛可折，牍可补，平刑之诏可矫，美人之封可绝，尚方之剑可请，都亭之轮可埋。盖其设心以宁为鸣凤，不为寒蝉；宁蹈斧锧，无甘蝹蠖；宁矫矫若云际鹤，勿眷眷若辕下驹；宁为百炼之刚[1]，硗硗易缺，而肯为绕指之柔，龌龊人国哉？故当其世，炀灶之计不得施，从神之卜不得售，掖庭之嬖不得问，国成扫除之役不得关国事，西园之娱不得流连而不反，南诏之败不得隐匿。不以闻国是，尝清国法，尝振国家之元气、神气，尝若得仓公岐黄之扶助调剂而不亢不藺。故物不为疠，人不为妖，氐羌蛮貊之属不为患，而世颂安澜，歌覆盂也，真太平景象哉。乃揆厥所繇，君子以荡荡平平、炳炳朗朗之直道，坐收之而有余矣。语曰："山有虎豹，藜藿不采。"语直臣之用也。又曰："紫蜺畜云，不知刊也。"语宵小之蔽忠直也。汉帝得一不冠不见之黯，犹能卧寝淮南之谋，而况隆古君臣之际乎？然要在君心焉。君心清明，则屈轶不必生，人鉴不必设。舜获皋，汤获尹，即化枉为直，何难者？不然，龙逢、比干充庭列位，亦何与于太平之略哉？

## 圣人通变于未穷

圣人所以造无疆之休、奠灵长之祚而与元运相终始者，凡以达天人之故，洞理乱之关，不受窘于必尽之气，而能斡其无尽之柄者也。夫寓中无一物、无升沉、无一事、无成毁，一隅之保聚必有离合，一氏之区营必有更代。即有大慧者、大力者，能挽流波于不颓，起寒灰于再爇哉？信斯言也。此知蟪蛄之穷于春秋，而不知蟪蛄之气自在也；知朝菌之穷于晦朔，而不知朝菌之气自在也；知雀穷而投于海、雉穷而投于淮，而不知其能为蛤、能为蜃，形化而气非灭也。物也犹然，而况于人乎，况于圣人乎？又况于体天地之撰、通神明之德、握魁柄而酌元气者乎？故人知圣人之能通变，而不知其通变于未穷也。《易》曰："穷则变，变则通，通则久。"似待穷而后变、变而后通且久者，此之所云变通则于其未穷，得无与大《易》戾乎？曰：《易》之所谓穷，政圣人之所谓未穷者也；圣人之通变未穷者，政于其犹可变之时、通必穷之势，而不使至于不可变、不可通已耳。夫调弓者必时其张弛，御马者必时其刍策。张极而不可复弛，犹弛极而不可复张也。御马者日惟刍秣是事，必至骄而不任鞭抶；倘终日控驭而鞭抶焉，比其筋脰俱绝而尚不知解纵之、饲畜之，宁可复驾乎？故天下之国势调于人心，人心调于刑政。刑政之末流，寓内受之；刑政之修废，朝廷主之。

圣人在宥，上观天意，下观人心，中观国势。曰：国势亦何尝之有？此托于天、托于人，总之，托于余一人之心者也。故一事而无关纽，则关纽之不待

---

[1] "刚"，据文意，当作"钢"。

乘墉见、伏莽兴，而后知戎器之当除；一境而无沾濡，则沾濡之不待嫠纬尽、泽渔竭，而后知管库之当发。股肱运之而愈强，何得听其惰佚之久，渐成痿痹？耳目用之而愈通，何得听其壅塞之极，渐成聋聩？柄有所偶假，无令其久假不归，至为窃弄；刃有所独操，无令其终操不出，至为顿衄。曰：纪纲胡以尝振？德泽胡以尝流？庙社胡以尝不惊？民情胡以尝不背？土胡以不崩？瓦胡以不解？日惟与九德三事之臣下及郡国之长、刍牧之吏议之，早服调之未病，必不至于极弊而不可反，此非至神极圣，心怵于平陂往复之机、德轶于皇王帝霸之上者，能有此微密之作用哉？不然，大弦、小弦，皆以合琴瑟者也；不知所以早调，而此急彼绝，小大两无所施矣。梁肉①、药石，均以生吾身者也；不知所以早剂，则疴且日甚，餐与饵两不可入矣。自秦汉以旋，不但末造之主一蹶莫支，即所号为英异之朝、自命有为者，其不各造一杌陧之形、决裂之状，迨至极而悔、悔而图，图之而幸为无恙，不过九庙未尽之灵、万方未尽之戴、祖宗尊贤敬士之报犹有可恃耳，又乌在其为圣人变通之权哉？

愚以为变通者，莫先于通上下之情。语云："一日不出，则栏外之象为鼠；再日不出，则爨下之脯为蒲。"夫关膈不闭，斯血脉可通，而万病不作。若夫有其闭之，无日可开，吾惧其欲变而无可变，欲通而无可通也。《易》又曰："通其变，使民不倦；神而化之，使民宜之。"是在神明之人，而未可以口舌争也。

## 圣人与天地合其德论

圣人与天地同一心，故同一运。同一运，故同一弛张变化，而不规规于耳目之所安。夫天地，漠漠耳，混混耳，谁以德名？而德亦于何而见？然有天地不得，则无以为心者，心非自天地生也。盖自有天地以来，所为混辟之轴、动静之倪、通塞之枢、往复之关、否泰循环之真机芽也。夫圣人自有圣人之德，胡以与天地合其合也？又岂讨羲氏和氏之故、袭历象授人之迹、步天摹地扰扰者之为合哉？其无心之心同耳。夫圣人者，主静立人极者也。而圣人之心，则有不倚于静者存。故显晦之用，与曦轮、望舒，若一轨而转；出入之序，与生长、收藏，若一脉而递；庆赏刑威之权，与福淑殃慝之鬼神，若一柄而筹。不必曰如何为圣人之阴德，而其一种揪敛翕聚之神罔泄针芒者，亦匪肖阴德而出，而卒与阴德无不符。不必曰如何为圣人之阳德，而其一种布散流通之神罔阏纤微者，亦匪肖阳德而出，而卒与阳德无不符。

① "梁肉"，据文意，当作"粱肉"。

其为开天之圣人，则洪波可掩，星纪可殷，山川可奠，衣裳、杵臼、耒耨、栋宇、舟车之制可起，日中可市，结绳可理，而物不惊，而民不骇，而天地无震动倒置之虞。其为承天之圣人，则礼仪天地之中，乐调天地之和，挞伐比于霜稜，泉货准于流水。昧爽会盈，寻而考政，而斜虔，而不以为瘁。诗书弦诵、蒐苗狝狩之典，敏敏修举而不以为劳。凡以随时者为亨嘉，违时者为愆错。故曰："先天而天弗违，后天而奉天时。"天地无心，即时是心；天地无德，即时是德耳。《传》曰："鼓万物而不与圣人同忧。"非言天地自为一德，而圣人合德之难也。圣人有忧之心，政以时著其乾惕不息之心，妙合乎鼓物无心之运，体天地之撰，通神明之德，此物此志耳。以故当其世主张元化，陶冶万灵，默握魁柄而纲纪无弛解之期，显决天泽而德意无屯膏之渐，何毗阳毗阴之与有？语曰"运而不积"，语大气之无时不行也。乃语圣人者，不曰"积而能散，安安而能迁"乎？夫安安之旨，即主静立极之旨，而屡迁不拘。等六龙之变化，乃圣人所为。斡中正仁义之毂，而不倚于静，即不穷于静者乎？若不善会宋儒之理，解昧阴阳互根之义，而专以一静求圣人，是见误于竺乾、柱下之说，抱枯寂，捐民物，溺其所以为德者也，疑与天地若不相似然。

## 君子修己以敬论

君子一身耳。执皇王之契、挈天人之精，而仅成其所以为己者，惟有善聚之一法。夫聚人者烦，而自聚者简；聚物者劳，而聚精者逸。凡天下一切之聚，皆拘而成室，觭而不员，憧憧焉，役役焉。岐路而取之，欲岐路而收之，盖要众有而成其为聚者也。而究与众有毫不能相通，则尝深味乎修己以敬之君子，而知其聚德甚严、葆己甚密，竟成千古完修之人者，握此敬聚法耳。夫卵之性，雏也，孚而翼之，乃鹄举；茧之性，丝也，沦而练之，乃衮藻。故君子务修，亦惟己是务。修夫已者，一也，一则不二。天之德清，地之德宁，侯王之德贞，宁有二乎哉？此三才之秘也，敬之原也，性命之府、变化之门也。我知敬与己之俱来矣，乃君子之敬，又岂知他家所称枯寂之耽，抱空质而不脱、捐万象于不属者乎？盖敬之用在心，心之用惟神，神之用惟以无方之妙，聚为不二之体。故一草一木必有液焉，一虫一豸必有气焉。液不聚则槁，气不聚则僵。聚之之缄不禅而续焉，则枯茎败箨、夭阏挛卷之状立见。夫且不成其为物，而菀茂生动之趣容可要乎？故君子知至小莫如己，至大莫如己。何物包络？只立莫如己，众对莫如己。何物摄合？灵惺惟己，昏散之、汩浊之，惟己。何物澄渟？故放海之势，守之以蒙泉；四荫之柯，守之以沃根。燕退匪便，衢庭匪庄，一室匪迩，千里匪逖，颦笑匪纤，刑赏匪巨。作内作外，惟吾之父母保师是临是惧，复何处可容一恣睢者？故俎豆可以征仪，鞶弁可以式帝，和鸾可以节情，簠簋可以旌志，杖矛户牖总为堤坊儆毖之资。而君子之心，夫且薄于太清、砥于太宁，而独抱侯王贞一之理。夫如是，乃成其为君子哉？亦仅成其为君子之已哉？亦越兢业，亦越克艰，以至翼翼小心执兢不敢康之义举此修耳？然愚以为，总求端于法天乾天也。《乾》之六爻称："龙而独乾乾之。"《九三》称："君子盖后之乾，推前乾而出者也。"前之乾环后乾而转者也，两乾字惟一敬字，故惕厉毕于进修，变化括乎终始。聚为龙德，散为云雨者也。故曰：敬德之聚也，阐发无如《乾》矣。

## 公论国之元气论

善为国者，无塞其与众共通之路，则国可恃以尝保而不亡。夫保国者如保身，然人之身，必得所以贯彻而流通之，然后有和畅、无壅痓，有运旋、无痿痹。支支为我使，节节为我用，而身为精明强固、多历年所之身。何者？夫亦善调其元气，无使邪气奸乎其中已耳。夫治国之事亦多端矣。宋儒真氏以五事启宁宗，而末归于"至公之论不可忽"，曰：公论，国之元气。元气痞隔，不可以为人；公论湮郁，不可以为国。

夫公论何以当元气哉？《易》曰："君子安而不忘危，治而不忘乱，存而不忘亡。"夫使国无元气，以盛衰消长乎其间，又安有安危、治乱、存亡之形哉？是元气者，以祖宗之德泽当之，有享久寝薄之德泽，无奕世如新之德泽。世累之则厚，不世累之且尽矣。以祖宗之法度当之，有尝张渐弛之法度，无历世不斁之法度。世饬之则行，不世饬之且玩矣。以河山带砺之盟、万方拥载之意当之，胡以有胫如腰、指如股，瓦之解、土之崩，而人主不能制其命者乎？我恃之，亦寻有不可恃者矣。惟至公之论，宫与府相质，不属揣合；朝与野相符，不属约会。至卑与至尊如一，揆而非告，诏匹夫与千亿人，如同声而非画诺。如是则人心悦，不如是则怫；如是则事机谐，不如是则偾。如是则庙社冯之，子孙黎民赖之，而国以乂安；不如是，则庙社随之，子孙黎民随之，而国且不可保。是孰为为之者耶？盖不介以我，不介以人，不介以是非毁誉、荣辱利害之端，以无为而为之，心矢为讦谟、为昌言者也。此之为论，一有从违，一有通塞，一有阻挠顺成之异，遂为治乱、安危、存亡之关。

故国之公论日著、日伸，人主拱手受成，安富尊荣而有余。国之公论日翳、日屈，即忠臣说士极言危论，拮据救药而不足。则元气得养、失养之故也。然于何而养？曰：培正人之气，剪憸邪之萌，黜新奇之谋，破偏徇之党，祛先入之心，绝从旁之掣。公论在一人，盈庭可扫；公论在众口，执拗可除。

即如新法之不可行，此自熙宁间一大公论，乃安石拂之。而误国和议之不可恃，此自绍兴间一大公论，乃秦桧嫉之而酿祸。北伐一事，中外共知之而莫敢言，固侂胄以威罚钳人口，亦人主不察，遂遗患无穷极耳。比入金之使一遣，外议哗然，自从臣及馆学以至庠序之士，无不纷纷争之。西山氏以为圣君贤相，优容养成，始有此等气象。盖幸公论在人心，朝廷犹得闻耳。

故曰：朝廷之举措是而众亦是之者，治世也；朝延之举措非而众亦得而非之者，亦治世也。惟朝廷之举措自以为是，而众莫敢议其非，坚拒之极，遂为结轖；结轖之极，恐成溃决。岂公论之遂泯哉？有公论而不得伸，与无公论同。夫又安所恃以流通于宗社生民之中，而相注以入、相结以久耶？嗟嗟！实事鲜而后议论多，私论出而后公论著。公论之你，亦君子救时之空名耳。乃至权奸嫉之，嬖幸畏之，宵小病之，百计蒙翳而欲绝之，而人主不知也、不闻也。即偶一入耳，方且目之为挠事、为徼名，势不至灭其口不止者。呜呼，元气几何！充之，则配道义，塞天地；诎之，即供一日之喘息而不给。是仓卢望而反走者也，可不惧哉？吾愿为主人者及时审察而培养之，无使其不可药焉，斯大幸矣。

## 反绝交论

民生于三，燮和惟友。五者之伦，等于四支。四支不备，胡以成身？去信之需，何以持世？凉哉！朱公叔绝交之论可以无著，乃有汩泥扬波如刘孝标者，复从而广之，抑又过矣。夫芝室、鲍肆，特异所薰；丹藏、乌藏，赤黝攸分。盖简趾而措，非谓绝人迹而弗蹈也；审味而颐，非谓鉴噎绝粒之为，是惩羹齑吹之为得也。善乎刘歆之言曰：“交接者，人道之本始，纪纲之大要。”况乎三垣九野，若维若络，毛鳞羽介，气附而声求焉。交之象也，去謟去渎，大易晰几，于上下、四邻、四友、书传，垂义于君臣，交之经也。是以嘤鸣《伐木》，开千秋谐和之风；泽丽簪盍，著群心比摩之契。交之邕也。吾闻只立者情必凄，独语者况必索。生人之乐，宁欢掉背之行、反对之攻？亦须他山之石，甚至水火之形。不能相然也，亦必有鼎釜居乎其间，而百味以和。则鼎釜者，水之交也，火之交也。水之得交于火，火之得交于水也。夫至水火可以相友，燥湿可以图济，而去其戕贼焉，则世复有何物不以示交，何合情者之不以偕入？

故粤在古初，饱于和德，从化而避，不必言矣。师师济济，畅宇宙之淳和；雍雍喈喈，鸣两间之化日。抑亦玄交邈矣，难再降，而叔牙委志于夷吾，椒举全宗于声子。黄公、王吉推贤之义云高，元伯、巨卿敦信之标霞举。庶几浩素之衷同怀往哲，藩篱既撤，足广来兹者乎？若夫道有所难全，情有所郁勃，同室不能为之济，同气不能为之伸。大而宫闼之艰危，细而德怨之往复。讵偕大道，实寄交情。则如文侯寤大雁之献而父子益亲，曲逆共一饭之馔而交欢将相。袁涣绝詈于豫州而温侯惭，徐晦不负于临贺而德与服。因时救变，左提右挈，衷悰先投，面宁后反。甚而感分遗生，怀德成节，如专诸、荆轲、侯生、豫子之伦，殆闻延陵之剑烈而用之者乎？夫亦有结而然未可于咄啐谈笑间得也，又何必绳之以玄素、轨之以中和、目之为市侩，而令世无缓急之筹哉？故砻玉和羹，匪交弗成；持危定倾，匪交弗兴。牙弦和而流水之调不孤，郢斤运而垩鼻之伤更切。方诵读而尚友，况促膝于弹冠。则友亦綦重矣。

异哉，公叔胡为垂此不祥之文，灭绝人道哉？尝取公叔本传反覆读之，“绝”之一语，岂其本怀？公叔丁梁大将军积衅蕴祸之日，极言敢谏，卒弗见收。又以案宦者赵忠辈，故至逢主怒收之，下狱，卒以愤懑，夫亦为比周伤义、偏党毁俗者激之云。然耳观其他日著崇厚之论，曰：“天不崇大，覆帱不广；地不深厚，载物不博；人不敦庞，道数不远。”故仲尼不失旧于原壤，楚严不忍章于绝缨。又曰：“覆人之过者，敦之道也；救人之失者，厚之行也。”岂自为矛盾者耶？繇是言之，宁惟公叔？即孝标、叔夜二书，皆一日褊衷，遂为旷达之累。请一朝而反之，以质诸九京可也。嗟嗟！吾非斯人之徒与而谁与？反之诚是也。敢著为论。

## 知天地之化育论

至人所以穷造物之根而主张元化者，惟尽完其命之实而已。夫命之理，难言哉。布濩乎，有物之后；荡摩乎，无物之先。其虚也，至于无余入、无余出，不囊括而元神□；其实也，至于入万有、出万□，不给散而万物体。以大虚蕴大实，以大实注大虚，非有二也。且其虚也，不假推致而虚之，量尽其实也；不假充积而实之，量亦尽，虚实尽而化育之理毕矣。乃善言化育者无如《中庸》一书，而卒未尝拈一虚字，第拳拳以一言尽天地之道，而参天地、赞化育，必于至诚归焉。夫不云鬼神乎？曰：“夫微之显诚之不可掩如此夫？”此至诚知化育之说也。

夫诚至矣，何以知化育哉？尝试观上彻冥寥，下彻□渊，旁及九寰六幕之无际，于其中广生大生，无之而非化育。然其密秘之主宰尽掬，而为生人之一心。夫人心，阴阳动静之枢，乾坤变化之门也。乃实以一灵总万灵，以一真橐万真。澄不任淆，空不任塞。超凌焉不任汩没，注浃焉不任浮游，遍满焉不任偏枯，仍禅焉不任断绝。故曰：一息不运则机缄穷，一念不续则穹壤判，一物不属则生理塞。政以语吾心之至，实一于穆之不已耳。何也？惟实故运，惟实故续，惟实故属。亦惟实之至，故无不运、无不续、无不属。夫且执抟捖之柄，握甄陶之枢，斡亭毒之轴，总合散通复之□，举天地之所以为天地者，无不在宥焉。故圣人在上，而曰裁成天地之道，辅相天地之宜，以左右民则。天地之所欲生欲恬、不欲夭札疾沴者，圣人且以一身代之矣。故化育通一心，不碍之至也。然必自不碍吾心，始一心生万化，不槁之至也。然必自不槁吾心始，终始明而六龙乘，成性存而变化出。岂但空空洞洞、寥然晓畅之知哉？乃二氏不然，方自以为慧超德象之外，道冥虚无之宗，欲举一切而空之。夫业欲空之，即言“言见蒂语，语明诠究”。且造物无毫发之□涉，则□□不可磨灭之理，不可旷阙之事，于若人乎何赖？

乃信化育之知与经纶立本，同一至诚之真。非用也，人道也，天道也，非小儒控揣名理之谓也。宋儒之言曰：“静后见万物皆有生意。”又曰：“窗草盆鱼，与自家意思一般。”此语至虚至小，至实至大，敢举以为知化育之端焉。谨论。

## 大人正己而物正论

古所称大人者，以天为体而不参以我，故能物万物而与天同用焉。夫天无体，万物为之体；物无体，以天所以体万物之体为体。夫天之所以体万物者，天之用也，安在其为体，又安在其复散为万物之体？盖天惟原无体，故能为万物体。亦惟即物为体，故能即体为用。而大冶鼓铸之妙，有未可以名。言求之者，其惟大人乎？大人者，德合天地，明并日月，序配四时，吉凶侔鬼神，先之而不违，后之而奉若者也。君道也，亦相道也。孟子舆氏思大人而不见，乃举事君容悦之臣等而上之，曰安社稷、曰天民者，各发其所以为心，与所以辅世之故，率有取焉。而其一种愿学孔氏之思，则无论容悦臣、无论社稷臣。即所号为天民者，犹有可不可之心在，非吾夫子得邦家而存神过化者比也。故归之大人，归之大人之正己而物正。

夫大人胡以正己，而又胡以俾物之无不正哉？心于何，注力于何，庸惟一天之行耳。故曰：“天地之道，贞观者也；日月之道，贞明者也；天下之动，贞夫一者也。”贞者，正也。天下之耳目、手足、智虑有万，而总轨于一正。则一人可以轨万方，万方可以效一人，而又安所庸吾心、庸吾力之有？盖通天下为一身，含天下为一情，是谓聚万耳之聪，聚万目之明，聚万方之手足智虑，以为行持睿圣之人，又胡从而淫于视、淫于听？喜毗阳，怒毗阴，颦笑可假而不和于天倪者哉。故其正己也，不在冕黈蔽御之防，而在塞壅之无不撤；

不在鸣葱锵玉之度，而在倚昵之无不尽；不在垂緌正笏、庭楹接际之肃，而在颓媟之无不化。穆然澹然，曾未有毫发之徇于物，而与物无毫发之不浃。曾未有毫发之束缚，要轨于物而物卒无毫发之不会且归焉。若万品之蒸于元气、镕于炉冶，自摹、自范、自顺、自若，而冥无形影声响之随，所称躬玄德而化驰若神者，其斯人与？何也？大人之心即赤子，何思、何虑之心也。何思、何虑之心正，殊途百虑之，取衡而范围焉者也。故存神之理至一也，而执要来效之说犹二。过化之妙至精也，而风行草偃之喻犹粗。盖已见物、见无从起之轸域，而正已物正又何自而叩其端倪哉？故曰："大人以天行焉，而不参以我也。"乃孟氏他日又曰："惟大人为能格君心之非。君仁，莫不仁；君义，莫不义；君正，莫不正。一正君而定国随之。"其说与正己物正之旨合耶殊耶？董子曰："正己以正朝廷，正朝廷以正百官，正百官以正万民。"百官万民之正，胥出于朝廷。

乃知正己者，君相与共。而君心者，又众正之辰枢、八方之极表也，一有非心，格何容易？昔人所谓开诚布公、集思广益，甚而积盈缶之孚以冀人主之一悟者，皆正己之事，而物正之大关纽也。则格心之妙，信非正己之大人不能矣。故举孟氏之称大人互发之，以为相天下者法。

## 天生人材供一代之用

甚哉，大臣胜任之难也。惟明于不可委、不可睨视、不可分亦不可独持之义，然后能镕吾身为大器，藉安危之身而不辱大臣之名。夫天下，大器也。大，故重；重，故危。夫人之受负担于主人者何如也？亦先自审吾之力有不以重蹶、不以危踣，周道而趋，与逾险阻、当震憾一无以异者，乃有胜任愉快之时。即不然，肩力之不审，而复不能必险阻之不历、震撼之不来，能委诸行道之人，一听此器之沦没隳敝而弗之顾乎？必不能已。夫苟终事之意坚，藉茅之念重，未有不招众肩为一肩，引群力为一力，务还主人以无缺之金瓯者，则愚所云不可委、不可睨视、不可分亦不可独持之义也。紫阳氏尝言之矣，曰："古大臣以一身任天下之重，非其一耳目、一手足，为能周天下之谓也，有其任之推择急焉。"又谓："必咨询延访，取之无事之时，而后参伍权量，用之有事之日。庶几哉。"巨细平陂，惟吾所付，一索之奚橐而有余，而国家不受仓卒不支之患。啨嚄所为，激劝后世之大臣者，殆无余术矣。夫从古述大臣者曰："人主之股肱也，耳目也，手足也，腹心也。"之数者合之，则为人主至尊、至逸之身；而分之，则为人臣至卑、至劳之身。以小臣任之，手足不能代腹心之计，耳目不能代股肱之营。即劳亦易程，委亦易报。惟并举以归之大臣，则对扬、钦承、说命，一何难也；拮据、卒瘏、公旦，一何瘁也。以傅说、姬公之圣，事明明后，其难若此，乃夷考其当年处心积虑之苦。说不以启沃而缓俊乂之旁求，姬公不以几几之精诚而忘吐握于白屋，则大臣用心之极可知已。后之丞弼一人者，有不容、不践之前迹已。然在明良喜起之世，朝无釜甑，野无遗逸，下推让而上不疑，上倚重而下不忌。一时布列在庭之臣，皆乾之柱、坤之轴而海山之鳌背也。况天下未尝有鼎折栋挠之形，亦未见有荡覆流移之势，为大臣者亦可以垂绅缓带、委蛇自公，何恤其肩荷之重轻为？犹皇皇汲引乃尔也。嗟嗟！殷周而降，不可同日语已。

天地之泰不能尝交而不否，则旋转□格之力，岂异人任乎？衮衣之职不能尝完而不阙，则山甫补缀之功，能借于异代乎？处优养尊者眇顷刻不忘之虑，而纡纡随随之小臣，又驾言于越俎负乘之羞。日复一日，人复一人，合千百人之身而共养一痈，则亦合千百人之身而共逃于不可诘责之地。心膂等于爪发，公卿埒于庶僚。天下之事去已，衰乱之季往往坐此，曾不思为大臣者贵矣膴矣，将安逃也？逃之而不任则不忠，睨视而不任则不忍，分之而谢责于人则柄移，擅之而人莫敢问则忌专。然所忌者专其事，非忌其开布之精神，不欲众寄于群策也；所忌者专其名，非忌其广集之公忠，不欲分托于群力也。故身繄百责攸萃之身，则为咸熙、为丛脞，繇于才之储不储；身繄万方仰赖之身，则为底宁、为反侧，繇于人之树不树；身繄真伪杂投、贤奸交接之身，则为毂推、为鞶褫，繇于品藻之精弗精、豫弗豫耳。故一命之任较轻，累而至于六曹、百司、县寓系窾之任，则綦重矣。一日之任较轻，积而至于卜年保世、宗社生灵久远之任，则又重矣。盖我已为舟师，必令任维楫者无一人之弗闲，而后当吾身无覆溺之事也。我已为匠师，必令任斤斧者无一人之弗习，而后当吾身无倾圮之虞也。所重在渊蠖，则有盈缶用礿之人相与弼成乎主德；所重在朝堂，则有协恭和衷之人相与共分乎猷念；所重在侯服，则有宣恩求瘼之人相与昌明乎化理；所重在边鄙，则有张皇挞伐之人相与伸威于阃外。盖自宫掖以及要荒，莫不各有储蓄畀付之才，俄而事出意外、变生不测，吾且从容暇豫、不动声色，而措天下于泰山之安。一或不效，直引之为己咎、为己耻，视此身为旷职尸素之身，曾无尺寸之地可厝以即安者，顾弗重邪？乃问其所需之人，又皆遴之于初服，核之于微眇，试之于盘错，验之于磨涅。盖声气之感召，忱恂之迪知，而以浮誉、藉迳窦入者，谁其人哉？夫然后大臣引重之心可以无愧于隐微，而浸极乎光大。其尊主庇民、磐石国家之略，即九庙神灵，实式凭之矣，说旦之躅，不美于此也。彼不胜其任者谬而为之解曰："薪槱之路自开，罻罗之目自密，即代匮之乏人，彼自有所以摧抑而凋落之。予亦人臣，宁执其咎？"不知汉之丙魏、唐之房杜、宋之韩富诸君子，师济之后，仅见推择，靡不有济，何论人主之惜不惜、任不任哉？即小，而子产营郑、武侯营蜀，皆能收拾人材，可给数十年之用，有足多者。又或为之解曰：“我之比肩而北面者，名位相望，谁无拥戴之思、担荷之力，而必备责于一人？”不知邦之杌陧繇于一人，邦之荣怀亦惟一人之庆，使大臣而尽为庸庸保位之众人，不为安危存亡所系之一人，则又何贵于大臣？然则身任大臣者亦艰矣、危矣、劳矣，则亦何乐乎崇跻显陟为也？不知臣子之身，无小无大均非自有，而大臣则又人主一心一体者也。即不幸而一德未孚、龃龉万状，敢视为二心二体乎？王臣蹇蹇，匪躬之顾；苟利社稷，死生以之。匪但捐糜顶踵之为报也，则舍登庸人材之外，复何物可贻社稷无穷之利哉？

因是而知，大臣之任，皆大臣之心为也。古有喻大臣之心者，何如钟山之玉？炊以三日夜而色泽不变，一何笃也。夫笃于国，自不得不笃于人；笃于人，乃成其为笃于国。千载上下，一车一辙而已。虽然，大臣克艰而主故易之，大臣引重而主故轻之，宁有济乎？曰：“至精之极，金石为开。”紫阳氏未尝一语及负扆，而惟大臣是责，愚亦未敢以紫阳无见而云然也。

四素山房集卷之七论终

# 四素山房集卷之八

济南刘鸿训青岳著

## 原

### 原文

文之时义大矣哉。必明其不可已与其不可强之妙，而后文之道思过半矣。尝读《易》至《贲》之《彖》，曰："观乎天文，以察时变；观乎人文，以化成天下。"溯而绎之，天胡以文，刚柔交错？其原也人；胡以文文明？以止其原也。推而及于察时变、化成天下，谓为文之用可耳，而岂其原？故卦凡六十有四，惟《乾》《坤》特著《文言》，则文之大原可知已。然而荣河温洛之秘，不能使马不负而见、龟不载而出，则又有原之原，不知其然而然者。故庖牺之左列奇、右列偶，变化行乎其中也。鼻祖文字，亿世同尸，而羲后何心哉。何者？天地推苞符而出，天地无心，圣人何能庸？其心不可已、不可强之谓也。夫根荄之必为华萼，而蒙泉之不能不流放，机使然也。奈何其弊至于沿流不已，欲以潢污行潦之水，得观澜之术乎？兢华不已，欲以剪彩绘缀之工，争化工之巧乎？则忘其原也。上下千载，不遑俱述。尝流览于波与华之余，不能不穆然思耳。夫乐者之必歌也，哀者之必泣也，忠者之必告也，郁愤者之必欲舒吐也，甚而蓄积之极必委折慨叹，不一而足。而人不厌其繁且覆也，皆有所以也。若夫代人而歌，即音亮合节，而讵从乐生？代人而泣，即拊膺沉痛之状，讵从哀生？内不必忠而强为告，即联篇累牍，讵曰输诚？以至无所郁而故为舒，无所愤而故为吐，亦未尝有蓄积勃窣乎其中，而故为委折慨叹、浸淫不已之词，岂情深而文明者哉？或曰："文以效颦，而病格之为也；文以尺幅，而病制之为也。"即有圣神极慧之人，能不刺乎？夫大块噫而万窍号，黄钟升而百昌动，有万之号若假物、若匪假物，故天籁归之，岂比竹而吹者所能效乎？百昌之动也，莫不与物而肖，岂雕玉而卉者之所能拟乎？格与制何能为文病？人自病之，不察耳。

夫文，天之经，地之纬，人道之错综，则亦肖其章于天、丽于地、交错于伦物者而止。故善为文者，曰明理，曰比事，曰达衷。为文不同，总之，因其巨而巨之，因其细而细之。与情俱开，与意俱尽，而毫无驱驾浮游诘曲之意，以奸乎其间。夫然后不可已、不可强之妙，庶几左右逢之耳。呜呼！非穷神知化、尘情顿尽之人，乌足与谈经国之大业、不朽之盛事哉？作《原文》。

# 说

## 立身以名节忠义为本说

盖尝流览千古，而知士人立身之难也，不可不务冰兢也。夫曰圣贤、曰豪杰，其概也；曰修名、曰姱节、曰忠臣、曰义士，其支也。总之，为圣贤、豪杰之徒也。勃于片念，砺于金石，载于百年而煜烺于来祀，必有自也。乃或生同其时，或仰止于异世，其铺张扬厉之者，大都煜烺之余绪陈迹，而非其本。又皆发越于源源本本之后，而非其初念之盟诸独、矢诸永久、奉以不二者也。唯先儒罗氏深得此意。尝曰："士之立身，以名节忠义为本。其大旨谓：有名节，则无枉道求进之事矣；有忠义，则无固宠欺君之事矣。"因诵斯言，而知古今人品得失之林，乃在于此。思深哉！夫人情有所不爱则仆弃之，有所爱斯培植之。立身者，爱身者也。爱之奈何？择世之至膻华、至韦茹者，欲托为根基、倚为骨干，且尽晦不可操、显不可暴，进不可以成君、退不可以自据之物，天下之至肤靡也，其孰从而立之？即以一人之形躯言，自太虚而来者也。虚者难植，而实能植立于四虚之途者，是为何物？盖内无冯、外无藉，左右前后皆非我有，而惟此清虚洞越之身，中立于君臣、父子、朋侪之间耳。则胡不取此身中清虚洞越之理，时其砥砺，亦时其蓄积，无使呼吸之顷离于吾身哉？夫名节也，忠义也，不可以形迹索，不可以铢两程，至清虚、至洞越，实天下之至真实、至饫厌也，亦好修者持而宝之，而不以示诸人者也。故暗修不言名，恬养不言节，而风冲波激之途匪是，则缁且磷、浸而溺、浸而销劘尽矣。明良不言忠，精白不言义，而卑巽苟止之世匪是，则顽且谀，徐而狐媚，又徐而硕鼠狼贪、浸淫倾仄，无所底止矣。惟善立者，穷通亡论，崇卑亡论，知弗知、信弗信亡论，自早服而筮仕、而显跻、而升沉、而旅进旅退、而困踬、而谴呵、而刀锯鼎镬之在前，均所弗计，惟念吾何以不欺自心、不负吾君、不负所学，不以快意当前之会，顿遗吾身之修。然而素者浩然，而白者坚贞焉。不可回岐者，介如也，炯如也，甘之而不欲吐也，抱之而不欲脱也，是谓筑墉之基而植木之荄也。即后来之雕构丹雘、敷华垂实，不必问而足奉之以终身矣。况此本既立之人，颦笑可以移风俗，出处可以卜盛衰，历五色而不染，娱五声而不乱，际明圣而同昌，丁浊世而屹峙，奚之不可也？夫然后此身乃为吾有，不至陨坠而胥溺耳。

故曰：天或维之，地或载之，人或植之。不然，女子守身，犹有重闱之限、鸣玉之饰、结结之固，乃能淫邪不入于情，而贞洁之行成，况士之立身乎？直为此凛凛矣。又或为之说曰：“称名节，若韬而敛之；独称忠义，若持而效之。君有二本邪？”似也，实非也。忠义之忱，上摩日月，岂睽诟顽钝之摅泄？名节之真，幽泣鬼神，岂媕婀谗谀之根蒂哉？介修之士、不二心之臣，一人也，即叩之豫章氏可也。

## 心性才情说

甚矣，心性才情之一而难析也；甚矣，心性才情之辨而不容不析也。一之而不析，则归于浑浑漠漠之一性，而世且倡为竺乾妙明之论，茫无风影之可执，岂圣人彰厥有尝之意，亦岂精一、微危之真传，孔孟以来之嫡脉哉？则心性才情，可各自为说，亦可交相为说；可终日言之而不尽，亦可说之而忘其说也。

夫天降下民，厥有恒性。语性也，心之所自来也。心一也，而胡以人心、道心二之？则才与情之勃发运动，惟其所之，可以虚灵之心制，而天未尝制之也。尼丘之前，四字散见于六经，曾未有阐而绎之者。迨离岐于三品之说，浸淫于二氏之议，殆且晦矣。惟孟轲氏起而辟其荆榛，汰其淆浊，始举心与才与情，尽为吾性之用。若建鼓求亡子，且指以还家之路，而邪说息、正学著矣。秦汉以旋，语多附会，至有宋而理学大明，井井之论生，而种种之居解出矣。总之，要其宿于尽性而约其缄于事心。尝博观宋儒之言，曰：“心为太极。”夫心为太极，岂性为无极乎？非也，谓心之所含，是为性耳。曰：“践形者惟肖，济恶者不才。”夫能肖吾乾父坤母而出者，是为肖子？则才可知，视孟氏之不以不善咎才者，有二旨乎？宋儒曰：“君子反情以和其志。”又曰：“善反之，则天地之性存焉。”反情者，岂矫而逆之之谓？盖根于至中，乃能为至和，此亦心效其灵而天地不能外耳，乌得指情而岐于心、岐于才，漫与吾性不相涉哉？又曰：“圣人尽性，岂有他术？不以见闻梏其心。”真能不以见闻梏其心者，是为心用，不为耳目用，才之至精而情之至妙也。即“性焉安焉”“复焉执焉”之路，而孟氏所称“人皆可以为尧舜”者也。夫尧舜性之之域窔奥难窥，而其可以为之之故，则活泼泼地莫为圉也、莫为程也，是名何物？试观水火，下濡者、上炎者，流动而章灼者，济之则为用、不济则为害者，皆其出于性、入于性，水火不知而妙用存焉，其孰从而分之？宋儒又曰：“太和所谓道，中涵浮沉升降、动静相感之性。”绎“相感”之义，若比于情与才，而胡以名性，得无意乎？又曰："所谓性者，尽之而后可知也。"能尽其性者即性乎？非性乎？抑心与才情乎？则愚所谓不咨不析，而可以无析者也。故始终取宋儒之言，与善谭名理者析衷之，且请以孟氏"存心""尽心"之语，当"观窍""观妙"之法，可乎？是为说。

# 解

## 文章根本六经解

或云"文章根本六经"，此宋人评一家之撰述也。余闻其言而大之曰："其推尊一家者，至矣。"余谓此千古不易之论，若照之必以日月，濡之必以江河，衣食之必以布帛菽粟，宁独为一家之品骘哉？请因肤见所及而谬解之。

昔曹子桓之言曰："文章，经国之大业，不朽之盛事。"讵可已邪？其不可已者有两义焉，曰：天地之所不能秘，而圣人以无心而吐之者也；生民之所不能无，而圣人以有日用而出之者也。此六经递作之源也。故六经出，而庶绩赖以错综，人文赖以森布。天壤可敝，而煌煌六籍之载而行者不可泯夷。考其初，盖不过因河之马，因洛之龟，因里巷之讴吟，因庙朝之施设，因臣主之献替，因经曲之等威，因王道而纲纪之，因僭乱而堤坊之已尔。而圣人何心于为文章？迨淳质意漓，倥侗窍凿，贤者乘其熙明，不贤者乘其雕伪。骛乱于五声之迭奏，而希声之元音溺矣；眩眊于五色之交错，而无色之太素尽矣。旨本浅而佶屈以为奥，事本细而诙张以为夸。膏不足以自华，至假涂于骈道；采不足以自振，用托足于卮词。故涉其篇什，若可佐黼黻玄黄之观。而按其义，则朝华夕秀、风云月露之虚薄耳。所谓弃大圣之规摹，构无用以为用者也，焉用文之？乃宗工哲人，何代靡有？诸立言、垂训、表章六经者无论，即如楚之灵均变雅为骚，而泽草溪云尽归罕喻，山灵谷魅并属招寻，不知者以为牛鬼蛇神之门。而朱文公称之曰："《国风》好色而不淫，《小雅》怨诽而不怒。若《离骚》者，可谓兼之矣。"故卒以经名之，而谓其直接《三百篇》脉络，况其他乎？降而贾、董，降而马、班，降而建安，降而有唐，降而有宋，其间靡靡者固不足道，而其伟然一代、照爚简编者，孰非杼轴羲轩、俎豆周孔，体乎经、酌乎纬，而出入于六籍者哉？故文衰于唐，而起之者必曰昌黎，则昌黎为有唐一人；文弱于宋，而振之者必曰永叔，则永叔为有宋一人。今读其文，即不能如六经之尽无比拟、尽无绳削，然意动而行，意尽而止。总之如伶伦之音、造父之御、养繇之射，各极其妙而非独师其心。故不知者目之为平平，而知者目之为圆规方矩，极文章之变化，曾片语只字谬戾于经尝哉？或者又托于儒者之言，曰："三代无文人，六经无文法。"文章之变各从其风，奚规规于六经为？不知风者繁简之异、局格之殊耳，于以语其本根，则如云仍之仰宗祖，皮毛色泽不必相肖，而神骨血脉能斩然漫不相属乎？夫使为文者而至与六经漫不相属，则当以匪我族类，并力逐之。不朽之业，岂可与若人道哉？是为解。

## 国体国法国是有无轻重解

国之有体、有法、有是，何昉乎？何持议者递相绍述，若人伦之必有宗祖，而物理之必有族类，不越耶？言体统者重体，言法度者重法，言是非者重是，岂互为重轻，初不相涉乎？何体之中，似有法法之意，似以明至是而惩非是，若流水之必有源，而花卉之必有根荄耶？种种纷纷，颇烦居解。

愚谓立言者各有因，定国者无两持。每溯观累代以来祖宗之垂创、后王之修明、臣庶之恪遵，推而宰执之翊赞、台谏之互争、宫府之异同、朝野之谋议，宁有三事？深识浅识、能言不能言，折而衷之，惟有一国体而已。盖法于斯、是于斯，协则俱得，不协则俱伤者也。夫稽之典谟，未有以国体言者，然有其意。降自夏殷，则各有创守，自为规摹典则法度，有足扬扢者。迨姬人酌忠质之变、参赏罚之宜，以忠厚开基、以制作诒世，煌煌周官，与有赫之王𫓧，皆从《关雎》《麟趾》之意，原本而出，岂以悬之天府者为体，属在秋官者为法哉。何也？上天下泽，体甚定，意甚严。其不可逾者，其不可干者也。其因之为等者，其因之为威者也。上可望而知，下可述而志。下之人不得以意为凌犯，上之人亦不得以意为增减。凛于体，非凛于法也。即人主欲以恣睢之心，行击断之术，不虞与国体不相似耶？故曰："天下有道，则礼乐征伐自天子出。"又曰："政不在大夫。"又曰："庶人不议。"此非体尊而法明、法明而是定之旨哉？因知法有凌乱之时，议有纷赜之日。非立法之不善，众喙之难息也，亦不修明国体之过耳。故体本画一，则纷更错出者非体；体务显白，则阴翳丛借者非体；体在注贯，则壅阏隔绝者非体；体在布充，则缺乏旷废者非体；德泽有体，欲究不欲竭，则竭而不究者非体；法度有体，欲伸不欲偏，则有过伸有不伸者非体。夫国之有体，亦人之四肢五官耳，宁有增损于四肢五官之外，而人不过而骇之、指而议之者乎？彼国是之说，始于孙叔敖之对楚庄耳。敖之言曰："国之有是，众所恶也。"人主不定国是，而以合其取舍者为是，逆其取舍者为非。君臣不合国是，奚自而定夫？是非生于取舍，取舍生于上下之不合。愚谓此政敖之通达国体，而非惴惴于是之定弗定也。傥不究其体而专言是非，天下有心知其是，故龃龉以为非；有心知其非，故怂恿以为是。

百千其心，百千其口，至有黑白互指、玄黄交战，国且随之。人主犹恬不察其所从来，亦欲于其中取一是焉，弊将有以骈拇枝指为正体，而擢毛发以寻元气者矣。

故品而三之，体为重，法次之，是又次之。根极之，惟视国体之修不修、伤不伤，而古今治乱之故，可衡而决矣。是为解。

## 辨

### 守道守官辨

“守道不如守官”之论，孔子为虞人发之，柳宗元以为传之者误，殆非圣人之言也。呜呼！宗元缅缅之谈，良亦足听，第未尝深唯其旨，而不知其言之尤误耳。夫语有岐之而实合，然亦有合之反晦而岐之其义乃著者；理有分之而实通，然亦有不分之人不得与能于通者。古之圣贤痛于时、激于中，往往于目击道存、事细可风者，出一言以诏，世人自不察，乃曰圣人之言不如是之偏且倚也，安可不辨？夫道何物？不可指，不可名状，不可执着，即物而不可见，在中而不可探，贤者知之蹈之，尺寸不逾，死生以之之物也。故通于是、塞于是、不变于是，乐行忧违、潜龙纯气之守也。久速止仕，则大化无心而守不足言矣。夷以清，尹以任，惠以和，而介存焉。神明于道而以不守守之，安论官哉？夫官则不然，有名有物，有职司，有疆域，有关钥，功有课，罪有归，甲不得弛负而让，乙不得中热而夺，尊不得争于卑，犹卑之不能争于尊也。君不得强于臣，犹臣之不能要于君也。唐虞之际，宅百揆，熙帝载，济济师师，岂不相让？而帝不为俞也。是以各能其官，而自以不侵，自以不旷，讵非守官之极轨哉？后世受直怠事与越俎治庖之弊，种种丛生，则官尝轶、官篾拂，而守不假器者罕得其人。故非侵于官之外，则旷于官之内矣。曾不思牛羊不茁，何辞于乘田？会计不当，何辞于委吏？一命耳，靡不各有难称，各有不容不称者，即尼父神圣，罔敢厌薄而越之。何也？人制于事，事制于官，官制于君，不可假也。奈何勿守？不守则负事，因负官；负官，因负君。夫以不守官之故而负君，县寓虽寥，谁与容之？故古人之作戒，曰“敬尔有官”，曰“靖共尔位”，又曰“臣无二心，天之制也”。委质策名，贰乃辟也。官可一日不守，可一人不守哉？又可以至崇至巨，为当守而裔员，散秩可悠悠自恣哉？大都人情，营职之心尝不胜其徼荣之心，而逃责之心尝倍于执咎之心。惟薄于营职则守缺，厚于徼荣则守轶，密于逃责则守二，疏于执咎则守且委而去之。尼父见之蚤、虑之审矣，故特于虞人之衡命，表而称之曰：“守道不如守官。”君子韪之，岂兢兢一虞人之皮冠云乎哉？盖曰：虞人之皮冠，虞人之道存焉。指皮冠为道，指守皮冠为守道，人且眩之。惟指其为官，指其不以旌应为守官，则章而不可逃，划而不可逾，而旃、而旗、而旌，而尝伯之佐、而六卿之长，而补察之司、而平章之寄，孰非官，孰非守？循其名，绎其义，课其事，守不守立见。岂非至易至简、荡平正直之思哉。故典衣典冠，不免并罪于昭侯。而请见请罪，以公孙枝、百里奚之贤，不能得于秦缪，无他越故也。越而不守，明主恶之，为人臣者，敢弁髦其官而冥于守耶？故知以守道训，不如以守官训者之可以醒然悟、瞿然畏也。甚矣，尼父见之蚤、虑之审也，岂兢兢一虞人之皮弁云乎哉？若曰：官也者，道之器也，不可二也。未有守官而失道、守道而失官之事者也。此自老生尝谈，予既已知之矣，何事宗元之喋喋为？惟直命之曰“守道不如守官”，真圣言也，则有不可胜味者。故曰：此宗元之误，而非传之者误也。

# 对

## □酋金白二酋情形对

夫用兵者，先揣其情形，情形得而后便计可择，动静可决，缓急可恃。然情形有不难揣者，有不易揣者。如迩年以来辽左北关之衅，或云剥肤，或云震邻，或云借负婚匿婿以为名，或云遣亲子入质以旌顺，或云辽阳质子可为鼓掌捧腹之资，或云事属风影徒增恐吓乍冒之弊。此其情其形难揣乎，易揣乎？愚请据邮筒之传、皂囊之录，当暗中之摹索，姑一臆对，可乎？

夫□酋之强犷精悍，变幻如蜮，更无异说矣。惟是彼幻出之，而我直信之；彼诡托之，而我实受之；彼未必有憾，而驾为苦情；彼实不我畏，而谬为恭顺。则大有可异者。方其并南关、猛骨诸寨之余，势已张大。盖凭凌北关，睥睨我开原，已非一日。其不遽犯开原者，惧北关之蹑其后；其不遽蹂北关者，惧开原之捣其虚。则金台失、白羊骨二酋，岂非开原之屏蔽、全辽之外藩乎？则□与金、白之情形，庸可一日不知乎？然于其中，窃尝揣而疑之者有六。夫□酋之深憾金、白与否，何繇尽知？独所称逃婿卜□者，不过藏匿北关，苟全性命，何能逆□酋之颜行，而□且数数借以执言矣？疑一。北关老女痛杀父之仇，誓不与婚，此自暖兔家事，奈何勾连西虏、庄南等共一求媾为言，何老女夫家之多也？疑二。语有之，“爱屋及乌”，业遣子入质矣，宁不知北关捍卫我疆者耶？而旋肆焚掠者且一十九寨，非阳顺而阴逆乎？疑三。谕撤回牧种则应，谕无入城市则应，谕圉外侯赏则应，而清河、抚顺之报驿络仓皇，岂尽献琛之车尘也？疑四。久焚之南关重加缮缉，播种收获之粒，不致诸混同之滨，而尽以实南关，意欲何为者？疑五。侧闻自子秋来，□罢蜂蜜之贩而专其糗精，招亡命之侣而教习火攻，即市赏诸散□不令知其出没，仰胆卧薪、覆首匿尾，独欲沼此北关耶？疑六。据此六疑，则金白固诚岌岌，而开原讵得安枕也？然在二酋又自有可疑者，非疑委顺之不终也，疑其杌陧不支、我救不力、利害缓急之衡，即痴若犬羊，宁不知较？况闻二酋承□有螳车之势，而□视二酋有巅卵之形。又况□部距抚顺、历辽沈、抵开原，且七百余里，卒有啸聚入犯之息，岂旦夕可递而致者？则□酋之视我援也，已有鞭不及腹之诮，而北关之视□□，且有迅雷震耳之惧矣。此以知为金白者，始仰我之救弗救、力弗力以为情形，而未有一定之情形者也。乃为目前解纷之说者曰："姑留老女，勿与东，勿与西，以系二□之心。"有曰："直当与西，以沮其谋而携二其党。"有曰："二酋当卒，留卜婿为□□之外惧。"有曰："即当遣入□巢，秦越付之，此局可结者。"嗟嗟！以彼情形，等诸风茹，病脉弗切，递投之饵乎？又自有庙略在焉。咄咄臆说，未敢肆折衷也。谨对。

## 李广程不识用兵何如对

古今名将何可胜纪，惟汉之李广、程不识，两人生同朝、将同地，而兵略大相反者，以故持论之家往往共一提说，而迄无定论。夫论亦何难定之有？惟是兵为神物，则将亦以神用。故善用宽者不能使之严，犹善用严者不能使之宽也。严者不可以得力在严，而病宽者之为非；犹宽者不可以得力在宽，而病严者之非是。故曰："智不相师，才不互贷，法不易用。"智相师者困，才互贷者穷，法易用者乱。则广与不识可按籍而定，而古今之将略亦可因而折衷之矣。传广者尝并及不识，其言："而广行无部曲行阵，令就善水草，人人自便，不击刁斗自卫，幕府省文书，然亦远斥堠，未尝遇害也。若不识，则正部曲，饬行伍营阵矣，吏治军簿至核矣，士不获自便矣，然而行塞上有年，亦未尝遇害也。"夫作用异则得失亦异，而奈何皆无覆败，岂皆得无失耶？夫广，良家子也，将种也，猿臂善射，轻迅而隼鸷者也，故以"飞将军"称焉。试观隼鸷之击羽也，可远可近，可疾可徐。可乘其栖息而击之，亦可乘其翔舞而击之，隼鸷之性然也，而以责于鹅鹜，则翮不相及矣。故僄捷自恃如广者，一以宽大行之，若不为制，士卒亦乐其不束也，而兢相用命。然自恃之过，遂有不虞。广不为□缚乎？其不死，幸耳。程不识，市侩者流。田蚡尝詈其"不值一钱”，似无赖子不谙方略者，乃其为将，尽以法绳下，士畏如虎，若奉师中之律，而闻节制于桓文者，宜犁庭扫穴、所向如意者，然亦仅仅不大衄而止，非有卫霍出塞之奇勋也。且匈奴尝云“吾畏李广将略”，不闻其畏程将军。则为不识者，何得以“单于不犯”猥自夸诩哉？尝就二子思之，而知兵有法、有权，将有才、有制。知而善用之，而不为中率焉，斯于国有济。故兵也者，忽阴忽阳，用柔用刚，或张而弛，或弛而张，虚实相得，生杀相当，将犄于宽乎？胡昔人论将，所称五权、六术、三至者，大都凛禀慎之，甚至君侧之姬可斩、细柳之跸可徐，而卒不至贬？法以相徇，将倚于严乎？胡昔人于将，能挟纩投醪、甘苦与共者津津羡之，甚至父子之痈可吮、归养之条可布，而卒不忍尽法以相绳？

乃知宽严无定适也。养摩霄之翼，绦鏇在手；擅六马之调，控纵在心。苟去其绦鏇、控纵之法，谁与制之？故其人果有飞将军之才，则不必讲于中，权后劲之义军，政不威而自行。无飞将军之才，而曰“我方薄程不识不为”，奈何不务拊绥，而束湿是效？是棘门、霸上之绪，以兵为戏者也。惟将将者择之綦精、用之綦当。不责以必严，惟责其无以过纵阶乱；不责以必宽，惟责其无以过峻起衅。夫然后圻父之政可修，丈人之吉可奏，而国威永振矣。区区两汉将得失，乌足轩轾哉。谨对。

# 议

## 足兵足饷议

天下有穷蹙燃眉之形而实不难救者，则今日兵饷之议是。亦有轸惜拯救之虚名而实不肯悉心而引手者，则今日足兵饷之议是。夫真救焚者，无论湿具之掺与否，而指挥盼睐、肩犄足踏之及，无非扑灭之智。何也？痛于焚、悉于焚、忠于焚也。拯溺者，无论摝具之操与否，而招呼指顾、与浮与沉之及，无非绠筏之施。何也？痛于溺、悉于溺、忠于溺也。迩年以来，沿边诸塞征兵征饷之檄，殆无虚晷。然征兵者什一，而征饷者什九。因知兵与饷，一事也。饷既足，则兵可无议。即议之，不过弃米聚蚁、遗膻致蚋之易耳。故诸塞一日无事则一日不请兵，而未尝不急饷；一日有事则急在请饷，而兼在请兵。岂兵可尽置不议？盖兵以耗饷，亦以藏饷。耗者一汰足清，而藏者冒之府也。百重之关，即有大力，岂能尽启，而使人人洞见，毫不可假耶？夫计一岁之饷且四百万有奇，而每岁所负，浸而百万，浸而二百万，负之不已，将付勾销，况陈陈相负，宁可悉偿？安所得数十万吸风饮露、不食五谷之士，为国家登陴乘障哉？顷蓟、密、永平间缺饷三月，飞矢蜂起，几不可镇，当事者岂无枣祗、刘晏诸人陈轻重转运之术、列输粟赎罪之例者？然虑其零星缓迂，无济于事，亦只假水衡、假冏寺、假陪京省直诸库藏百二十四万余金，谓足了目前星火之促耳。议者又云："非异尝之贮，不足佐异常之乏。"自榷采以来，内帑金钱不可数较。向不尝出二十万佐京城居民水灾乎？孰与军兴急？嗟嗟，此自第一筹事。

夫人而知之者，但五风十雨，果不愆期，可待也。有时苍苍浩浩，不可问诘，则桔槔抱瓮之愚安得都废？愚以为，请先简督臣、抚臣、宪臣之公忠靖节、夙盛廉隅者，俾提揆之，惟一意核什五兼核老弱，清堡卫兼清杂流，严偏裨先严大帅，察才谞先察虚冒。稍有匿端，不难极力诛之。而能讨军实者，赏居首功之右，列之玺书，敕之柱后。而执白简者，不此之务而又焉从事？诚如是，则政府枢府，递及职兵职饷，诸臣无不赤心白意，以图士卒之一饱。夫然后，正饷有督、屯种有督、盐课有督，以至冶铸转输之法随机布之，皆储蓄也。夫然后水衡可以还水衡，冏寺可以还冏寺，以至留京诸藏无不可还，而益信畴昔之纷纷假借者非计也。将圣天子如阜如陵之积，久拥于大内无所用之者，独不思挟纩、投醪之恩，庚癸枵腹之虑哉？如宋魏博军一闻发帑欢声如雷者，可验也。□天听弥高，茫无下济，则又不难伏蒲补牍，合力以请，务使山泽舟车之积悉等外府，若泉之脉入脉出，无日以□，则寓中财货无复枯瘠底滞之患，而又何忧乎军储？不然，唐之庄，府分内外，军钱大乏，迨河阳之急，未尝不尽出金帛以赐军士，而反面诟厉之状，乃在手携金帛之后，不亦大可危耶？

愚谓请帑之思普天同之，第当先以痛惩虚冒、樽节蓄备之忠，作臣子回天之地可耳。又不然，区区议鬻爵、议罪锾、议水兑、议改折、议赉予、议还官，空月之廪，以之当衣絮则可，以之当大海之艅艎，蔑有济矣，恐非议之首也。

# 评

## 评《新唐书》与两汉文章何如

《新唐书》成，历数百年，是之非之者且半，大都病其简略者十七，举与两汉文章衡其优劣，则自刘元城氏发之。愚以为，就《新唐书》评之甚易，与两汉史评之则难。索欧阳之苦心，并其不得尽去卑陋、不得尽无驳杂、不得不挂漏、不得不失实，则易；与两汉史并举得失，若曹分耦列，各以窾言绳之，则难。何也？史者，时也。中古之不能为鸿蒙，犹叔晚之不能为中古也。史者，事也。承讹袭舛，其罪不尽在后人。忠厚质直，后人以意用之，或过而存，或过而废，其意则病，而其事则不无所牵。惟时奉仁宗严删之旨，铸旧为新，且于景文列传，不欲增减一字，又不无听范镇、王畴辈之参错，欲直目为欧阳氏之书，不能矣。何也？有一国之史，有一人之史，有一代之史。若晋《乘》、楚《梼杌》，鲁《春秋》，南史之简、董狐之笔固已。以至马迁崛起于龙门，班氏箕裘于史室，一则精神毕于愤惋，一则才力竭于编摩，各擅三长，不妨一漏。获麟而后，为史乘之列星，永悬宇宙，不必言矣，无论其他。即东汉诸书，已非一手。其始马日磾、蔡邕、卢植诸人共为《东汉纪》，其后则谢武陵之百卷、司马彪之续辑、华峤之删定、谢沈之百二十卷，纷纷各据家宝一鼎，人餐一味，能无纰谬乎，无杂揉乎，无挂漏失实且以胸臆入之者乎？待宋之范晔氏，始荟萃成书。则东汉文章，较之藏名山而贮金匮者，已不可同年而语矣，何有于《新唐书》？或者曰："永叔学《春秋》，每务褒贬；子京通小学，惟刻意文章，多采杂说，不无抵牾而失实。"若是，则与在欧公讥属景文矣，是岂所以品全书乎？《藩镇》一传，欧公卧听读之曰："使笔力皆如此，亦未易及。"语非全赏，目中亦未始无景文者。至于书成列衔，并存不废，自欧公盛德事，而又计后世之评驳哉？若温公之独采《旧》史、唐庚之大詈《新》书，是亦一偏之说，而非洞于时、达于事之通论矣。近日新都氏取姚崇十事一传，摘《新》书为简涩无当，亦不出温公意。或者曰："刘元城'事增于前，文省于后'两言，以为《新唐书》不及两汉文章，弊政坐此，可为定案否？"曰："此非元城之言，公亮进呈之言也，元城第借而品之耳。"若果以太简病之，则子长五十万言叙二千四百年行事，而《汉书》乃以百万余言，仅上下二百二十五年事耳。岂孟班之详，遂驾马迁之上哉？

固知《新唐书》之病不在简略，而在不出一手。使欧阳子前无所瞻、后无所顾，一如《五代史》，毅然自任为之，昔人已称其为迁、固，以来之未有，则《新唐书》可无评已。呜呼，信如元城言，不但欧公不服，亦未知东汉诸人不可方于班、马也。元城于是为失言矣。是为评。

# 考

## 璇玑玉衡以齐七政考

自帝尧钦若昊天，敬授人时，命之羲氏、和氏，爰有历，象日月星辰之法。及帝舜受终，文祖未遑他政，惟首察璇玑、玉衡，务七政是齐。斯非万古治历之鼻祖与？夫此玑衡者，果尧命羲和已制之乎？抑宅旸谷、宅南交、宅昧谷、宅朔方者，仅察夫日之四极，而未及铸为仪象乎？注书者未明言之，而解《舜典》者但曰："璇，美珠也；以璇饰玑，象天体之转运也。衡，横箫也；以玉为管，横而设之，所以窥玑而齐七政之运行，犹今之浑天仪也。"则玑衡久已失制，而浑仪得其意耳。

今以浑仪考之，其轴转、纮界、度窥之法，说者谓大都本之玑衡。虞夏以还，惟汉之郑康成粗记其法。至洛下闳制圆仪，贾逵增之黄道，其详不可考。其后张衡为铜仪于密室中，以水转之，所谓浑象，非古之玑衡也。孙吴时王蕃、陆绩皆尝为仪及象。其说谓："旧以二分为一度，而患星辰稠概。张衡改用四分，复推重难运。故蕃以三分为度，周丈九寸五分，寸之三而赤黄道具焉。"绩说以天形如鸟卵小椭，而黄赤道短长相害，不能应法。至刘曜时，南阳孔氏制铜仪，有双规正距以象天，有横规判仪之中以象地，有持规斜络天腹以候赤道，南北植干以法二极，其中又为游规窥管。又，晁崇、斛兰尝为铁仪，大略与孔氏相似，惟南北柱曲抱双规，下有纵衡水平，以银错星度，小变旧法而不言黄道，疑稍失其传乎？唐李淳风别为圆仪三重，外六合，次三辰，次四游。僧一行以为法，似密而难用。梁令瓒更为木游仪，稍附新意，诏与一行杂较得失，改铸铜仪，古今称其详确矣。宋至道、皇祐间，凡一再铸，总不出一行意。靖康之乱，仪象尽归于金。元人袭用金旧，而规环不协，郭守敬创为简仪，仰仪及诸仪表其说，谓昔人以管窥天，宿度余分，约为太半，少未得其的，乃用二线推测于余分，纤微皆可考，其法具载《元史》，而其仪表至今遵用之。则今之列于司天台者，有球有玑，有标有尺，班班守敬也。是宜七政之无不齐者，胡以法无不齐而不能使日月五星之必就吾齐耶？盖七者运行于天，有迟有速，有顺有逆，有遐有迩。如必以一定之度，数帝里之分野，历代相沿之岁差，按矩而求节候之不乱，其可得乎？今以日食验之，或南方半亏而北方则食既，或北方半亏而南方则食既。正德中，京师、闽广之异，载在国史，则迩年可知已。昔人又谓："王者修德行政，用贤去奸，能使阳盛，足以胜阴。"阴衰，不能侵阳；则日月之行，虽或当食，而月尝避日。故其迟速高下必有参差，而不正相合对者，是以当食而不食，又安用灵台之吏为也？以岁差考之，自汉至今千八百年，冬至至后天十四日，况万世乎？是积年日法，固不可准已。郭守敬去此法而一意测验，作《授时历》，至今三百余年，历书稍存，历理尽丧。如气日道也，朔月道也，转交日月之会，四余、气朔，转交之钥也，而今之气易而朔紊矣。转交乖方，四余失所，可谓不齐之至矣。夫日之周以岁，月之周以日，岁星之周以十二年，镇星之周以二十八年，荧惑之周以二年。太白、辰星附日而行，或速或迟，皆周以一年。使各循其不齐之度，而一一窥之，本自齐也。

说者谓："今之日躔宫界，多至先天八十余刻。"夫日躔差则百事皆差，岂无法以厘之乎？有谓当求之经星者，经星历七千年与天一会，其动静有不纯系于天者。宋儒之考据未精，而况目前之星家乎？其说近荒，似可无倡。有谓当求之中星者，中星一定，则三垣、九野、七政、四余之行可指诸掌。然不能无差者，以徒定中星而不知定距星也。盖中星者，二十八宿之取衷；距星者，二十八宿之界限。取衷取精，而界限之间，毫厘可辨。其说近似，可与守法者道已。有谓当参之分野，以佐管窥者。夫分野相错，上下不侔，非若画地分疆者之轸属也。如秦之候在太白，而占于狼狐；吴楚之候在荧惑，占于鸟衡；燕齐之候在辰星，占于虚危；宋郑之候在岁星，占于房心；晋之侯亦在辰星，占于参罚。此犹各以五方相应者。若夫以益州而远属魏，以冀州而属蕞尔之卫，燕在北而东配析木，鲁在东而西配降娄，秦西北而鹑首次东南，吴越东南而星纪次东北，自古疑之。况于今荆扬二州，地半天下，户口人物实当中国十之七八。夫躔度，安得而不下移也？若不言郡国，而概以朝事当之，能一一应若影响乎？有谓璇玑之与七政本自相符，妙在求其中，而不宜牵合者。如器中而星未中为急，急则日过其度，月不及其宿；器未中而星中为舒，舒则日不及其度，月过其宿；器中而星中为调，调则风雨时、庶草蕃庑、五谷登而万事康。则又似属感召，而不在器与星矣。

总之，尝则有尽，变则无穷。不云冯相司尝保章可变乎？闻之天运三十岁一小变，百年中变，五百载大变，三大变一纪，三纪而大备。又云："为国者必贵三五，上下各千岁，然后天人之际备。"夫以杳眇变换不易测之理道畀羲和，且位踞九官岳牧之上，然后职修而动应焉。汉兴，太史公之职等于卜筮供奉，尚能其官，今按其人与书算，白丁之徒无异，何论历理？即历之义数且瞢瞢耳，安望其明天道、察民故哉？无已，则有太一数在焉。太一者，数之始也，道之原也，千变之宗也。以太一之周径率测天，得天周；以太一之句股率测日，得日周。日周出而万法从，又但据建都之地，目力之所及，裁以为法，不足为法者宜存而弗论，此亦至易至简。或可上考千岁、下考千岁，当钦若敬授之一助乎？请与司天家质之。

# 箴

## 恭默室箴有序

尝思执群动之枢者，托根于静；总万方之略者，敦化于独。夫独何以总万方，静何以执群动哉？谓御动而无根，将恐有嚣而不恬之理，而胡以妙执枢之运，化万而弗敦？将恐有纷而不理之绪，而胡以尸关纽之神？乃知至独所以妙万方，至静所以善群动也。非借独而有所耽，援静而有所娱之谓也。伏惟宸居之左，文华之后，建有九五一斋，复于斋中闭为一室，颜曰“恭默”。夫恭默之义，昉自殷宗。懿哉殷宗，夫固有所思而为之也。爰稽其时，思极神启，感寤随之。方且诚通帝座，妙契星精。一德之交顿起，积衰之业中兴。良足景焉。洪惟我先朝圣人设意渊微，托名宥密，欣然有会，非择而取之也。故室称恭默，像圣人之善藏；室宅九五，像圣人之善变。夫九五，飞龙也。恭默室，其潜神之一爻，而霖雨之氤氲者乎？臣愚矢心隐虑，不能不防后圣之耽且娱焉。将有一意斋居，不复顾其名、绎其义者。敢勉效一箴，用备采择。

箴曰：庖易有训，大过受颐。养之斯动，厥动乃时。赫赫明命，尔室是窥。不动不言，下民用仪。云胡必恭，迩殖之防；云胡必默，爰其章光。日月丽天，斡妙于藏。藏之惟何？日月有房。讵曰隐闭，浴海徬徨。八表之彻，升于扶桑。一涉匪恭，昏翳胥萌；一涉匪默，众躁从生。静以君之，老氏攸称。君子所笃，天下以平。矧矣万方之命，系于一心；一心之神，聚于所钦。文思安安，道脉可寻。稍攖其宁，能无慆淫。矧矣金华席开，儒硕甫御。讲读既晡，息以燕处。温之养之，安而能虑。缉熙敬止，德乃可据。圣人之恭，罔有不默；默极之言，乃雍作则。圣人之默，罔有不恭；至恭之中，声雷见龙。矧矣精不欲摇，摇则不固；不固之精，九寰何澍。神不欲露，露则不完；不完之神，六幕何宣。渊然斯室，匪以守玄。惟精惟一，兢业攸传。瞬息其中，周彼垓埏。

## 畏天保泰箴有序

臣尝读《易》至《泰》之九三，反覆于天地际之一言，不能不勃然惊心，怵然易虑，辄欲矢忧圣危明之忠，勒为苦口之词，于以抒葵心而当野食之献，未敢也。以世有乂安之形，主有元吉之祉，宸衷隆帝乙之谦，舆图无复隍之隙，骤而挈絜，于既济何当焉？然历想寓中二十年问[1]景象，似不无平陂往复、互倚可惧之势者。夫乾坤冲和之气惟交乃通，而一切乖异疾沴之生，则不交为之耳。究所以醖酿乖异疾沴而使之生者，则又狎于和平日久，臣主恬不知畏之心为之，寻且上下不交，朝野否鬲，变尝为异，其此为甚。犹曰：我业已奉天而为之子，宁父有不爱其子之时哉？然天命亦何尝之有？语曰："天难忱斯，不易维王。"谓开泰惟后，保泰亦惟后耳。《诗》云："畏天之威，于时保之。"宁有不畏而能保、欲保而不知畏者乎？况自我皇上深居静摄以来，称圭荐币、燔瘗肯萧之事并属遣代，即敬天之文且不至，而何有于寅畏之实？是宜攸郁逸明之灾迄今残露，丰隆水暵之异无地获蠲，甚而陵柏可蠹、圜丘可震，畜可怪、人可妖，河伯可以冬溢、薄蚀可以既明。种种戾祲，殆无虚岁矣。《书》曰："王省惟岁。"岁者，积日月而成。盖言王者合卿士、师尹之省为一人之省，自无月不省，无日不省。夫且瞬有儆、息有戒，非谓待岁序之一终而后省也，况阅二十余岁而未见其省者乎？危哉，危哉！臣愚惧其为平陂往复之交也，敢绎《泰》九三艰贞之义，用祈于食之福，而为之箴。箴曰：

父乾母坤，监惟宗子。监之抑何？否泰所视。小往大来，天地休明。明明元后，辅相裁成。一乱一治，缔造惟先。开天不易，绍天实难。知难而图，虑善而动。厥德惟尝，厥命乃永。帝天之命，运以无心。无心之心，不显亦临。曰明曰旦，胡以尔及。邃密隐间，云胡不入。商汤危惧，周成小毖。讵有回德，祗若天意。天之所重，媟越则轻。天之所恤，虐用则横。天精密秘，孰能搜披。天心简在，孰能废弃。拂之则怒，曷敢戏豫。逆之则渝，曷敢驰驱。履承平而顾諟，明圣之尝；丁谴告而悚瞿，薄言祈禳。亦知仁爱，庶几灵长。未有忽玄贶而弗答，蔑祲异为罔虞。曾见叠告，矫言晏如。我皇睿圣，抚图御箓。历年既多，肃如执玉。早服虔戒，允升大猷。临御浸虚，灵承恐浮。瓒鬯弗亲，祝嘏匪实。罔有对越，宁无恣逸。皇矣上帝，示儆何多。五事弗敕，五行愆讹。反时为灾，反物为妖，反德为乱，孰树之招。泰茅不拔，岩薮韬光。孰与绸缪，念彼苞桑。君子道长，天心乃见。如彼空虚，胡繇茂眷。前星在耀，光映薇垣。潜德弗毓，何以承天。天秩有礼，五礼有庸。庸不以时，吉胡以逢。一日二日，天运小周。万几委顿，旷缺何修。斩荆披棘，譬彼掘隍。百雉翼翼，维之允臧。城复于隍，周文炯戒。有其保之，罔攸覆败。帝天之命，主于民心。顾畏民岩，赫赫用谌。周几殷盘，儆心触目。一念清明，七日来复。否泰之关，愿言鉴别。天启宸衷，金瓯无缺。

---

① "问"，据文意，当作"间"。

## 拟进储闱劝讲箴有序

臣闻一人元良，必取资于磨砺；万年有道，惟寄脉于储宫。故古先哲王，率图令绪，自胎教以至嗣服，膺命罔非典则之陈；繇庙见以洎践祚，临轩各有纠绳之寄。铜龙昼启，牙签曙色争晖；鹤禁晨开，宝牒朝霞绚彩。以诗书礼乐，历春夏、涉秋冬，尽是陶融之藉；举直谅多闻，置前后、环左右，讵属羽翼之粗？其在冲幼之年，犹惧服习之不蚤；矧矣强立之日，可令玩愒之是滋？且尺璧寸阴，在学士犹视为守身守家之宝；而尘封玉几，在元子可视为日复一日之尝？伏蒲之膝欲穿，设幄何日；补牍之纸几贵，约牖希闻。盖举朝所恃者，惟宗庙社稷之灵。料天圜之即转，而微臣所靖者，亦食芹曝背之念。冀帝座之潜通，敬勒芜箴，用旌葵赤。箴曰：

君以储称，义钟于养。凝养弗完，胡以主匕鬯而来肸蠁？君以储称，义比于预，养而弗预，胡以敕万几而研千虑？譬彼荆璞，载追载袭，苟追砻之罔施，恐抱璞而忡忡；譬彼棠金，惟镕惟范，苟镕范之罔加，恐精光之黮黯。故震东方也，得万象之几先；蒙山泉也，汀少海而涓涓。设恐惧修省之谋弗蚤，则苍震之义乖。而黄离继体，胡元吉以无愆？果行育德之学罔究，则浚发无术，又胡能涉流波而沦涟？况飞龙霖雨，起潜邸之云蒸；中天离照，浴旸谷而在渊。毋曰：一日弗讲，一日之翳；拂拭罔续，何繇开霁？毋曰：今年弗讲，犹待来年；居诸云迈，后不补前。况后之视今，犹今视昔。治乱兴亡，森然往迹。况前星之下，复有前星。作法弗勤，何听不荧。鸡鸣向晦，精必有寄。舍典籍而他披，只增聩聩。讲读宫僚，各能其官。启沃无从，何暴何寒。日计已非，累月为年。十载于兹，睿虑宜迁。况元子失学，与士人异，万灵之凭，万方所视。兴言劝斯，罔知避忌。七日来复，天心可冀。明德自昭，神器永置。

## 青宫劝讲箴有序

臣闻学于古训，乃能有获；逊志时敏，乃来厥益。臣又闻玉虽剖矣，而砻砥之攻不可少也；金虽铸矣，而拂拭之勤罔攸废焉。溯我皇太子虚讲幄而忘鼓箧者，且十年于兹，况有皇太孙颖哲渐露，方视圣功。潜邸之惰，勤作蒙养。先入之习见，上关宗社之式凭，下系苍黎之跂伫。又窃思皇衷真爱本欲劳也，胡以仰契？燕翼孙谋本欲遂也，胡以作则？彼士庶之家，苟有担石之储，必以课读作第一筹事。其子若孙即未睹，如弓如冶也，而有识者已蚤知其宗可亢、族当兴矣，况天家乎？臣用是忧之□之，不揣芜陋，勉成《劝讲》一箴。箴曰：

神圣有府，耳目为牖。耳目有关，提钥敢后。一日之封，牖闭伊始。闭之不启，且为罗矣。一日不钥，关键成越。越而置之，发皇将歇。有问有对，责在前疑。疑疏于前，响答何时。可志即志，后丞是毗。丞疏于后，参稽属谁。左之不辅，鹤禁阉随。右之弗弼，铜龙昼迷。将缇袭以为宝，弗琢胡器；将如史以为规，柔曼胡致。将庭闹之是效，膳寝希闻；将手披之有时，宣著何人。软韦坚清，乞内乞外；明达顽蔽，为恿为诲。训典图箓，往哲精神。牙签举废，治乱攸分。精意云开，微辞泉涌。上下千年，有璧如拱。狂愚所轻，睿圣所耸。阙里宣尼，三十而立。向匪志学，不惑可冀。后有作者，因年知义。隙驹如驶，匕鬯孔至。人言勿恤，凛兹天位。一位念转，斯九庙所视。

# 七

## 七广

镉縢居士翕摄膏沃，结啬况懐，惟堵惟垣，若将斥而滭焉，而神綦枯、形綦捐，襟肘捉露，恍弗自完，疃社之人无不异之，眇得其端。里有浩浩丈人，夙夜怅之，欲进以大药，令饮之以自广也。乃上衣数升之缟，下垂疏博之缯，浣洁宽舒，鹤趼云泳，策九节之杖，高趟行歌，过居士之宅，啄户而入。见其楗之目下瓮之趋覆，睫指睺传，亶其廖如，丈人亦若不喻其意，但牵袂而款之曰："仆闻苍旻之寥、黄壤之旷，鸢鱼虽细各得所放，薄翼鼓鬐靡得而量，而况于人乎？何子之自维以橛、自丰以藏，独不闻家蔀者阒、膏壅者伤也？仆将为子抉泽雉之樊，破朽蛀之房，去耳目之环，荣畅灵府之旁唐。子坚距否邪？"居士曰："某之不敏，蝠蠖为乐。乐中之苦，罔攸自脱。卒幸开示。"

丈人曰："启拙为巧，破愚则慧。慧巧之门，恢奓无外。故绝技异能，亦聪灵之枝秀、圣哲之涓派也。乃有射贯虱心，弹穿桐孔。点龙睛而惊壁，绘风火而神悚。墨削木而羽蜚，般刻仙而吴病。神县肖象之先，化幻群情之正。亦有悟承蜩之妙义，蛛网可厝趾而遵；转九剑之冥捷，利刀可启吻而吞。亦有惊雷掣流星之尾，倏忽易貌；曜睒破蚩尤之旆，眗息分身。汎汎乎欢燕浮跃于轻机，矊矊乎妖猨呈伎于云林。会且致醪核于千里，烛景未沉；移磐陀如一毛，盂水弗振。真有迹之欲绝其影、揣之顿迷其根者矣，然而非鬼物、非仙术。佐流眄于当筵，杂俳倡于阶除。岂与傀儡之小娱同线、弫覆之薄俩共程者哉？此亦技玩之幻奇，豪华之一快也。子能哗然思一豁眸否邪？"居士曰："守拙甘昧之人恶其谲而险也，即填衢塞巷，观者如堵，某不往从焉。"

丈人曰："辟拘就畅，情发兴随。调六气之和，节五方之会。孰有如式歌且舞者乎？其在帝里皇风、王道平成之日，叙德流辉，宣扬雍穆，渊哉大哉。畴得而敷，惟淮南有云：'易道良马，使人欲驰；饮酒而乐，使人欲歌。'盖三籁甫动，容声自和，而况人情之渤渤乎？仆不愿子之闷闷乎阿堵之间，皇皇乎铢镒之多也。请为子发箧启椟，出黄镠，飞绿蚨。遴燕赵之丽人，购郑卫之姣服。贮以云霞之馆，演以雕绮之屋。师以秦青、薛访之音，传以阳阿、琐年之舞。裁长袖，建华鼓，发皓齿，扬轻裾，飘素纨，弄苕玉。藏琥珮于中裙，节香骨而炫谲。纡若回鸾，纤如拂雾。沸白纻以含情，咏清商而激楚。杂荆姬之采菱，佐吴婧之白凫，亦既美既娱矣。迨其华烛载举，羽飞交错，雕屏匼匝，组幔垂薄，换玉树之新声，拂明月于银河。娜娜姗姗，僛僛傞傞，嫣然流转，綷縩凌波。类秋药之被风，等云林之惊遏。宋臈避其婉啰，绛树谢其婆娑。是不足抉子之拘、解子之缚邪？"居士曰："淫曼之习，端介之羞。荡心陨业，浸此安留？余自有怡志而耽怀者，非徵歌逐舞之求。请更之。"

丈人曰："潮应曦轮，汐应望舒。合大噫于巨浸，鼓洪涛而含虚。龙门之下，岷山之余。昭稽之放，嶓冢之注。四极之大，浑沌倏忽，莫不各有恬致。每有怒腾，灵怪千族，珍贝万种。虽云魍像之探，海若之惊乎，乃盘猛渊沸，实激而呈，宝藏沉浮，实有其形。奇则奇矣，又何异焉？惟有渤澥之东，十洲三屿，嘘噏扶桑，胞孕裨羽。舟人渔子时指其间蒸凌上浮之气，而名曰'市'。一日，仆怪而往候之，则见澹茫若升，霿霟渐聚。起雾蛇之千条，布云蟒之亿缕。须臾则混绵四塞，络幕扶舆，如织如构，若结若舒。回岩岫而蓊森，矗雉堞以为居。架阿阁之长甍，隆飞观之盘郁。黝骈乎虎豹之当关，罗峙乎甲仗之拥扶。或驰或蹲，或彝或踞。或举旛而道往，或抗纛而徐徐。似猎人之言旋，类冏伯之揲乘舆。鳞鳞藉藉，亦偶亦丛。列廛肆而征逐，起贸迁于日中。脉然相顾，蓦然相迎。抑又依希哉鳌驾之山写我以灵图，仿佛乎广德之府示我以真形。盖出没异态，掩露攸殊。或疑蜃气之吐，或称鲸腹之吁。俄焉幻影如拭，俺眩俱收。碧海青娥，瀇朗沉浮。恍蕉鹿之初醒，疑病酲而忽瘳。若隔前生，埒破浮沤。乃惊怖慌惚之余，咨奇绝而未休也。昔子瞻投文于岁暮，而沃焦之神为之鞭蛰龙、起寒蚪，况春夏之交乎？"居士曰："市海之奇，耳聆之而神修，余病其骇眶而虚归也。请谢吾子。"

丈人曰："子欲实归，无逾畋获。请于素商告毕玄冬始届、林莽阴开沉潦下霁之辰，选获夷之徒，联猇猱之夫。斩榛棘，搴蒺藜，鞲狞隼，骖盗骊，张繁弱，簇忘归，蒙盾陡，负羽翳。即穷涧以当罘，沿回溪而佐罼。椓弋四徼，连镳千里。然后振原隰以动伏，簸林薄以惊栖。解绦旋而摩霄，促如黄而飞蹄。彀金机以连云，撼长鏦而出穴。僄人获貙于木末，蹻卒摕鼯于巉巇。搜渠之鼩，攫文豹以左旋；育获之擘，拉班虎而右归。血雨丹峦，毛摧拂絮。其诸遥噱纮中联翻弭尾、溶溶沆沆偪侧而蹈藉者，曷可程计？于是敛捆归驼，罝互县车。效凯旋之饮至，聊稽核乎军实。贰香兰之清醥，醰干豆之纯腴。品鲜举胔，殚族尽饫。夫非虚往实归者邪？知子之先仆而驰也。”居士曰：“禽荒之戒廪于禹鼎，即天子不弛从，而何有于走已之可耳？”

丈人曰：“檐栊之翼，鸡鹜之音。牛马之蹄，樗移之林。茸蒙阶草，淡漫闲云。耳所习闻，目之习见。更仆不悉，何骇何羡？私心厌之，因兴怀圣世，披发灵图。简神契于《孝经》，考嘉祯于斗枢。表山海之琰藏，测洞林之祥符。发皇寓外之观，拂拭承灵之府。乃信丹穴之孕兆圣而至，而世未尝无其羽；玄枵之精协仁而出，而世未尝无其趾。仆欲偕吾子问九尾于青丘，访三足于赤域。游麌麌而素扬，览朝雊之白服。旦撷华平之抟云，暮拾秬秠之明珠。摩抚连理，流涉比目。浥三危之露，色胡以紫；茹九光之芝，云胡不死。望车盖于白云，俯寿龟于清沚。饮浪井以濯灵，采朱草而绛丝。临三珠兮俯翠巢，阅嘉谷兮覆青郊。总淳协之旁流，繄皇王之甄陶。此岂可求之樊楙阶陀之近、圃池篱落之间哉？子能从我遨览高寻，薄游九域之中，观兹瑞异者乎？”居士曰：“余惧启荒稗之口，扇献伪之门。请弭其端。”然而居士矊睫赪颧，已自惭其庸庸之想、娖娖之守已。

丈人曰：“我闻赤松家石室之下，炎农折弟子之躬；广成处崆峒之上，轩后秉顺风之礼。岂位无复跻、物无复聚，欢娱世、尽性情，思返之云？嘻，亦晚矣。尔乃五华之髓，不落人间；九鼎之液，宁均脔味。惟羽客仙踪，是依是从，有道存焉耳。请与子捐火粒，爇丹砂，佩灵符，沃琼芽。诵及席毕轮之戒，罢炊金馔玉之华。探回紫抱黄之册，访餐霞食气之家。然后烹五石，转三花，拾瑶草，耨胡麻。乞巨枣于安期，问索桃于蕚华。朝随子晋之笙鹤，夜浮牛女之灵槎。留金虎于宝鼎，乳元田之白鸦。而乃凌阆风，升紫虚，俯巨壑兮如刀，指三山兮若粟。凭烟而眇封子，流浪而挥玄俗。始信千秋浊界，一息清都，故眶俄转而大椿凋，吸未异而蟠实熟。且绵绵乎名悬阊阖之门，籍注蕊珠之府，岂复事下士刀圭，问云中鸡犬哉？裔裔生人之乐，又不足云矣。”居士曰：“心诚羡之，其道何繇？乃犹读秦皇汉帝之书，能不怪徐生诸人之诳乎？洵尔犹故我也，当徐思之以复吾子。”

丈人曰：“道莫大于中和，理莫宏于荡平，化莫美于同流，俗莫乐于共公。乃有荃宰孪如，鱼水之欢为小；府宫响答，丛炀之隔顿除。龙楼问寝，永锡不匮之仁者，大孝也；鹤禁开祥，长发贻谋之谷者，大慈也。乃謦绛帻而寅清，厂金华而延宿。上跂捐珠抵璧之风，下慕含哺击壤之俗。故弋绨之服不为恶，忍羊之嗜不为拘。金镂晶刻之献绝，集翠狐白之贡除。敕玉象之戒，罢庄山之储。指六幕以为函椟，望九野而名廪庾。外既无榷算之津梁，内安有不涣之王居？乘禹车而泣罪，解汤网以三驱。然而玄币蒲轨，雍雍在途，无日以虚也。乃至歌升邑扬，渐鸿夸景，附表云从，喜起互答，师济充庭。尚尔摘词猗兰，虑沉冥之不来；飏言空谷，凛如玉之遐征。嘻，显铄哉！览三五之高踪，品皇王之懿躅。有如其恭俭宽仁、贵德贱货之笃挚者邪？斯时何时，乃游古初也。吾与子生际兹昌，莫罄欢呼，惟有室绝扑满之藏，笥袪锦罽之襦。与日作息，耕凿康衢，歌咏太平而已。”居士曰：“仆，环堵之人，堕此饕愚鄙陋之疾，殆沉痼不救，几不知所终矣。敬斋祓，矢改步焉。幸辅我无弃。”

# 四素山房集卷之九

济南刘鸿训青岳著

## 书牍

### 与陈茂才二昆

不瞻双玉，惄如周饥。数披晋贤书，未见泫阳陈氏两弟濩落累挫，两足下政好相怜耶？奈河山万断，不识羽翮加修不？顾眄加远不？数数见挫受挫不？古人云："道路阻且长，会面安可期。"弟有怀必酸鼻，两足下是当如何者？大兄不以东土为遥，而沧海主人竟作岑寂数日去，曾不若仆遨市儿百相见、百呼酒，乌乌为忼慨歌。愧死愧死。家君游趾稍舒，乃复行万里，分天家夜郎虞也。白发犯霜霰，哪能堪此？赖老父神更昔王，闻命沾沾喜，则蘖苦而蔗浸之耳。故人如两足下，能不大磨铁研、振双翰，为旧大夫增壮气邪？杨贾购冶器，逼贵里，得托一羽，外竹篦、拙卷各十数。千里发函，两足下还应念余二人。

### 复周怀白民部

两竖儒藿伏东鄙，问农占雨，燠时倚疏櫺，披一二镂尘刻影之技，哪能知天上故人乃东土福星邪？又哪能飞片羽伯兄左右，为世好增润邪？门下不砭斥之而缛之言而被之腆，蘅檐光袭，函发如晤，两竖儒云胡有此？家大人再起东山，一以勤渠天家，一以早沾一命，荣垂白太母茹荼苦，遂萧然作归计耳。奈何清议者喜以衰干凌飙，令犗犗用力不休也？则亦唾手拾芥事，终不入孤远之臣梦寐也。林箐织云，鸟道千里，纵获徼天祉、重宣铜柱，恐终不免知己者策疲之诮耳。长丈勋猷郁茂而日方中，急湍风樯，一瞬可达数百里。倪得时时藉览官长书，当岁岁知长丈膺天宠状，两竖儒亦自能揭茅蒲沾沾喜也。赫蹄裁谢，九顿使者。殊不宣。

### 与周海门驾部

都中北旋之眷遗数小物，曾付陈隶徐徐归之。冰解下濑，舟始发，应于隶旋程稽矣。旷日失供，叩我一申，幸老年伯爽然见信。

## 与谢瑞符

神仰足下几何时，而犹然天堑南北邪？浪拟玉丰，数数不知。何似披晤，有怀彼苍，当终为两地一缩耳。芳润之颁，足芬齿颊。提采弟数语肫恳动人，此童有觉，不但诏数载迷也。诸从戎旋，聊付尺帛，首缣二方侑之，殊不如念。

## 柬李绍泉观察代父

惟老年丈杜门清切，几断人嚣。数四促膝，恍惚披日观而濯江汉，骚然俗吏，恨无地自匿已尔。乃用世大料，片片脍人，即令柱下、漆园，甘清寥有如胎受。奈麟角愈藏，世愈想望瑞气何？弟悬知主爵者定不放手吾丈日临汾水、弄明月也。淮泗重地，主上之虞也，不啻阴山之虏，曰慑伏亡命，曰濡沫荒民。其大者，则陵寝滨汇，石峡倒天，得借一筹，建百世利，勒钟吕。此日此地，不贤于建牙九陲、日计酋领、饕黄金如递耶？弟巅毛种种，跋涉烟浪，幸冯天灵得土，厮输款了重担，归见老母，角巾平生耳。平泉雨望，依依梦中。翘企江天，可任延伫。

## 上高使君凤阳代父

南曹之滥，一水清尘，得几奉大牍，两托此肺，而了数十年易水燕山之望，可谓彼苍有赐而犹然眉宇分悬也，亦属缺然。老师摄监司数日，言者遂竖发穷追，不遗余力。曾不谓水薄重地，圣怒应有专责，奈何毣毣旁及耶？正宜当事者洒然不置一语，稍如公论，而老师亦内入有期，无挂此琐琐詈人语也。某冲雪而度摩天，披星而转三峡，易壮为老，皮毛止能附骨。幸扬酋就勘，行释重负，了此孽膺足矣。二仆归省，得输尺裁，不腆旌肯，惟鉴下。

## 谢周怀白民部

萧寺提携，时长丈固银汉仙人，下悯铅质而殷殷欲化，岂谓不肖抵落如今也？将不肖何面孔一通左右，说人间九万程邪？家大人携弱弟郁郁都舍，弟千里一省，何物与闻下执事？且不惜大官之饩割如许，为竖儒劳也。国筹鞅掌无虚日，又不肖葛衫自匿，羞戴老儒巾向贵人，则环影内热已尔，岂其据人？缶鸣四章，托篚见悃，幸削之制举义，肯时时垂诲，再诏不肖迷也，不肖敢忘大德？

## 答王大中丞全皋

昔仰清汉，知中朝有老年伯，将纷呶之喙，少少顾惮而浅于雌黄，无亦岿然久藉内卿？何物重西川、轻国是，又何物过听魇舌，遂倾名流，有今日也？家大人二毛淹濡，乃作蜀区之游，彼中端委老年伯，应自有衡。暇日肯一二裁示不？吴贱淫恶放螯有如焚巢，吾邦之大夫自当电折之。又奉尊翰，更俟隙为姜君借一语可耳。若谓专有陈于邦大夫呶呶为姜君解也，则犯老父壁戒，口御姜君而虚报尊翰矣。某何敢？

## 答稷山胡丞

足下遣使数千里而遥也，而使者笃奉足下命，不以不遇。老父留都而释重负，又去而之齐。兼以高梁荒裁，既灾之木，复为小吏长，舁肩当重，老父愧且感足下隆意，过信人尔尔。足下自清苦，而若人从旁而夺之食，今若人去矣，足下苦节日益著，是恶藉一二吹嘘语也。兼金之颁当俟五月后，并大札一付蜀中行李。老父夙笃故人之交，而有故人如足下，是何吝不一诩津路翼之奋飞者？至发家讯时，不肖尚更为足下一恳。

## 答梁晴石

尊者交老父大逾世局，老父有交如尊者，岂不谆谆于二三子哉。得胡吏持至书，发读之，乃信青山万叠、黄流千里，几能隔汾水上故人语也。兼金之遗，谨如函报。老父请先以二白杼致浆楮老孺人之堂，外二潞杼。为老父见念，尊者颇殷殷耳。殊不敢多语。

## 与徐荐所使君代父

计老公祖表东郡，不肖渺焉专裁者到今。客岁一奉手函，而错乱之语，浪答记室，岂其礼尊贵如我郡大夫者，能造此傲睨之孽耶？除日见儿辈字，知损金大赍，不废野人，乃野人益忡忡而傲睨之，惭更肥也。天家过听，七姓之诉，狎堂燕者复群，湿毛之豚以饷猛虎，坐是播事日非，颠末难理。况粤在遐荒，而中持之口，几能为当事者算邮程也？且不肖华发为郎，只供五陵轻肥之诮。顷越荆门、出夷陵、渡九湾，肩舆俱废，管屐锡杖，手攀力士而穷日不度一山，嗟哉！入幕宾岂其乐此不为疲乎？弥两月，始购杨酉一哀语，若勘若劓，朝莫更端，则传万里请君父者，哪可券执而一一为当事索，老公祖曾谓难易云何耶？帷握借箸之臣止有编户在，幸亟教我。薄陈旌私，翘首待俞。临发可任瞻恋。

## 与祁尔光

某心师台丈十余年，于兹无繇一仰芝宇，谓知当世有祁先生止耳。不意数踬，儒生得昂首随计吏入都门，亦不知先生飞舄至，而先生向刘特倩忽尔轸及。某邅回再四，乃敢抠谒函丈，一销平生。又讵意太师翁一日之谊，不佞家世载之，而先生亦未谖邪？注存之秾，令人惊喜。数日来愤懑病卧，冀一平剂而不可得者，不觉突然鸣之先生矣。家大人拙宦之态，自不能掩然而拙之。利于国事也，则一掩之；留都抗疏之后，再掩之。杨酋歼决之余，督饷纪功，头须为白，当事者已对君父言之。关中藩臬几于空署，家大人以一官摄五篆，案无留牍，即谮人者亦心知其为有用，而又以不染白髭掩之。卞三刖而璧见，夫孰知家大人之怀璧而永于烟壑邪？林皋之乐真于朝绅，又何爱乎一官？只以人心日险，而险之机浸急；仕路日畏，而畏之窦浸广。老不老，不足向人深说，恐门下亦以为真老也。门下知家严非真老，则知掩家严者又不在老不老矣。聒耳细声，不堪渎听，亦欲佐台丈阅世之一言耳。幸惠然览之，一当神往。

## 启王司空弘阳

小侄落第南旋，拟叩辞阶墀，兼之称谢鼎惠，又以数渎尊者为惧也，遂不敢再动阍人矣。长洲令祁君，乃东省庚午乡试总裁祁太老师孙也，以舍弟业师山阴刘孝廉知小侄，数勤左顾，因历数当年同榜者，而不知岿然八座有老年伯在也。祁惊皇良久，谓于老伯处仅草草一见，初不知附在通家子。罪甚矣，奈何奈何！又以奉旨留用，僻居外城，不敢数谒台前，又不敢不竭诚恭谒以谢过，托小侄先价一言启老伯，谅其原自不知也。小侄诵老伯厚德重望当朝第一人，且聊摄之间萧然四壁，则祁君瞻依之念愈不能已矣。小侄已出都门，不敢劳尊者答字，惟进祁君而教之。幸甚。

## 报冯少墟先生

某齿逾强仕，九试而后举于乡。泽宫一蹶，时命使然。微心弛心，终此□不可有，而况数奉教于师门乎？家严生平拙宦，首龙钟而精力有余，赍捧入都，遽蒙指摘，盖秦蜀三命而三见黜。即老师手握官评，亦未必知其原故也。世局败坏，知遇竟难，于投老之臣得矣。如事任何，归来每仰关云，辄动威瑞之想。心迩道远，殊难为怀。至不肖则又稟型望铸，梦寐以之，修途使绝，惟有不自欺一念，冀通函仗耳。倘此身不重弃于造物，得一日入关枢、谒师门，一消怅怅，幸如之何。老师著作日富，吾道大明，有东来者得掷新刻，又厚幸。棕扇四柄，聊备挥洒。惟老师兹心鉴。

## 秋旱忧田家偶与十一弟帖子

如此景象，能不焦心？想来焦心亦无益，须于臆中高起清凉台，竭然虚栖，啬然下视，视一切众生苦恼，何补秋毫？然亦惟清凉台上人，为能稍稍补救。此等法力，无量无边。吾弟有时过来，当为演说。

## 报丁六兄

每忆吾兄清标玉立，韶韵袭人，流光则照乘之珠，染翰则掞天之轴。茂龄厚抱，弟仅见吾兄一人。如弟老青衿，千掇一科，便了黑业，宁复有望蜀之想耶？独空上人初见似木，强对顷之，稍异俗僧。第云水一瓢，随缘毕性，此自禅那面孔，而蜡蠖习情犹然未断，将数万里之游横归云何也？上人似欲得见成家，当食息其中，不就人冷，亦不因人热。此等檀刹，即名山诸胜地，各有衣钵，孰肯相逊？弟生平酷爱衲子，故责备独空云尔。非明公口不相信，而更移之棒喝也。然逆知吾兄之信我矣。小诗请政。

## 柬胡肖山座师

秋中曾草附一箴通座下，极知芜漫，亦如子之事父，不能躬省。膝前有可致一声而不致，亦罪也，何敢不致？山阴刘伯子冲倩，著名海内旧矣，以仲子孝廉曾为舍弟塾师，与小子称神交者十余年。今受吴太尊聘，乃殷然访小子长白之阿。千秋大业期许甚真，有识者的信其为非尝人也。听小子谈邹峄奇绝处，则夜分起舞，羽翰欲生。且心知老师邹之政翘然一时，入疆出疆，夐异诸路，训又心折其知老师之神矣。十月杪，此君当南旋，道出勾漏，特为老师贡此异人，他日者不止一臂力为门下效也，惟老师一抵掌焉。幸甚。

## 答稷山梁赵郑三友

恭惟三丈命世奇才，一时辉映，想汾水稷山间奎之芒、德之彩，射聚如何？弟心神归向十五年于兹，竟无繇一觌兰光、承玦论，寥寥读会艺数首，乌足以尽门下哉？乃三丈先后奋飞，缺然满志，虽气蓄而长才阅，则老亦晚已。第鼎吕一出，居然大镇，亦何昏旦之有无可比数？如弟腮毛渐二，滥附乡书，在贤豪为途之开，在不肖为宿之托矣。堪笑堪笑。三丈推爱溢情，骈然之锡，远自云间来，可胜愧感。家君专有报启，俯赐区别。临书不任驰恋。

## 答韩大中丞惺翁

久视之义大，无量眇亦无伦。浅尝则语概于彭年，洞微则求珠于罔象。不肖未解色身之缚，空想青牛之气。五千浪诵，一蹄未忘。将选韵发声，为世伯宣畅片语，能乎哉？乃世伯爱我如子，则我事世伯当如父。居有间，容披沥血诚，恭效麦丘之祝。幸世伯无怪其戆而不敬也。是所先祷。

## 报韩大中丞

雕虫小奏，杂置钟吕间，还堪聆不？伯氏私其人而忘其响之细也。惟赤颊在，并谢成帙。

## 答左南皮

弟葫芦中人，知左丈治南皮才数月。往岁读《足食》《足兵》篇，谓英概慈核已伺强半，今瀛海东阳春有脚，我知人哉？弟甲不胜弃、兵不胜曳，乃徒裸入酉，战功收一障，不知者谓我为东家新婿，知者已埒于后车之载矣，堪一大噱否？泽宫决射，岂能裒然者？来牍政谓此老较或有余勇可策，故不吝鞭扶耳。谨揭左方，当安于一弦也。拙卷藉手请教，并谢大惠之辱。

## 寄丁紫野

我世伯仙去，越几时，弟始与闻；范弟走力致悼世伯垅上，越几时，弟始与闻。劣哉。弟前之迟闻何罪？后之迟闻，罪矣罪矣，而非其罪。台丈即慈悲如天竺古先生，肯开大光明藏，照予旋赦予邪？酉之冬，家人冒大贶，讫今未报，此亦书生尝态，并赦否？痴矣。刘生无他肠，向伺台丈颜色。若以其无他肠收之者，今吐也未愿相质。半店一逢，诸君信是奇遇，然篋中事旧，面皮皱新，海上之仲子腰粗于陵之仲子，发寡蓦地簪，盍能不失笑而目软否？台丈坦怀杰气，首我金兰，子丑联蜚，每东望属之，然未以告人。今以为券，薄将附入，幸简存肖，准诸知己。未敢奉候，恐置答亦有俟也。祈叱名及之。

## 寄徐孟明省元

吾侪进取，只是水到渠成。恨蓄之山下者，非放海根气耳。如仁丈英妙见奇，壮岁脱颖，在伧父指为发迟。如弟道眼，政贺其陶炼之事完也。丈自命目快，亦如如不？业登堂称贺，令弟向丘嫂作门楫，赐茶而退。弟以北上先期，不及一俟弹冠，展之都门耳。吾县收头召商一事，家大人谋之半载，心力交劬。丈夙受知靳宗师，此师留心民瘼，一达可伸，兼之新贵人缓颊，移阴立为，造福真反手间事。且上界桂籍首程功行，丈肯视长民沉痛，邈为迂图耶？幸好筹之。即见教，不悉。

## 柬史文溪

甫奉芝玉，即命兵厨，张法乐移日也。将家大人二十年投契之余，忽与不肖，而醇酢被之，义薄古人矣。感切感切。每闻贵近诸君子，大都鲜华肥腴、金碧眩人，门下标格，出尘独造，一派清事，慧谞若闲，又不肖之心折耳。秋石十六两，求使者一炼。徐仆南旋，乞得字报家君。又恳。

## 答陈似斋

往者辛卯，不肖兄弟读长白山中，得瞻道范，盖二十三稔于兹矣。惟门下谦冲宪度，忘其齿，忘其德，忘其学，接引吾曹，一何眷眷。每于讲堂、兰若间抵掌论文，和歌山鸟，白云扃户，泉声自来。亦时坐星汉下，呼数沙弥奏山管叠鼓，夜分乃罢。遥揖断齑之风，大畅清修之理，快哉！彼一时也，犹不自知其享逾涯分，今一想了不可得，门下尚忆此否？岁甲午，大明湖南，一揖一问，隔别抵今，又自怅尔。忽大札来自中州，始知门下吏隐灵宝已二年有奇，惜嗛嗛，不即专城尚需也。华牍琼投，令人惊喜。然不肖客长安久，金错告罄，惭报木未能耳。来教，奖藉溢格，殊愧之。读公子大兄五制，气沛长河，机转承蜩，何物妙龄，有此凝摄？羡羡。酉场诸墨，敝帚矣，原未携有。倘席宠得丑榜，再徼一名，当以拙卷驰奏记室请政也。荒裁称谢，并付台容。临发不任颙仰。

## 柬丘六区

弟劣品，况气当三鼓之余，刃属百战之后。即老兜鍪尚尔时有操弄，敢为飞将军奏耶？乃私心谓罗士者，一收三百人，不为不多，亦祈门下决我于三百人中不耳。然弟于此技如寐，惟门下大呼之，无惜其老而宽之。极感。

## 答陆建美

向者偶谈陆羽之技，足下遂以月团见分；再谈烹贮之法，足下复以精陶见惠。然则何时而已乎？弟无玉川之腹，而此器可盛五小瓯。非足下来，弟惟有量注一半耳。

## 寄安元旭

恭惟台丈方婆娑乎香炉瀑布之间，旋移节于洞庭缥缈之上。人属仙品，地每胜游。于台丈陶然独往得矣，奈弟之每一诵及有涎如缕何？客岁重九后二日，弟即裹半岁粻，再上公车，入成均，友四方英妙，亦薄有弋获者。惜二毛茎茎出矣。云际故人，宁不怜我？贵治多佳刻，兼之虎丘雷芽，驰声陆羽，皆弟癖肠中物。亲家幸蚤分一二函，不妨再寄下，何如？别幅猥陈，所蕲慈照。

## 答刘星海茂才

仁兄方面修眉，吐辞清丽，弟每谓友生云：“此人有出格风致，而脱颖何迟？”然以不佞弟方之，未晚也。学者患矢志不坚，俗缘过重，分神之路日开，而颐神之息甚少。即美誉如昨，暗里消沉，人不知而已。独知之者，此生平进退关头，至微极细，不必与世人较量，蚤应自决者耳。弟年来拂世投世，止此迂拙，已知晚岁有一段得力处，幸知我者共评骘之，不翅为某也远将飞翰，重以邢先生绝笔，敢不珍拜？拙卷甫发刻，容暨小稿并上。滔天潢潦，南望为劳。银鹿与与，宁不瞻恋？

## 与王惺东

恭惟老公祖岳降真人，超超玄箸，不肖已中心奉之，非一日矣。迨卢公祖视篆长白道，台台公明，仁恕之政扇满提封。暇则博极群书，宏倡道脉，即竺乾、三昧之理，靡不洞晰穷际，无敢傲以所不知者。然而一味浑璞，鸿藏无量，则又学士大夫之所难。客岁初夏，起文济上，时曾执姓名，恳求一瞻，乃竟为一阍人所隔。而求瞻之切，汔今尚尔摇摇在心之旌矣。席大庇偶叨一第，宠颁衮里，下拜何时？别幅冒干，仰祈垂鉴。

## 报王翔垓

伏枥之蹄，只应自老，敢复冀沐浴乎天池、衔辔乎金根玉辂间邪？偶而见收，亦偶而服驾，顿忘其骨增高而尾加短矣。我姻丈不直书其不堪驱策之状，好一鼓掌，乃增之誉言，令不肖弟淫淫汗下，不知所云邪？所快者，迂阔之儒不习吏事，得从诸君子日弄三寸柔翰，聊足自娱。诵读之暇，手删朝报，用存数年时政，备异日一人之著论，则亦非饱尚方酒米，无所用心者矣。仁人君子，久耽澧水之乐，当如苍生何？弟谓受病在阴者，医之以阳。汉人云：“进退步趋以实下。”丈无以茵蓐软暖为佳，而用意在股趾间，时时挠动之。饵亦易效，不知可佐一想不？

## 报杨弱水侍御

南桥北梓倾仰，自昔汔今，祈一瞻对，未快也。每于邮筒中接封事，靡不洞切当世，罔牵藤葛，读之令人击节叹赏，岂襄汉间山川杰异而挺生自殊耶？不肖蠹鱼旧生，幸窥中秘，夙知如翁台，方拟肃一牍乞鞭策未敢，而崇奖之、颁拜之。惊喜知翁台有所爱，复推所爱而再及之，感戢可鸣。若夫“讨求故实，鼓吹休明”数语，不肖受台教良自不薄。愿顶踵奉之，以报明德耳。

## 报李方麓冏卿

家君三入仕路而三见黜，播之役，头须以之白，止拟一级，仍为妒口削去。乃翁台独于其人退伏之后，排群喙而疏荐之。父有知己而其子不知，知而以漫无差等之刺相投，可胜诛耶？台命尊严，未敢逆容，专谒布之。

## 报张茂才

以吾友之寒素寡营，毫不羶悦，宜无一念不灵惺、无一书不悟入，何难雄视千古，竖赤中原？矧制艺小技，尚尔磕磕绊绊，笔神未动邪？可讶可讶。或者眷眷穷乡中，不亲异人，眉宇即有之，亦斤斤问字之奇，而非观涛之游也。往予每谓石居士云："张友愿雅可爱，自是善人之裔。但神气稍乏昂骧，骨力亦欠锻炼。须用异尝工夫，养得骨肉屹然，天下何事不可做？"石君未必解余言，故不能为君说偈耳。余请为石君代之曰："回紫抱黄法，能补未生前。口食毛羽肉，舌瓣出青莲。误堕枯寂中，仙凡俱惘然。"幸举此偈，与有道者商之，不然恐误吾友不浅。千里久别，遂麾华札，感甚感甚。狂瞽语不谂有当意旨否？勿罪为快。

## 章丘王公

读别札，知老父母抚字苦心宁日，甘当路之督过而不与易也，仁人哉。不肖困于雕虫，无足比数，得见诸缙绅能为台下重者，亦不敢自爱齿牙，不以归美，非套语也。颇闻有识者云：寓中刀币日耗一日，善为令者，于应解银两，只得设法完输。若吏胥工食诸费，令下户量纳谷布木绵等项，平价支给，大与地方有济，官亦稍稍省力。莫云此例之难开也。且赵公祖行事，不肖亦曾执此请教，赵公祖甚韪之。台下试观年来景象，宁可以尝理拘哉？琐琐渎闻，惟鉴在。

## 尚宝丞王逊之

不佞与门下仅一投刺，未遂瞻承，乃秀格芳华，遥伫之而心仪之矣。兹以慕令祖太翁著作有年，种种佳刻，愿徼惠一部，何如？不佞力不能购先达书而乞之门下，门下亦怜其嗜德向学，无以赎货之夫？视之则拜大雅之赐矣。容登谢。

## 周尘寰

敝邑需良牧，何异大浸之溺、野火之焚，得冯父母往而牧之，政不必观于竹马之后、三月之余，只此种缜密安闲之致，便是发挥根蒂。老年丈相晤时，但道刘家父子俱属庸人，即叩而声应者，皆本实语，非谓区区盖茅计也，则弟之邀灵于夙知如是止耳。滦人鼓腹之歌想已可采，久之沸入燕云，当落藜室彤管间，为异日循传料也。企伫何如。

## 徐吉谦夏邑

昔人论事，快如劈竹，艰如当盘节，然则操刀操锯，宁是两人？妙在睨而视之，迎以霜龃雪锷，何不立解？年丈目有雌雄，政得执柯伐柯之用，以人治人，心无其心。老年丈之理夏邑也如是夫？彼据之为窟，我不知为窟；彼营之为三，我并一而冥之。古今巨细事真如奕棋，自有推枰不着之法，然非避而去之一邦之谓也。若曰刘子书生，困于雕虫，安知吏事？则黑白投而胜负不无矣。吾兄竟谓如何？

## 署长山庠林谕

丑之别，行易而为卯辰之聚。睫毛几转，景物革新，惟有翁丈，尽发酉山之藏，握定胪传之首，为不虚掷流光耳。如弟牛马之魂，夜不息昼，虫鱼之课，后不补前。大官之撰匪多，素餐之羞已甚。况馆师三易，立雪弗专，又岂饱滋化雨，得如一草一木蓁蓁芃芃者比？且朝家近状十九如此，翁丈得无共生杞忧邪？

## 沈彦威年友

老年丈入都不为不久，距舍不为不近，乃竟缺一欢。岂弟之阍人诳年丈，亦年丈之阍人诳弟乎？曾于马上遥见尊仪，丰美大殊释菜时。即向周浒西、陈无象两丈云："沈彦威甚不似教授生徒乐水滨者，果以教授行邪？"昔人谓"淡、简、温，不厌而文且理"，为己作人以至平章天下，惟此是务。况列在师儒、岿然上庠，则彦威尊矣密矣。为令、为曹郎而大声以色者卑矣粗矣，孰如彦威？若弟争噀嚅于蠹鱼，溷鞿络于牛马，冷冰一署，食指嗷嗷，真淡而厌、不简不文、寒而愦愦者与，又孰如彦威彦威耳？此一段亦为喷粒满案不？

## 张振宇

随腕作字，肆臆而吟，弟二十年来尝态也。仁丈习知弟，又何敢深匿而不以报命乎？沈彦威游成均时已属膈友，况同丑籍，日相过从？弟每称此君为胥庭以上人物，而挥文晰理，辟易千群，公子真得师哉！敬以为贺，弟庸敢居先之之功邪？

## 向王禖海报代书

恭惟台丈真赤饮人，真才命世，可谓无之不宜者。年来辽左多事，□情覫覫，未一息忘蠢动也，而边事之坏，不独辽为然。乃辽不速治，视他镇患且急，台丈以为然否？请专力澄汰虚冒一节，则一切弊孔，可不劳而抵塞也。幸与诸当事戮力同心，务臻实效，将主上数年来左顾之忧，自台丈为之，顿释矣。得无以书生喁喁之谈而吐之？幸甚。

## 曹县令

家君戆直自性，瞢瞢仕路者三十余年，旋入旋黜，两次播功，俱属乌有，自是拙宦本来分量。盖初领泫氏时，贵宅老前辈已知其人矣。曾有覆匿，亦曾有阿承否？翁台梓里相闻阅三十年，而轸及不肖，此古人胸次，何得于浇风中见之？快感快感。时遣家僮迎贱眷，即函尊札，寄览家君。家君曾刻有《诗宿》一书，简帙颇重，容异日者便上请教。恭欣奏最，台垣虚左，当扫室布席，一畅平生也。

## 靳习鲁巡抚

辽左边事，老师应有石画，当事者何不借吾师经略而远起杨公为也？虽曰人惟求旧，仕籍自有年资，此亦朝抻习气，用人板格耳。战守机宜，总自豪杰识力，不必未阅，亦不必久阅，况求人于今日，虚游门面，岂其称乏？如老师筑边一节，坚完省费，前无古人。拊绥将士，宁谧地方，即充国金城之略、仲淹胸中甲兵，弗逊也。幸老师厚自珍摄，以需大拜。颙望颙望。移驻事似当以赵澹含之说为妥，老师听之，勿应一语可也。人情汹汹，谁能切脉？乃□所虑者不在外徼之难御，而在内睡之不醒。针自有鼻，线自有头。推诿詟乱，不知补缀。何时更恳老师与一二知言者极力提掇一番，庶有端绪，讵独为保障神京门户已哉！惟贳其狂瞽而教之，未必无借手处也。临笔殷然。

## 王襟海侍御

古人谭兵，妙在审厥情形变化与俱，未有如我国家遥制疆事，大失古人推毂抗旌初意者，况重以叵测之□□、曳掣之暖兔、狐疑之北关、单虚之兵饷乎？颇闻往者一有鞭挞之意而操未嚼冰，一有苞苴之严而□事未谙。忽视事，忽报峻事，辽左数年景象似可寒心者。台丈老成长虑，视魏尚、充国不啻远过，而复以绣斧行之。傥有故步宜夺、新格宜布，足抒主上左顾之忧、破缙绅拘挛之口者，何妨大作一番，令东事改观乎？弟，书生也，心悬庙略，非一日矣。但请教未深，惧蒙轻躁之罪，故三缄耳。台丈不我鄙夷，肯采听而俯赐施行，幸甚。

## 报张侍御敬吾

年来玄黄水火之形，仅在臣邻笔舌耳。今且宫掖之间卒有骇异，令朝市如哄，而向者杯弓之影，几为入腹之蛇矣。幸圣明从中了了，不蓄疑根，犹属宗社有灵也。翁台正直忠厚，群望欣趋，方砥柱倚之，而当事者乃欲借汲内史于一方。一方得矣，如清议何？想挥戈挽回，自有鲁阳氏在也。延伫延伫。

## 冯映垣邑牧

岁大歉，饥民易于生心。复以奸民倡之，宁不摇乱？想老父母保障吾邑，自有方略。然须以停征安集为首务，次则查搜守城民壮原额数，时时简练，更设法增乡兵、立簿籍，以义勇、武举等官分路统帅之，侦探、巡逻各有专委，务使四境之内，盗不敢入。而又一意宽恤，小民各恋井里，庶不至为盗资矣。区区桑土私情，寝食几废，将不呼父母而谁呼耶？然不但吾邑，即以肤见，设诚而致行之，何地不可守，何民不可安？牧父仁人，肯不鄙夷书生而采听布之，地方幸甚，族里幸甚，独为寒村蚁蛭之聚哉？

## 报石楚阳巡抚

寅冬曾托云中令以家严《诗宿》刻猥尘记室，用旌往慕，兼谢下交。乃辱大雅，忆存埒草土于膏馥，窃愧窃愧！得借观《神榆》三章，古绘灵踪，豁开肉眼。谂台台伟略壮猷，塞垣肃穆，轻裘缓带，超超玄风。何必拜堂坳之下，而后知其为龙图老子哉？小诗勒扇头，顿忘舞斧，幸惠之削尺，为感。佳集取次发梓，又幸于时赐教。不识可尾附小跋，永载兰袭不也？

## 王仪部康宇

奉别以来，朝家动作与四方音耗日奇一日，即令千手千眼佛慈悲救度，未必弘济，况寂无声闻邪？倘此等法轮永无转期，天下事可知已。看来掖廷边鄙之变均不足虑，山泽啸聚犹可暂戢，惟有积饥积荒，望岁莫必令人魂摇，茫无边际。非十鄚侯在内、百汲长孺在外，何利之有？弟，迂阔书生，寸丹不灭，惟有仰屋窃叹而已。亲家学妙天人，尤洞达治理，幸惠数言，开我狂惑，何如？老年伯与叶老师一归，大关国家气运，看去后景象可知已。匆冗未敢附候，乞叱弟名转及，容专削一省也。

## 上邹南皋年伯

小侄训，自白下得奉台颜，有道风仪，系诸肺腑，真有又从而维之者，至今寤寐中恍在左右，不谖也。数岁前购得伯父刻集一部，易简洞达，志行如揭。畴昔手书“乐有贤父兄”一段，扇敝矣，尚什袭藏之。昨见“付刘冲倩视于无形”八言，即大书寓壁，时惕心目，侄之窃于伯父者厚矣。答家君书并诸刻，上元前后可致长白山中，端不误也。韩侍御役旋，僭附数字，一通记室。侄可教与否，伯父应尔不弃。有北，便再赐儆敕一段，愿终身佩之。九顿以请。

## 沈襄中水部

读老年丈“材殚商尽”一言，可为悒惋。信世界难理之时，无官不苦，无地不艰。弟于年丈宇概尚在恍惚，乃细玩尺牍，必精核缜密之品，政可日执牙筹、佐国用而苏商困者，不必为年丈虑不称矣。知言知人，弟窃附一班焉。冰衔未授，冷气袭人，忽拜温颁，感切感切。

## 宋可泉南少司寇

捧读大疏，剀切淋漓，其忧危明圣而隐轸民艰，殆无余虑。且于中注意东省，恻恻请命，得主上赐之披阅不？置庋阁乎？未有不憣然动念，沛然而宽恤者，是小民隔于万里、小臣束于功令，而大老以长虑讦谋收之，将翁台之功德，与东方岱溟共崇深矣。言之激衷，真欲泣下。至不肖仰止之私，久悬寤寐，又倍喜翁台之有此奏也。

## 张幼台青阳令

惟门下癯石之郛、清韶之韵，自束发时峼湖之滨为之神爽者，二十年已。都门草聚，不遑选半晷余闲，洗卮一对，嗤惭可云。窃喜门下以子晋、令威之品出宰五溪九华间，悬蒲鸣琴，岚光入案，何事不轻清洒脱、夐绝俗吏容邪？即不无飞盖轮蹄之扰，且以流云付之矣。转眼千日，奏最伊迩，青阳佳丽，能久驻台旌不？弟年来抱有茶癖，长安市肆多揉柳叶作赝品，啜之为害不小。贵治新茗，乞惠数斤，三月初觅便羽付之。但求真味，不必雨前、旗枪之细也。

## 刘星海茂才

每计知名之士，屡遭踬困，不获昂首，大略有三：刻意为文，笔欠酣畅，我吐涩气而欲利它人之耳，宁有是事？一也。高谭古文词及百家，悦目谀闻之技、选声逐调伎俩成熟，而欲以薮奇海珍当菽粟之三餐，恐读之者龃舌而思唠焉，二也。身被学人之名，心受米盐之累，每临新敌，仍用旧兵，海内之风顿殊，坚瓠之守未化，即勉赴三鼓而七扎难穿，能绰有剩技乎？三也。弟于三病兼而有之，努力剪除，膂胆几绝，故知之最真，言之非无味耳。吾丈天授异人，老之以当大任，何厌其晚？诚恐有一于此，狎昵不除，安在其为善变乎？丈知我爱我，愈久愈真，直欲速化酸冷，共游蔗境为快。若曰：汝非妙相，曷能靳人之不晚？则不肖语塞矣。

## 向青椭梁山令

每闻巴东刀耕火种，民俗喜奉鬼神，且灵踪仙迹所在有之，想山川殊异乃尔。正拟扫石焚芸，向老年丈一叩秘理。忽闻遣双凫飞至阙下，则晤对之期尚不可知，令人皇惑。又，夔属率用孝廉、明经领其事，老年丈忽分梁山之符，可谓芜蔓仙芝、鸡群独鹤矣。卓绝治行，应不特为夔之十三城作榜样也。

## 周季侯武康

知人者不必日习其人，在得其神情。即生平猷念，并足领略过半。老年丈秀骨澄容，流盼不俗，复无漏脱骄蹇之色，以此为吏，可仙亦可循，自是寓中大用之品。弟窃附知人矣。东方曼倩云：“圣人之道，一龙一蛇。形见神藏，与物变化。”每思古今循令无如卓褒德，考其行己，在清浊之间，岂以取予语清浊哉？弟时时举似为令者，老年丈亦喜闻此不？

## 温青霞吉水

西长安门板房一晤，老年丈犹忆得不？德度雍容，自含沉挚，亦吾丑籍中第一流品也。邑有南皋先生，羽仪当世，岿然卓绝，不有如年丈其人者，乌足以领其地而临治之？家君与此老为同门友，臭味特入。弟总角时，亦曾于留都数瞻丰采，闻绪论道德经济，政好翊赞休明，及时向用。幽然空谷，且阅三十年矣。即蒲车玄币，旦夕下而往责之已虞迟暮，况复听之悠悠邪？慨息何如，俟拙课装成，并以小函请教。乞年丈造膝时间语及之，见弟之严事伯父，未敢草草也。

## 文受寰宪长

年来东西边事各自有说，无怪欢乎言者之啧啧。且都门议论似于辽独苛，诚有如尊札所云者。看来东鄙近而西陲远，西陲杂游之人载舌而入，动辄经年。东鄙承金白构祸之余，复罹虎憨之惨，士大夫无不以辽为急者。而杂游辈冯臆而雌黄之，无日不然。若人人虚平，尽以按辽之言为信，而不牵于旁语，又足兵转饷之思，与剖析功罪之举，并以真切提拨之，亦不至如是之苛也。

## 报邹南皋年伯

侄承家严寡谐之余，笃兹庭诲，未敢刓方为圆也。庸才拙貌，猥留馆职，然亦以其庸拙，故阁试十五六次俱列十名外，幸不至尾，不免为高才疾足者所嗤耳。伯父试详此段驽态，则不肖之面孔可得已。东省奇灾，父老不经，闻见垂白二亲坚守荒落，不入邑城，得免于惊扰，幸也。侄株拘一句，度日如岁，簪中白发数茎，皆自思亲忧岁而生。且解馆授职，从来无此迟延。六月到任，越数日，即投呈请告，一意承欢，不复问长安事已。年来世界如沸釜，如长夜，如百病交作之人不任一匕。悠悠帝命，可胜杞忧？伯父一腔葵赤，不知当如何耿切也？李年丈道味深醇，复有宗授，眼中无此眉宇，敬服敬服。试草一册，专求伯父督诲，更乞赐数言弁诸卷首。因风却寄，百朋之惠，奕世载之矣。

## 回周毓阳巡抚

书生不宜言时事，况辽事更难言。即猥言之，曷敢以摸索语向台下，请谬抒一得以备药笼，可耳？不肖所闻于东事，不过邮报之传及一二情形风影语，固不必论。即如天高而难为呼也，辽坏而难为理也，敌锐而难为斗也，饷艰而难为继也，将多而难为驭也，□狡而难为揣也，文臣武吏恐分曹而难为协也。此自诸老真心伟略所能预策，人人知之，杞忧何为？惟是行道之人有言：将来结局不出宋人“和”之一字者。异哉斯语，真令人发上指、眦为裂也！夫主上数十年来子惠之意不至，出入之节太偏。水旱兵荒，无地无日不告。为斯语者亦料饷之万万不充，将上崩于外侮同会耳。谬甚谬甚，何遽至此？夫一隅之丑，不敌一二大邑。□之腹心不过一二鼠窜小辈，堂堂天朝，内无权奸，外无跋扈。且闻□□淫杀二事，业已贯盈。又闻勾联之众渐解，枕席之戈不无。播州应龙自焚于西南，建州□□不可自经于东北乎？况在事诸老俱大识、大力、大福之人，只握定养威蓄锐，勿言速剿一策。日以收保训练之严，藏挞伐之计，且与阁部、台省预请约曰：勿促师期，无掣行间之肘，无信中山之谤。压卵摧枯，空庭扫穴，有何难事？是咄咄书生于二千里外已目无□□久矣，况诸老乎？幸翁丈惠然教之，以慰迂拙，何如？胸中愤懑，急欲一吐，故不避清严，辄尔狂率。知台台谬爱，必怜而省之也。

## 报张云桥县主

两月来，以二三文字之役，兼临境人事之多，非杜门搦管，则冒雨冲泥。一觞之称，未卜请间何日也，我牧父得无罪其疏节乎？承颁示政略，盥手捧读，不觉泣下。夫诸政，在无捐瘠、无狐鼠之邑，则为恒格；而在长山，则为白骨之灵符、枯株之甘露。在阜营一室，不念井里者读之，则为循吏之本谟；而在不肖读之，则为还定安集之伟略，而救焚拯溺之上猷也。一事一丹，一字一泪，长之父老子弟清夜一思，起而环视邻封景象，较往岁看是何如？不肖每一念及，喜极转悲，悲余益喜，惟一片血心与上帝知牧父耳。衰薄世界，恐未必人人如区区也。但冷局中人，不宜数谈政事，亦不宜数谒宰官。不肖与牧父，可谓密于心知而疏于颂言者。此段交情，或凌古人矣。敢以请政云何。

## 答张维扬明经

客岁小仆自东土来，曾称翁丈一过敝庐，未悉颠末。兹读令亲王孝廉携来手教，才知老年伯身后多故，且累及翁丈尔尔也。看来人家以无祸为福，即不幸而罹无妄之灾，只宜虚心平气，蚤蚤消弭。必欲如奕棋者着着求胜，复听局外多口指挥，恐不止一局之负矣。老年伯既无壮年当门之子，所遗诸媵，便宜于易箦之前各有处分。业已失着，安免群小之睨？翁丈请以道眼觑破，自不足怪也。区区财物，尘土视之。繁嚣自去，清福自来矣。

## 吴缵敬公祖

大荒之后，才得菽荞数粒，差可朝夕。然十室之中尚空六七，大司农但知主计藏而不知重户口，不肖心窃不服。赖老公祖嘉惠齐民，日求其瘼而抚循之，想于两台公祖处极力调停，必不令返者复逃、苏者复死也。若东人之苦，老公祖不尽知，两台公祖不坚意与司农大夫作敌，天下事真不可知。据敝乡言之，纵使岁前瑞雪不绝，春事大起，二麦诸谷，穰穰满家，亦不过仅为糊口。葺屋、瘗死、求婚，稍回完聚之机耳。一听追呼，谷贱如土，况当此玄冬枯旱、啼旧愁新之时乎？此邑久失乳哺，视诸邑异，而报灾独少、仰惠独薄，视诸邑更异。积苦沉痛，谁为一语？不肖怀亲忧岁，伥伧归来，距台光颇远，不敢入省一鸣，惧溷尊严也。署公仁明可敬，长人大喜。又虑格例已定，上督不休，即不然缓于目前，而并征于日后。虽仁人，不能为穷氓计也，奈何奈何！敢乞老公祖为长山特为破格，设法蠲除二三分，则济属尚有长山已。拉涕勒状，伏冀旻覆。

## 刘心海茂才

古来未有落第而洒洒自快者，有之，亦皮外语致耳。吾丈此札，视子卯二札夐别，殊觉精进。将挫抑久而眉不胜颦也？亦清约之极，道力将出，不复为习气所拘也？弟年来颇有立脚处，倾盖之友即能参等造诣，乃至道三十年心交反失之耶？万不其然。北畿命中，东省二人齿俱耳顺，江右张榜首不啻过之。心灰不灰之间，故命在神与人之介。引刀刺骨，不必自苦乃尔。真才大贤，别有一种超越处，了来竟有大获。《易》曰“田无禽”，非罻罗之不具也，不知获禽法也。幸大放眼界，无以娖娖得失为念。伫见足下之天飞矣，孟浪语、实际语，惟吾兄所视。

## 沈东华方岳

不肖视台台有师模父执之旧，只以冷局自匿、礼际都荒，即福曜东悬，未敢漫通只字，仰渎尊严也。乃台台弗督过之，而辱之注存。情文浲格，贲我岩阿，愧感俱生，□天舛地矣。敝邑凋瘵，视邻境夐异。灾甚而以小歉闻，法新而以弁髦弃。老父为收解钱粮一事苦心数年，始得诸老公祖允行。而刻石初立辄敢背之，想该房吏书有包天之胆，有不可拔之根株，利在收头数多便于科敛，乃借名火耗之难以膻悦，主者欲抹杀“官收官解”四字。又有一等久惯包揽棍徒，家无卓锥之地，营顶上户名，代为收受。既善偷纳户银钱，又巧取里下帮贴，阻挠良法，荧惑县官。盖历来县官即大不肖，一入地方，未必遽有成心。只此辈与该房吏书及三五积猾衙役做成圈套，牢不可开。想来凶年可转、好官可得，而若曹之夙蠹恐不易除也。敢乞台台大奋电霆之威，速殄虎狼之祸。祈先赐之严谕，并廉访拨官殃民一二人显褫其魄，会见长民渐有起色矣。临笔臆懑，万恳留神。毫发之私，白日堪指。

## 答考满诸年友

北海冯宗伯尝语辛丑所得士云：“余生平最憾，不得为外吏。”为外吏，始得修物情以练心，尽人态以证学。故不陶于四方之俗，大雅何繇而生？不试于盘错之交，妙解于何而出？况乎冲波而后知骨力之坚脆也，凌风而后知羽力之强弱也。但得脚根立定，辨忘既真，一辛一恬，并为一大受用，何底极之于有？旨哉斯言。领符者宜人置一通，施为自尔。有力如老年丈，政成民和，既善刀满志，制锦而为报章矣。弟始述宗伯语，无乃太迂乎？夫亦聊附知味，问年丈之所得云何耳。幸贳其狂。

## 张犹龙剑州

倏忽别去，已阅五年。吾丈舞屠刀于鸡喉，人惜小试；弟也嚼残膏于鱼蠹，望类书空。然小试者已离邑改郡，指剑阁而吟“蹄欲染江云书空”者，但守臼恋窠，带冰衔而夜读。虚缅藜火，爰念及此，令吾二人握手，课实当成，哗然一笑耳，乃弟则惭负多矣。肃宁之理，烨烨有声且种种大当，不闻小疵，真历级之芳趾，而峻陟之善基也。企羡企羡。

## 蒲[①]昆溟长垣

每念仆与吾兄，必有宿世神契。酉丑之役，桃李同蹊，亦容有之。惟子之冬，胡师酒间呼卢之数，与年丈栩栩之梦竟尔符叶。且弟也附翮而飞，三友差池其羽，吴公复化为异物，益见吾两人之作契，以天而非人力所能要也。政好大抉世格，交欢真挚，不逊古人，才无负此契耳。长垣之政不为赫赫名，然吏惕民怀，冰操日廪，匪独崔振老能言之，吾乡诸台省同声击赞，久滥弟之耳矣。六垣左虚，征书非远，拟涤铛拂几，以待襜帷之至。奉庄启，亦当勉为俪语以报。但劣弟不先脱略，兄肯不以此套束我邪？虽然，有慢罪矣。

## 方晞讱户部

昌平重镇，匪得老成谋国如年台者持筹其间，恐轻出则计诎，重出则无以绥士。所以护肩背而防陵寝，谭何容易。侧闻年丈简静慎密，大得饷臣之体。倘暇中讨求厄塞故实及□情缓急，于边吏之所不逮、幕府之所欲闻而不得其真者，显督而潜致之，裨益当自不小。弟迂阔书生，然颇喜留心时事，敢以附讯，老年丈得无笑其漫浪邪？

## 文受寰老师

时事之坏，有如醴酪，岂一朝一夕之酿使然？乃亦初不意，忽而小警，辄类不支若此，老师得无甫闻之而失笑？爰念及而拊膺。今主上既秘护内帑，不可得请，外廷复拘牵文法，不早借资，上下判隔，祝庖推谢，不知军中范老、箸前子房定为谁氏？悠悠忽忽，因循日月。不肖书生，颇类杞国之人矣。老师节镇重地，自有种种石画。看来目前无事之区，政好加意缮练，远侦密防。久之，我力有余，犹可以借邻人。则金汤之赖，独雁云间已邪？

## 王宜苏

读孟玄钵所持箑头诗，已知为袁中郎社长。乃于中无不楚之呻，亦无借插之色，根气实过之。直恨懒漫殊甚，未能躬请大教，为歉耳。《恒言》一集，弟知永城王氏之所以兴矣。此等世界，昆季蝉联，赫奕之时，而忆存若此，俗

① “蒲”，当作“浦”。

子以为康瓠。弟鼎吕奉之，暂声谢，俟即抠展。

## 冯月祯观察

伏谂老年伯壮猷茂著，台芒日新。凡节钺之宏开，悉旻膏之泫注。彼关陕汝洛间，亦既酞沃而翔洽矣。东山父老，旧属慈帡，自顷岁荐饥后，招恤之格虽悬，荡析之墟难复。今禾黍大至，积赋并呼，得不以钟庾易锱铢乎？故主爵者怜东方之苦，特藉福曜，大庇玄枵之野，均节调停，专徯妙用，执杓望饮，伫切长河。不肖与诸父老先俞旨而趋迎已。帝渥崇加，宜申燕贺。稍俟台旌锦旋，当合词一觞，致诸阶下也。

## 答张云桥县主

往岁四郊无事，闳政宜宽。谓缓在军容则可，惟民力是恤耳。以故有人乎仆卿之侧，辄尔尺寸弗较。今东方急需战马，朝议戒严，即徐京老夙爱不肖，欲惠我乡人，亦不能废法相徇也。况包揽之役，但知衔德意以出，而不知侦时事以入。不第难为仆寺，难为不肖之居间，且于牧父亦未大便。明春俵解时，幸加意督之，无听若辈之耽利弗顾也。新粮之征，极知缓之不得。但往岁苦荒，今伤谷贱。旧赋勉输，新催踵至，恐长之生气无多也。恳牧父静观邑内之民情，并酌公私之缓急，自有一番妙用。仆迂阔书生，复远在千里外，漫削为讯，恐未必有当尊旨也。

## 报孙拱阳

顷晤令侄先生，翩翩佳致，若饱阅世味而以恬雅行之者。非高门大冶，何得有此？企羡企羡。翁丈腰黄生花，不为不与世遇。乃沁园高卧，煮云石而课舌耕，为日且久于放怀，得矣。其如主恩何？如苍生何？幸更筹之。老父席庇尚尔未备，年来不与官府往还。一卷一筇，尚羊自乐，真不知老之将至。直恨弟署类条冰，不能时致珍腴，为怍耳。倘石楼主人有世外驻颜之术，愿以密示，致老人无忘泫城夙好可也。

## 李总戎如柏

顷不揣疏逖，冒通竿尺，致烦翁台。剖鳞之牍，贰以切玉之贶。雪幌寒篝，遽吹邹律矣，衷戢可云。老亲每念蜀南之役，日与翁台飞觥说剑，过辱注存。第迂阔之性，不谐世局急尔。林莽之藏，有负门下弹冠之好多矣。远拜参饵，足副颓龄，真肉骨，为感也。刘省老昔共事于西南，兹协谋于东北，亦自不偶，愿门下并力同心，无分畛域。将铜柱之标，再映榆关葱岭。慰藉慰藉。

## 胡肖山座师

人生逆顺，有开必先。吾师屈抑数年，竟不能以北曹相借，乃轩然南发之期在，积有风霾之会。比凌晨出都，则天清日霁，举觞赋骊之客几塞道周。老师之得于天人，与天人之见助于吾师者，奉别之顷，已预布座下矣。读《南游》一刻，更见冲襟逸气，尘鞅几绝，正唯弟子不能学也。企羡何如。

## 文受寰总督

蓟辽制台之重，从来夐异诸塞。其在今日，则又东陲之败坏已极，西虏之情形未曙。兼辖窎远，未必无鞭长马腹之虞；议论庞杂，亦时有此制彼牵之虑。入关虽无警报而神且日飞，援师不绝驿骚而食无竟匕。匪有大识、大力、大干济如我师台者，曷能胜其任而愉快邪？迩来宫府暌绝，庙略全虚，又惟老师与熊芝冈、周毓阳三人是赖。不肖愿老师尽扫前人推诿之蹊，直揭同心戮力之意。事不必自吾师起，而种种相成；议不必自吾师出，而条条合节。请以“无成心，有力量”两言贡座下，不审有当采纳否？王立宇按君一片公忠，只立四辟，可谓一时豪杰。又幸老师肝膈付之，应大有攸济也。冒此冰僚，不敢作套仪。仰溷裁答，外附门人刻卷房稿，用旌依恋。

## 周毓阳巡抚

自东□发难，赖宗社有灵，启牖圣衷，以全辽付翁台。乃翁台受事之初，权不获独执，机不免牵制，处至难之时，操极苦之思。即细至束刍斗米，躬自揲阅。诗人所称“拮据卒瘏”之劳，或未至如门下也。一日与王立宇议及东事，交述所闻门下辛楚状，不觉相对泣下，因叹不柱[①]、泰岱间生周毓老，真社稷臣也。岂其为谀，乃杞人之忧？则又在海内骚动，民困不支，宫中府中，别有窃弄，日甚一日。门下不见，自九月中旬后，事事寝阁，人人弛玩。都城

① “不柱”，据文意，当作“不注”，即“华不注”省语。作“不住”亦通。

景象有如长夜，而言者竟无一语切中，大可寒心，视东事可忧恐相万也。翁台识微至人，亦谓然否？佳刻汇萃兵机，出入神化，只尺方策，足恣千秋。茹吐下拜，不翅鸿宝。

## 同门寄何芝岳老师公札

恭谂老师斗极重望，舆论共推。虽挚情政眷于慈闱，而寤寐久劳于明主。矧太学育材重任，为国家绥治关头，且时事多梦，人情思理，以素抱忠赤如吾师，能无殷然轸念，为下悬舆乎？尝诵唐之李绛《国学》一疏，谓师儒重则“朝廷无不根之论，蕃夷有慕义之名”，心窃服之，亦何必牵组枕戈之臣，乃为有裨今日哉？某等瞻依思切，劝驾无从。敬于叶曾城年友归里之便，恭勒尺一，仰候兴居，戋戋四杍，聊佐老师冬裁。輶亵为罪。

## 方中函座师

不肖猥奉□简书，间关数千里，半历戎马之场，虽幸而开读礼成，庶几不辱。哪意归途梗绝，漫赴海程，乃□烽密布于南州，飓浪时惊于海上。小疏中有不敢尽闻之君父者，至于出都门、抵王京，节恤驿站、轸爱属国，无非奉朝廷之德意，体老师之榘诲，聊效臣子万分之一。亦以冉刘二内监虐焰惨毒尚在人口，谓不极力约束仆从，不能一洗陋规耳。然随行诸人，不免有恶其拘简而色笑俱异者。愿老师廉而察之，庶不至三至而投也。

## 熊芝冈经略

不肖又二月度辽阳，局外之人，不无闻见。追繇南卫取道登莱，亦有一管之窥，大都人人所惊，料翁台必不惊。谓辽城虽破，殊非贼□之福，饱死淫死旷死，人亦能言之。惟是辽不破，奸宄之穴不露，贼之伎俩尚伏。至今日，则锦鸡照水，沐猴弄冠，称□之檄蚤闻于朝鲜，屠戮之惨更甚于开铁。南州□□，未必衷甘；西虏久羁，岂无驱驾？丽人之恭顺颇真，海上之奇兵可渡。压卵之势未成，神异之机不乏。不肖心知之而口不能言，言之亦不敢尽。料翁台着着制胜，不烦再计已。袁公有圣贤之心，无豪杰之气。叛贼三绐而不疑，且为不肖诵之。天也，袁公何尤？又闻辽城既陷叛贼，与城中亲知茂才人等执手垂泪，拊膺密语云：“你们□□只是个模样儿罢？□□不要尽□了，我不久为朝廷出力歼灭□□，你们依然南朝人物。”一时传布，闻中外多信之者。昨见王肖乾疏中亦云"□□之侧，亦有消息"，肖乾必自有说，然亦万万不可恃。愚谓异日即有是事，不过三面之网既合，釜鱼之游渐热。自分无逃，故作哀鸣。纵永芳为我手刃逆□父子，全空老上贼子幻态亦何当焉？乃迂生之忧，更有进于此者。我皇祖收敛财贿，前古让多，累累一痈，溃自东北隅。若为东北隅能发数千万金，秋毫不忍加派，杞人何忧？往者不可谏，愚谓于今他人请之不得者，翁台请之必得；他人可一不可再，翁台有请必得。□焰虽凶，终属癣疥；小民虽愚，终是本根。惟愿轸念及此，斯为大识、大力，豪杰之手、圣贤之心。一隅靖而天下安，惟翁台是赖。又，以夷攻夷，亦费商榷。今日之难易，后日之静燥也。亦惟翁台能用之。翁台得无笑书生漫浪乎？

## 梁丹崖宪副

年来东事之败，总繇奸细布满，而当事者瞢瞢付之。辽城既破，方有殄灭贼□之理，惟可与知者道耳。朝鲜乐国，亦弱国，事事观望，动见两歧。盖亦辽事之贻笑使然，而非恭顺之不真，亦惟可与知者道耳。河西、南卫、镇江，朝鲜三面也，其实只要做成一气。毛文龙近日之举，未审策应，何似贼□，计狡而法严。南卫人情日久，不无异态。前月见王肖乾年兄疏中有云："□酋之侧，亦渐有次第。"嗟嗟！谈何容易。即肖乾必自有说，万万不可堕李贼计中。翁台以为何如？区区管见，颇填胸臆。但哀毁余生，未能深言时事，言之亦虑无当。承翁台下询，不得不潦略数语，仰佐一筹耳。朝鲜议政府赞成李君名尔瞻者，与不孝周旋甚久。自渡江汔浮海，诸拙稿尽付流波。烦翁台传语搜括，为录一帙。或《皇华集》杀青既竟，便寄一二册。恳恳。

## 孙二如司理

登城乡官浦昆溟四月十九日之变，逾七日而不肖得与闻。盖不啻断不肖之手足，而摧不肖之肝肠也。夫人孰无友？生死交情，惟所笃念，俱等闲事。乃仆与昆溟两榜同门，一蒂肺膈。自癸丑揭晓之日，过我燕邸，屏左右，抚掌大哭，诉两姓父母之恩、华氏孤弱之状。异日者得沾一命逮浦氏翁婆，方敢具疏复姓，归宗所生，此昆溟之本情也。至于群凶既借力以营私，复阴谋而蹂践。既知非浦氏之骨血，欲终作浦氏之奴隶。盖自甫荐乡书已然，不待今日种种冤苦，甘之如饴。即不肖夙有所闻，胥从东方义士之口，而昆溟曾未向他人一言。不肖心知之，而亦不敢一问昆溟，虑拂其包荒之厚德而反目，不肖有俗肠也。然其人如彼之贤，如彼之廉介，如彼之痴弱，肉不足以饲馁虎，而力又不能远豺狼。低首攒眉，度日如岁。公庭之竿牍，百无一出其手；馈遗之时至，百无一入其囊。先是四十七年十二月，凌辱几死，诸公祖父母过而怜之，欲为稍稍泄忿，昆溟介然不从，料老公祖已悉知矣。昆溟今日之死，未审何因。恐行道之人无不切齿裂眦，共抱不平之气。不知为公祖父母者，将何以慰死魂、快舆情也？敢以为问。

乃不肖所首急者，不在殛凶人，而在托孤子。五岁孤儿，茕茕在抱，尚敢抚之虎穴否？昆溟生前不能归宗，仅余血胤。闻年嫂何夫人漫无主持，已受群凶蒙蔽。既乏烈烈之伟志，又鲜存嗣之深衷。华山辈既已有词，可乘此责令抱去，听其抚养，或同何夫人并归华氏。即昆溟之葬地及一切葬事，不妨令华山兄弟破产襄之，料老公祖与诸公祖父母必有一番相佐也。幸老公祖速赐留神。蓬莱汪父母远近称贤，不肖亦逢人说项，敢乞老公祖于来谒时微秘及之，成此义举。是神人之共喜，而不肖之抆泪以请者也。此时群凶遍置耳目，欲绝华氏之口。惟老公祖日月之明、雷霆之击，一旦而宣布之，何阴谋之不破，而后祸之不除也？临书哽咽。

## 署篆高邑令

加派二字，是不肖迂生自有东事以来所禁口齰舌、摇头掩耳而不敢知者。旧大农李桂亭先生夙称高品，止以卯年恤灾一事，地方全无实惠，但提起军需，即讲加派。数年间，国家元气削绝，实自此老作俑，特自朝士大夫不尽勘破故。数日前尊谕，未敢闻命耳。夫小民之力，正税已自不支，倘有加无已，是土崩之媒，而公私立尽之术也。再承尊谕，具见台台简查之精审、调停之苦心。驿递编氓，并食福造，第愿老父母将查，出协济东、兖二府银七百七十七两，不厌再三，务求申允。将后面区处派法暂置不讲，更属大善。台札拟语云：昔处次冲之地，我可以济人；今当极冲之时，且望人济我。善哉善哉，诚确然不易之论。诸公祖应自点头，惟老父母永肩之。无任企切。

## 与钟龙源太仆

国事之纷纭杌陧而未有济也，病原不必追逆。即目前补救之术，亦不在议论之可听、处分之协诸义而已也。惟有担于此未有能肩之者，有其肩之则疑关畏垒，不难觑破。翁台得无笑书生之妄议，无当于得失成败之数乎？看来九庙之灵、万方之福，惟恃有二三正人。自田间，跻九列，事事不倚，事事不露，令挟私逞臆之辈无可奈何，使生顾惜，遂暗中大有赖藉耳。愿老先生极力主持，一片精忠，迥出群嚣。构斗之外，可以不举，可以不刺。机彀既得隼，可射狐，可殪强□，可系颈而扫其穴。老光生得无益讶不肖之狂率而无忌乎？嗟嗟！治乱有繇，中兴有兆，特当事者不尽彻悟耳。

## 报李司理

恭谂台台秀挺琅玕，端凝泰岳，其一种真挚简朴之意，宛然先民之程，而大受之根蒂也。不肖都门再晤，已知己未榜中，即得人之盛，恐求如门下之高格出尘者指不多屈。乃造物者复重爱门下，以新发之硎，辄试于剸割繁剧、易衄易折之区，而后成其为无复衄、无复折之器。从此以往，一任艰大，胥迎门下之刃而解，尚有留行乎？真才之难，古今共叹。“天将大任”一章，愿台丈时在心头，当有无限受用。今寓中无处不难驿传送迎一事，卫之难亦极矣，焉得人人而悦之？然亦须择邮符之无关军国者，极力裁抑，不避嫌怨。如台谕所云：“后来穷通，都付之一定之命。”是我辈所独握独信，稍佐国家之急者，未可为流俗言也。不肖半生不易许可，今与门下共为臣子，政好同心相证，莫以第一流事业逊他人。宗社灵长，亦鲜清宁之日，即异日门下班陟、清华荐登，三事无非焦劳拮据、修补修救，用佐新主中兴之业，视太平翊运诸君子，且事倍而功半耳。台丈以为何如？恃在肝膈，全无套语，幸蓄不肖于兰谱之末，以备溲渤之藏。幸甚。

## 报孙司理

海上治兵，似当事者与持议者俱未为得。恳祈老公祖极力主持，悉停征调，以杜后衅，二东幸甚！毛文龙设法取还，或置之登，或置之关外。诚如苏道长议，但须陶公祖尽去其成心而火速图之，庶几有济。不然，文龙不为若敖之鬼，定为鲜人之衔。贼□之购，或以弗克，进退发愤以死，俱是理之所有。总之，延缓必无幸耳。梁丹崖虽已抵鲜，此际须有非尝识力，始为国家赖藉。不肖尚有隐忧，若能与文龙共成介子之功，坐收定远之绩，则意外之喜、圣明之福。惟老公祖委曲作计，无以不干涉付之，亦大贤豪之伟略苦心也。

## 答朝鲜国王李珲

追惟贤王优礼之殷、谦冲之度，时来寤寐，如对雕筵。不佞道经子舍，暂依旬余，乃遽罹先慈之变。主命未复，萱霰忽零。惧忠孝之全亏，愧轸存之远播。捧诵之余，不觉泣感。顷荒芜笔札，漫尘贵邦，原稿俱为苍光所夺。何幸被之绣梓，得于海上飞来耶？袭贲多矣，谨下拜。

## 李性参太府

长山积窳丛蠹，几不可救。盖既繇于累岁之不易，再坏于县令之久悬。种种凌夷，未易更仆。惟是城垣倾圮有年，重以夏秋间淫霖弥月，殆无尺寸可凭而守者。行旅叹惜，邑人伤心。此时何时，版筑之役，可一日缓耶？新令张君，慈惠精明，力能振刷。下车不数日，而市虎屏迹，百废有条。闻修城之役业已申请台下，敢祈老公祖即刻允行，以便从事。或诸老公祖有骇其为时诎之举，小民所惧，不知长人士子来之义久激于衷，兼以新令经营有法，决不致为地方累。且不啻三令五申，真有信而忘劳之意矣。谨专力以闻。不肖且率士人畚锸以待也。

## 又

张令君履任初，见敝邑萧条废弛之状，颇有仓公反走之色，若组可解、簪可抽，而不为长人措一指者。不肖徯后之念甫慰转惊，因极口道“破坏之长，惟视所治”，且立陈诸可治状。令君曰：“无论其它。如数日内上大夫督催之役不分新故、急如星火，且有万万不能供命而不敢控一词者。前人委顿不支之事，后人泥首而受罚。此邑此官，两无所济，则莫我敢承，惟先生幸卒教之。”不肖因诺，以既为长人留牧父，则当为牧父乞于公祖之知我者。敢祈老公祖于张令莅任以后，事俾专力图之，一不效，甘罚何词？未任以前事，俾酌力图之，稍有后时及产尽人逸，并无肯綮可寻者，宁能一一受过耶？亦可逭也。两台公祖及诸老公祖处统乞赐之主持，庶不絷张令之手足，而长人犹有仰活一匕之日也。

## 报邹南皋年伯

侄迂阔无当之人，海外游魂，草土哀子。历岁余，仍大病一番。其间辽事、蜀事、黔事，风鹤惊心，食不下咽。重以兖孽震邻、村居无备，时与老亲相对黯然。每欲辇送敝乡粟米芝油数种，仰佐中厨，未果也，景象可知。朝端浮议，竟无主持之人。今伯父行矣，将圣主中兴之业造基何时？读去国大疏，洞中肯綮，使当事者能蓍蔡奉之，设诚致行，与伯父未去何异？侄孤踪后进，寥无知己。服阕之日，定拟以病请告，久侍老亲，即长毕丘樊，亦所甘心。知不知，弗计也。乃伯父寄老父一语云，令不肖先天下而怀远猷，敢不拜赐！先母归定，伯父不忘，可胜衔感。山绸一匹，好制尝服，磨岁月。匪敢云报，临裁不任劳溯。

## 答倭休宁晋明

自广宁陷没以来，不佞杞人之肠不啻焚溺。亡何，蜀黔焰烈于西南，莲妖猖狂于兖野。区区敝址，去邹滕几何？况长邑之城垣尽圮，先族久恋，村居市虎，盗魁戣戣，如在户牖，遂令不佞异域未招之魂忽生隐疹。自秋涉冬，百疾交作，仗庇长至后始获复元。虽然，每阅朝报，不免小臣代大臣之忧，野人负簪抻之惭。宫府尔尔，安问疆场？料门下一段精白，应不独在休宁簿书间也。不佞何人，能无愁病？四籍大累留神。感感。

## 缪西溪

弟迂阔弗类之人，幸获老年兄提挈，三年稍谙细事，不至贻知己羞。胥丽泽之益，敢忘大赐。午岁入春明，即日抱杞忧，百念惊废，于吾兄竟缺然一候，罪可胜讨？七年自讼，真欲赎而未能也。东国之役，兄知我返子舍已，而九死异状、一味苦肠，恐二百余年使臣无此奇遭。弟雅不愿尽闻诸人，而敢付楮卿、告年丈乎？嗟嗟！惟辽人、丽人、登人、莱人及海上天妃知之耳。握手何时？当为吾兄倾吐一二，颇印知命之理。读《楚录》，绝胜一时。喜甚喜甚。

## 报吴总督本如

都门幸接台躔，漫以书生语佐长者末议，乃辱长者，不见鄙夷，过而听之，谓可采纳施行者，幸甚幸甚。今主上日益精明，朝讲之勤，不避暑气，因前月稍稍违和，传谕六宫，百日不得进御。此等戒慎，非大圣人不能，真中兴之令主也。翁台宜展拓边略，俾中外早受敉宁之福。金书竹帛，用勒鸿伐，直翁台指顾间事耳。草草报命，不尽抒陈。

## 朱蓼水相国

不孝长白竖儒，家世迂拙，偶以一日之遭，得望台躔而趋下武，猥称后辈，极藉平生。顷者冒昧入春明，初瞻鼎吕，老先生不责以十余年之疏节，而曲赐汲引，有加勿休。若谓其人尚可施鞭抶者，衔愧可云。乃景淑方新，蹇产自绝，而老先生复俨然临况木主，生死交荣也。不孝已镂之左腹，永矢报称矣。兹启：先君浮沉仕路，十趋九蹶，其生时之所不欲自而稍见微劳者，于今又晦而弗言，或言之而不类，匪不孝孤之罪而谁罪邪？夫不孝孤即有万其言，曷足以重先君哉。惟是一字千秋，夙拟干请于老先生台下。盖匍匐之际，已荷温俞，曷敢忘兹？襄事之期迫矣，只缘狗马之病缠绵数月，故今所持状略，事虽质而言则芜，恐不足辱元老之一采，奈何！傥老先生终赐轸惜，而被草木以金石乎？鳌戴之私，当与刘氏俱长也。

## 武扬纾巡抚

居每念老公祖真品真才，大器大受，使畴昔早有操人伦之鉴、物色一世者，以艰大借仔肩，不待今日。虽然，未晚也。方今海上一镇，为朝野疑信之关、华夷向背之视，而实兵机神奇之所伏、宗社安危之所仰。若以此任，再畀根气平平、衷区未净之人，祸且不测。不孝书生，忧非一日，何幸以付台台？然今何时也，请与老公祖约：大丈夫以报效国家、安攘中外为心，即稍有挠议掣肘之辈小肆龉龁，苟无当于折衷，更无暇于旁顾，所当以海沤飞絮付之者，何可胜数？不识尊意以为何如？

## 又

每叹古今人品，世界无不差等者，真伪醇杂，视世界为用舍。或其人无可指摘，亦用而弗舍矣。但畏其高贤大良，形若曹之伪杂，姑崇而远之，则今日之于老公祖殆谓是与？乃老公祖自待，无论生平，即如海上之事，不挫不挠，愈出愈劲。每读大疏，言言心服，即神奸睥睨弄之，亦到底颠扑不破。老公祖直所称万夫之望哉！

## 答邢能世公札

不孝积愆之身，不自殛绝，乃降割及先大夫邪？迩年先大夫尚神王，每促不孝北上，勉以清正干济伫俟，寻有表竖慰崦景。故初春强颜小草，殊非本怀。迨出而未弥三月，遽闻大故，此之罪痛，追悔何及！三足下不责不孝之不笃于养也，而过而辱之言，又过而辱之赙，玦章鼎列，烨贲几筵，哀荣交集，感激真无地矣。顷冒暑南奔，食寝俱废，以不孝之素不善病而致染，水火不分，缠绵数月，犹未全瘳，始信老而“孺子慕”之难也。悲哉苦哉！亦复何补？颓龄渐逼，绝意昂骧，惟日望三足下勉旃大业，善事圣君。不孝即没齿长白，有余快已。

## 缪西溪宫谕

人世聚散，等于风影，风影岂无真意？弟生来薄劣，遭际不伦，惟有迂拙自将，渐去妄想，稍稍返认面目，留得一掬真意，是所以对海内知己耳。异域来受惊受饿，里居三载，莲贼之报，老幼怵中，弟能安枕乎？又连岁秋事粪田不足，而官府之追呼不遗余力，待士绅尤甚。顷匍匐南归，后大染一疴，仅脱强半，尚烦料理，宁有好怀？只得死心于芜菁荞菽之中，问出世休歇法，是弟从此之生涯耳。鸿言宝轴，大贲几筵，公缄报谢，更乞年兄再一叱致。承询及先君窀穸，自先慈襄事时，奉先君命早已完治，如形家言，厝于丑年之新正廿四。此事毕，弟于长白山中凿小洞，环以枳棘，地名“白云涧”，则弟之菟裘也。恐不能走使都门，岁岁乞新茶于年兄矣。

## 报邢能世大行

每为子弟谈《论语》首章后，辄绪有子“孝弟”一段，千古正学根荄，更有何义？门下天性至孝，人品之造基厚矣，又何念不恬，何事不正？前头远致，不复为门下虑。所念者物情反侧、奏牍枝蔓，镜别斩剖，属之谁氏门下？大有省中之望。受事后得言言砥柱、字字当机，勿持正而流于激，勿见志而略于济。此自门下近日蓄定，而不孝尚拳曲欲效者也。区区数年遭际苦则苦矣，而目觉益明、胸觉益廓，视天下无不可做之事，但恨无知己与共语耳。傥主上洪福，乃来否尽欲泰，不肖犹得与门下相见有日，时时过从，共相商略，或不愧中兴臣子之班行也。愿门下日用静观功夫，等朝市于山林，妙理自现。老氏云：已业无已。知我二人好同之，如何如何。

## 杨岱宗太仆

日晤一友人，颂台丈清望之重，拟诸斗极，银汉纤尘何施？不肖年来忧补天之无术，徒喜官家能用着一人得力，辄解此衷如许。况大工何任？寓中景象何如？民力凋耗何如？商人之最苦最狡何如？可以中品膺之乎？若非得岱宗先生肩此任，冰蘖自将，榜样奇绝，天下事尚忍言哉！真喜而继之以泣也。此衷惋结，俟面晤。悉之。

## 黄节庵

前冬度桀戟大扰兵厨，盖晓夜为欢，不自知逐臣之冲寒踏雪、逆邸岑寥也。夫亦知逆贼罪恶贯盈，天道不远，早已计日料升平耳。且迂生本来面目，自都城被斥之日，即刻饱食闷饭二大盂，颇无凄容。田间周岁，如如也。日来三蒙荐疏，方以异日虚叨主恩为念，何暇为喜？千真万真，诳吾兄何味也？幸相与勉旃，报新圣人。为慰。

## 与若承弟

久不见吾弟举子艺，亦知不至生疏。不图道试二作，精妙至此。我数年病人，一朝神气全啓矣，喜甚快甚。衡文者定应惊服。首篇起语，恐老家数尚有徘徊者，请问如何？我老眼腐肠，聊以相质耳。吾父生平起于田家，文成大雅，吾两人于家学稍稍不负。幸弟大加勉旃，及时奋举。世风文运，料不出吾弟一觑之外，吾无虑矣。溽暑中得董宗伯帖，大为爽神。孔中幸叨应试，惟吾弟教之。

## 报闵曾岳山人

恭惟翁丈尘世清标、士林玄鉴，揽众妙而俱擅，为群言之取衷。盖不第推扬于荐绅先生，实有裨当世之经画者。卓哉，宜先大夫没齿不忘也。顷过下里，已黴荣施，而济阳道中一遇，雪泥跋涉之苦，吾两人直以数杯浊酒，浩然千古矣。逐臣快何可言！七月望后二日，忽梦与翁丈剧谈玄理，觉来神骨精健，领趋夐殊。廿五日接手教，喜甚。读佳咏，居然岑、孟之上，拜赐良多。旧作录粗箋请教，副以秦刻《圣教序》，聊旌远思，并鸣谢。

## 梁枢部郎

向于门下之出都入都，奉何差而往概乎？未有闻也。则荒僻之居，殆鷦鷯之室而蜗牛之窟乎？顷闻主上痛念枢部敝习，欲一洗武弁营谋之陋，而归之荐序之资，大是神识。第须大司马与诸曹郎共一洒濯，必不负新圣人。为念。始得门下轩然丈夫，宿有不滓根气。愿昌言于僚友间，扫而更之，无论职掌之在不在也。勿讶饶舌，真才斯得，惟留神。为请。

## 胡肖山座师

奉别师台，奄忽十年，所已世路天家，可胜叹惋。吾师受抑于大梁，有何风影？异哉。司马无复，人心不待，其执枢狼狈而始知也。若不肖，寅冬不敢不出，斥归最便，除前主恩，绝是本朝异数。梦想不及，膺之非据，老师不亟加策诲，授之司南，可忧孰大于今日乎？辞恩首疏，恐后时遣役，殊觉匆迫。二月初走力专候起居，惟师台谅其未周也。

## 李渤海大参

异哉，不肖夹袋中所得贤且才、可匡济时艰、翊赞圣明者不数人，如老世兄真心质行、强力不摇，才一二人耳。何物奸猾抚臣，辄迟我渤海兄开府也？弟庸劣无似，误膺新圣人旷世异典，自除前闻命汔于今，神魂未定，不知何以答涓埃也。毕白老大司农见枉，方以老世兄品地相质，席次接察报，内列尊名，两人歔欷者良久。奉手教，叩来使，方知处分尔尔，总之无害。寅冬入春明，亦曾与李续溪相公叹服门下，续溪亦欲知之，则门下何患无知己乎？但颐养才情，胸中不留一芥，斯真贤豪者流矣。

## 東叶美度

卯年朱明之月，不佞往删西山之麦。方卓午，与二三野老共食，忽于梁间堕一蜥蜴，伏余左臂者久之，方推去。一友人占曰："此都中相知拂袖南归之应。"越数日，而门下之处分至矣。异哉。上帝假逆珰，缩伸豪杰、转移世界，亦于吾辈何损？阅变态而坚德性，受益宏多，不贤于终其身快意当前者乎？

## 解衡桥

雄南奉尊札，知老台丈崇藉大僚挚意。不肖开械循省，殊非其人，愧甚。爰念翁台卓品，正气介然，足振流俗。余谓当事者诚重念民生、惜吏治，无如慎简抚臣，加衔久任，亟汰伪浊之品，又何患墨吏不望风解绶，而元元之不所在乐郊乎？愿与翁台共敦此义。舍亲安州守韩某治行果是何如？便中幸见教，先国事而后私情。不肖伧拙旧态，肯见信不？

## 张藐姑

新城道中接手教，胡然狂喜。盖不肖自出里门，为新圣人得一谢青墩。过广川，闻王岵云改大司马。逾二日见王四兄，得老公祖两年起居状，鼻间楚楚欲涕，真不知何以泄余恚而志余喜者。夫奸邪已矣，未死者何必貇牙剪羽薙草，欲尽之为快？盖中兴令主既出，天心既开，大君子日渐向用，治平之事从何处指数？以为措手甚易，诚不易；以为措手甚难，则不知几者强为迕犯，与必欲事事出己手而后为功者，斯难耳。夫害气非一日之除，曼草非一锄之力。净眼候几，定识观着。虽玄黄黑白，岁月忽乱，慧人视为破竹之势，更不必忧烦矣。嗟嗟！今日之难言者，则皆政府与国是毫不关心之罪。一味避祸，不知祸则无之，乃尽变为丑态，不可洗涤矣。夫历朝以来，几曾见政府大力做几件事，遂坐以不干之罪者哉？唯靠定旧情面，瞒人济私，欲徐徐以小不能无之过，盖前面不赦之过，其将能乎？今日若得台省二三豪杰，政府同心力赞，明目张胆，主上何言不从？诚如是，不数月而泰象见矣。如何如何。

## 张念山

不佞弟长白伧父，入而见朝士大夫日谈天家事，如话桑麻；再进而伏谒至尊，如对严君。虽曰钦翼，亦罔攸跼蹐。即触忌忤时，或扪虎齿，亦梦中付之。恐台台不料弟之痴愚至此也。主眷隆盛，亦复承之。闷闷。台台从此当知弟日深已。

## 韩象云相公

不肖屏匿田间时，颇闻皇上藩邸即重怀老先生，隆隆之誉，直媲于古之名硕。此御极急藉翼赞，又若不能旦晚需者。迩来旧臣尽去，新卜之萧山、晋江相继亦去。阁中虽四人在事，其于明习裨补之益，靡所禀承。西望蒲坂，何殊望岁者之殷汲也！前长兄携手书左顾，不肖后进，惟仰体谦冲大雅，平等报命，有负鼎望多矣。主上伫延已久，幸蚤御安车，一慰圣人，一答海内苍生之徯。

## 谢青墩

弟自入都以来，无日不望东山，而思太傅之出也。矧九列之大贤未充，主上之求治切甚，已有密奏，未敢奉闻。乃欲弟徒饱大官之馔，而近不能得一人于台台乎？弟当愧死矣。大疏缴上，幸即命驾。为感。

## 王轩录

顷见贵部有旧司官刘应遇纂《集钱粮》一书，敢乞老先生分付刷印一部，简查张数、皮套，稍令坚好者惠教。感感。又，贵部会计一录，及国朝二百余年前后通行考验，欲借重台台留神，搜发诸册，更无旁渗，则老先生锡爱大矣。容完日呈价。

## 答熊东星高星垣傒晋明

不佞岱北鲰儒，长白伧父。其僵卧樊陇，而甘怀牧竖，亦坚且贞矣。又家世村居，入山渐远。于长安故人，自分不复握手。乃天开圣明，旷然修枚卜之典，延对廷臣，于十二人中首拈不佞姓名，起之翳茅之下，升诸纶扉，日赐召对。区区自庸鄙，而遭逢则奇绝极矣。凡我心知，宁不式喜？乃新主神异，几务殷繁，亦须命世耆硕，一堂鱼水，或可渐致升平。不佞何似，岂其人哉？诸君子各清秩留都，凝养超越，必有扶世之见，开我尘迷，稍轻罪戾，幸无金玉其音而有遐心。翘切多矣。

## 王泰符巡按

顷者谒陵之役，询知门下历昌平，甫数日，一切举动，简静节省，众口诵之如一，不肖耳之，不觉叹服。知台台巡方诸务，必抉故套而展新猷，大有补于新圣人中兴之概者已。不肖待罪纶扉，殊无表见。虽逐趋而缘诺，亦孑立以孤标。至迂拙、至戆直也，料台台必见形而察影也。容请益。

## 王岵云司马

惠安一事，不肖受诬至此。昨览锦衣再问一揭，云“受贿二千金，发书与本部及苗职方”。当老公祖初推京营时，不肖曾无一言推毂，岂老公祖忘之邪？此后并无一字谭京营及敕书事。数年来，与台台玄淡之知，颇在朝市之外，而人以妒目相视，宁有好语？必得老公祖一疏，大为剖明。不肖差有面目，庶不至冤死，而仆与老公祖两人交谊可质千古，长安渐有公论。不肖入长白，有余快矣。

## 张公祖

不肖冤抑，无处说起，料老公祖颇知。大都锦衣再问后，才知神奸异谋正与事会。若非诸台省恐吓二犯，更引诱佳壁，以导皇上之怒，何遽至此？待获狄姓者，必得大君子持平，以听不肖之心事。白矣。

## 寄一弟

从古快意当前坏了多少人品，挫折拂逆进了多少人品。只患吾辈不克承当耳。曾沐远来深感，吾弟从其来，又妙甚。两地有言，可以转致，不能尽付笔舌也。寄诸食品俱佳。吾弟日日超越，共保一点灵明也。不堕台山清凉虚幻之说，才是杰人盛衰荣辱，亦非人所能主张。肯随我迂，自有痴福。不然，吾家先人原无失德，我生平无欺心作歹事，它何足虑耶？

## 张藐姑

不肖自婴孺至今日，稍知以人品自重，即以观贤士大夫之品。顷数小疏及对荐绅先生语，一言欺人宁有？生平惟老公祖、毕大农颇信区区，此外宁可多得？然事不难知，第易不肖之迂阔无当世用，不为一白耳。二祖诸宗，将终置斯人于长夜乎？敝乡偏区寡闻，迩年亦习知五六有用大贤如老公祖者，相与肆力中兴大业。岂料不肖尔尔，毕公近见稍弱，老公祖幸沉毅图之，不负宗祖间值，无若不肖之径直为也。清凉日在仰止，必开笼于飞。人景自适，不枉一历诸天。幸老公祖蚤成之，即曼殊力也。幽思如焚，不能剌剌，惟台台实照拂之。

## 王寿三

拙人触忌，中外俱嫉。久羁塞上，日劳萦怀，不知何时得脱然聚首也。孔中虽是谨慎，须苦志读书，兼之长虑，日扫习气，而卓识自生。幸时赐提诲，谓老夫最切心者惟此耳。尊翁两番大惠，拜受不安，家书中乞为我致意。又，区区受贿改敕之事，真是李代桃僵。答书中不能详致，又希微传，勿使尊翁谓余真不肖也。

## 寄王渐余

数年病困，老夫胡然浪出，出而痴肠？为国之臣胡然遣戍，遣于连岁歉地？菜时已过，尚不充口，胡然而肥？且天生来与山僧衲子表里不异，身家儿女，如忆如忘，匪木石而何？即老夫自揣，亦不知为何子人矣。

## 孔修侄

览吾侄手书，叙拟区区代门之状，意致有味，足见胸怀不俗，可知近况？念我诞日，远将种种，真孝思也。汝父垄上向来久栽树株否？既望其吉壤，应时加修整，自诞厥祥，不可视为不急之务。幸吾侄图之。是异日东归一件巡查也。

## 鉴玄上人

不佞与老禅师神情玄契，道味同符，宿根共植于波罗，生理盘桓于空界。往因今际，何苦何荣？朝市岩谷，谁喧谁寂？在合眸而共证，捐泡影以相参。则目前之往来礼节，并在于云影天光之间矣。岂曰浮谈？实属考课。惟老禅师何如视我耳。

## 王霁宇大司马

不肖于雁门罪废中勉习静业，稍悟本来，乃知向来之直戆无忌，自谓率性之真，实丛戾之招也。回思老年伯往岁之教，悔却迟矣。入秋起居，应是清胜。食饮药饵，自有无方之益。较前数月，果是何如？时愿有闻，为慰。

## 王肖乾

不肖弟东海伧父，倏而为中朝罪人，悠悠根株，漫当对簿，竟为铁案，不知何以承之。又谁为行人、谁为邑人也？非枵然一大谐乎？弟波罗之想既沉，长安之梦已断。即天心转动，照见孤臣之冤，恐不能胜挤陷者之力众也。但获生还，即属天幸。迩来霜菁日美，代粟之值稍平。仆夫戚额而怨，饥者渐有饱色。弟亦借以下咽，且瘳夙疴。是可闻之年台，为开颜者已。

## 答彭圆比丘

再接观来石字，已知为心月禅师手裁，副以天台拄杖、幻念珠，《折疑》佳刻及永嘉完册，何相念殷敏也。简牍韶秀，宛觌丰神，不佞喜不自已。镜亭心月与四素山人，岂昕夕为缘耶？又闻禅师产自姑苏，来栖五顶，则西竺灵宗久通，密密造请，应有日耳。鄙人积忱，统容晤旅。

## 答三庶尝

向来以一日之谊，三门下敦践殷切。闻熏风而荐凉事，睹同云而修燠款。即古人师弟相存之意曷以加？兹殊非其人承之，内愧甚矣。不佞罪废根因，三门下料已洞悉。试看从来朝士大夫，有如此冤抑者乎？区区短发仍在，精神已付空门。一椽一钵，与一二山僧力求静笃，未知福缘深浅何如耳。惟三公益宏凝养，勉事圣明，无复以老夫为念。此拜谢。

## 寄儿辈

孔和不考甚妙，孔中县取平平，不要怪他万事不占便宜，是大君子心事。一意坦途，久之自妙，况中儿生来平易，人情颇归，何用小喜小利为也？切记切记。孔和娶亲及盖房事，你一叔书上写得甚明。时平年丰，待老夫东归，不为迟晚。凡事上观天时、下观人事，无一强作，才是真正豪杰。中儿但日加骨力，静默行之，以为两弟法，我心大快。读书最要得机括，我当初虽发迟，作文颇有气，又不从记问中来，至今不腐。王公石宜与深结，以为久要之计。孔和能鞭辟近里，孔武宜日有率繇，勿使分外知觉，无他虑矣。

## 孙拱阳少宰

恭遇天家大庆，率土均沾。闻之当事者，谓不肖未可遽归。或以曾备员大僚，应有题知耳。今奉台教亦云，款意含糊，实出不肖意外。又，雁平兵道丁公曾一启，代恳两台，见耿公回字，亦云“未敢轻动”，则不肖惟有静听而已，又何言哉。倘天回有期，生还便了，敢妄意刘忠宣之酒泉耶？

## 张藐姑太仆

老星士与二孽仆欺不肖之聩聩，结成黑业。区区殊无此情，都人知之，而所以然未知也。以故不肖曾无烦恼，日淡日肥，三十年宿疴会且扫尽，安见雁门戍人无福堂也？其它波沸之言，未敢一一奉告。总之，不肖与老公祖原有天然臭味，不假人合，或老公祖尚未豁如耳。诏赦条款，一任主张。不肖有玉泉之水及张象老园中草木可以忘饥，何敢它问耶？

## 马二岑邑主

不肖获祸之繇，不能一一布于老父母前。总之一段奇事，臣子未敢暴白。三月雁门，安心静听，即天家普遍之庆，尚未豁然一沾，不肖亦未敢问其所以。何日倾瞻，微言一诉，老父母应知不肖之未负大教也。

## 答晋王老殿下

伏谂老殿下鼎养之恩、缁衣之好，殆独钟于王心，而引之弥长者乎？如臣劣材痴品，守罪雁门，复值歉岁之后，草根木叶，并可朝夕。不才茹淡自甘，即目为岩僧野衲无不可者，又敢望珍品之颁，分之龙藏，令不才南望拜赐，感极欲泣者耶？谨设供斋中文昌之几，并寒家四代神主，以荣王赐。即正席先尝，旋分仆役辈，则王之赐又膏露均沾矣。感激可言？容异日者督家奴制小贡申谢，未敢刻期何时也。

## 王肃卿翼城丞

岁前远承问遗，感感。不佞异尝之道，恐老侄未知底里。我实纤毫无愧，竟以不干之事相坐，惟辟作威，臣子奈之何哉。至代州已三越月，起居食息浑如野衲山僧，全无烦恼。我生平得力，养德养身，政在此时，四素山人之号不虚矣。惠来茶三种，似白茅为最，黄尖细而稍淡。想犯做手，晋中地方茶更难得。愈感远贶，不置也。

## 史磐石

不肖弟直肠朴心，不识忌讳，亦自知不能久事圣明，卒成相业。然不料污蔑至此，七上章而六不下，令外庭诸臣无繇谅余心事，奈之何？羁栖雁门，浑如贫衲，殊安之。老年丈亮节伟伐，在人耳目，此番暴白，弟何敢居功？但平日与同官言之，不为不切，亦秋毫之知己也。

## 何座师

不肖踉跄出国门，犹望早沾赦命，以故行李寥落，得老师润葛之颁，始剪夏衣，苦可知已。又代门连岁荐饥，所携仆人亦复不少窘束，足羞。幸朝暮仰清凉云雾，如吸金茎，差可自适。拜师惠，竟尔空缄。报谢已。

## 答张总戎

昨岁云中之事，近者插□之款，自非虚公忠直之人，俱属一偏之论。聊叩从者，已知门下主见，自是长虑。然张石林年友之议，终不可少。必有目中无□之气，然后能行吾柔远宁迩之仁。试看四五十年来边事，视戚、马两将军之时何如也？幸台台一省鄙言，国家之福，将军之厚享也。

## 晋藩老殿下

不肖训承老殿下洪慈轸注者再，真鳌戴巃嵸，不知所报已。顷令下，走抵寒居。恭制山茧二杼，虽朴野不堪上贡，第见年来海内熙然慕素，衣之不啻吴越之鲜华也，或亦白贲反古之思乎？敢以为献。小句冒付扇头，仰祈郢削。临风可任。主臣。

## 郑崞县令

崞志有伦有要，典雅得纪载之体，晋乘中恐不多得。子大夫劳心吏事，兼了此款。班氏有知，当加欣赏矣。谨谢教。

## 传语二分内宅

我因六侄还小，自我入阁，未寄一字一物，总待归家。今为我诞辰，费汝二嫂母子许多心力，件件整办，以劳远人。我从出京，曾无眼泪，见这等淑德行径，不免欲泣，所思长矣。我已知六侄之福不小，汝二嫂之作家清谨，再无返顾已。吾弟面传致之。

## 韩乾宇亲家

六月廿八日接台札，已削牍声谢。薄暮再接尊缄，贰以腆加，不应两下拜，复惧逆命，乃情交稠叠，感与愧并矣。不肖不第行持等于野衲，而神魂寤寐，淡寂相安且如木石人，无所不忘，曾不知烦恼为何物也。亲家得无笑其痴乎？台台勉树壮猷，家邦瞻快，弟借庇无量矣。

## 郑乐平

辽事业已如此。以年丈当国，或与筹边之计，或职寄榆关，或分言责，能发一语罢复辽之役乎？年丈今日可付之书生空谈，一言慷慨，使举国听之乎？又无论听不听，可申此诎彼，至是无非久不更一辞乎？年丈，豪杰也，吾榜不数人。弟非面谩，可以身在司牧，抚崞民之苦而痛哭无聊，神不加远乎？即辽终不可为，如吾兄之料，无救于一隅而输全局，此议亦不可发于今日也。或于筹民瘼之中多方开脱，为东事佐庙议，助当事之不逮，而阴以及小民之私。弟之所愿闻也，一世所愿闻也。无论将来辽事何如，吾兄之论终不可发也。兄以为何如？弟罪甚，并惟台谅。

## 报晋藩殿下

代门自善地，惜累岁祲饥，蔬谷大减，席老殿下灵宠，是秋颇稔。鸿训亦参半问田家事，用宽僮仆资斧，坐是主奴无复不饱者矣。非西国大王之锡耶？敢忘所自，再拜温赐。感泣难云。

## 张藐姑太仆

不肖一片痴心净心，欲与老公祖诸君子拮据中兴大业。乃为诸奸孽作弄，乘主上之无心不及致详，竟至此。主上何难转圜，老公祖已洞然否？乃韩象老尚未晤也。言之不胜呜咽。

## 答晋王送山炭

恭惟老殿下含德醇粹，御物淳和，颂之者未有不仰化日于照临、溯阳春之涵育，归美唐封，洋溢方寓者已。不肖训，沃叨轸注，继饷继薪，不啻源源而来也。将雁门紫塞间，觉穷谷之遽温，令余寒之不避，皆贤殿下之所赐矣。

## 王东里少参

仆家世戆直，但知子务孝、臣务忠已耳。入仕以来，矢鞠躬尽瘁，利害何有？今衰病雁门，荒歉岁荐，即地方不供米薪，欲以尊酒相饷，恐堕党人。弟总以禅那淡寂，不有亲疏为念，一何不可？主上知不知、大臣忆不忆、朝士大夫怜不怜，从何分别？且国体、人品全不须论，老卿丈得信刘生不欺人，可以俟命矣。丁虹野兄世态中何能多得，便羽乞致意。先大夫六年高平去后三十余年，方以不肖推分而祀于宦，不知今祠宇何似？先君半生拙政可比古人，老乡丈亦有闻不？

## 答不坏上人

每岁注念贱辰，弗能报称，惟有怀感。年来山中多事，颇骇人。嗟嗟。岂惟台山乎？京川之变、疆域震薄；秦晋之难，几于不救。南北种种，何可指数？唯是丈夫此身一日而触虫鱼、践草木，可活可救，安惜顶踵？吾辈不得不时一循省也。请于此处参究何如？薄具供文殊大士，一水一炷，劳不坏禅师额而荐之。

## 答应州王守

孤立之人无端受挫，料台下知亦未晰。异日者问诸毕白老，则种种奇冤，不过为逆案解嘲耳。代门幸免流寇，而时有震恐，乃吾乡之变，令人心胆俱碎。顷虽小胜，未见大机何似，幸经略东事刘公干济可恃，抚镇诸人一二足任。但此贼情事决裂，政好以大智徐坑之，未可以一击自误。吾乡未了之忧，不得不与老亲翁一语及也。若宇中大事，万万不敢饶舌。难言哉。

## 丁虹野

吾辈周岁不通一字，岂其不念？盖惊心怵魂之人，安得便羽？又不意吾乡景象至此。东贼听招安不？此身日老日病日贫，渐不可支。独忧天悯人，皇皇徒抱，不知我辈相见何时也。马比部真诚老练，代论重之，于其行也，索知己之言。携去即无他札，忍不发数言烦台省乎？公郎自是清胜，不能有寄。秋爽，容遣致。

## 宋抚台瀛渚

流贼之耗，日闻孔棘，则已巳冬，此中占《焦氏易林》所称“秦为虎狼，与晋争强”等语，已置之无谓者。不意午秋后猖獗乃尔，老翁台宁不焦劳乎？已将小仆辈各占一埤，共严城守。又念三晋连岁饥荒，地方所在堪怜。往者军士鼓噪，不肯用命，不肖徒忧之而无补。顷闻翁台有劝输兵饷之示，即遣小仆回搜，得银百两，驰赴军前，聊充犒赏。涓滴区区，一铢曾不足当千兵之二菽，无乃后时且凉薄乎？不肖在雁塞，数米称薪，寒苦异尝，然不敢忘军士艰辛也。倘仰转未迟，台台念桑梓之谊，即以不肖之秋毫，用鼓晋人之千百。惟鸿庇华衮是赖耳。

## 答阎风扬

颇闻宁武一城，感老先生全活镇定之德，有如覆载，中心仰之。方欲走数字为庆，忽接手教，为慰。晋地谷价之贵，较我辈无端之祸更为苦楚。涧草山花，采尝且遍，视古人一味商山之蕨，则觉贪纵过度已。春来杞芽妙甚，翁台试问土人，尚可寻觅，惜土人未有入口者，可笑可笑。翁丈仙乡曾植此种不？本草甘凉之外，即取齐州。不肖颇嗜此品久矣，幸留意。李续老壮年高品，早逝可伤，想在老先生臭味中者，宁无轸怀？卤略报命，不尽抒陈。

## 张周宇

唯晋先王茂龄上升，赖有世主聪灵整峻，西方之人靡不企仰。颇闻府中事无大小，咸待决于明公。乃明公大雅温文，俨然师范，有其举之，允协大体，谅先生之付托门下，必重。惟门下大加懋勉，弼成新主，国之光也，亦我辈一时知遇之光也。不佞异日者姓名可施先王庙中，拟数言勒献，用表报私，第不知矢于何期耳。天竺和尚，不佞闻而重之，诸山老衲皆服信，不虚矣。府中此举大有关系，区区又谢，更丁永久。

## 启雁平道丁副使

再闻流贼音耗，似属猖狂。夫初报削平而辄发，河冰乍冻而已渡。则府谷之退，非真退也；贼首之级，非真级也。饥民之呼应日多，奸细之流布日广。不肖痴戆之人，不无一得，冒为台台陈之。夫我国家年来，疆场武备，稍有残破，又雁代间盖藏岁事，业已闻且见之。台台英略仁覆，自是可恃无恐，乃小民之昏晓啼号、室家之朝不补夕，耳闻痛心，见之酸鼻，恐有未入台台尊目者。倘风声渐近，传呼城守。彼枵腹残疾羸老之状，孰敢倚之？夫备贵于预，劳台台留神，严为预之，且与地方士大夫共图之，如何如何？乘城之日，不肖愿出小仆五人，膺守五垛，容再为捐处，亦维时犬马力止此耳。恳乞明公赐之采听施行，地方幸甚，民社幸甚。兀尔残躯，仰赖多矣。再启：遴选壮丁，速加哨探。台台不谓代城如金汤而弗计乎？真神武万夫之望，更无他虞矣。

## 启晋世子

恭惟世殿下久驰令闻，已识天潢之龙种；早传鸿宝，共瞻宗国之玦枝。可谓韶矣美矣。乃不意老殿下方迓福于金秋，颂言如昨，辄遗弓于原庙，传讣为惊。抚手泽而魂摇，服解衣而抆泪。哀慕可言，第罪废之人，不敢写小些以辱王者之堂，尚有待也。戋戋之缕，佐以炙絮，亦自甘野人之觃云尔。惟世殿下哀而荐之。

## 阎凤扬

前月晤雁门备兵使者丁君，谓不日邀翁台至代，不啻为十日游也，尚杳然。岂兵事倥偬，即对景浮白，作意超然，终不为乐乎？代城虽非危地，积荒之后，殊无佳闻，欲数其事而称之，亦了不可得。非与老翁台抵掌一谈，不能吐此歔欷也。宁武有翁台坐镇，司饷者颇为军士所依。又，胡兵尊杰然可属大事，但不知总戎何如耳。殊在念翁台，不妨极力擘画，多方佐之，自可无虞。河曲数里内，或此贼结局之地。区区管见，未敢敷陈。待两地西征将士不日凯旋，我辈稍稍出数金，置牛酒劳之可耳，此外无余力也，如何？囊底索甚，弗克作报。厚雅家杼小诗博笑。暂称谢。

## 答清凉石禅师

接手札，且骈四而俪六矣，率是恐减道真，幸相与朴之。盖一番叙情事，一番淡漠，按之最真，吾辈有实受用处。如数十担白糠，和以燕麦屑，不能休粮而能节费，政是老禅师妙处，甚服。知老禅师道力日深矣。种蔓菁收法、吃法，并告贵徒，亦助道兴，省却持钵下山者如许力。介石宜渐加静工，异日与道衡、断愚作我方外三友，得无意乎？明春宁武之游过我一话，曰“三日刮目”，曰“旬异月殊”，且看何如我辈？万不作烂米袋也。笑我信我，唯命。

## 答守愚禅师

每念禅师澄标韶韵，蔚然多莤，似制举艺，坛间人即有时累密行于禅关，唱法楞于金址，谜肉睫以披缁，浑衲子以食菜，而一种高妙清远之味，已在慧觑中，了不可瞀。虽欲堕体黜聪秘种智，其将能乎？不肖天生伧父，寡所翻索，不得已拈毫应人，有如扛鼎舞栋，人皆笑之，其孰于牛耳词盟哉？大教自佳，区区殊非其人。雁门岁月虚糜可言，谅知己不过督老生也。仆向谓真空不空，煞有中蕴。老禅师能尽脱皮肉，又去一切无义路语，而孤行法藏之未有，即西方圣人，方均茵座，吾且当北面矣。则世界中艺谈政患其多，不畏其少也。笔锋久鹘，身求石隐，焉用文为？幸老禅师再赐教。

四素山房集卷之九终

# 四素山房集卷之十

济南刘鸿训青岳著

## 笺

### 劝皇太子登极第一笺万历四十八年

伏以三灵协佑，衍历祚以弥昌；四海宅心，仰圣神之继作。传序所属，推戴惟均。钦惟大行皇帝仁孝俭勤，文明中正。觐光扬烈，绍二百年熙洽之庥；布德缓刑，养亿万载和平之福。干羽化通于夷狄，茨梁利普于蒸黎。方垂衣以御清宁，乃脱屣而游霄汉。龙髯已堕，徒攀恋于群臣；燕翼惟勤，诞敷遗于后嗣。敬惟皇太子殿下徇齐岐嶷，恭敬温文。日就月将，睿学日隆于青幄；星辉海润，贞符夙协于黄离。顷闻几筵之言，惟以承祧为重。固宗庙社稷之攸赖，矧讴歌讼狱之咸归。盖天生圣人，将使必得其位；且众非元后，罔克胥匡以生。虽在谅阴，当思继述。伏愿勉遵末命，少抑哀情。嗣我列圣之丕图，履至尊而制六合；接古帝王之正统，莅中国以绥四方。揭日月于重华，保乾坤而永泰。

### 第二笺

伏以离重明而继照，既久协乎人心；乾六御以当□，宜凝承乎帝命。敢申悬悃，再渎宸严。窃以国家之兴越二百载，贤圣有作，盖六七君。际兹重熙累洽之庥，咸以继体守成是赖。迨我大行皇帝尧仁荡荡，舜德巍巍。听六籍，理万几，每躬亲而不懈；抚兆民，怀四裔，犹儆戒于无虞。遹观圣治之方升，讵意天心之弗吊。升鼎湖而证道，恸攀附之无从；凭玉几而宣谟，惟纂承之为重。敬惟皇太子殿下聪明首出，仁孝性成。绕电流虹，夙应斗枢之瑞；承祧主鬯，久孚夷夏之心。即宜出震以宅师，顾乃执谦而洵节。臣等重惟，神器不可以无主，天位岂容于久虚？昔高宗谅阴弗言，群臣咸谏；乃成王幼冲践祚，百辟来同。斯圣哲之遗猷，亦古今之道义。伏愿殿下少抑终身之慕，深惟永世之图。宅丕丕基，对扬文考之光训；作明明后，率繇列祖之旧章。俾九庙之神灵凭依有在，暨万方之黎庶利赖无疆。

## 第三笺

伏以天佑下民，作之君以康四海；父有天下，传之□欲至万年。况讴歌朝觐之咸归望，宗庙社稷之有□若。扮谦之徒，徇将大计，其谓何敢复黩，祈冀终俞允□。惟皇太子殿下发祥震索，贰体离明。讲学孳孳，独□圣修之益；视朝穆穆，共瞻天表之奇。智临宜于人君，主器正惟长子。眷惟末命，属以丕基。欢心已洽于九围，睿志犹廑于三让。臣等稽之古训，询于佥谋，咸谓孝以继志为隆，礼以顺时为大。虽嬛嬛在疚，未忘哀恸之情；然业业万几，当思艰大之托。如以帝王而徇曲士之节，是忘缵述而遗文考之忧。臣等是用蹐地孔惶，叩阍弥切。终愿陟于元后，始克慰乎群心。伏望殿下永怀凭几之词，早荷受球之宠。阐皇猷而恢帝范，光圣德于日照月临；绵凤历而奠鸿图，延国祚于天长地久。

## 劝皇长子登极笺泰昌元年

伏以皇穹眷命，拓宝历以弥长；圣祚垂庥，衍鸿图而益永。幸长君之在宥，喜登进以及时。钦惟大行皇帝恭俭温文，聪明仁孝。用人图治，下令于流水之原；发帑筹边，决泽于陈阏之府。未浃旬而师师济济之象著，不弥月而乐乐利利之风行。忽堕龙髯，诒兹燕翼。敬惟皇长子殿下岐嶷早露，明类夙成。山下蒙泉，德性业澄于潜邸；宫中主器，英资久颂于臣僚。升储之礼未行，群情已定；缵大之仪既戒，神统攸归。睿体端凝，伫见龙飞九五；冲龄睟穆，肇开天子万年。宜顺中外仰赖之心，用保宗社无疆之福。

四素山房集卷之十终

# 四素山房集卷之十一

济南刘鸿训青岳著

## 表

### 拟宋女直遣嗢突刺来贡名马廷臣贺表乾德三年

伏以皇驭控天骄，久系君王之颈；天闲来上驷，遥飞神骏之尘。奚□□发以来王，海国连钱而献瑞。光生鹓篴，庆溢鸿图。窃惟房星炳耀，应人间四足之灵；天驷昭明，启下界千蹄之胳。骅骝盗骊，八极骛八骏以交驰；山子逾轮，黄竹叶黄泽而播咏。金池幻迹，穆王何事不重来；洼产空歌，汉帝于今犹未往。星流彗扫，燕然勒车骑之铭；霆击雷轰，瀚海饮冠军之马。置贤人而罔御，索骏骨以何庸？雅好珍奇，未翔德化。岂期嘉贡，乃属清朝。兹盖伏遇，□□□□。道握羲图，治回轩驭。应龙高起，知天心蚤诞圣人；夹马香生，识物望已归新主。洗兵鱼海，云迎阵万国攖组；秣马龙堆，月照营千群面缚。信皇灵之有赫，颂神武之无疆。乃产渥驹，遥从女直。龙鬐凤鬣，夸浮云没灭之奇；玉骨兰筋，壮掣电飞腾之勇。毛龙光闪，恍疑日照桃花；绣虎骄嘶，何异莺啼修竹。乃历漠南之境，来空冀北之群。锦鞯琼韪，近龙楼而旋绕；金羁宝勒，望凤阙以昂骧。宜充大国之厩，用纪小邦之顺。何幸么麽之酋长，得瞻喜动之龙颜。憺义勇于狼胥，厥开昌会；纪芳华于麟阁，克对前休。臣等枥下凡材，栈边驽乘。奉金根而左右，哪任驱驰；傍玉辂以周旋，何堪贯策。叨主恩之方渥，尚饱牧刍；谓故道之未忘，仍怜羸骨。睹兹北藩之骑，何殊西旅之獒。赓歌窃陋于蒲梢，报称空惭于汗马。惟深雀跃，莫罄鳜忱。伏愿永固瑶图，宏开骏业。黄金台畔无忘苜蓿秋高，白玉仗前莫斥芦菌声厉。则华山重觌，归马不数镐京；而黄河再见，出图又一羲后矣。

### 拟上御奉天门视朝毕谕侍臣吴沉以进贤纳谏二事因阐其切要大指谢表洪武十二年

伏以明良晋接，宏开薪楢之途；堂陛泰来，急注菲葑之采。奉天心之简在，皇衷时溢于微言；慕君德之弼成，相道特深于致儆。四邻钦服，九德归心。窃惟上下交而成泰，为元首，为股肱，为耳目，总蕲志同；君臣得而治昌，作霖雨，作舟楫，作盐梅，一惟纳诲。前揖岳牧臣邻之盛，疏附后先；旁及鼓钟鞀铎之求，纠绳愆谬。仲虺伊挚，倡一心一德之符；周旦召公，凛吐握负扆之责。是以师师济济，无劳广顿于云罗；嗤嗤喈喈，何事潜通于委巷。赤符帝子，豁达弗竟于萧曹；白水真人，容纳时艰于储后。倘杯弓之影未尽，即攀龙附凤，虚美瀛洲；或金匮之约欲寒，纵夜访昼讼，只睨烛斧。创业之君臣若此，守成之主辅可知。未有重开四门四目四聪之灵，务充一命再命三命之使，求贤若渴，纳谏同流，如今日者也。兹盖伏遇皇帝陛下道奉三无，心悬九有。洗百年之□运，气转扶舆；构一统之鸿图，手摩日月。首辟礼贤馆，集宋刘章叶，树为得士之招；旋设求言科，进齐练解黄，建作敢言之鼓。乃因奉天之御，爰及视朝之暇，特进微臣，谕之二事：谓进贤为庙堂桢干，可令云陆飞鸿；谓纳谏为臣子朴忠，忍使寒蝉抱木。与其贡以货，无如贡以人，务怀玉被褐之尽获；能为爱吾丑，孰与爱吾过，纵批鳞逆耳以何伤。恳恳中机，严如关键；煌煌大指，炳若日星。真旷世之鸿谟，而千秋之伟略也。臣等自惭形秽，尚借鉴于人伦；亦有刚肠，未扬眉于君父。附龙云之景运，敢废推扬；际梧凤之昌辰，宁无违拂。进贤受上赏，萃乎窃愧于邀荣；不匡其墨刑，葵赤肯捐以贾罪。守避亲避仇之曲节，讵属开诚；起沽名沽誉之私心，难逃电□。伏愿大举旁招之典，益隆下济之光。尧门既辟，不须衡茅泌水之求；禹鼓高悬，宁数止辇牵裾之代。将翼为明，听精忠永奠于河山；而辅弼疑，丞亮节同扶乎社稷矣。

## 拟上命侍臣辑古嘉言善行有益皇太子者为文华宝鉴书成进呈表永乐二年

伏以明继重离，千古著前星之耀；德先出震，九重勤后圣之规。惟率祖可以无愆，必师古乃能有获。将俾贻谋而燕翼，敢云连贝以编珠。臣等上言，窃惟帝王之道贵于豫，若玉之陇、金之范，必有所需；神圣之养基于蒙，若鹄之卵、衮之丝，宁无所待。有典有则，直踪危微之真传；曰风曰愆，亦动臣邻之警戒。诗书执礼之节，义备周人；干戈羽籥之文，教惟胄子。盖□□□之未散，亟督斧藻以相成。谨半书，谨绝道，第拘于指步之间；戒鲍鱼，戒邪蒿，不越乎几席之近。迨荆劓之是辅，鹿走秦关；及羽翼之旁招，豕惊汉苑。内多惭德，虽篇垂帝范以奚为；外引杂流，即略著承华而何补。岂如鸿秘，独阐熙朝。兹盖伏遇皇帝陛下玄德重光，瑶图再缔。身当创业守成之会，合文谟武烈以兼资；道在承前启后之时，萃止孝止慈而并美。谓开基莫先于储训，国本攸关；谓诏世莫淑于前绥，懿规俱在。乃进侍臣之谫劣，用辑往哲之芳嘉。稽事考言，尽保傅师丞之纪载；据经摘传，总王驰帝骤以昭宣。兢兢乎少成习惯之虞，凛凛乎阿保深宫之惧。何以代天地，何以继祖宗，何以育民物，既条分缕折以堪循；所闻惟正言，所行惟正事，所亲惟正人，亦反覆丁宁而致警。将俾其为人父为人君，流景铄于奕业；故于其为人臣为人子，勒箴诵于冲年。追琢旧章，大溯群言之液；抽扬祖训，宛赓《五子之歌》。是虽臣下之编摩，悉禀一人之睿圣。镕昭鉴为宝鉴，聚祖孙父子以同心；焕重华于文华，见尧舜羹墙乎一室。臣等雕虫小技，苴履纤材。虚叨笔札之荣，补衮曾微一字；滥借芸藜之席，掞天愧乏三长。勉竭蚁诚，郁为鸿宝。伏愿蚤毓龙光，永怀驹隙。金华昼启，牙签饱珠玉之翻；鹤禁时开，芝幄罗师儒之彦。则桂宫清穆，九旗腾星日之辉；蓂历承延，万国护河山之轴。

## 冬至庆贺表

伏以长至摽时，统协天元之正；大来集庆，允孚君道之昌。气复黄宫，阳生紫极。钦惟皇上凝神宥密，受命溥将。义正万邦，上下之交为泰；德涵庶类，天地之大曰生。御箓初开，履长伊始。嘉气昌明于霁宇，和风容与于斋坛。扈跸回銮，大礼成而神人胥悦；明廷辑瑞，皇极御而夷夏交欢。求端见七日之心，主静建一中之极。视履考祥，敦复得旋元之吉；对时育物，体乾敷资始之仁。臣燮理无能，自底穷阴之悔；遥瞻有喜，欣逢来复之亨。谨望阙以万呼，敢伏茵而三祝。伏愿璇图巩固，宝历纯熙。大挠占甲子之祥，神策衍庖羲之算。

四素山房集卷之十一终

# 四素山房集卷之十二

济南刘鸿训青岳著

## 启

### 上晋王寿

恭谂老殿下帝谱琼枝，天家宝脉。溯太行王屋之麓，磐石太原；接黄流华岳之奇，维城三晋。时值金天之爽气，遥瞻玉镜之高悬。效三祝者云从，诵九如者蚁附。如不肖鸿训，久载缁衣之德，频叩推食之欢。数其事而归恩，感激为浅；计其时而图报，称塞为难。惟愿益溥无外之弘慈，自拓无疆之寿域。螽斯绳振，歌山河带砺于千龄；瓜瓞绵长，庆佑祜康宁之平格。率然小贡，不尽抒陈。

### 又

恭谂老殿下鸿名冒宇，庞德合玄。自入晋而见西人，普歌《击壤》；奉简书而通大国，乃效华封。徽懿难名，神久依于玉座；灵辰初揽，露方湛于仙盘。载瞻紫气之煌煌，瑞浮南极；逖瞩星文之奕奕，采聚西庚。庭中五老，祝五福之玄同；阶下千呼，仰千秋之宝照。奈训北塞羁臣，徒抱称觞之悃；东溟鲰品，薄言献颂之忱。小贡一函，讵能成享？远伸九顿，亦曰鸣悰。

### 回晋王书

分圭唐叔，名区夙奠于西山；锡壤皇明，磐石莫雄于晋国。玉牒绵联者三百，天潢肇衍乎千秋。矧矣鸿名，久腾函夏好善宝贤之誉；莫之与京，笃亲仁民之声已彻于帝。如鸿训者，企仰为劳，对扬无自。徒以幺麽之罪，翻叨天雨之施。沐此琼颁，可胜鳌戴？谨盥手而称谢，躬下拜以鸣忱。

### 又

伏谂雁门霜积，孤臣之望日穷；锦字星传，晋阳之恩再至。款扉有喜，下拜为荣。盖王者礼重春秋，惠不遗夫一介；斯贱臣谊沾醪纩，庆辄出于重颁。诵煌煌之天旌，知忠孝久宣于帝室；披朗朗之绣牍，信温文每播于西京。重道亲贤，挚哉夐超夫往史；急公输助，腆也顿掩于前休。独惭羁旅之夫，未效鼓蛙之奏。时如有待，敬矢他年。用卤略以鸣忱，称塞未补；总言归以矢报，涓勺来将。

## 报晋世子

恭念先王折节下贤，体仁御世。抚西山之土，晋国莫强；衍天潢之源，藩封独最。汪泽之遍，即深山穷谷，传升遐而哀号；美誉之宣，虽里耳塞氓，瞻宾天而泣注。不肖何人，眷沃更切。其彷徨怛悼、抚今追昔，更何如邪！恭闻世主绳武象贤之美，无忝前人；承家开国之时，蚤有令望。真悲而继之以喜，后而弭笃其先者也。鸿训感百朋之锡，罔有报章；缅尺帛之陈，愈增汗愧。对近臣而下拜，捧玉语以魂摇。伏愿任用忠直，屏除邪佞。倚老成为耳目，托故旧为腹心。不愆不忘，一遵前趾。此不肖区区一念，敢效诸千秋座下者矣。漫裁称谢，临启黯然。

## 回晋世子为寿

伏谂天家有庆，灵茅喜发于琼条；王国维桢，瑞气蚤生于宗子。每受西藩之一札，辄追上善之悠绵。不图新君，频怜旧物。昔在先王，尝悯帷盖之故，拂拭有加；今我世主，复念狗马之辰，刍牧不绝。服纯缣而有喜，掬肴核以知恩。敢不祗承，勉焉下拜。所愿者典学惟勤，尊生日懋。环正人为左右，逖想臣邻；奉法物于朝夕，伫弼成就。此区区不肖训仰报前王之极思也。九顿称谢，奕世为怀。

## 谢衡藩邵陵殿下

伏谂胤绕虹枢桂邸，濯银潢之秀；系承麟玺桐圭，分玉座之华。洪绪氤氲，贞期肦蠁。恭惟殿下地重亲贤，德隆藩辅。州分海岱，郊青帝以迎年；国应奎娄，转璇仪而得岁。穆清风于智府，皎皓魄于灵台。明明帝子之星，敞云门而启耀；隐隐天孙之岳，临淄水以摛光。化燮虞薰，亮增尧景。不肖训远托葭莩，夙勤盼睐。风尘荏苒，阻兰讯于西园；徽纆牵绵，跂麻源于北阙。仰华题而悚负，捧云简以增愆。顿使芹心，久郁荜户。望金门而稽舞，聊抒踊躇之忱；握银管以敷言，用代琼琚之报。哪堪麾顿，应有慈垂。

## 请中堂韩象云上任启

伏以景运重熙，紫阁簠经纶之选；帝心简在，黄麻隆鼎铉之司。瑞绕三台，欢腾六幕。恭惟阁下扶舆间气，千年盎发于中条；文治精华，一日宣明于蒲阪。玉韫唐尧之故壤，天生廊庙圭璋；虹躔傅说之名区，人作乾坤霖雨。久视鸾坡之草，初回鹤禁之班。桃李盈门，尽属泽宫之俊；蓬莱领袖，甄收翰苑之英。帝命方新，金瓯乍启。传来螭陛，允叶五云。日下之占，捧出金门。不数一代，伟人之誉。命召公而为保，爰培九鼎之安；相司马以居中，远厌四夷之望。星辰甫曳履，居然赤舄之臣；鼎鼐伫和羹，宛矣黄中之佐。幸际风云之交会，适逢日月之重明。况鱼水君臣喜起，乍流于殿陛；而盐梅舟楫交修，媲美于阿衡。荡荡平平，助皇躬而敛五福；熙熙昊昊，调玉烛以抚三辰。某夙载同心，愧叨前步。喜渐鸿之就列，猷念均分；快揆路以联翩，谋谟共济。奉天言而诹吉，启纶阁以趋陪。伏愿抟挠阴阳，炉锤造化。袖中五石，早补八极之天；阶上六符，永奠千秋之鼎。则二十四考，勋庸茂勒于中书；而九五万几，襄赞总归于上宰。

## 公请何芝岳座师

伏以望隆中护，启沃久赍元良；道契前星，法从暂依紫幄。顷缘讲席之休夏，得奉清尘；缅怀函仗之阳春，拟邀鸣玉。恭惟老师台下桐陂真人，龙岩孤秀。冷冷上界，蚤分沆瀣于仙盘；拂拂玄风，夙振徽韶于帝里。偶从薪栖之路，误拔樗材；旋操藩翰之符，往依萱舍。盖杖屦之携且久，而芹曝之效全疏。敬诹日聊借雨余，祗迎星驾。露蝉芳树，当午阴召我之时；玦宇燕闲，又文酒启予之会。榴华浮酌，杯摇日月之光；葛蔓调弦，座拥神仙之气。岂独解熙于清旷之地？抑将喻指于道术之门。宓惟蚤赐鸣驺，不辞曳履。

## 答王霁宇司马贺禫服

伏谂台台五岳星精，三山灵气。大名首羲皇之画，生应天苞；显阀光琅琊之祥，手抟地轴。赫赫功名归旗鼎，毡毳来王；隆隆节钺动边城，麟图绘迹。不肖小子，世切詹依。得奉光华，岂缘密于戚里；时承接引，实大被乎恩私。何期哀禫之辰，亦徼衮章之宠。我恃我怙，应伤陟跂之无从；锡璧锡圭，式凛瑶山之莫载。敢不有拜，用志殷崇。别幅开陈，仰干点记。

## 答金丹庭方伯

伏以银鹿惊投，久拟登崇之方岳；金槭乍发，复遭摧折于灵椿。意外奇闻，牍间郑重。恭惟台台粹抱瑞时，瑰材救世。执牙筹者数载，为朝廷心计大用之臣；抚中土者累年，膺臬藩弼时仔肩之任。当时事之荼苦，喜骏烈之鸿开。方望台躔，近移九列。三事胡然读礼，再经春露秋霜。距数舍而罔闻，忽重趼之狎至。尊大人千秋不泯之业，宜托名公；惟孤臣九死仅存之身，曷当鼎委。夙钦硕德，再仰崇阶。忍不藉载笔以代言，幸矣夸镂金而倚玉。汗颜受简，实惭鸿颁。

## 回张华东浙抚

伏以宪总乌台，锡履擅东南之美；望高青琐，建牙推左右之良。暂借雄藩，伫膺特简。恭惟凤毛葳蕤，龙德正中。家传节钺，大中丞古即三公；位列台垣，节度使今称八座。惟是余杭重镇，特居吴会上游。允赖名贤，始胜巨任。军声覃海外，钱塘江上耀旌旗；饷运急关中，会稽山前集玉帛。皂纛朱旛，拂苏堤之柳色；牙樯锦缆，湛湖水之波光。是真文武才猷，雅称江山佳丽。鼎铉在望，台弼非遥。训林壑久甘，弓旌滥被。覆餗是惧，虑天眷之难酬；倚玉为荣，幸越迷之可指。猥承宠锡，深荷雅存。惠我无疆，感琼瑶之太侈；匡余不逮，冀金玉之无遐[①]。

## 报王康宇方岳

恭惟台下海内名阀，中朝硕彦。云叶大蒸于琅邪，擅江左之风流；星精永聚于桓台，郁岱东之秀气。琼枝新发，集上苑之重熙；蕊榜初开，应中兴之五百。如斯介福，允称德门。不肖何人，谬肩重任。庆新皇之瓯覆，里闬惊传；感朋旧之弹冠，鱼肠漫剖。敢不有拜，用志远将。别幅之陈，再干典记。

---

① “无遐”，据文意，当作“无瑕”。

## 又

伏以世德作求，茂衍棘槐之荫；显阀特起，宏开鼎吕之尊。久疏尺牍之往修，累微骈蕃之载锡。剖鱼肠而见字，轸矣为劳；焚龙脑而启缄，伥[①]焉神往。每逢江干使者，颂鸿名茂实之高骞；载览邮符传书，喜骏誉崇勋之上逮。私衷顿慰，驰慕无穷。不图罪废之人，狗马之齿，尚辱宝屏之记，犹来银鹿之光。感激何如，惭负又何如！荒裁鸣谢，百不周虔。

## 马起莘抚台

伏谂恒山间气，卫水灵文。执简西台，轶指邪而觟触佞；扬舲南国，粟衔尾而艖均输。乃吟啸田间者十年，益湛青萍之锷；遂岑寂中朝者三事，久韬台斗之芒。会西北用人之秋，协九重枚卜之意。爰资妙略，江左有夷吾而复何忧；坐折遐冲，中国相司马而饬生事。第军实类无米之爨，宁不力汰虚靡；边事拟作舍之谋，安得一更宿辙。敢谓腹心之无阙，惟凭股膂之撑持。不肖训，一介书生，夙耿终军之志；三秋吉士，猥怀杞国之悲。愿藉雄风，聊抒嫠恤。

## 回周毓阳辽抚

伏谂台台质直端雅，颀硕温文。风棱久著于六垣，物望宜登乎八座。值完颜猖獗之日，庸人龉舌而弗前；政圣明宵旰之时，豪杰请缨而欲往。不有英略，安得舆推也？乃明公移席未暖，旌旆已指榆关；御墨甫传，名姓蚤寒沙漠。指顾而山川动色，卜君握内灵棋；笑谈而蜂蚁知兵，共曰胸中武库。或以敛藏为胜局，若充国之坐困先零；或以间谍作微机，类晋公之克擒元济。既炼兵兼之足饷，腾跃有期；既治罪更急酬功，震叠不日。将元戎十道联属，务若一心；则夷落千群摧残，有如片箨。戢忘归而恬青海，弢繁弱而挂天山。在此行矣，何其壮也。敢因报牍，并乞加餐。

## 贺沈华东操江

伏以留京重地，需元老以周防；吴会上游，遴宿硕而坐镇。甫覿廷推之墨，辄传秉钺之符。圣明知人，升平有日。恭惟台台长水澄神，胥山孕骨。啮

① “伥”，据文意，当作“怅”。

冰茹檗，矢四畏以箴官；游刃承蜩，阅八方而展采。久应独座，初践中台。盖内外之敭历既深，宜南北之崇阶荐陟。藻火荣辉于象服，羽仪光映乎螭头。尺籍伍符，遥改龙江之观；雕戈荡节，特高虎旅之辕。组练三千，耀石城而捧日；金汤百二，巩地轴以擎天。行重仔肩，坐光帝业。不肖新承远睐，夙寄洪陶。闻俞命而扬眉，欲生两翼；拟选言而布悃，暂托双鳞。仰冀慈涵，曷当濡削。

## 公请彭座师启

伏谂抡材东土，瞻星已历五杓；奉使西江，仰斗弥高万仞。惟植插门墙之内，应依附而不离；乃登崇先后之间，遂暌合之难料。追酉秋之下拜，迄戊榜之升沉。便作河山，缺焉葵藿。恭惟老师丰城剑气，拭赤土以流光；螺顶牟尼，照清江而见影。仆仆青蒲披宝镜，主德归砻；棱棱白简拂霜花，官邪屏迹。阐家学则聿新二十一代之缥缃，罗士林则独擅七十五人之藻鉴。考之往事，荐乡书者登甲榜，历一纪不逾数人；稽我同籍，前联步而后荐登，甫二科已升廿外。此皆大冶之善铸品，品可荐王公；将令髦士之奋庸人，人不甘家食。训等初叨释褐，辄忆饮源。每怀亦趋亦步之思，惜台光之日远；尚冀一提一挈之宠，伫法羽之遥临。系在区微，愧尺素寸竿之未达；埒之高厚，讵溪毛涧藻之可羞？偶得南舟，敬将北鲤。望龙门而计日，戋戋抒陈；跂鼎诲之因风，钦钦被服。芜漫勒状，干冒清严。

## 公请邵座师

伏以望隆鼎席，朝端久藉清夷；道发泰茅，仕路已瞻领袖。顷缘九重之眷注，得奉清尘；缅怀数载之纡逖，拟邀鸣玉。恭惟日边佳气，云表修名。冰壶风露之奇，雅推节概；金薤琳璆之贵，作为文章。在昔日鳞集鹿筵，总东山之桃李；于斯时芳华燕市，亦药笼之溲渤。何幸缺疏，乃来亲炙。肃詹日爰修涧藻，用觌龙光。月扇桂轮，照清樽而拂舞；澄秋颢气，映高朗以披承。伏惟蚤赐鸾和，有严皃曳。

## 散馆授职公请启

伏以藜火焜明，东壁炫图书之府；木天清邃，西昆俨翰墨之林。幸通籍于铜龙，获袭光于金马。叨陪兰宇，用涤蓬心。恭惟阁下学山振秀，文海潆波。

锦心富二酉之藏，绝技空群冀野；雄藻掩三都之丽，蜚英高拂瀛洲。休休之雅度可仪，几几之冲襟堪挹。端揆望重，山斗名高。某等葑菲下材，茭芦末质。大廷射策，已惭名附青云；中秘窥书，愈恧班联碧落。望下风而肃拜，顾前路以相依。谨詹某日，林钟应律，玉署开筵。藉琬琰之龙光，幸琳琅而燕集。朱纶引草，揖仙驭于蓬壶；白雪飞花，散天葩于鳌岛。躬先拥彗，意慰执鞭。

## 答郭瞻月宪副

恭惟品拟琳球，才同舟楫。蚤掀鬐于溟海，浪拔千寻；旋矫翮于燕山，文成五色。干戈羽籥，先训练，后甄镕；介胄衿弁，左为桃，右属李。总之坐比皋[①]而砻国器，人称未展其奇；迨夫迁水部以鸠孱工，众讶方抽其绪。调中珰于股掌，侵牟之诡计半消；挫市猾于钳锤，干没之神奸尽敛。本留神于夏屋，遂孤秀于冬曹。移宁武以治兵，允为屏障；阅晋阳而开府，竟作金汤。不肖训，奉懿矩于京华，踽踽后进；聆鸿伐于绅荐，望望先驱。方愧株拘，未申一尺；乃从云表，遽拜十朋。寒梅谷里知春，石笋班中未冷。矧编珠贯玉，奖崇猥及于鲰生；而缶奏虫吟，谫薄难通于豹帐。曷当剪拂，敬谢吹嘘。

## 启李涵默宪副

伏以玉塞威名，霜电寒流于节钺；金城方略，干戈妙化于俎樽。惟圣天子之右顾特频，故贤节度之得人为重。政勤宵旰，倍切疆场。恭惟英华茹玉符之精，标概摄沧溟之秀。胸中武库，笑谈蜂蚁知兵；掌上灵棋，指顾山川动色。庙略玄同于方叔，壮怀何翅乎终童。红崖青海之间，卧听单于凄画角；白岭苍梯之外，行看繁弱挂天山。一代伟人，九陲孤品。不肖训，桑阴小草，梓里莺鸠。心旌久伫于灵岩，岳望空闻于紫塞。已传豹略，未陟龙门。冒干一札之书，遂拜十朋之宝。听祁连之露布，方忆磨崖；存西夏之封囊，请归史管。敢云报德，窃附知人。

## 报马民部九逵

清华妙萳，本以待非常之才；拥肿余生，乃误入一时之彀。方惧笋班之玷，敢希琳牍之投。缥缈峰前，想丹阳于霞表；平江阁外，忆白眉于云间。持

① “比皋”，当作“皋比”。

筹之日孔多，染翰之暇不少。真壮游福地，仕籍仙人也。弟寒篝自适，哪期太乙之分；齑粥堪尝，惊下故人之饷。冗余裁谢，可任中藏。

## 答文受寰大参

恭惟命世真才，匡时伟略。莫邪在手，见试于领济上三十城之时；干将出匣，再闻于守秦中百二关之日。且仁贤之阅世，所在饮醇；而豪杰之怜才，随方鼓铸。不谓蠹鱼之旧，亦归芸阁之藏。盖弟子先生之称岂无格套，而拔十得五之誉我自倾输。未窥知德之深，遽属抝谦之吉。方拘咫尺，宁冀渥沾。顷于祝厘之秋，惟漫焉怀刺款阍，而草蔬作贡；迨有治辽之命，未尝不举手加额，而竿尺未申。亦自宽于鱼鱼雅雅之闲曹，遂顿忘其莽莽疏疏之积眚。敢勤鼎问，辱及冰衔。奏谢不庄，鸣悰有待。

## 回吴缵敬公祖

伏以不注城头，久戴慈云之覆；长白阿里，宁虞明月之投。空谷希音，凿垣殊觏。恭惟紫瑞真人，青溪仙子，入筹水部，人夸荆楚之风；载领右藩，星曜危娄之野。值青方之厄造，拮据卒瘏；痛赤子之流亡，忧勤黧黑。作计何止乎千百，巡行已遍于三十。遂使泽中鸿雁，渐息哀鸣；因而部内豺狼，稍为敛迹。德堪扶世，功等回天。不肖忧岁怀亲，方遄归于大厦；瞻云望日，未蚤觐于台垣。乃荷瑶竿，兼分玉粒。茕茕雪巷，顿回黍谷之春；兀兀寒生，忽袭天香之蔼。心之激切，词不披宣。

## 报浦昆溟年友

仗谂奎聚璧联，自是人文之会；骥飞蝇附，何当天假之奇。每追两榜之叨陪，顿悟三生之非偶。抚膺知愧，矫首为荣。恭惟青海仙芝，碧天雪鹤。技如长锻，跨飞兔而一瞬三千；赋奏凌云，激溟鹏而高抟万里。花封制锦，先施补衮之才；棠茇烹鲜，预试和羹之手。秋霜飞五月，谁夸江邑神明；甘澍遍万家，奚啻马昌惠泽。历千晨而入最，歌两地以腾欢。业被天章，荐司斗舌。如不肖弟则质等丘麻，品同腹毳。久猥清禁，觉非据而魂摇；乃眷山樊，计遂初而意惬。邮闻俱废，燕贺未将。不图郑重之颁，上及父，复下及子；哪更骈蕃之锡，轸其弟，倍轸其兄。谊切激衷，感深镂骨。薄焉蚁附，仰讯龙驹。

## 回陶元晖太守

伏以天家厚下之仁，率承流于牧伯；贤人康时之略，每大著于亲民。故以虚词藉者，班联雅切云霄；而以实事闻者，治状蚤施鼎吕。每为此论，用谂伊人。恭惟台下碧海飞蛟，瑶天瑞凤。金相玉质，光华久企簪绅；露覆霜威，品望今隆海甸。宽一分则受一分之赐，春转寒灰；得千里则活千里之民，肉生白骨。展也真儒，居然伟略。如不肖训龙门旧额，鱼蠹残魂。伫海表之卿云，每劳梦寐；开蓬山之锦字，更切瞻依。牛马之走政疲，琳球之施难报。漫然属削，并祈垂慈。

## 回王醒东司理

恭惟番岭元精，灵洲间气。南溟鲲起浪花，久击三千；上苑莺迁芳韵，早传五百。宜归黄阁，乃析玄符。勺彼明湖，泛阳春而澹荡；拳然华注，曳紫气以氤氲。空梦拟乎仙标，祇风聆乎卓品。再勤鼎问，倍荷琼投。海上蚊肩，惭负鳌山之重；林间乳翼，顿夸羊角之抟。将字字奉为琳球，亦时时引而拂拭。何繇报称，但有中镌。

## 柴旸谷青守

伏以紫绶凝辉，天宠重专城之寄；青方瑞霭，福星莅开府之荣。御屏纪茂绩于留曹，使节壮雄图于刺史。忽报琼投，顿令汗负。恭惟冀野人龙，云门斗气。占金闺而通籍，声动京华；趋南国以持筹，望隆江左。乃移节钺，来镇淄青。聆《大东》《小东》之歌，缅伤周雅；课保障茧丝之计，不数晋阳。方戴二天，用为广厦；讵惟九里，亦挹洪波。炙水晶之灯，分度李邻之影；仰照天之烛，何须匡壁之光。不意条冰，蚤回温律。想桐城先生，桃李之伴曾结于春风；岂长白仙人，云雾之乡遂投以明月。漫焉鸣谢，无那中镌。

## 回张怀谷运长

伏以凛然风采，竦一道之观瞻；远有光华，彰九重之眷注。圣天子疚怀之切，慨盐策之病民；贤刺史将命而行，觉欢声之载路。爰持庾节，信属劳臣。恭惟台台蒲坂卿云，尧衢间气。夙著西山之旧德，久蜚上国之英声。乃于小东大东之时，适值再命三命之候。裕民足国，聿修平准之书；问俗观风，式赋将明之政。劳来还定，安集自有成规；财货本末，源流总繇素习。选胜点雪芽之白，备荒积露粟之红。兼佐军兴，允充国计。如不肖训龙门旧额，偶日际而云从；鱼蠹残魂，猥帡天而席地。饱大官馔，宁忘取禾三百之羞；读中秘书，安得斗酒十千之费。惊传损惠，顿觉生温。牛马之走政疲，琳球之牍难报。漫焉属削，并附垂慈。

## 报沈年伯祖洲

伏以荣离雾隐，出宰雷封。闻三风之声，未遑造膝；听双凫之舄，良喜足音。方觅一羽之通，乃拜十朋之锡。恭惟震泽人龙，吴兴儒硕。挺生世美，毓来天目之奇；宏阐家学，吐出霅溪之秀。试牛刀于鸡肋，尚屈雄才；骋骥足于蚁封，正观绝艺。溪传鳄徙，覃威可媲古人；城号凤栖，吏隐有如前哲。叔度之来何暮，鲁山之见何迟。览海山于几案之间，风流可想；务教化于簿书之外，慈惠必多。如不肖训，东鄙蠹鱼，上林乳燕。偶附冢君之籍，并马天衢；还依学士之光，袭香册府。清篝自适，敢希太乙之藜；齑粥堪尝，惊下丈人之饷。询知奏最，倍窃欢私。率尔削竿，何当抵璧。

## 报党交河

清标玉立，瞻眉夐异三秦；藻思云飞，捧翰恍摇五岳。承家学之有本，得地灵者独多。挹文水作词源，浩浩雄风传蕊榜；峙斗峰为品望，杰杰爽气出花封。偶逢德聚于燕山，再荷弹冠于鹭振。载龙光而迪德，奉喜气以知心。方切交欢，忽闻奏最。九列三事，歌来暮而作基；双凤五花，美初服之未艾。

## 报张肃宁犹龙

梓里通津，虽久习于茂阀；芝眉结契，实继洽以同游。识子厚于豹山峼湖之间，问公干于拔十得五之日。鸣鸡先约，黄石之略当酬；待旦雄心，枕戈之怀未老。祖鞭竞着，羸鹿同驱。恭惟门下秀色可餐，高文绝唱。得伯英筋，得伯英肉，谁拟墨妙临池；取材于汉，取音于唐，又复词坛宗匠。乃嗛嗛于一第，小试屠刀；终岳岳于三开，大来连茹。作官无如作令，嘻笑怒詈，皆其蹠实之时；有守兼之有为，犊犬桑麻，尽属庇民之略。天家之酬人不薄，吾侪之展采非殊。乃于垂盻之青，辄效倾葵之赤。咫尺勾漏，频睨仙舄之飞；初到颍川，惊奉琅函之蚤。

## 报卢楚白山阳

钵池春暖，识王郎飞凫之墟；射水波洄，怀枚叔载橐之日。向尝乘舟击楫，泳明月而赋长淮；恨未踏岸登陴，访城阴而探古迹。虽相距在二千里之内，而追悔则三十年之前。讵意同畦之桃，遂领分符之竹。恭惟金华韶秀，画水仙姿。初释菜而知名，谁夸后劲；旋弹冠而志喜，共逊前茅。蔼蔼吉人，到处祥风吹四座；超超玄箸，拈来玉屑拂三花。盖圣贤豪杰之俦，业已占诸帝里；而父母神明之颂，何必采之山阳。展也真儒，居然伟略。

## 回李淄川

玉树琅玕，欲袭清流于嶰谷；金茎沆瀣，久思渴吻于仙盘。慨贤哲之相求，每乖形影；拟芝兰之共臭，再奉葳蕤。明月惊投，鱼肠漫剖。恭惟北地卿云，东方杲日。蚤驰乡邦之誉，冀野称奇；旋倾国士之知，燕山丽彩。铜符乍析，黉山淄水漾春晖；星轺遥临，稚子黄毛迎瑞霭。黎歌来暮，油油四野桑麻；士服真修，拂拂千家弦诵。樽俎决销氛之策，笑谈抒固圉之筹。不肖被润河壖，熟闻妙略。家临勾漏，蚤挹玄风。直以缞墨之身，未遂斗极之仰。茅檐覆雪，拜鼎惠以知温；黍谷含冱，启云笺而见日。暂以鸣谢，可任中镌。

## 冯映垣邑侯

天子远则守令近，民社攸关；治日少而乱日多，兵荒宜备。啼饥号冻，即丰稔之岁未必无人；抢地呼天，纵太平之时容有其事。况小东大东之会，值堂高帘远之晨。不有慈侯，曷观生理。恭惟一腔隐恻，四境阳春。赤羽震邻，保障之思既预；黄麻入境，追呼之吏蚤停。为里六十余，不闻死徙；视事三百日，剩有安全。每逢下里之传，辄效华封之祝。惊投明月，获布丹忱。远追汲内史之发仓，何妨矫制；近询富郑公之活众，定有良图。讵云无米之炊，兼切祈年之祷。不肖耳听青方之警，七魄全飞；眼穿白社之云，寸肝欲吐。敢为缛语，有玷神君。泣拜鼎施，跽陈蛙奏。

## 邀邑侯张云桥

伏谂跨竹西垌，溪水涨随车之雨；分铜东地，牛函小烹伏之调。接芝宇而知心，已占三善；揽蒲悬而望治，渐露十奇。帝悯长人，乃来大受。恭惟上国珍储，扶风美挺。爱人本之学道，蒂固根深；驭吏政以安民，中清外朗。间奉十行之札，如披荇藻于临流；侧闻两石之宽，似化芮虞而入质。一庭秋水，觉有余闲；三月苦心，宁忘休夏。敬诹日躬刈山樊，薄开荒径。地非陆海，何缘得腴匕之菹；人本田家，只可效泥芹之贡。橹栊响答，尽是农歌；几席分张，惟连山色。更喜紫薇将艳，光华交贲于觥筹；兰茝浮香，臭味拟通乎君子。望朝暾而鹄俟，伫亭午以鸾锵。

## 请马邑主送学启

伏以王国之桢储养，茂先棫朴；人文之秀裁成，必藉仪刑。矧大冶来自天中，群品毕归乎埏埴；绣毂喜临长白，众材政赖以劘砻。恭惟台台神情宣朗，泠泠姑射之仙人；德意惠和，偃偃竺乾之大士。留心民莫，即螟蝗淫潦，为百年未有之事竭力仔肩；雅志作人，举童稚誉髦，尽一邑仰化之氓并罗在宥。遂令督学使者薪楢，先后合符；亦闻阖境人言诩赞，浑如一口。识高玄镜，德配鸿钧。兹蠲吉月之日，薄采溪毛，用充芹藻。父兄子弟，式歌泮水之洋洋；编户衣冠，共听鸾声之哕哕。瞻星法驾，拥彗糞除。

## 饯安元旭姻丈

宝历更辛，阳德兆茅茹之拔；天门启亥，王程瞻斗杓之移。缘腊气之将残，想星轺之在举。恭惟瑶班仙品，瑞世雄才。小试云中，响字已腾于五袴；聊休子舍，盘薄弥砺于双龙。值方内小东大东之时，岂仁人载歌载咏之日。我当劝驾，君其脂车。敢僭拟某日，借冷月之高悬，好依琼树；喜寒梅之未落，聊佐兕觥。清欢顿绝乎俗局，雅座何妨于刻漏。恭申尺一，祈诺千金。

四素山房集卷十二终

# 四素山房集卷之十三

济南刘鸿训青岳著

## 碑记

### 重修长山县城并建奎光楼记代父

岁万历丁未，河东薛侯来治吾长，越明年戊申，建修城之议。先是，城数圮，数议缮完，数罢议。即如议，稍稍举数锸土，葺女陴十余堵，辄以不赀闻。其所举数锸十余堵者弗如法，圮益甚，大患也。侯悉心区画，招杨幕而授之，曰："尔为我董兹役。役夫有里，里有户，户有额，额有日。日满辄归，不苛不溢，即坂头束草无扰也。"初以百日计告成，虞弗克，比工迄，才越月而坚完，垒矗屹然。新闉之出于隍也，曾不以一缗白当路。盖神速之役忘其劳，并忘其大，而区画苦心，惟主隍之神知之。侯勤劬矣，介矣。不虐民，不罔上，宜永怀矣，可以载矣。越明年己酉，当省试士。长士以酉之不耀吾长也，历数试已然。今届矣，乃采形家修方之术，亟走谒侯谋之。侯嘉额佐其事，即卜吉，建文笔于城之坤隅，旋于兑门楼橹外开张旧址，建奎光楼其上。楼庚向西楫长白，锐峰如削，中祀奎神。神跃立，挥毫握斗，芒焰射人。且河流映带，波纹可挹取，盖高华朗秀之气所抟而聚也。我侯时时捐赀助之，不一而足，遂成吾长一巨丽。观成之日，适宾兴，入试士，侯于楼前设云阶、桂殿，大张乐舞，以醮十九人者、觞数十行壮之行。惟时水月微漾，星炬交辉，云雾旌旗飘然动魄。识者已知奎神之有灵，而余长子鸿训果得俊，中东省乡试七名，不可谓祥之不开矣。嘻！向微城雉翼，渐有令思。又，向微我侯多方计处、督之速竣以兆酉，酉其岌岌乎？楼之议，余仲子鸿范偕徐生日升实倡之。厥思良苦，厥学聿励，讵可泯泯者？并记之。

### 贞静罗东舒先生祠堂记代作

罗东舒先生有祠，建于歙，自先生裔孙中丞闻野公始。中丞既为先生祠，且以所睹家乘纪载、历世衍说之详贞珉之矣。万历戊午，先生裔某复持《罗祠事略》二帙，乞记于余。岂以余桐距歙甚迩，其耳罗氏发祥茂衍之次颇稔而核也，匪余言不足与中丞笔宣映以□耶？

按，罗氏之荄苞丛大，乃在豫章始祖文昌公为晋谘议参军企生公，后唐季黄巢之乱，避地歙之呈坎，历有潜德，单传六世，始渐蕃，寻显铄为歙甲族。罗宗人业立有百世不迁之庙，迨胜国时，阅十三世而先生始诞。先生早岁即笃行耆学[①]，赡贫裕族，尤注意氏谱，上下数百年生系死窾，较然可数，即其先朝英公、珌公、晿公、汝声公诸牒，微公，弗传已。当元之征处士萧斢兴也，郑左参尝为先生劝驾，先生作《咏陶》《答招隐》诸诗以见志，因自号“东舒子”，人故以“东舒先生”称之。皇庆中，谢公庭兰谓先生与渊明同调，洵不溢也。我明嘉靖间，族益大，甫议特祠以祀先生，未告成，中止。时中丞公为诸生业，矢志成之。辛未成进士，敭历中外，久未遑，迨先后读礼，云卧林皋者且十年，慨然永慕，锐意为宗人倡。乃洎万历壬子，鸠工庀材，迄丁巳乐成，凡六载。于中缭垣楹础、丹垩冯植之详，具载在中丞《记》中，可无复。乃其大者，如泰和郭司马之署其门曰“贞静罗先生祠”，云间董太史之颜其堂曰“彝伦攸叙”。因旧寝草创，益之以阁，用宝藏奕世纶音也，而署曰“宝纶焜煜哉，足耀来兹已”。祠既竣，中丞乃率宗人卜日，奉先生主以下入妥焉，盖左右昭穆，翼如也。中丞复作《宗仪》八篇，用示永诫，亦推扬贞静之旨，俾无负“攸叙”之堂已耳。

先生讳荣，字仁甫，私谥贞静。中丞讳应鹤。昔为磐渐，今之仪羽。人谓不有发源如先生，其后裔安得有中丞其人者出？然匪中丞，恐以歙之罗既有祧在，而先生肖然之祠，或悠悠付之已。余并羡而记之，因系以歌，歌曰：

子虽齐圣不二食，先生新祠安所则。上甲高圉率契稷，殷姬特报神明式。先生组藻仍介特，子孙瞻视如玄德。乘牒华胄几迷识，袖中罗谱纹如织。门前何必五柳植，恬然浩畅无逼侧。高风修躅安可得，宜有显者题其阈。黄山白岳堪栖息，鹤岭松门远增色。阶下兰荪间列棘，宗盟穆如簠簋餙。宇貌从兹五云陟，片石千秋长弗泐。

## 兖州守孙公生祠碑

自岁戊午辽事发难以来，其所号为全躯保妻子之臣何多也。或锐意请行、杰然自负者，未必不一二见，率浮于气、冥于决机，不惟罔攸济而且滋偾。甚矣，盖任事者难其人也。迨壬戌春□渡辽水，祸益炽，几薄榆关而震都城。重以蜀黔、蔺水之变，煽动人心，所在思乱。而兖，则自秦汉封禅岱宗以来，

① “耆学”，据文意，当作“嗜学”。

寓内士女望碧霞元君奉香火者，春秋如骛[①]，故左道游民丛集之区也。比屋浸淫，幻为符命，以愚人耳目者，实繁有徒。拈香一招，瞬息百千成群，即元季山童、福通之啸聚不过。此辈孽种，几曾芟除殆尽。所谓乱民之囮，而祲岁之蟊贼也。有司者习而弗觉，觉而不得销弭之术。一人倡乱，群迷蜂起，遂至陷邹、陷滕，川谷响应，杀人如麻。数趋兖，以骤发无备，几不可御。两台数上章，求文武异才可资耆定者，朝论重兖守。时孙公方官爽鸠，主爵者廉得即畀公兖，促速往视事。公即日就道，单骑驰至，抵重围。或谓公宜稍需观会，无蹈危难，公夷如也。比得贼老弱十余人，固佯谍而尝我者，公一讯，尽释之。众犹诧不立诛为快，后乃知释之示恩，且令强悍者贰，始服公之妙略云。贼久不下，填抚少司马赵公与大将军亟主战，公曰："鸟兽穷，必啄玃以死。将士即可用，尚彼己未料，况未可用乎？何若乘间计取之为得也。"议遂决。别走间道袭滕，滕果五日破。滕破而邹孤矣，寻请囚请系，一日俘渠魁三十八人，不烦血刃，而大难以定。兖人无不手加额，颂公再造我，即赵公与大将军，亦咸服太守力焉。又亟求孟夫子后，悉捐所岁入俸金，一新庙庭，率诸生展拜其下，歔欷留连，竟夕不能去，因条生聚教训十余事。其余党恶少尚嚣然，兢赤白丸相上喜再乱，公亟往谕之，反复开导，不惮数千言。曰："有敢故发难端者，刑无赦。"民乃爱且畏，无复萌故智者。暇则课诸士以文，纵谈名理，有阳乔而前者，意抑之。戎马之场，干戈甫戢，文教蔚起，得快然复睹禽父灵光之遗，胥公之苦心大力所贻。夫兖方急，当事物色及公，公即被上命，何难稍邅回都邸、纡徐王程，俟羽书间疏乃叱驭，未为不可，何星驰而立有济？彼浮于气、冥于决机，与蝙缩王事而全躯保妻子之臣，并当愧死。今赵公入执枢政，一切为兖野善后事宜，悉付公。公向所条生聚教训十余事，料蒸蒸邹滕，旁及诸邑已。则公之功，讵惟方幅岁月之间哉？

公讳朝肃，别号晔芝，海虞名家也。滋阳李侯与公同为丙辰子大夫，李先令济之淄川，妖贼方炽，侯备淄甚完而民不扰，淄人歌之。淄人以余距淄仅一舍，习知李侯，且邻震既息，谁能不歌？令余附一阕。今李侯以兖人士尸祝公，意为公建生祠，将勒石纪事，属言于余。余杞人，忧齐鲁之几倾，兹幸弗倾，喜可知已，能勿歌？乃歌曰：

左道滋秽兮何鸱张，方区弗靖兮烦张皇。将史屏匿兮空相望，巨灵出臂兮沃雪汤。龟蒙再造兮凫鹥光，宜锡蕃庶兮列上方。士女仰戴兮构兹堂，丰碑七尺兮象太尝。

---

① "骛"，据文意，当作"鹜"。

# 来鹤桥记

天启丙寅，计鸿训自海外来六年矣。盖强半病困且千日，将生平所遥慕于缑氏、结想于乔阳，玉笥金简之搜、五图九籥之事，并睨为无所用之，一付云梦已。又尝考列仙图籍，间以人世所传纯阳吕仙每现景尘界，疏髯多须之殊柳魈，乘蹇巾笠独行之异，求一确据，作焚祷恍遇之神不可得者，亦泡语听之已尔。一日，郡大夫樊公大瀛以新建泺上来鹤桥纪石见属，益梦唤梦，余安知之？惟是敦部氓之义不可逆命耳。

夫余自卯岁游泺上，见神水三泓，或云海目，出济之坤方，空珑踊跃可数尺，惊浣俗肠。或留憩移时，屏息净虑，若忘身在城市之侧，则又女陴林坰，天光上下，宛如入冰壶而出琉璃晶珠之界。因叹曰："烟火阛阓，何得有此？"渡板桥，谒岿然之宇，则吕仙祠。盖神庙初年，开府延津，对泉李公所建也。读楹间"胜地自从开府辟，仙人原为对泉来"之句，询之，知为毛直指无心之唱，对泉公未及应，一羽士指楼朗吟，俄失所在者。盖延津公家居时乩致仙翁，有"约会白雪楼"语，讵知楼为仙祠，前李沧溟先生夙筑，而今始应于李、毛之觞。此地所以祠仙翁也，异矣。祠初成，一羽士题其柱云："趵水新祠千尺剑，蓬山旧迹几行书。"非仙翁孰复有此？自是，辄为好事者乩致。一日与诸生期，及往，道觏羽士，黎貌毁服，为少年生斥去。抵祠，致乩，佥叩仙"曷爽约"，乩曰："适晤矣。"语灵异状，不可更仆数，济人已略举告，樊公讵知？公与仙翁夙因之奇，不异延津公云。己酉浙榜，时先期乩示"双口作伴，三三是齐"之句，后联名吕姓，数符三三。丙辰上公车，未放榜，公有故先归，行至汶水，遇羽客，赤脚长髯，貌伟甚，语公曰："我以黄甲付汝矣。"俄捷书至。又闻羽客朗诵偈句，密示点化者，盖心知为吕之幻出也。公来守济上，一日旱，祷，得"松风阵阵寒"之句，果连雨如诗意。迨乙丑岁且杪，艰雪，公再请雪，乩示："雪映山头月，月笑雪山低。"何响答也。祠就圮，公业为新之。小板桥敧脆，岌岌不可渡，且逼窄，有减游致。遂与一二同事议更成之，因移置白雪楼前。选材弘壮，水中奠以石磉，环三洞桥上，可列方席。俯仰顾盼，觉远岫葱茏，流泉飞洒，落酒杯中，直可羽化而仙矣。因题曰"来鹤桥"，志望也。坊榜曰"蓬山旧迹"，即取仙翁联句。既砻石，将并志矣。忽于乩雪中再示桥额云"弱水玄津"，又联二：一"脱俗堪登岸，忘机自有程"，一"玉水流三岛，蟠桃致五云"。盖目前玄淡清真，度人如此。乃字迹奇绝，非人腕中可得者。公再立亭示异，令游斯地者，时有仿佛恍遇之神乎？

夫樊公自子岁下车，多所完葺，省会一为改观，劳矣。至仙祠与桥成，则又群心浩爽，为名泉增胜，而公不言劳。盖根气际合，匪现前之故耳。因感余以海上饿夫忧居长白者，相仍数年，每笑谈黄白，人窃“法财两足”之说，妄希仙术而眇功行。即余所值都城百五十余岁人，亦不免抱玉焚火、金棺埋狗之诮，岂无灵族邪？乃李、樊两公与仙翁神契乃尔，复以纪石传妙之役属不敏训，岂无荄于昔而三幻者乎？是邪非邪？附勒以请，且再结恍然遇之之梦矣。是为记。

## 院山重修碧霞元君宫碑

长白之东麓，培塿坟起，曰院山。旧有碧霞元君宫一区，仅仅式覆山颠，傍结僧舍数椽，为焚修之招而已。若弘敞琼琲，此地亦曷可得，而岑立庄严，差足走数疃之野人，而续香火小可之坛宇也。二十余年间，余岁一二游，风景亦自不恶。特喜有真安上人，朴静质实，仅通言笑，而俗味都绝，余甚爱之，以为余游两都宝刹精舍何翅千百，其揲珊瑚珠而被服雾縠之梵子又何翅亿万，课之茫无禅意，良可非诮。谓不如真安，木石块然，对之煞动玄想。余间留憩移时，啜山泉，啖糙蓏、羊枣之实，或月夜凉静，薄寒袭人，耽坐不归，上人辄为下榻。余信宿高春方起，起复供饭，始去。如此佳况，亦安可忘？我神宗皇祖乙卯百六之祲，山左为甚，道殣如蚁，所在相望，石田僧宁可留乎？先是，安上人亦化去，弟子如兴暨孙辈亡何乞食四方，数岁始归，归则栋宇尽而烟火绝矣。兴上人颇有师风，复极力结构，宫宇如初，亦旋化去。其下缁流数人益勤，光复诸疃，香火之续，不减畴昔矣。余自海外来，忧病先后数年，西山游屐，废弃不亲。乙丑秋偶过其下，因陟而凭吊焉，殊为怆然。已而留憩如昔，剖二瓜，招衲子与共，微喜。步出将下，僧妙德指旁磨石曰：“此纪事石也。”意若有请，余不觉额而许之。乃侵寻改岁，始走笔书此。嗟嗟。阎浮舍卫，曷问西东。一片净心，惟人洗濯。诸缁流能绍尔如石如木之前人，久之，心珠莹而智流可普，即渡火宅之群生于彼岸，胥尔能事于守，斯宇何有幸？为余旃哉。时天启改元之六年也，姑镌而立之。

## 石佛堂古戒律院碑

夫如来大义无量、密谛无垠，而生灭、灭生于无量、无垠之寓，以不空、空一切尽者，讵曰无义、无名、无所事事，辄活泼泼地历大千不坏耶？如来原无此法，余蚤负宿因，晚闻斯道。每度一山一刹，坐比丘而问之，有纵谈移日，飞洒苦空寥无实际者，某不取也。崇祯庚午春，自代来谒文殊大士，不能遍历诸刹。一日薄暮，自南台归观，来石信宿，见此区创筑未就、祥烟若结，心窃异之，乃下舆入拜。惟时梵咏朗朗，可闻数里，且绝无诸刹颓隳不支之厦，宁不孜孜喜？曰：“此必有大力檀越鼓辔使然，又必有挚性精修之人交相夹持，乃见此景。”已而询之广阔上人，则大长秋苏公奉母夫人至孝，聚缘于斯，日异月殊，以有此界，且殷隆未艾也。夫万行根荄，惟此孺慕罔极之报。山高水长，古人种种苦行，曷可枚举？不若以缯帛匕箸不尽之意，注想金光，恢崇玉宇，如公之始，奉慈氏以周旋，踵板舆而跻圣境。旋捐资建醮四十九日，规制渐崇广，聚僧指而导幡幢，挥金碧而演贝叶。水陆幽冥，足觉人天之眼；威仪法器，远摹祇树之图。云堂阡陌，并属经营，陈玉垂珠，备极增饰，将萃于一堂。所为徼母夫人百年之欢者，毕力而供诸西方圣人之域，精诚格越，通于玄冥，视无谓而造数级浮图、夸示豪举者，功相万也。

夫释氏之戒律，与人子孝行同一精严，视真弗真耳。苟实之不存，即缁流骈接于绀宫、法律日森于刊布，喃喃自持，何格越感通之有？故古人啮指、投杼，潜发天真。天真之发，何文弗质？余于苏君奉母之笃、事佛之大而深，有感也。且加惠丛林诸比丘者宏远乃尔，独张兹石佛堂戒律云乎哉？幸诸比丘严之，令此区且千古不隳已。苏公讳若霖，犹子讳有根，俱安肃人。并拮据斯举，宜纪永久云。

## 天竺和尚塔铭有引

天竺和尚讳明秀，西秦人也，系出临济二十七世孙。年四十，披薙入五台山，幽栖三十余载，寿八十四，僧腊四十余。今上御极之元年二月八日，漠焉化去。以所闻其人，盖寂焉茹淡、葆我澄怀、不涉世味交者，始卒如一日。方异之，已而询门人真鉴，聊得数言，又逢山中名宿，桴应一二语，宛出一舌。余珍存不遗，若躬游西竺，一缔名流而聆法音也，真乐而忘其美也。因于金刚窟结茅三楹，袭高僧化处，如过而答问焉，得无妙契乎？乃走笔铭之，以授玉工云。铭曰：

玄冲来兮，不往漓斯。阿谁茹之，冥赋淡漠。至味无味，阿谁甘之。阿谁云去，阿谁云就。涣然平夷，脱粟菜羹。王公可迟，欢然两眉。云水匪遥，柴关匪迩。静远为期，西来密谛。衣里之藏，如意牟尼。不磷不碎，勿坏如然。本来自知，五顶头陀。千斯万斯，唯此硕耆。晋国标塔，名曰正宗。千载可施，佛日普济。大觉禅师，岂云阿私。四素居士，若挽若慕。而赞一辞曰：有如其人，人皆羡之，夫是谓无忝于三仪。

四素山房集卷之十三碑记终

# 四素山房集卷之十四

济南刘鸿训青岳著

## 传

### 王曙峰先生传

琅琊王曙峰先生，奇人也，为余姻家前辈。余自儿时得窥见先生，即慕其昂藏峻爽，不为只尺之趋、唯阿之语。余庸庸后进，久踬诸生中，每返景自照而自谯之曰："尔居下里，未阅多人邪？尔讵未见王曙峰先生乎？有先生之骨、先生之志行，必无黯吻摧挫，遂以萎折而老于布素间者。尔久踬，自宜。尔能引先生为对病之饵，服摄其强力之半，亦可脱颖去已。"余以是醉心王先生，不必其左提右挈，尝尝而见之也。余距先生舍许，先生既成进士，游四方，即有时过里中，未尝走谒，乃独于先生之历官、行事，喜闻而知之。比其卒，敢授简为先生传焉。

先生大父，初徙家新城者，名贵。贵生伍，伍生麟，麟生耿光，耿光即《王氏家乘》中所称"让德公"者，血传而至于先生。其他派若枝，各载在诸名公表志，不具述。按，先生有母腹震泣有声之奇，既诞，则崚嶒秀异，异常儿。蚤受《毛诗》，敏给特甚。既室，龁于诸兄，几不支者万状。但移其愤懑牢骚之气，毕致下帷。尝依大母高氏家，久之，复僦居城隅陋室，赖李安人纺缉资之。读至自缚其股几柱，且诵且泣，丙夜不辍。每持筹警夜者从牖外过而慰之休，先生浑涕[①]谢之。为文取故历，属草即赫蹄弗给。秋深，葛衣兀坐，夫妇对泣，不易操，何穷且坚也。既宦，则曰："某幸脱厝大气，当无忘厝之所以大也。丈夫破书万卷，何患乎语言之不瑰丽？然眠死雕虫，何济之有？"乃留心当式，不拘拘职掌中事。其于水利、屯田、兵农、盐政诸大务，无不各得要领。先生筮令渑池，再令宁晋，寻以才大而邑狭也，移之柏乡，又移之密云。其均田筑城、酬繁整剧之略，悉备极苦心，敻越俗吏。尝调至密之民莫，军糈缮完，筹较听决之，周而敏、敏而确，人人推逊，谓非先生不能若渑池丈田之法。密之获巨盗陈宁事，则又勾股之所不能揲、桑怿不得擅其巧者。其特

① "浑涕"，据文意，当作"挥涕"。

著也，擢地部郎，寻榷关浒墅，理辽饷、减商缗而出积羡，核虚冒而厘屯伍，杜武弁之幸，绝游谈之客，日以牙筹佐金城方略，视诸榷税使及他饷臣殊已。每以暇日，邀诸名流，托怀觞咏，挥洒乎江亭、岩瀑之间，彼抗尘容而课余利之铢两有是哉？旧柄事者得各以其职掌，时有请奏。迩年，主上于一切疏入率多寝格，于请金于内、停采于外者尤甚。先生辽之役，独获请内帑金七万以行；在滇司署中，条上滇南贡金之苦，得俞旨。两事实为异数。出守开封，开封夙号难治，且多强宗，又宗狱有数十年未决者，先生不逾旬而判。仪宾于甲擅杀人，先生方案其罪，宾急，乃橐金乞免，不行，因纵妻大哗于庭。先生怒而起曰："余以二千石为朝廷守三尺，宁受辱一女戎哉？"遂杜门乞归。会按使者曾公廉其事，劾奏宾，杀之，先生乃出视事，昔人拔薤之击不翅也。亦旋中宾党蜚语，调去。越三年，出补守西凉。西凉，古平城地，风物凄苦，守者率薄之，况自守大梁来乎？乃先生寥无苦色，即衔命，冒暑逾险，往登西华，涉泾渭，逾梁山，渡皇涧，谒古公、姜嫄祠。随所游历，悉有歌咏。比授事不满三越月，而韩国之宗禄、凉之里甲，驿站所为，弥觖望而苏困苦。前太守疾首而不能理者，一入先生掌，恬且苏矣。然竟以冒暑逾险、皇皇勤事卒于西凉，可悼也。有集数卷布于时。诸丈夫子若孙多且才，不第宝树、白眉，可指而称也。先生不死已。

刘子曰："凡有血气，必有争心。均载须眉，而未必肩骨之能胜任也。"王先生用让德公为浚发之蒂，而复以齑粥、葛衣、缚股、屡迁之苦，百炼而成其身。故先生平生之遘，不问险夷龃入与不，皆挺身赴之，而不畏强御，好为其艰且大者，盖什九吐而什一茹，亦先生之天性然也。余亦述先生之大者如此。

## 一门三贞烈传

鹿邑崔建宇先生以贞烈三妇状见投，曰："尔史氏也。史氏言多缛，尔独质。史氏表美扬芬，动杂引古昔缀映目前事，几为埏埴之匡，即大节质行，并以缛掩，殊厌之。尔无是也。余一嫂、一弟妇、一女孙出为刘家妇者，各殉夫，死有烈行，余各有状质存之。惧三则易佚，又喜尔笔足汇吾质也。请络为一传，幸甚。"夫三妇状，落落数言，而石肺冰肠，即群力不可转、千拒不足温也，烈哉。

其一为丁烈妇，先生兄震宇公妻也，归崔氏二十年，谐甚。孝让备挚，抚胞子三、庶子一，不二。佐家筹，日益。震宇忽病逝，丁妇亦崔家赖，妇可以无死，又年过三十，既多子，国法不录。人以此譬晓之，弗听。老幼婢妾环挽之，亦扬言曰："吾不死已。"历数月，竟伺间，经夫柩傍。里中以事闻，卒格令甲，不获请。乃次子源之业以戊子领乡荐，帝旌有日也。

其一张烈妇，先生弟应晋妻也。十五适应晋，邻媪见而异之，曰："少妇何稳练至此！"有姑苛甚，无苦容，能宽下御，阅之岁年，当为贤劳妇。庚戌，应晋感寒疾死，距合卺才一岁，即《内则》《列传》夙明习，恐未必知死、能死也。夫死之明日，张母来吊，问曰："父安往，母以之归德？"应妇俯而流涕曰："吾谓父将来，故待之半日。"此语甚明，何左右不解而议挽也？少选，母家人出憩别室，即转身诣楼梯经焉。经带尚缓，俯身绝，神先往矣。从亥至午，一日偕亡，何速决也。先是，不食者四日，人不知，惟一婢知之。越二日，其父至，妇面如生，若待也。直指曾公上其状，得降敕，竖坊表其门，曰"贞烈"。学士大夫恸其烈而迅也，歌咏之，足不朽已。

其一为崔烈妇，先生长子涵之张配女归刘斗光者。涵之外祖家于陈，陈有羲陵坛庙，涵之曾岁时嘿以嗣祷，得是女。生而端凛，不易言笑，美容仪，人谓有天妃傍玉女貌焉。既习女红，复于书史解大旨。归刘，事孀祖姑、继姑孝甚，百事有礼。斗光以幼孤，几废学习；富侈，拟入赀胄监，以妇不愿而罢。寻力学，知孝友，能为文，妇之力也。丙辰，光斗倏火病不起，妇即以相殉诀焉，谓斗光曰："君逝矣，誓追汝同穴！"夫既属纩，妇即尽出箧中散之。父母痛挽，举齐家姑守节事为谕。妇曰："吾今亦年十九，政二姑遭不夭之年也。使我从二姑于大父、父母家，茹素长年，焚香诵经，礼我太奶及菩萨像，固自适。奈同死一言脱吾口何？且吾思之熟已，与齐家姑自殊。父母爱儿，但速为儿治棺可耳。"乃促父母去。妇向夫榇前低回，视如有见者。但振腕，弗痛哭。妪婢环，谨伺之。妇厉声曰："汝辈终不死乎？"咄去，乃闭门自经死。死之夕，女僮于黄昏行后院中，见烈妇亦院中行，急取火视之，乌有也。如是者数日，何烈烈弗灭邪？一时当路题旌之词朗朗，传诵甚都。巡方张公业闻于朝，天旌且至，当与伯大母丁、叔大母张共耀鹿里，馨崔氏家乘无穷极也。

史训氏曰：余读曹大家《女诫》至"天不可逃，夫不可离"，而知烈妇之性敩半也。鹿邑之区，隐山灵溪，清淑盘荡，而崔氏复剩有端人雅士，谅为女妇日阐提《内则》，或胎孕，或辟咡，或父母舅姑之懿训，没身不废也。谓胥天性也，何鼎足一门也？建宇先生好称引古大义名节之士，每坐必见高华之色。余是以知三烈之性敩半也。然灵鹫佛光，人天相待，又教家者之不可不知耳。

# 吕处士传

长白、笼水之间，多隐君子。然大都欲辟尘离俗、卸脱生事，如庄生所云“槁项”“自甘”之态。惜也，我生之才，枯寂而未用耳。若处士双泉吕君，德甚完而才复有所试已。

按，处士讳选，字上爱，别号双泉。自枣强徙居长山范祠之南，四世祖宽再徙邑东之礼院庄，居焉。代有隐德，然亦仅仅环堵翳覆而已。至处士，饶心计，能较什一，有鸱夷三徙自阜之筹。居恒勤俭自将，喜赡给，死资棺、婚嫁资钱帛无吝色，殊异他人权子母不捐秋毫者。或诘处士云：“刀锥聚而瓦砾用，无亦违心乎？”曰：“吾闻之，蹶[1]与邛邛、巨虚，异类也，为之啮甘草，即有难，负之而走。嗟兹同土之毛，何忍坐视其弗举也？将人弗如物耶？且余聚自聚、用自用，不为阿堵虏也。”客叹服，自惭拘昧。夫宣、翕两义，或父翕而子宣，或身翕而留为子姓之宣，未有如处士达于流泉之义，而躬自廓如者。比晚岁，小筑楼居，日延故旧话桑麻，称引古今善事。里中嚣陵无巨细，听君和解，帖然退乡之表仪也。享年八十有一，获二良嗣，能其家，且日殷茂。长试工曹，次补邑诸生，有声。又雅自绳尺，能重趼二千里乞余言，为处士不朽计，佳士也。

太史氏曰：计然逃夫差之羁、罢齐相而居于陶，乃生羡以自娱，何见之晚也！蠡也虽一舟一奚，岂无齐越之余烬？且闻其敛，不闻其何如推置也。余于蠡不能无疑，而于吕处士则无疑已。是以传之。

四素山房集卷之十四终

① “蹶”，据文意，当作“蟨”。

# 四素山房集卷之十五

济南刘鸿训青岳著

## 杂著

### 文昌座下矢词

不肖鸿训，衷钦明神，夙抱习气。五内未净，贪淫之蘖暗生；六时浪消，精颖之机自杜。不退不遂，梦浮朝莽之间；匪壮匪衰，身在行藏之会。亦或自矢，寻就虚沤。不思一息尚存，古人不容自弃；况今二毛未炽，汝亦何忍遽沦。请从六息图南之初，愿立百折必东之誓。乞嗣而欲和血，而饮此外，甘投雀猩；亲召乃趋事急，乃筹漫游，俱属狼狈。虚夸片语，自坐拔舌；牟计多般，终成濡首。凛尊严知不我贷，抒明信宁敢自欺。愿矜频复而拯全，庶几永矢而竭蹶。果蒙电露，感铸金泥。

### 庚戌元夜梦语

躬自厚，见谓束缚此身乎？而实广开此身利益之门。薄责人，见谓遗置斯世乎？而实大辟斯世洒濯之路。

### 荒政佐议四事

东土异灾，自是天行之数。幸有老公祖福星在悬，多方救济，料计日有起色矣。直恐奉行德意者，不以真挚之心为地方造福，仅仅涂饰耳目，空文塞责，其害不可胜言。想钦差过老公祖，及老公祖同心区画，自尔事事周到，无庸佐议。乃不肖井里情深，偶有一隅之见，愿效芹曝者四事，谨胪列如左，乞赐采择。

一，分赈务求得人。所谓分赈者，非官、非吏、非胥徒、非里老、非乡约，正副等人，要在未赈之前，该州县于公所延诸乡耆及阖学诸生，矢之天日，间询诸本境缙绅，各举公直有行、不入衙门者，每里二三人，分东西南北，习知村落，候行赈之日，同本官前往各乡村给散银米，庶免顶名冒领之弊。其原开过应赈姓名久注册籍者，仍预先与诸公直覆审酌议，不妨核实增减。即有阿徇，贤于衙役什伯也。

一，旷地务求布种。所谓旷地，非积年抛荒，甫议开垦也，谓自饥馑以来，死者、徙者，所在日有见告，十疃九空，耕牛杀食倒死且尽，沃熟之亩以赤成废。宜令见在贫丁及慰留招抚人户，各于本里，逃亡死绝无人耕种及丁存而无力从事者查明，计亩注簿，量给银粟，及时耕种。如牛力不给，即令锄起地皮，浅浅播种。但得雨泽不乏，亦可薄有所获。一面分赈，一面慰留招抚。大举农事，是荒政一吃紧着数也。

一，饿尸务求尽瘗。夫人非具天眼，未有见胔骼而不唦者。年来馁鬼之骸从横枕藉，遍满丘井，仁人酸鼻，庸人销魄，强梁枵腹者恣刮肉之惨，皆不及时掩埋之故。宜严谕有司，于各乡村界立义田，责令地方小甲、巡路人等，但遇无主饿尸，即时报官验埋。庶人心以不见而定，疠气以归土而消。政不止官长经过通衢为然也，如查核于通衢而付村落于不问，恐暴露于白日之下，夺生人之气者累累矣。

一，盗贼务求尽除。《周礼·十二荒政》以“除盗贼”终焉，良有深意。夫盗贼于丰稔之时毫不可纵，况饥岁乎？故一有窃发，辄鱼肉良民，煽惑愚民，号召奸顽游惰之民，残破地方。斫散生理，莫此为甚。即顷者安丘等变，亦不能散小群所致耳。宜檄有司，但遇境内稍稍失事，即严行缉拿，务期尽数扑灭。若有司匿不以闻，许被盗之家径赴道府投报，即以匿不匿、除不除为长吏荒政殿最。其所救，不在蠲赈之下也。

## 行乐辞示儿辈

其动也，天游自出，何届何逾？曰：无届逾，胡为有极敬止哉。

## 题庙岛天妃祠募缘疏首

鸿训奉使朝鲜，以辽路梗塞，问归途于海上。六月四夜，泊铁山口，异风鼓浪达旦，舟漏不可塞。余竟夜不寐，乃合眼，即见一铜像如大士状，旁栖小金雀，殊异之。须臾，惊浪千尺，舟三推到岸。余奋身脱舟下，舟人方扶掖直立，回顾乘舟，已片片逝矣。又，初九日自旅顺而南，昼夜行大洋中，无泊所。至初十日，讫入夜，风涛震荡无宁时，自分必死。忽一小金雀白日落帆上，栖息移时。舟人骇异，谓海洋中四届各数百里，安所得此鸟耶？余为心动，逆料可不死。又，舟人谓鼍矶庙岛二祠，有天妃圣母像，香火在焉，每祷而有应。余跣足长跽舟中，大呼圣母，以余生平乞鉴，且祝绣幡构联，颂扬圣德。言未毕，风涛遽徐徐，岂长年三老之力哉？庙岛祠宇，视鼍矶稍宏廠，然不无圮废。道士方制募簿，将持请航海及居人佐之修缉，求白其端。余欣然以余遭弁之，或与无端远引之词较殊也。

## 删定冠礼仪注

一，某日寅刻，将冠者用香楮之仪告诸家庙云：五世孙某，年几岁，拟于某日举行冠礼，谨预启我祖父母而上四代考妣知。

一，本日卯辰二时，求礼文闲习之士督令，将冠者预先习仪一二遍，庶免临时错误。

一，宾及赞者到门，主人趋迎至客厅，先以尝仪见。茶罢，旋取仪注呈览，以便举行。

### 初加仪

将冠者先戴幅巾，服尝服，不用红紫奇邪等色。候赞者唱宾，揖将冠者即席。宾举手，揖将冠者即席，北面立。赞者唱："栉发合紒。"将冠者入帷，作包网状，稍顷，出帷立。赞者唱："行始加礼。"宾诣盥洗所。主人从之。宾洗毕，主人揖宾升，俱复初位。赞者唱："执事者进冠。"以盘进帽子，宾降阶受帽，正容，徐行诣将冠者前。祝辞曰："吉月令日，始加元服。弃尔幼志，顺尔成德。寿考维祺，以介景福。"赞者唱："加冠。"赞者代加，毕。复位，宾揖冠者适房，易服。

### 再加仪

赞者唱："宾揖冠者即席。"宾举手揖冠者即席，北面立。赞者唱："行再加礼。"执事者进，再加冠服。执事者以盘进方巾并新制衣服，宾降阶受，诣冠者前。祝辞曰："吉月令辰，仍申尔服。谨尔威仪，淑慎尔德。眉寿万年，享受胡福。"祝毕，赞者唱。"加冠。"赞者代加，执事者加服，毕。复位，宾揖冠者适房，易服。

### 三加仪

赞者唱："宾揖冠者即席。"宾举手揖冠者即席，北面立。赞者唱："行三加礼。"执事者进三加冠服。执事者以盘进儒巾并儒绦青素圆领，宾降阶受，诣冠者前。祝辞曰："以岁之正，以月之令，咸加尔服。兄弟俱在，以成厥德。黄耇无疆，受天之庆。"祝毕。赞者唱："加冠。"□者代加，执事者加服，毕。复位，宾揖冠者适房。

## 乃醮

赞者唱："行醮礼。"执事者酌酒，立于冠者之左。唱："宾揖冠者即席。"宾举手揖冠者即席，北面立。赞者唱："宾受酒。"赞者捧酒授宾，宾受酒，诣醮席。祝辞曰："旨酒既清，嘉荐令芳。拜受祭之，以定尔祥。承天之休，寿考不忘。"祝毕，以所受酒暂授执事者，候答拜。赞者唱："冠者行两拜礼，鞠躬。拜，兴；拜，兴。平身。"宾答拜毕，以元酒收回，候授冠者。赞者唱："冠者升席受酒。"宾以酒授冠者，冠者受而立。赞者唱："宾复位。"又唱："荐脯醢。"冠者进席前，跪。执事者捧脯盒，跪于冠者之左。席前地下先设空磁盘一个。赞者唱："祭脯醢。"冠者左手执盏，右手执箸，即献脯于空磁盘内。又唱："祭酒。"冠者即顷酒少许于地。又唱："兴隆席授盏，彻脯盒。"执事者授盏，彻脯盆。冠者拜宾，行两拜礼。宾东向答拜。又拜赞者，两拜礼。赞者向东答拜。赞者唱："礼毕。"

## 刘母遗迹图赞

阎浮有之，图绘其亲之形，曰为写真。而耄而耋，溯耆艾而乌颠。形已屡迁，真于何存邪？东方有布灰观化之俗，余未深信，而平原刘母遗幻若斯。然匪邑有僧繇、长康，其人恐不能传也。夫母喻子喻，见背忘言，其何以诠衣里珠邪？趺底莲生邪？祥烟袅而千尺邪？罔象也，必有感也，孝哉。刘子怀其母而永慕如觌，以罔象求之，安所不得邪？

## 深砭

昔人有言："沙汰江河浊，调和鼎鼐新。"颂国功也。秉其事者，返顾一身，多所未汰；环观吾鼎，多所未调。凶戾何尤焉？曰："有意要其成，而反以府辜者，亦偶值耳，实非其咎。"曰："是不然。学之不至，非所汰而汰，人以为泥汩矣；非所调而调，人以为覆餗矣。能无戾乎？且规矩准绳，杨云所谓'大器苟自治之，未大完也'，其可试乎？尔勿复自恕为已。"

## 闻言

在废而闻举辞，在罪而闻贳辞，是进德要机，急宜自考。夫忽闻而戚，承之伪也；忽闻而喜，承之浮也。本实干旋，一发之错，爰以攸往，盍可忽乎哉？

## 内砭一通

素心子止玉陇、回玄膺，向丹穴主人而自敕曰：“汝历素王不惑知天之纪矣，能养自心如观古人心乎？照自行事如品它人行事乎？飘瓦虚舟之况，微阚之人皆是之。飘中定，虚中孚，汝会得不？汝尝拈前人‘富不如贫’数言以为彻蒂，汝讵知言此前人药语？汝能观于无病之源，永绝呻楚，奈何舍餐菽而尝药，娱亲受折腰之米，食指存后园之葵。仰视摄蚊之燕，俯察拖粒之蚁。此亦贪夫假道之言，得秀钟灵，茂叔岂欺汝哉？玉铉黄耳，宰官蒙茎。总杼轴于羲画，实缘绵于累息。旷浪无实，涌泉如潦。此知乘生而不知造命，乌足贵，乌足与言？愿守吾黑犬以当九关之豹，但清风膏露时饲之，若令过饱，恐此犬狂吠，不堪玄守。幸主人牖我。”主人曰：“惟汝在，余亦何知。汝大训汝素汝默，惟汝在。”

## 书金刚窟册

客谓四素居士曰：“金刚窟如何可说，汝受册了幻，将有言耶？”余应之曰：“匪然。政曾游此地，低垂偃仰，叩诘俱绝。乃聆祇桓之密谛，缅尼父之微言。西方圣人徒有浩叹，何说之有？请聊举毫毛以似文殊，何如？夫所谓三世诸佛供养之器，于焉此藏，迦叶佛时楞伽鬼工所造神乐，及金纸银书、银纸金书，佛灭度后俱收入此中。又，罽宾国佛陀波利持《佛顶尊胜陀罗尼经》入窟不出，又旋出招同侣，忽失圣境，波利坐脱。又，文殊屡栖是区，曾遗三三不了之句，千古磨舌，异哉。夫侃锐何揣，环亦何端，善藏善纪，孰执其年。尊胜上善，永利孰诠，骇魄摇魂，前三后三。澄心问之，山灵不言，设撞何施，设桴何宣。空空冥冥，罔怠罔愆，则余也亦何言哉？惟是结一茅于那罗岩之下，爇香瞻空，恍焉金仙之境，寤寐圣真而已。何言哉？”其说如此。

# 四素山房集卷之十六

济南刘鸿训青岳著

## 志铭

### 中宪大夫都察院右佥都御史巡抚延绥晴宇王公墓志铭

公与阿严同举于乡，称父执。余往赴省试曾一伏谒，辄谈艺招饮，曲加提诲。见公丰容遒上，声响绝流俗，中心仪之，汔今如昨，未忘也。岁癸亥，公曾孙绪不远数舍，持董方岳所为公状，问志于余，曰：“史氏知曾大父两世矣，矧载笔词林，足贲金石，衷其实而加藻焉，匪惇史孰藉？”余逡巡以葛麻之身久尘翰楮，辞不可得，勉受简。逾初冬，禫除，始取诸疏揭、实历尽读之，拂几而濡毫焉。

按状，公讳见宾，字懋钦，别号晴宇。其先为淮之安东人，国初从军，徙济南，遂隶济南卫，家焉。世次远湮，今谱断自福公始。福生珍，珍生锐，为公大父。锐生儒，即公父。皆用公贵赠通议大夫、河南按察使。锐配刘氏，儒配杨氏，则公之大母与母也，俱赠淑人。公起家司理，历二千石及臬长，四被纶绂，今且上逮二世，盛矣。公先世代有隐德，载在大学士《于公碑》中。儒子三，伯用召，仲用毕，公其季也。公生而慧，有异姿。处士张公秀者彭室育女奇惠，不易许字。一日偕诸客饮太公家，公在侧。处士戏试一联，公应声答，出人意表。处士惊喜曰：“吾兹得佳婿矣！”因引满对客约婚焉，是为淑人。嘉靖甲寅，始于归。是年，太公殁，太淑人病甚。公痛太公，恐重母氏，戚益疾，每衔悲饮泣，治丧、理药饵，辛楚备至。明年，太淑人殁，公哀毁逾节。伯兄秉家政，嫂氏丘并操梱内，一意纤啬，窘公而颉羹之。嫂每令张淑人再日不食，彭母知，迎淑人及公，馆而授餐焉。丘恚甚，辄析居，惟一二敝器见分，里人憾之，公恬如也。益下帷攻苦，授徒自食，淑人以女红佐。先后宅忧四载，学大殖。既禫，出试，每冠于庠，进饩，从游益众，渐足自给。旋出余赀，市一廛环堵，居焉。伯兄日凋落，公分廪及十脡之馈佐之。亡何，伯兄病且革，迎置正寝，襄事如礼，丘亦他适，以子衢托公。公见抚之，为授室，时其昕夕无匮。

庚午举于乡，甲戌成进士，授南阳理官。南阳多山谷，时丱徒啸聚为患，有富商与害者。别驾万某实司捕务，直指督责甚厉。万惧，鞠平民抵之。公廉，得竟从解释。万大不怿，曰："宁护一二齐民，倾寮友邪？"公曰："冤之不伸，奚理官为？吾宁负寮友，不敢枉三尺耳。"时神明颂之。唐藩主少，其母太妃柄政，内侍陈周恃宠恣肆，至侮主。公上其状于侍御，疏请置法，通国称快。旧辅江陵公南旋，郧抚王公世贞逆诸境上，属公为请启，王读之叹赏，曰："不意历下多才，不一于麟而足也！"江陵喜逢迎，太守而下皆逆之百里外，公独五里，江陵衔之。至南阳，问诸吏之优，王首推公，不应。内乡令王廷卿者，挂吏议守佐，各书考示无他令，遂憾公，嗾所知拾遗中之时属邑入计吏纠诣主爵者鸣，公屈，至愿与俱罢。太宰廉，知枉，为疏留任，报可，异数也。庚辰，升刑部主事。适牢直及公，时严寒，狱多僵毙。公捐金，易草蒲数百片燠之，仍倍之食，全活甚众。大司寇严公精于法家，诸招拟鲜许可，独属意公，寻委本科，分阅诸恤使者奏疏评骘之。江陵一日语人曰："王凤洲每称主事王某才，第其人负气耳。"然意欲致公，公艮趾焉。会铨司东省缺，当事首推公，继拟通参，江陵两阻之。壬午，进员外郎。时上怒江陵诸不法事，遣中贵、缇骑没其家，系累惨甚，大司寇已易潘公季驯读报疏涕下，侍御李劾其党庇不忠，上怒削潘籍。去，鸠曹属自宜郊送，乃佹避无出都门者，公独送穷日，挥泪别。乙酉，升郎中，寻出守开封。开封濒河，值下流壅决，患且岌岌。时交牍荐潘公督河政，公相与悉心区画，一切建置疏导咸出公请，靡不当潘指者。汴民不至为鱼，则潘公夙孚之力也。汴大剧大靡，兼之宗藩骄横，缗钱甲诸路，耗羡为累。公事挈要领，迎刃立办，清约而人肃服，昔之横行恣索者胥敛手避已。岁丁亥，大祲，人相食，公多方救济。明年疫甚，死者相枕藉，公日掩胔骼无算。河复溢，溃堤数层，居民溺者蔽流而下，号呼震天。公驰至水滨，招善没者，悬赏援之，得救不啻千余人。还念溺人腹饥，宜急食，食之或过饱，均可虞，委晓事者煮粥酌食之，乃无害。公出而栖堤上者五日夜，目不交睫，比归署，则形色黧悴，口不言劳。何爱民勤劬也。己丑，以河南副使治霸州兵，汴人扳卧号泣，如失所天。作颂词，里巷歌焉。霸之黄山卯盗作乱，声动畿辅。公曰："此赤子弄兵，易与耳。"遣将密授方略，阳为大举，实不烦一矢而五日解矣。台省知公才可治边，首荐公，寻调密云。密为左辅重地，武备久弛。公与诸将吏约，尽扫赂用敝辙，大饬边备，而公尤峻洁自持，为将吏先，遂事事改观。□闻之，啮指相戒毋犯，终公之任八九载，谧如也。铨部拟借公督学江右，制府争之，不果。壬辰，调辽海。军民叩阙乞留，以满加升按察使。再满，加左布政。

戊戌，迁都察院右佥都御史，巡抚延绥。套□久背盟，至是复摇尾叩关乞赏，不无逾额。公力持旧例，走尉侯讲折，谕以利害，□亦俯首退。公为具题，移会制府，弗与焉。盖松方之筑正虞，套□西助，乃制府移咨云：延宁甘固四镇相为辅车，如套□助逆，延镇即捣巢牵制，功并叙。公一如制府旨，谕套□甚厉，曰："我为尔等题款，尔宜静听，无寒初盟。"欲□就戎索，终前局耳。乃虏使慢甚，曰："松套一家坟墓在，彼宁肯弃如中国？需此应以延安偿我，不则莫言。区区款贡，即袭巢，何计焉？"谕者以报，公叱去。顷再报□骑已渡河西，公始决策出塞，斩馘千七百余级，称未有之奇捷，而妒妇已伏于其中矣。况宁镇亦以是日报首功九百，而延功经唐侍御核实，请优叙。只以宁镇勘核，未入枢府，稍需当并覆，无异乃入。秋，□大斜所部，复借宣大□众数万入犯延东，宜速御。乃总戎赵梦麟者，贪懦失士心，更惑瞽卜不利之语，缩颈不出。公正色责之曰："君侯不出，老夫当躬冒矢石督将士，以身殉国不恤也。"麟勉出，仍逗留建安双山间不敢进。公再移书督之，代置银牌四百面，重三十金，悬之行间，募死士能馘一级者，例外加赏一牌，退却者立斩以徇。麟充耳弗听也。公令一副将、二参戎合兵击之，□始败遁。夫□所耽耽而伺卤获者，每在延西，谓地平旷而富饶，足餍所欲。延东险瘠，不百里即黄河为限，崖窨散处之人，不足当延西一大寨，何利之诱？乃今两犯延东而不西者，意在扰筑而不在抢掠。且延距京渐迩，烽警时闻，足重边臣之罪。虽狡□情形，实妒者教之。若匪逆知□酋必有此举，业三令五申，收敛堡聚而磨砺以需，必大无幸。制府因疏请，敕宣大督臣，严谕□王钤束部落，毋款彼逆此，不尔贷。督臣梅公始惊愕，又度□王不可力制，遂讳为□言，助逆而疏诋延镇。为启衅，阴促给事杨某附和指摘，虽庙堂不尽信。议公，暂解任听勘，而忌者之螫入已。方公款疏既上，制府不会题，亡何而疏宣谕，亡何而奏捷书。似公自相戾，不知可款在公，不可款在制府。于公无与，借令宁举事而延袖手，辅车之义何居？有如□坚款不西，助延东宴然，公亦何乐以无名之举自速谤戾哉？□既败，衅归损伤不赀，次岁大凶疫，□皇皇，虞剪覆，寻盟之使踵至，恐公得代去。公亦弗计前恶，迨其悔祸自誓，旋为题款，则给事疏云："捣巢后，兵连祸结，不可收拾，竟何如也？"旨下行勘。侍御李公思孝委关内道刘公余泽遍历延东，据疏勘阅报云："延镇讲款虽有奏请，而再申宣谕亦有露章。顾诸酋始而不答，继而无状，至欲以延郡相易，何轻朝廷而羞中国之无人乎？夫□既谲诈，则我得执言，此延镇捣巢之举，如矢在弦上不得不发者矣。况□斜众报复之举，两台业已上闻，未薄神木之城而惊扰三家之聚，失事重大之说，原属乌有。"第李侍御不欲与给事相刺，故两持之。乃驳勘未竟，而瓜期及矣。代李两公相继云亡，又黄余两公仅袭旧黄则以阅视荐。公奉旨，候勘明，加一级起用。夫宁功业从优录，延以勘案未结，竟从寝阁，弗叙矣，而犹欲以开公之罪。公即薄名爵于秋箨，而心迹几不白，孰能堪此？语云：

"忿怒生瘨痟。"甲辰九月，公左乳突生肿毒，久之坟起，大如覆杯。初犹目为非疾痛害事者，一医众罔效，一罗医醋药熨炙之破血，时时浸淫，不下数斗，竟无敛法，致气血渐亏，病增剧，溘焉逝矣。时丁未四月二十七日也。

公赋性伉爽，不阿人，或稍拂，必面折之。既入仕，博大宽平，与物无竞，而大节屹然，不畏权势，凛凛一代伟人。乃怜才乐善，好行其德。塞上十余年所汲引诸将吏，多致贵显，人乐为用。齐恩怨而冥横逆之报，即如给事以附和失实语摇清议而诋劳臣，讵不中坚？及读公辨疏始末，不侵及给事，给事始愧悔曰："吾误伤长者！"故末疏复云："捣巢之举非自王某始，谁为言者？"公治梁、治檀州，诸亲知待以婚丧举火者，往来趾相错，公不难出俸钱佐之无倦。公归田六载，抱真履素，德盛礼恭，遇孺子田父，煦然相下，里中若不知为中丞者。省会公门，非公礼不往投刺，毫无干请。其自郡大夫而上，欲数见颜色不可得，惟与孟观察及三二老友为真率会，匝月一聚，聊寄意棋酒，用陶岁月。然公之胸中垒块，有不尽消磨于末岁者矣，惜哉。

公生于嘉靖丙申九月初二日，距卒，得年七十有二，将于□□年□月□□日祔祖兆之左，与张淑人合厝焉。淑人先公十年卒，徽音梱仪，具赵司徒、邢囧伯志传中，弗赘。丈夫子二，长振宗，国子生，张淑人出，娶河南按察使李攀龙孙女，继娶庠生刘宗尹女，再继把总官周公翰女；次鼎宗，衣巾生员，出副室胡氏，娶陕西参政于达真女。女一，适户部尚书赵世卿男钵。孙男五，出振宗者三：德璋，恩选贡生，娶归德府通判张中鹄孙女；德珣，奉祀生，娶大同巡抚兵部侍郎房守士次子美奂女，继娶奂兄美轮女；德润，早殇。出鼎宗者二：德琚，娶儒士汝恪女；德瑜，未聘。曾孙二：长业，邑庠生，娶太学生孙鹗女；次绪，邑廪生，娶户部郎中张存智曾孙女。俱德璋出。曾孙女四：一适洋县主薄冯尧天男庠生瑚，一适代州知州田秋实孙坤化，一许字千户刘继德孙均埏，一未字。云孙三：应斗，聘卢龙知县孙止鸾孙女；应锡、应征，俱未聘。

史氏训曰：余既奉董公所为状，述而志之，又据家大夫与余所耳目于公者，再读查核延事疏繇及公自为一揭，知公之即世，毫无介介已。夫历下山川，南北秀峙，万斛迸歕，汇为嵖陂而沦为巨浸，大似吴越间一区会。故人文挺出，踵次不乏，品骘百年，讵无轩轾？然未有如公之才大弗骄、位高弗侈，方不割、廉不刿，抱全璧以归者。家大夫尝谓公"貌颀衷正，饮人以和，每一制作出，居然宗工也"。余生晚，犹被公晋接，而仅得读张淑人一状，情质而挚，文韶而苍，盖已兼于鳞之警腴而去其铲刻，方欲乞诸公家，尽发其藏，作我模楷，未能耳。即如解任一揭所引唐之李靖袭颉利可汗史一事，具见取衷。夫靖之此举，颇有所伤，太宗能听张公谨言，为之大赦、赐酺，益靖封五百户。又引侯君集既平高昌，乃以私配罪人，没匿高昌珍宝，被劾下狱，卒以岑文本之谏，释不问。夫套□反覆恣肆远甚颉利，举兵加剿非出公一人指授，然既无药师致陷唐俭之惨，亦无君集擅配匿宝之过，有何可以挂吏议而迄今不覆叙者？嗟嗟。亦独无公谨、文本其人为公申说耳，惜哉。今冲圣每笃念先朝耆旧，光泉壤、录后裔，不一而足，安知弗及公？况公之孙枝森秀，含华而吐颖者，不翅谢庭宝树多也。即不作高门而行矣，“尔昌尔炽”，“莫之与京”矣。固知公之即世毫无介介也，是可铭。铭曰：

若雾繁霜，坚松厉筠。士亨于贫，镡锷既淬。善藏于室，辟易而出。头角载露，泺历摇光。于鳞之乡，为李为郡。茹蘖零膏，冥德忘劳。久历边陲，乃移绝塞。燕然可再，田禽执言。师中吉奏，彤锡独后。萋菲成锦，哆侈成箕。投杼何疑，尺诎于人。寻伸于天，会且蝉联。泥蟠若无，乃以有身。爰及子孙，何德弗食，何勚弗报。前人所告，我言不缛。穴隧而藏，奕世其昌。

## 赠河南布政使原任广昌县令承庵金公墓志铭

鸿训自诸生时即闻广川有承庵金公，其人长者懿行，有太丘、康成之风。未几，余仲弟与公仲子以文艺交善，余亦渐登仕籍，与公长君方伯声臭相求，居恒景慕德门，揄扬未能耳。今年秋杪，方伯君忽走谢公青敦所为公状，请铭于余，始知先生仙逝。生刍未展，寻以叨转端少，治装北上出公里，始得拂繐帷而叹人琴之亡。方伯君暨谢公复以公不朽之志，乞早脱草付贞珉为请。夫余生平仰止之私乃尔，即不文，何敢辞？

按状，公讳世臣，字汝勋，别号承庵。先世占籍浙之余姚，洪武中始迁德州卫后千户所，因家焉。鼻祖曰福忠，高祖曰本亮、曰文赋，皆树德未显，以望杏瞻蒲为业。曾祖曰锡，入赀为□德府典膳。丈夫子五人，璞、瑜、珮、璜、宝，宝即累赠通奉公。而曰瑜者，实公生父，为人冲夷浑庞，配孙太君而生公，公，其弟三[①]子也。公父不忍通奉公无子，遂以公子之。先生少聪敏过人，言动不苟，甫授句读，即能解大义，识者异之。年十七，补博士弟子，每试辄高等，声名噧噧黉序中，请益者屦相错。是时，本生父母暨嗣父母俱高年，而鲜瀡罕得，恒藉问奇之赞。未几，本生两尊人下世。公虽褎然经生，而哀毁物力，罔歉于仪。通奉公为之心怿，悲风爱日之忱，远近钦式，人皆曰：“此吾乡典型也。”方伯君昆弟甫离髫丱，吾伊、帖括，先生悉自授，及长，俱郁郁能文，蜚声艺苑。方伯君荐丁酉乡书，士林有三椵五尝之称。先生设绛

① “弟三”，据文意，当作“第三”。

帐，掺彗立雪者日益进，曰："吾不以吾子之发轫，而怠吾乐育也。"前后徼先生之启迪颖发者颇众。先生数奇，屡试不售。甲辰，膺岁荐，入对大庭。通奉公思先生甚，先生指痛心动，促装归侍，不数月而通奉公逝。先生躄踊涕泣，几不欲生。丁未，方伯成进士。先生服阕谒选，有以貤荣可待劝勿仕者，先生曰："一命可以将志，宁独广文是陋耶？"寻授沧州司训。沧为畿南望郡，先生至，则聚士子高等者立期课之，以故沧士子倚先生为山斗，而又乐其不倦之诲谆谆也。凡士子中，有冤抑者雪之，窭乏者周之，居恒又俨肃以临之。上台廉其状，屡以邑篆委。故事，代摄者多染指锾羡而略于讯牒，先生日惟勤审鞫，严狱禁、毖仓库，他不以干陬也。一时上台亟称之，且檄行别署篆者，以先生风其□□至盐也。有衙蠹出怀金以尝，先生叱而惩之，左右始凛然不敢玩视。某某两直指交章荐先生，擢为广昌令。先生治广昌，首褫隶人不藉名者数十人，冰玉持己而恺悌临民，广之民无不亲而惮之。广虽小邑，当孔道，轮蹄往来者不绝，地方苦不支。先生捐俸厝处，增设夫马，访夙蠹之干没者剔之法，以故即次者得不阻于行。岁大祲，先生煮粥以给，饥民赖以全活者万余。边徼人性悍而轻生，小忿辄投缳或溺井，理于官，多为吏胥所持，不难破产。先生决断如流，左右不及假手。宰邑六阅月，而口碑之啧啧载闾闬。会方伯君以计部正郎考六载绩，先生未罄之志有托，遂乞归。上官奇其才，勉留之不得，竟以俞旨归里，徜徉于酒杯诗卷中。广人思德，迄今绘像尸祝之。先生角巾徒步，无异寒素，非公事不往见郡大夫。结耆英酒社，隐卫河山庄，量阴较晴，耕云钓月，陶然自适。先生天性孝友俭勤，与人以和，是非罔较，亲识罕睹其忿言厉色，盖德度雅醇而涵养兼之矣。方伯君参藩大梁，先生偕宋太夫人就养邸中，时勉以敦大清慎。治成，擢观察使，治兵禹州。今上登极，诏封三代通奉公，赠中大夫，刘太夫人赠淑人。后皇储覃恩，通奉公及刘大夫人再进崇阶，而本生父母格于例，不得与。先生居恒饮憾，泪渍衾枕间。方伯君转江西右辖，过家定省，两台题留，以新衔照旧管事，得上旨，先生即命治装。适有季子之丧，抱痛西河，不能胜情。方伯君念之，赍捧役竣，便道子舍。仅十有八日，而宋太夫人终，懿行志于黄玉仑先生笔。承庵先生生平不畜侍妾，伤心独抱。又值方伯君内子黄夫人之变，衰年哪复堪此。甲子十月，八秩初度，宾客称觞上寿，酬酢谈笑如故，人皆以期颐卜之。月余，宋太夫人发引，先生送出西关，步履尚矫矫也。又数日，偶染小疾，勿药随起，但嗜卧倦游，渐见其损，竟以奄然而逝。

先生生于嘉靖二十四年十月初六日，卒于天启五年十月十一日，享年八十二岁。配宋太夫人。子三：长炼，即方伯君，娶生员黄廷试女，累封夫人；次耀，廪生，娶乡宁知县徐鸣瑶女，继娶鲜州知州陈无逸男国士女；次烔，廪生，先卒，娶仓大使叶可颖女，先卒。女二：一适驿丞刘天爵男三余，一适训导申邃男明旨，皆先卒。孙男四：长弘祖，庠生，娶庠生邹时鸣女，继娶庠生陈彝淑女，烔出。次率祖，庠生，娶庠生魏君标女，耀出；次寿祖，庠生，娶恩贡生陈希夔女；次颐祖，聘举人刘嘉胤女，俱炼出。孙女六，炼出者四：长适太学生崔教男士章，次适举人曾传孔男庠生美，皆先卒。其二幼，未许聘。耀出者一，适岁贡生周文灿男世旦。烔出者一，适庠生刘焕男廪生堪，先卒。

史训氏曰：为善于己，责报于天，此非仁人君子之心也，然天亦未尝爽焉。如承庵先生，生平姱行，闾党仪之。及出，为学博则模范诸生，陶镕后进。追署篆令广昌，则又厘剔蠹弊、苏息穷檐，其功施及物者彰彰若是。而谓以曲谨终乎？卓哉。当此公岂期报，而后昆蒸蒸郁起，俱成誉髦，而方伯君尤以善政驰声仕路，海宇想望风采，其建竖方殷未艾也。公之志行，亦可谓存殁有寄、后先辉映者矣。天岂无意于其间哉？不佞数十年景慕之悰，竟得藉此抒摅而且托以偕永。是宜铭。铭曰：

居为德而仪于乡也，出为政而式于庠、泽于邦也。靡勿臧也，于以启佑后人，奕且煌也。式谷踵继，膴以长也，适相当也。郁如者其堂也，砺如者其藏也。用垂不朽，而兆彭昌也，永即康也。

## 敕赠山东兖州府邹县知县省吾胡公墓志铭

胡赠公谢世三十余年，吾师始手勒公之生平大概，授简小子训，俾志而铭之。夫背于负剑辟咡之年，欲撮忆行事于一世之后，吾师之追悼良苦，余曷敢缛词，不以信厥珉？

按状，公讳曾鲁，字以确，号省吾，南村其别号云。先系出句容，徙高安，元季移蜀之安岳，后入广汉，家焉。曾祖宏者，读书谈道，宛如石隐风而介特不阿，所著有《云山清乐遗稿》见志。成祖时以贤良强起，授长沙课使，辄奏郡守不职状，人讶奇节。曾祖伋为郡诸生，以文学高等，未仕。曾伯祖伦，登成化丁未费宏榜进士，历户工郎，出守郧阳，以治状闻，具在《胡公井去思碑》中。时忤逆瑾，解组归。追瑾诛，超拜秦之藩参，未仕，卒。所遗有《恒斋谦斋诗卷》存于世。祖桐，领戊子魁荐，为同年赵文肃公所推服，未仕卒。尔时赠公尚幼，母章氏督之严，一时熊和蘖茹之况，令人辛恻。公至性仁孝，不好嘻戏而嗜学。每念以藐孤事孀母，不有振奋，孰慰苦肠？尝举昔人“一日不读书，面目可憎，语言无味”之句，时醒心目，然竟厄一第，而行义动辄古人。族有求复地值者，争之急，公徐谕云：“世之难得者兄弟，区区土田何有焉？在原之谊易而阋墙，仁者弗为也。”因遗之钱谷，地券并付之，了不为系。邻人蔑公孤，侵垣界内，里人为公家愤，公恬如，曰：“孤实多凉德，不保尺寸，何人之尤？”里人服公度。至婚丧急难力不胜举者，里中时有之，知之靡不补助，然不欲布闻也，有子罕氏不书不德之风焉。工诗词，每吟啸，冷然物外，超有玄想。公坦衷不为崖异，人以是乐就，如饮醇酒，迄今月旦犹称公有道气云。惜也！俯首诵读，卒弗售。举吾师最晚，公欣然曰：“老生复何求哉！”遂罢儒业不复理，日侍母夫人，课吾师读耳。母夫人疾，公破家延医，朝夕匕饵间不解带，涕零与汤液日相和也，笃哉！公以倜傥任侠不问生事，家渐落，弗为念。每哦先儒“陋巷一生颜氏乐，清风千古伯夷贫”两言，辄诲吾师曰：“士有志有节，贫亦庸何伤？且无志不成一生人，无节不成万世人。子未之前闻乎？永矢勿谖可也。”公知异日高胡氏阀必吾师，故日以几间缃帙指示曰：“老人殊无赀可诒汝，惟此素业耳。耕获菑畬，罔不食报。余老矣，即不见儿受禄朝家，料儿以舌耕之获，享我墓门不爽也。”吾师果以万历丁未成进士，初授兖州府邹县知县，奏满，赠公官。闻帝命居歆，已擢兵部车驾司主事，中于仇，左迁京兆署，寻擢留都司农郎。吾师外和中毅，遇事执持无缩朒，阅历深而升跻乃来。天宠滋至，无疆之庥，皆公意中事也，惜公之未一见耳。

公生于正德丙子十一月十四日辰时，卒于万历丙戌十一月二十三日亥时，享年七十一岁，葬祔祖兆之阳源坝。是可铭。

铭曰：至德瘗芳，芳必张兮。珠树不丛，植必隆兮。先畴未获，获则穰穰兮。君子单厚兮，视肸蚃兮。洛水溶溶兮，抱牛封而流无穷兮。

## 遥授太医院吏目迪庵韩公暨配董宁两孺人合葬墓志铭

迪庵韩公，淄之隐君子也。其谊至高，才谞至总密，而风味复绰绰，越人素封之业，不逊古宣曲任氏，而宣曲之德隅，前史未有称说，公殆且过之，岂非东土一大贤豪间者邪？余家敝庐距公家不半舍，且累姻交缔，可拟朱陈公之昆季，复与家大夫久为旬朔之盟，握手衔杯，素心相映，有香山洛社之风焉。天启壬戌朱明八日，闻公忽化去，家大夫惊悼者久之，曰：“以韩公之为人，应不朽。惜吾老矣，不能铭公墓耳。”一日嗣君洓、澜两兄弟手公状过余，长跽泣曰：“吾父生平知己无如君家父子。今太翁高年恣颐养，曷可以结撰劳也？又吾父居恒每向我曹道太史氏弗置，今归窆有期矣，愿乞一言为吾父不泯之藏。”不肖训居忧里中，几废铅椠，独念出里之言可谢也，而何忍以谢公家之请？因受简焉。

按状，公讳道扬，字伯明，别号迪庵。其先为冀之枣强人，迨国初，讳景文者始徙淄荆山之阳，家焉。历传至镇，为公高祖，以仁厚闻，则麟趾发祥之自与？镇生泰，廪于庠，有声，娶于夏，举子六人：业，日昌公之大父；弼，其六也。以孙贵，赠通议大夫、山西按察使司按察使。配袁，赠太淑人。有子四，长即公父省祭官思文，孝友俭勤，累赀不啻巨万，乐施予，族党仰给者不一姓。喜博览，乡国推重，诸荐抻先生无不乐与友者。初配徐，继配胡，贰陈氏。育公兄弟八人，出太孺人者六，公其仲也。少聪慧有大志，两尊人器之。稍长即备志养，每读书一过辄了了。然夺于徭役，不竟儒。尝小试，为文无害雅不适，旋罢去，屏匿田间，人鲜知公者。弱冠即失怙，公偕兄若弟致哀，襄事一如礼。事胡太孺人，朝夕欢膝下，色养备极。亡何，胡母卒，公哀毁致礼，如葬太翁。时比岁公役旁午，伯氏素闲适不任事，公率诸季力持之，能声大著。里人每相目曰："如仲氏，未可以少年狎也。"时与诸父老谈事，动中肯綮，率服公有大略云。公家食指日繁，议析业，公第取其硗而瘠者，诸弟亦各以次受产去，无庸射覆为也。顷之，诸弟复举古人"九世不析"之义共相惭沮，乞合爨，公复听之，不厌再三，即埙篪互鸣之和弗啻也。居恒晋诸弟，谕之曰："吾先世不乏儒，假令子弟弗事诗书，温饱无谓也。"因为诸弟侄延师课读，宵膏达丙，诸子弟彬彬以儒起家，公之鼓率也。岁乙丑，董孺人卒，公诏诸弟入室审视，箧无长物，惟敝衣旧器数事，见公之闲家清一，亦足证董孺人之约己相厥家已。往者伯氏不事生产，致中落，公为置亩食之，代输纳。伯氏卒，有孙茂松愿可诲也，公招之膝下，令折节俭勤，与僮仆共甘苦，岁时课入，不翅自茂松十指之营。后数十年，日殷富，松子有声茂才间，公之兼成所贻也。公从弟中丞惺庵豪于用，晚岁出纳不无失筹，浸弗给时见于邑，几病。公宽之曰："吾素无它长，惟善事樽节。夫不节则嗟，节则裕。吾欲以吾裕释汝嗟，可乎？"因指万斛授之，无德色。癸卯，五弟经历公卒，公恸甚，抚孤侄泞如子，代持家政，弹心力[1]。泞业日拓而居积日饶，且见泞成立，为开阃武臣，始色喜曰："庶几足燕吾弟地下已。"往大翁所创居析授文水令振庵公者，今再授浣，楼居日圮，居者力不遑及，且听之。公曰："吾先人之庐也。"遂代为完治，且以纾浣急耳。尝读《晏子传》至"母之党无不足于食者"而心仪之，故终公之身，母家之待公婚娶、待公丧葬、待公举火而著臬者有如取挈，罔不属厌。岁乙卯，大祲，人相食。公倾廪庾赡之，不给，复出橐佐之，一时赖公全活，不止百千计。里人素服公，无细大悉诣公质成，无后言，咸曰："吾淄之太丘也。"公既岁拓亩，然不惜直。或难之，公曰："无

① "弹心力"，据文意，当作"殚心力"。

为子孙辈媒怨耳。”县官之追呼里有额，公每先输以宽乏者，而一切徭役又惟任重，曰：“我择其轻，重孰与肩？”故里人争颂公义。

公喜作人，如新城李君继、邑人袁君瓒，各游胶庠，为知名士，且负笈从二君游者济济，则公之左右之也。生平无它嗜，然雅好手谈。曰：“古人以此为静业，且事此不堕疲废而机加闲、神加定，讵惟犹贤乎已哉？”乃性朴素，故所御无一事鲜华逞志者。时邑大夫举宾射礼，躬为造请，公勉承，一膺宾礼，不再往，曰：“吾安敢以韦布抗长吏，且烦老人仆仆乎？”因之迹谢城市，益务简静，乃至吊死问疾，不废卑幼。岁时祀先陇，即风雨无不躬亲者。公乐观书，尤爱二氏家言。每挈儒义，剖析而折衷之，持议多奇中。喜缮桥梁、修浮屠，为德如不足。曰：“我儒之仁人溥利，与释之开方便门、道家所称三千八百者，宁有二乎？”则公之析理微已。公不为苛责，驭臧获率觭于恩，间施鞭朴，不至袒肉。曰：“聊示家法已耳。”每诏诸子姓，谆谆诫之曰：“余六十年勤苦拮据，以有此业。一匕一缕，愿尔曹无忘所自。盖惜福敛福，俭以为宝，此老人所以贻尔曹也。”

公素不试医药，而善尊生。如丁酉病，戊申再病，丁巳病几革，俱静摄旬日旋起。今年逾八帙，起处语笑如畴昔，不意公遽为古人也。逝之前数日，公侄中丞公治具为公寿，犹与二三兄弟融融几席间，肩舆往来弗倦。闻留守侄泞将以公役取道里门，未至，公思甚。一日过经历公祠，潸然泪下，曰：“吾弟仙去久矣，老人尚劳劳尘世。何时羽化，伴吾弟仙游快甚耶！”公竟无病，但觉气息稍弗绩，辄戒后事，栉沐衣冠，端坐睊视，徐瞑目以去，未尝若它老人支离委顿，且剌剌属子姓不休也，可谓虚极静笃、吉人考终者已。

公卒于天启二年五月初八日卯时，距生于嘉靖二十年九月二十一日子时，得岁八十有二。元配董孺人，长山省祭官鲁女，先公四十七年卒。至性淑慎，事舅姑以孝闻，遇妯娌辈雍雍和也，秉内政无私藏。人谓公孝友虚平固天性，而董孺人匡助之力未可没。继配宁孺人，靖海令璇女，勤经自将，即洴絖手龟足胝不言瘁，抚诸子如属毛，男币女奁之具，一自孺人出，诸子女戴之，诵内德不衰也。其贰曰廖，先二十七年卒。公怜其侍巾栉惟谨，得祔葬两孺人之侧。诸嗣君卜吉于天启三年□月□日，厝公于祖兆之□方。

史氏训曰：贾太傅有言：“知足以为源泉、行足以为表仪者，谓之师，则朝廷官之。”公行谊淳备而智慧徐发，足以周物而阜人。区区研桑之计，特公之余绪耳。乃嗣君所为状，与余所闻且见者，悉公之实录，如取福不欲尽、为德不少衰、犯而不较誉，有所试，独契李耳虚静之旨，以善葆其天年，而动为楷式。即源泉之智、表仪之行无忝也。乃公终其身肥遁淄水之曲，遗荣自好，以成其为完人，不闻于朝，可没没于里乎？况前世之隐德硕士，不易名于国而私谥于乡者，往往有之。余以公醇粹之性、灵通之识、沾渗之普，僭谥公曰“安惠公”。夫安，和也，徐徐也；惠有慈爱、灼照二义，举以似公生平。质之舆论，庶几其不爽与？宜系以铭。铭曰：

凤山东下，般水西环。中有岩阿，哲人生焉。诗书诏世，玄理安便。大敷于里，小隐于田。耰仁耨义，不为物先。胡沦弗拯，胡缺弗完。卓履灵心，冥结先天。蔼蔼诸姬，玉列珠旋。树之庞固，发必腾骞。照耀井闾，芳华连绵。宛揖高风，薪尽火传。曰安惠公，永丽吉阡。

## 待赠正宇史公暨配董太孺人合葬墓志铭

余自束发代父辈间奉户外屦，则识史赠公已。继渐闻公之高义旷怀，夐绝流品，即未尝谒侍，受公辟咡之诏，而德隅之形已盎四座、溢里闾，早知为介然一古君子也。余家太恭人又尝为余言：史母质任温蔼，梱仪淳备，必为丹穴。会天假俾余与嗣君同丽乡书、同成进士，复联翻入读中秘书，则史氏两尊人，余以伯父母视之，且习知旧矣。公没十余年，母方逝。余友侍御君将开穴共厝，乞余为铭。余固当铭也。

按状，公讳朝佐，字君辅，别号正宇。其先为江右赣县人，祖宗贤，于洪武间为招集事占军籍，调德州卫。已，调武定所。栖迹戎行，家乘未耀。且渡江以来率单传，至太公明，始生四子，其三为公父，讳松，娶于冯。有子二：长朝臣，次即公。相传太公伟貌修髯，善骑射，疏财能酒，喜从戎。嘉靖倭虏之役，每荷戈赴之，曰：“丈夫弧矢四方自快，何以家食为？”年逾八十，犹矍铄焉。以所中官众军寡，朘削不支，遂携家如长山。已而赴江右间，军庄族人相率冒民籍，不任伍。讼且久，太母嗷嗷，异乡苦甚，仍携公返武定。迨太公江右旋，复如长山之周村镇，家焉。时公方十龄，以所居近市，即小事什一，佐朝夕，太公藉之无内顾忧。章丘卢姓者贾于镇，一见公，奇之，辄试以赀，试辄售。又，董公亦以贾来自章丘，笃爱公，遂诺以婚，而董太孺人归矣。公既内有托，即南游吴越，岁以为尝。公为人坦率，不兢捷，所易不问良楛，奇赢不自利，不骛先，不避折阅，且急人。时江南大疫，同舍郎病，诸贾畏之，咸捐去。公独叹曰：“以彼奄奄者客二千里，视吾侪肉骨，何忍弃之？”公日为调食饵，俟平，始解缆焉。自是诸贾人皆服公仁，人争附之。公不喜为机械事，然居行敛出之节，往往而中。故每一戒途，诸贾人无远近皆仪之，曰：“若长者，天之所助，我辈惟史翁是视，乌庸臆度为？”自是公资亦渐饶，归为两尊人寿。两尊人动色喜，辄抚劳公，公出入无间者二十余年。一日渡湖，值风涛大作，客艘多溺。公同舟者惧，操柁逆冲，恐触石，不测。俄闻空中呼“无逆风”者再，众骇异，释柁，任所之，得芦浅。俄而风息月上，见倚岸关壮缪祠在焉，因市酒牢以赛。抵秣陵，绘像归，终身奉之。当脱险时，思非藉神佑几付鱼腹，如倚闾何？思起心动，遂兼程归，而母氏病矣。日事医祷罔效，哀毁中抚膺自怨曰：“游子岁捐亲，什七虽幸，获依病母一诀乎？而旷阙之憾抱痛何及？垂白阿翁堪再误邪？”自是一意征里中贵贱，不复浮吴越间，而朝夕事太公及张继母惟谨矣。然性喜施，倾囊弗恤。故里中婚葬征输之迫，有求辄应，戚属待公举火十余室，甚有力不治一庐者，为程工庀材代之筑，即麻缕酒餔裔琐之需，各各给应。岁荐饥，籴者填溢，不计直，咸如愿去，亦不籍旧负往。或以谷价涌曰“难之息当倍”，公不谓然。或曰“欲减直作福地乎”，公亦不谓然，曰：“吾自有息而不息、不减而减之术。”盖不任德而全活者众。后乙卯，里中大祲，人因追诵公平籴之德不衰也。邻人某以官府持急，将逋而无糇，申夜逾垣谒公。公急呼嗣君执炬，董太孺人手挈二囊，为注粻，具扶垣而上，嗣君从旁拥送之。公喜曰：“是儿其有麦舟之思乎？”旦为经纪其事，秘所往。有董翁者，襁二子，扶杖诣门谢曰：“吾且作不祀鬼已，赖公金置妾，获二血种，公之赐也。”因款而询之，始忆其事。太母家被仇不支，合室来食指数百，公毅然馆之，日为授餐。有司捕且急，人为公危，曰：“匹夫慕义，宁恤其他！”牵扰数岁，竟脱之，俾得间，出白其冤。盖公之急人，靡所顾惜类若此，然坐是亦渐消落。又所出不责偿，浸假一纸而负金百铢、粟百斛者有之。会嗣君补诸生，乃敦师课读，绝口子钱，置田数亩，强半供嗣君学，尚不给而食贫益甚。嗣君稍稍舌耕佐之，亦不给，公泊如也。公寡嗜少营，逾七旬，头颅如壮岁。每兴必戴星，夜达丙始卧。冬不就温，日或徒步百里，不杖不疲。岁丙午，嗣君落第归，公实有深念，乃阳为解慰，向董太孺人泣曰：“吾老矣，儿即昂首有日，恐不及见。”盖念此不去怀，而公之神亦若有所维焉，不畅于昔已。一日蚤起之田，受盗惊，辄撄疾。时嗣君馆他邑，亟趣归。公病渐剧，属嗣君曰：“老人一世清白，行且游地下，无异虑。惟亟取负我券，悉火之，无溷儿目；亟核吾家迩来负人者，罄偿之。儿勿念贫，吾病中仿佛见朱紫輶轩，纷驰过从，儿必不青衿自老也。吾目瞑矣。”语云“往者尽则能见来者”，公易箦时，距嗣君入仕籍十□年而景光已露。盖有开必先蓄鹭，岂偶然哉？

董太孺人性慈爱，喜勤劳。公游吴越时，往辄经岁，太孺人躬自操作，上奉二尊，下酬姻戚，不愆不匮。姑冯素严静，太孺人为屏鸡犬、辟臧获笑语，即庖割之声无令入姑耳。迨事张太母，则日引儿女，罗呼于前，如侑食状。何喧寂两调，即古所称贤妇善事未能也。伯氏病痫，时狂走，坎井弗避，太母忧甚。太孺人百计防之亡蹶，苏则请侍太母膳，日为尝。钟氏姑窘于悍妾，逆之归，备极供养。姑难之，太孺人亦周至，历三十年如一日。及姑殁，其妾以丧落亦来归，公谓："是善凌吾姊者，天方窘报，尚哀而收之乎？"太孺人曰："否，是亦抚一失所妾耳，非抚凌吾姊者。"且育其子如甥。往公好客，虽家中落，而日来款户者时满座。太孺人每质衣、脱簪珥为供，长夜执爨，务令欢去，无苦容，乃躬自椎布、餍粗糠耳。迨嗣君宦京邸，颇时时洁滫瀡、制香罗柔毳以进，曰："天家禄养，儿日以致老媪，岂不欢？第茹蔬素、服三浣，媪赋性乃尔，殊不能易也。"适东里饥，里人过者相属。太孺人令嗣君为各具粥、具絮、具资斧，且戒曰："尔父视什一犹乐周人，儿既食大官，幸无厌来者累累也。"生恶闻鞭笞，或邻人有之，辄废食。家僮有过，嗣君欲示惩，每谕止。喜洴澼纂绩之事，至老不置。嗣君谓："木绵涌贵，请已。"曰："绩岂计息？为教劳耳。"嗣君解馆，拟授西台，因念旦晚得俞旨，则东西南北惟所使，忍绝裾八十老慈乎？每乘间语及终养，太孺人固止之，亟则怒曰："尔以田家子受朝廷作养，秋毫未效，遑顾其私？"太孺人神甚王，谓可度百岁，不意起处稍异畴昔，仅六日，遂仙仙逝已。

公生于嘉靖辛卯七月朔日，卒于万历丁未正月五日，享年七十有七。太孺人生于嘉靖甲午二月二日，卒于万历丁巳七月五日，享年八十有四。丈夫子一，即余年友永安，癸丑进士、翰林院庶吉士，拟授江西道监察御史。娶青城戴子华女，继娶郑思顺女。女二：长适齐东王积仁，次适赵文英。孙男一，柱，聘太学生曲朊如女。孙女二：长适生员聂焕次男云升，次许聘李梦龙男雍熙。卜戊午十月六日，合葬于河西之陇，从公旧也。

史训氏曰：抑闻之，有赀者宁甘心文绣土木而不能不德色于耰锄，况以急人之故落吾家乎？赠公化去后，嗣君益迫，方拨寒灰，与内子谋朝夕，闻叩扉声急，为启，见一人，赍一毡一金授嗣君曰："小人昔有贷于太翁，今自给，持此聊示不忘。"嗣君力却，其人遗地去，竟失谁氏。非公施济之多乌有此？公少未授章句，能时时为人阐发古今大义，尤精麻衣术，多奇中，手泽精密犹有存者。嗣君偶搜得数叶，谨藏之，与卢氏共息，累岁不一筹，筹则两人兀对，喁喁数语而止。盖居市而市心尽化，故孚动乃尔。余所称"介然古君子"，非邪？胡璧合玉连，复有太孺人之如如邪？是宜铭。铭曰：

德輶如毛，民鲜克举。公也近市，而韬庞鼎吕。火以郁明，水以湮行。公也蓄极，而来者甫京。不贰之老，宜祀于社。嗣君既贵，而国馨用奢。淑媛同归，双玉交晖。丰碑长松，永护幽扉。

# 河间府通判少溪陈公墓志铭

乐安陈公以隆庆庚午举于乡，家大夫同籍雁行也。岁甲辰，公有事吾长，家大夫偶侦知，即折简为南村之酌，公肯来，亦勉下榻，招不肖三人出侍。余代家大夫凌晨再入侍，见公衣三浣之罗，两袖缘背俱敝，各以近似故纨剪缀之，而度甚严，语语鞭人辟。家大夫盥栉未至也，公辄有不待晓炊之意。比时已知公为恭俭有隅、缄退不溢之君子已。越十七年，余授史秩，得请归省子舍。李太守元派偕陈氏两世兄访余里中，两兄手傅孝廉所为公状，畀余志之。岂以余成进士，区区薄衔，足贲幽珉哉？亦以余及见公，知公世载其味，且以君子之行示余廪存之备德考耳。

按状，公讳□，字子献，少溪其别号也。家故中州，有祖仲礼始徙乐安，递传曰好问，曰义中，曰珏，曰隆，曰诰，至公凡七世，诰即公父，以公得称赠君者。其七世中显隐累址之渐，载在赵宫谕之志赠君，兹不复志。赠君生四子，芝、荩、蕴，公其季也。公生而颖异，日诵百千言，丱岁从赠君游关中，即往往奇露。赠君尝摘诸经史要言，手录成帙以课公，逆知公异日不为俗儒尔。亡何，赠君殁于秦，公甫十三龄，即哀毁扶榇归，襄事如礼。旋奉崔太孺人命，出北郭，就外傅许公所。日往复数里，弗为瘁，曰："前人赍志中劳，爰止此邪？"比补邑诸生，辄大有声。迨领乡书，公年三十有六，一时名士如博之顾公、莱之董公，相与颉颃，且推公为前茅已。惜数困公车，缺然一第。岁己丑，谒选，授新城令。新城为畿南劳邑，轮蹄相望无虚晷，供亿綦疲。公设法节约，令驿役里胥日骛弗苦也。征敛有额，无锱铢浮入，曰："世或有之，而余耻之。"鹾台有猾胥黄姓者，敢为伪符，征郡邑赎锾且千金。诸郡邑弗觉，公独觉，一面驰告鹾使者，寻踵而缚之。鹾使者击节叹赏曰："新城令真神君也！"又一胥，席直指威，排入公庭争细事，弗逊，以邑令莫谁何耳。公尽法，庭辱之，以闻直指。直指贤，不庇胥，仍敬公风力云。邑多中贵，习于赂，以怙其不可揣之势，令一入若彀，则渔民扞罔积狎为抗。公洞晰此，直以廉隅蚤杜之里，无横珰之扰，都有包孝肃之誉。稍间，即诣学宫，延诸士精督之，新士蒸蒸起，如王孝廉廷荐、晋孝廉其愚，皆公所成也。邻邑豪有力者耽新土之腴，公闻而自矢曰："守土之谓何？渠即虎而翼，亡害也。"豪卒惮，不敢图。一富民当抵罪，乞奥援为解，公投贵人刺于火，竟如议治之。至于鞫听之异，如中野杀人，掩土去，吏懵懵弗知，公默祷于神而朱凶出授首。某某幽冤，覆盆有日，公力出之。其它建竖修葺、惠而能卫者，拮据不遗余力。坐是五载，列荐剡十，四得奏最，锡恩命如例。公曰："是可借手以报先君子，且从此归矣。"

顷之，擢瀛海别驾，驻杨村，专理会通河务。以公之循良卓荦，仅随牒平格待公。公即不择官，亦以受知之难，不欲往。会铨郎某归里，道经安肃，以借公杨村意语安肃冯君曰："陈新城此行得无鄙夷乎？实为漕挽之督难其人耳，幸好语之。"则当路又若知公者，公始勉就道。督抚刘公更以编审事属公，留新旬日而户口肃清，迄今新民服其公云。一时同事诸君子尝次公治状曰："不挠权贵似汲长孺，摘伏发奸似赵广汉，与贤敷化似蜀文翁，其约己阜民即公仪休、黄次公弗过也。"洵知公哉。去之日，百姓牵挽卧辙，如失慈母，相与尸祝之。杨村亦属孔道，舟车货财之区易涉膏润，公介洌益严。本署兼摄巡盐、捕盗二事，诸盐商负贳不贳，每值查勘，率多醵金钱为赂，曰例，如是然一脔尝而弊猾生矣。公数承查委之役，辞至再，于所为例，秋毫不入也。杨民故健讼，吏善舞文，任此土者大都优游退食，即有所讯质，不躬亲，惟转相属耳。公每自为谳决，务期允服以报。大盗吴英等党至百余人，横且日久，公单车逼贼巢，计擒之，瀛海以宁。督河舒尚书疏其事，敕下，部赐币金，予之纪录。瀛海三十余属，往往借之代庖，而职司旷弗任，公独鞅掌河滨数委，数固辞不赴。制为勃罗、水犁等器具，用以淘沙、量沙，诸濒河属邑以虚文应者，辄移檄责之不少贷，俨然古行河使者。然亦以督责之故，致香河令妄生萋菲，从言路、亲知微中之。公浩然拂衣曰："渠以吾之眷此鸡肋邪？俎豆思贤人，廖廓失罗者。吾志决矣！"即上书弃官归，归而箧中惟一敕命，及所搜图书数卷而已。乙未秋，抵里舍，栖迟旧宇，泊然无营，见逐逐兢为富贵容者辄厌之。日与二三素心寒士相往来，至则浮白茹淡，称引先哲遗事，陶然共淬无旁及。杨村时有俸金百两未入也，悉置不取。部郎孙君遣役赍至，会王邑令有砖城之议，即以百金置砖石，延筑亘百余丈，抑又贤于原思之弗受已。春秋宾饮，令每首延公，公雅不欲，数往坚请，辞，始得倘佯自遂也。性至孝，岁时伏腊必祀其先，每祀必蠲洁含涕久之，依依孺慕。事诸兄族党友爱甚挚，教两嗣君严而慈。两嗣君能尺度奉之，不少逾。戚里有故，虽垂白之年，未尝不躬往致情。每途遇后进少年，必下车相揖，俯首至地。居尝兀坐斗室，举稗官、钤甲、种树之书，靡不精究。绝请托，急输纳，用为闾里式。客有厌澹薄者，徐语公曰："若家食酸啬乃尔！往者中涓之馈、杨商之羡缗，胡不稍自开通，为今日计乎？"公抚掌笑曰："余肠素薄，不受酡膴，今不失故。吾寒素足自老已，复何求？"客大惭谢。公赋性简直，然不为崖异，人以是惧而爱之，久益信其长者。生平不善病。甲寅春，乡之诸士抻举酒为公八十寿，公酬对，夜分不倦。岁杪十日，方揖客。客去，忽嗜睡。越数日，悠然逝已。《书》列福极，曰"攸好德""考终命"，公之所敛多已。公初娶邑处士蔡伟女，蔡不禄；再娶邑处士孙旸女，居十有三年，孙又不禄；娶益都刘启南女。

蔡得赠孺人，刘封孺人。胥称贤配，宜并志之。

公生于嘉靖乙未五月廿九日，卒于万历甲寅十二月二十日，享年八十。两嗣君：长从宪，邑庠生，娶蒋永贵女；次从期，邑庠生，娶庠生程鸣高女。女四：一适庠生张舜谟子希颜，一适博兴孝廉崔应鹤子庠生中壁，一适邑庠生蒋永杰子奇鐨，一适陕西布政寿光刘鹤峰庚子庠生维柟。孙男三：汝明聘张茂才圣诰女，汝弼聘张茂才鸣周女，从期出；汝□，聘张茂才圣化女，从宪出。孙女四：一许聘茂才刘三揖子，一许聘寿光隋不骄子，一许聘蒋茂才国任子，俱从宪出；一出从期。丁巳二月二十五日，将葬公于祖茔之侧。余既质然志之，而为之铭。铭曰：

谓公仕邪？遄反初服。谓公隐邪？畿南英祝。苍岩凌霰风谡谡，盘中盐晶胸书簏。朝杖之年能仆仆，口无萍凫仪作肃。乡为不贰社为福，生有嗣兮终有俶，松楸日指太丘屋。

## 敕封徐太宜人张母墓志铭

张母徐太宜人者，故地部郎松阳先生之配，今地部郎张公仰松慈氏也。余夙慕仰松孝行景熠士抻间，岁已未，方遂荆识。居顷之，辄手余年友高侍御所为太宜人状，长跽而泣曰："人亦有母，若汝元之母，则依为命、服为师、保介介孤子，不至陨坠家声而施有面目者，先慈之以也。窀穸片石，死且不朽。愿徼惠于吾子。"夫语有之："其事多味，其言乃章。"余能以不文没公家慈孝之卓乎？乃受简焉。

按状，徐为胶莱右族，世有隐德多闻士。父桂，母郝，太宜人其仲女也。太宜人孕有异征，生而敏慧，不类庸嬿。时松阳先生早失俪，闻太宜人淑甚，遂委禽焉。又，徐公夙器松阳先生者，许之。甫十五龄，归于张，事翁姑孝谨备至。姑御子妇尚严毅，惟太宜人靡不当姑意。以丽勤俭，佐松阳先生读。壬子，魁东省。丙辰，成进士。足致鲜华，乃太宜人益励澹朴，躬椎布，俾松阳先生历服官政，有茹蘖饮冰之誉焉。先生奉敕榷税九江，病痰甚，太宜人日夜视匕饵，不遑即枕一寐，兼奉慰阿姑无少懈，劳瘁累月，形且鹄，不为罢也。迨竣榷事，还报上命，舟甫发，会先生友人李广文任皖城，及瓜，欲以家口附先生行。左右龉之，太宜人力白，先生许之偕，日善视其妇若子，阅数千里不知其为烦赘。我谓坤道内啬无义施，岂其然乎？迨松阳先生中妒口，改同州司马，时直指重先生才品，偕之巡方，更属先生较士艺，邸中萧素不给，俯仰太宜人樽节度之，不以俭于姑。姑病暑，致书促先生返署，殚心力救药，竟不起。太宜人佐先生扶榇归，哀怛毁容，道路感动。抵舍，为丙寅春，方延形家卜地襄事，而先生遽病，奄忽逝已。

时太宜人年三十有四，即以身殉，数痛绝。诸姻戚苦慰，阻之曰：“姑柩未瘗，是尔夫子阙事。垂髫藐孤、二女在褓，夫子有灵，不汝属更谁属邪？古就义易，保孤难，若恝焉捐茕茕以往，孰与恤厥后以报夫子，其义不尤大乎？”因强起，拮据卒瘏诸先生未了者。先生宦橐仅周两葬事，罄已。其先世遗产，举沃腴悉给前母子，余瘠田一区属仰松君饘粥膏火资，躬纺绩伴仰松读，无间晦暝，即古人画荻、和熊，殷苦弗翅也。复日为仰松延致师友，不惜供，有截发锉荐之风焉。仰松寻咏芹藻，已而丧妇，旋力完嫁二女各如仪，一出自薄田及鬻匳中旧物以办。乃经营鞅掌，荼苦身心，亦以极已，必不令仰松君懈□业。岁丙子，仰松举于乡，太宜人始为色喜，然不胜辛楚也。越六年，太宜人病胃，危甚，仰松君百计救禳，获愈。已有闲居奉母之念，不事公车。迨戊戌，太宜人更勉之北上，云：“尔父报国恩，未竟厥绪，尔得博一第，效涓埃，酬父志，吾愿毕已。岂为老妪升斗计邪？”仰松如命，往谒主爵者，拜泌阳令。以笃念太宜人苦节，拟上章请旌于朝。太宜人亟止之曰：“孀妇保孤，何异可闻？但得见尔惠政日新、清操日沥，无忝尔父素志。异日者徼一命之加，有余荣矣。”仰松益奉官廪廪，寻奏最，壬寅受赐命，封太宜人。太宜人念夫子未目击，黯淡者久之，且曰：“余老人，抑又何愿？惟愿尔恪共乃职，无负国恩可耳。”仰松君寻迁京兆理官，用母氏训，大著明允，擢陪京计部郎。会太宜人隆沍冒寒疾，仰松君幡然请终养，得俞旨，奉安舆东归。太宜人旋愈，日引诸孙舞莱彩、绕膝下且十年，所犹然服朴茹淡，无异垂橐时。乃迪惠之慈，日有加无已，名溢闾里，何老而不倦也？亦贤已。乙卯春，旧疴复作，濒危，仰松君跽进药盂，觊再起。太宜人曰：“我得为未亡人五十年，葬尔大母，葬尔父，归二女，目视尔宦成无过举。吾往从尔父于泉下晚已久，视何为？尔尚益树惇布义，拓世泽而长焉，是尔之所以报我也。”目遂瞑，不再计已。因叹曰：“昔人于女德亦繁称已，大约不逾曰静、曰贞、曰惠，有一于此而未至，亦足淑闻。若夫静生介，贞生干，济以梱内呴惠之思，而生推肥择瘠、提挈扶助之义，则乾德也。即须眉丈夫难之，况母氏乎？”太宜人胞胳醰粹而性有殊慈，故其脉远而昌，而其所诞育者有不忘顾复之哲嗣。夫士人托言靡盬之急、疏于将母者不知其几，其疏于生事而补于墓门者亦容有之。然总之未有如簪绂不易，日惟伺色、侍箸，佐旨甘而续饭含者之为遂初也。以余所睹仰松君十年归养，则大宜人之得天何厚而完也，殆亿万之一二也。是可铭。铭曰：

胶西之滨，有大珠焉。净水牟尼，孕于婵娟。蚌胎螺月，有如象贤。司徒之配，复毓司徒。后先照曜，世泽不孤。解组投簪，戏彩弄雏。世多祐母，而鲜母娱。列鼎重茵，何如护扶。双玉隐弁，嗣乃登朝。幽宫之缺，爰问词寮。

不绘不缛，令闻萧萧。惟以永年，视民不恌。

## 乡进士光奎胡公墓志铭

岁己未，日照令胡公于都门过邸舍，道丁丑世谊，具悉昆弟子姓，泫然久之，则以惜六弟孝廉光奎之逝也。寻下拜，以光奎志铭请，而未有状。越明年七月，方遣使二千里持状，促余志，急襄窀事，脊令之谊，生死不泯。余重公之笃友于也，诺使者，挥汗笔之。

按状，公讳守训，别号光奎，其先世山右忻州人，国初徙宣府，阅六世至乃翁司马公。司马公举丈夫子五，而出尝安人者三：长守让，即日照令；次守讷，选贡生；次孝廉公。公生负异质，蚤力学，有隽声。从司马公于庐，得师李味石先生。每占对，奇甚。镇日危坐，无旁睨，时以千里驹称之。年十七，赴小试，学院柱石王公读其卷，击节异之，辄饩学宫，入京闱试。是岁，日照公得隽，公落第，怏怏杜门，枕藉典籍，冥入理解。每督学使者按部较士，辄弁诸士。与诸昆季朝夕切靡，公独抽意相发明，昆季逊让不及。时大中丞新城王公加意宣人士，为延吴越佳士作宾席范之，惟光奎公引淑独深，名益起，师亦叹服。乃数不售，因举前人淬志澄心之语揭座隅，下键谢客，思日玄，笔日超绝，每构一篇，必遒上夐特，令人索解不得。公亦自言居恒达丙夜，觉心窍凉血滴滴而下，不可禁。即著作与日俱奇，而不无李贺之惧已。然而风发泉涌，不作长吉苦态。直指汤质斋览其艺，大惊曰："天才警敏，渊思秀拔，即南土多士未易遘者，不意边徼毓兹奇士！如子，何虑一第哉？"乃迟回至壬子，复罹丧子之凄，悲歌慷慨，无意为文，而闱中之技忽如天风吹噫，浑不经思，遂为本房王文水公所举，置高等。放榜前数日，乃兄日照公读寄卷，口占志喜云："一代人龙应瑞国，几年秀颖已蜚囊。"蚤券之已。诸昆季谓公才博大轩爽，飘飘凌云，其于礼闱更无留行，竟不第。每落第归，愈大淬，杜门却扫，攻苦甚。日照公数引杯酒劳之曰："吾弟高人，乃与时争利钝邪？"公意激弗下，继之以泣，知不可夺也。丙辰春，公偶与兄云观吴相国丙午以先有司三语命题，则此番首题必属"惠而不费"五句。兄笑曰："有是哉！"已而果奇中闱中之艺，精绝高华，然亦置弗录。曰："命也！河清几时，能不于悒？"自是每于诗歌杂著中寄发其牢骚不平之气，只字痛心。次年春，拟暂游胄监，濒发之夕，齿绝，出血斗许。抵昌平，血衄复斗许。强入都，觅禅室静摄月余，渐和。归亡何，偶瘀发，竟不治，奄忽去已，惜哉！公性内刚外和，寡言笑，每朋侪哗坐，能出片言，众为屈服。耽古籍，手一编，寝食几废。所著有《四书讲义》《毛诗说要》，及所称《兹堂稿》《天契草》《笃志草》《非然集》等诸刻行于世。大都公为文秀颖仙标，不为饾饤语，而奇思逸韵，咄卒而来。诗则近体、古风并臻佳境，字则篆、隶、行、楷各得其趣。且天性孝友，而怡谐情好，不废匡正，或弹射文艺颇酷，乃樽酒相对欢如也。视孀姊、庶弟尤闵恻，综其事如己事。居乡重礼让，即井里小儿，无敢媟嫚向迩者，至御下则宽然弗苛也。笃交谊，严取予，居恒自矢曰："士之廉隅水之防也，有其溃之，安所不决？"乃独喜佐人急。阃司某迁官，负藏金[①]，不得行，公为称贷，卒代偿之。其诸生死婚葬多所周，即贯逋勿问，一时没而券出者若干人。殆翩翩文藻之士，而行谊醇挚者乎？

公生于隆庆壬申闰二月二十日，卒于万历丁巳四月二十一日，得岁四十有六。配陈氏，京营参将陈国保女。子六人：择可，郡廪生，娶守备姜万女，继娶坐营魏臣女、游击周官女，先公卒；达可，郡庠生，娶潘士奇茂才女；九哥，殇；敬可，聘参将王国诚女；鹏哥、服哥及一女俱幼。孙女一。卜以四十八年□月□日葬新阡之吉壤。

史训氏曰：公之先司马，乃余家丁丑年谱之伯父也。伯父落落仕路，不尽展拓，宜昌厥后。今厥后自昌，特悼公之文锦璀璨，尺幅加短，未为国华而蚤游碧落耳。乃异才笃行、照曜人间者垂四十余年，曷可没？是宜铭。铭曰：

玉也洵良山之藏，何必尽缀为琮璜。海有明珠号夜光，何必攡出归上方。君已脱颖闻家邦，鹓鸾有雏将翱翔。沃焦转釜流何长，衷罔遗憾何存亡，聊将片石铭幽堂。

## 寿州知州绳白李公墓志铭

按状，李公讳邦潢，字元派，别号绳白。其先为直隶枣强县人，九世祖二翁徙居长白山下，遂入长山版籍，家焉。二翁生政，政生得甫，得甫生文秀，文秀生赠都御史广，徙居邑之北街。广生赠都御史宗明，宗明生户部尚书赠太子少保士翱，是为长白先生。生沂州儒学训导廷茂，廷茂生五丈夫子，公其伯氏也。

公生而颖敏，甫度舞象，即补博士弟子员，旋饩学宫，年二十有二，中山东省试六十三名。久困公车，一日念亲老弗赡薪水，遂谒选天曹。主爵者首拔之，授直隶凤阳府寿州知州。寿濒河，河淮每交梗，虞薄祖陵，河使者所委有司，率以故事应。公承委设法浚筑，赏罚率作，独蚤竣役，蒙疏叙，钦赐金币劳之。岁大旱，虔祷辄应，久雨，淝水为灾，城几没。公复虔祷，获无恙。

---

① "藏金"，据文意，当作"赃金"。

学宫久圮，公捐俸金鼎新之，自为文勒石。建石梁八公山下，民利涉两役，州人颂为数十年所未有。重课士，首拔刘君继吴，旋乡荐，己未登甲第，为余分较礼闱。所取士刘君向余颂公治寿状甚悉，曰：“李师，贤守也。”以不善媚人，卒蒙萋斐去寿，讫今思之惜之。又所诵开水田、歼恶党、清徭役、调收受之法，种种兴革，未易仆数，与嗣君持状，什七符合，匪虚已。

公形癯如修竹，神甚王。性坦质，与物无兢，喜奕及一切戏局。既致政，日招三二知己手谭、陆博，累夜昼不倦。每曰：“家有露葵、脱粟、单肴、提醨，足迟客自娱，销摩岁月足矣。安所得不赀之藏，效豪华为也？”耻言人过，每相晤，或酌奕稍罢，辄举一二小说及前人格言、戚里懿美之闻，輾然解颐而已，他弗置齿颊。暇日，搜长白先生遗稿，汇为数卷，付梨枣，俾余引其端。又新先生之祠于孝水西，盖阐绎焕发，祖德聿新，知务哉。邑城久倾，几夷，会浚人张令君缮完之，长人士各捐资，往筑尺寸寻丈如其力。公独任更易北门，乾向，迎水曲，盖形家忌直突而贵蓄藏，公识得此法，遂改观，舆情快之。晚年渐辟嚣，置林圃于邑之西南三里，时偕友人往犹夷焉。且谕诸嗣君曰：“此吾之菟裘也。”公吉壤卒卜于斯。公素不善病，偶染痢疾，乏良医，阴邪久滞，疏导弗克，竟不起，无戚疏遐迩，临况咸失声，惜哉！

公生于嘉靖乙卯三月二十五日子时，卒于天启癸亥八月十九日辰时，享年六十有九。育九男：长尔梅，庠生，娶邑庠生耿希尧女，继娶邹平贾官女；尔栋，庠生，娶胙城知县宋汝牧女，边氏出；尔桂，廪生，娶高苑鸿胪寺序班张燧女；尔柟，庠生，娶处州府推官王化远女，继室任出；尔柛，庠生，娶邹平兵马指挥孙桢女，继室陈出；尔楀，未约婚；尔榕，约聘不佞鸿训少女，侧室张出；尔樟，聘淄州高觉女；尔栩，聘工部员外郎安曦女，侧室马出。女四：一字贡生石一橓子永玉，一字庠生王帙子咸五，一字工部员外郎安曦子德胤，一字庠生吴嘉言子元复。孙男十人：煜，聘恩贡生吴嘉瑞男庠生胤珂女；炯，未聘；熯，聘庠生王化孚女；烒、炫，俱未聘，栋出；爆，娶庠生王从明女；琰，聘庠生王垓女，桂出；炌，聘新城太学生毕联冀女，柟出；炆，聘廪生宋肇胤女；焯，未聘，柛出。孙女三：一字省祭官邓良才子景明，一字文县知县张大有男庠生凤毛子士朴，栋出；一字庠生沈畿翰子延禄，柟出。詹吉于天启四年甲子十二月二十二日，合三宜人，厝于公自卜之新阡。余述而志之如左，可无铭？铭曰：

世率于伪，而公处情；世率于浇，而公处厚；世率于崖异漫浪，而公处恬恪。浩然闲圀不受縶，清劲复似筼筜立。绳其祖武螽斯集，兰茁玉挺咸负笈。何必大耋期颐及，逍遥日日阳和袭，七十欲倍百四十。佳城之固匪金石，白山笼水来相葺。

## 敕封胡孺人刘氏墓志铭

孺人刘氏，吾师肖山胡先生之元配也。客岁，孺人从师于京兆署，遘疾以卒。师恸甚，为文述阃德甚备，而以窀穸之铭属门下士鸿训，曷敢辞？窃惟内美莫具乎《诗》，诸如《采蘩》《薄浣》，缅缅言之，而大指乃在《樛木》“乐只”，惠而逮，下则螽、麟之祥应焉。今以孺人券之，何有合有不合也？

按，孺人，故善化令刘公女。刘公有至行，为乡人士所钦重。孺人幼而警敏，长而端庄。既嫔吾师，事太孺人以孝谨闻。两尊人歿，罄妆赀襄大事，盖务拮据以供灯火。师游较，乃相与委宅于兄，诣村庄，亲农亩，且耕且读，甘之如饴，即岁俭食贫不为动。庚子，师领乡荐，孺人念两尊人不及见，为追恸不释，酸感行路。丁未，师成进士，令于兖之邹，有古循良声，则孺人佫事中襄，实与有力焉。满考爰拜，今封孺人，捧恩纶，益追慕先太孺人，恨不共堂荣被，于邑久之，其孝思大抵如师擢柱时也。孺人向艰嗣。初，师计偕时，有子而殇，哭之伤神。迨春明捷至，稍自宽解，而中如柴棘，终不怡。及师以司马郎中含沙之口挂吏议归蜀，孺人劝师建祖坊、立祠堂以称绳武之义。已益修先赠公坟墓，欲培水风，以开胤育。先是，师有二妾，皆未有子，又私令人一往锦江、一往绵左，择宜子者以进。师补京兆署，孺人携庶妾以从，岁凡六，月斋日焚香吁天祈嗣，常念“得一子可下报姑氏”，然竟无就馆者。计先后所产不下十余孕，皆不育，以此哀伤中结，积有岁时，不可药而孺人已矣，嗟乎！孺人第为师门宗佑事大竭血髓以死，岂不痛哉？闻孺人属纩之日，师哭，诸侍姬皆哭，各失声，嗟乎！若彼宵征实命不犹，得无怨足矣，非孺人盛德，何以致此于诸姬耶？孺人生隆庆庚午十一月初十日，卒万历戊午七月二十八日，享生四十有九。丹旐素輀，迢迢万里，归而殡于蜀之堂，将以某月某日望新毳而藏焉。敬拜手为之铭，铭曰：

欹与刘母，作师良辅。纶对自天，用酬辛苦。孝思无斁，克勤与俭。内德时有，不足具陈。淑美《周南》，维母克配。《樛木》之仁，在阃以内。振振公子，于焉取斯。彼苍不德，胡尔靳之？母心孔伤，积疾以陨。悠悠九原，若有余闵。师有明德，其后必昌。环拜兹土，乐之未央。贞珉不毁，是为吉壤。

## 安母刘太孺人墓志铭

余里安太孺人者，苏州府司理曦之母，余季女祖姑也。太孺人淑闻充里闬，里中无不知安氏有贤母，足为梱摹，不翅区区婉约内德无非无仪已者，曷遄归也！丁巳夏，司理君手持母状揖余而言曰：“不孝曦，将以冬仲襄先慈事，匪君，谁当志母？”鸿训附在葭莩，且习母贤，即不揆狂斐，敢不受简从事？

按状，太孺人刘姓，处士刘公俭季女也。其家世居长山东南黄家庄，夙称士族，一时泳芹藻、荐乡书者后先相望，盛矣。已渐凋落，寻微甚。父处士暨刘母殁，皆太孺人拮据殁之。处士遗二子，太孺人携之去。比太孺人病且革，属封公曰：“刘氏茕茕两孤，倚我为命。其壮者，吾家业为置室，幸无忘少者，吾目瞑已。”太孺人年十五即归封公，事姑韩太母，执妇事惟谨。越三岁，太母殁，事太翁愈益周，至寒燠鲜瀡必躬亲调之。又，封公什九役公家户外，朝夕温清，皆太孺人代之，倍饬也。太孺人性俭素，不事华奢，居尝椎布操作，咽粗粝，寸帛尺缕必组纴成之，诸傔奴有狼藉粒米者必严敕无贷。岁丙戌，大饥，里中不举火若而人，日有乞告，即捐糜相饷，不厌数数渎也。封公之从昆中有相讼者几累岁，彼讼者有母，贫困无依，太孺人惜之曰：“彼子实獍，母亦何仇？吾不忍坐视彼妪之馁死闾中，愧吾宗堂也。其衣食之！”彼妪即日来就食，何颜之厚。太孺人复时时为温语款解之，曰：“若辈即不能平，吾属无与也，妪其相安。”夫居恒见褊衷丈夫，每于睚眦之家，欲举一室而倾焉，乃太孺人之德度曷綦厚且恢也，抑又丈夫之所难已。邑庠生王葵阳旧约婚太孺人长女，亡何，王生失怙，太孺人收育之。不数年，安女未归而逝，乃太孺人爱王生，不第弗割也，而且有加焉，因别为授室，且命司理君与弟曙并课之。庚子春，曙首补博士弟子员，葵阳与焉。太孺人为加喜，且凄然念今昔不置。司理兄弟自入塾受学以来，太孺人每课之夜读，曰：“吾以纺缉伴儿曹，幸无倦，庶不负此炷膏耳。”比长，就外傅，每脱簪珥饷之。岁丁未，司理君成进士，太孺人廪戒之曰：“毋浾志，毋侈。观儿其兢兢，咸虚以迓来者。”戊申，出治云中，去家二千里。太孺人闻塞上风烟苦，有轸色，即冲寒偕往。比入署，司理君戒庖人日进甘脆，辄改容屏去，曰：“尔嗛嗛俸钱几何？且以易吾藿粝，肠弗甘也。谨毋再！”阅数月，司理君以持正不阿忤直指使者，顷之，直指阴请平，司理君坚以病归，寻墨中久卧里门，人亦云仕路小踬，而太孺人视之恬如也。归而督家务，视昔更勤毖。时与封公行偕六旬，曰：“吾衰已，不复任巾栉。请置媵，吾以余力为儿孙日计米盐足已。”然愈与封公相视如宾礼，有德耀、伯鸾之风焉。癸丑，司理君之任苏州，太孺人俱。既视事，衙舍厅事距甚迩。每朴一人、决一狱，必于退食问之曰：“某某服辜不？尔初授刑官之日，吾闻乡之长老者曰：‘善为司理者求出，不善为司理者求入。’安氏之门且加大，在此行矣。语亦云何？尔从按使者，鞫讯累累，幸念之。”人言司理君苏政卓荦一时，内训讵可湮者？吴地卑湿，自北地来宦率病之。又，迩年李署居多弗利，司理君殊相安且久。一日家人言夜有祟，亡何，司理之王孺人寻病殁，复殇女。家人益骇惧，太孺人抱婴孙，时聆呱呱，如蹈崖谷，兼以不习土气，亟谋归，司理君亦安车听之，而太孺人之精神已强半销苏署中。乃于归之岁八月，遂仙仙逝已。

距生嘉靖三十五年四月二日，卒于万历四十三年八月三日，寿六十。有丈夫子三：昉，后太孺人逾年之二月卒，娶庠生石斑女，继娶庠生朱甘雨女；次曦，即司理君，娶邑人孟维淮女，继娶淄川大理寺丞王晓女，继娶邑人范崇孝女；曙，邑庠生，蚤卒，娶邑人徐子纯女。女三：一蚤卒，即字增广生王葵阳者；一适庠生尚赞子就问，一适邑人石应诏子体泰。孙男七：启胤，增广生，娶太学生聂灿女，曦出；鸿胤，庠生，娶邑人刘孟脉女；衍胤，娶礼部儒士李梦鸾女，俱昉出。嘉胤，即鸿训婿；淑胤，聘山西按察司副使淄川王孟震女；德胤，聘指挥曲汪如女；麟胤，聘举人徐日升女，俱曦出。女孙五，昉出者三：一适庠生王美玉子鼎丰，一适庠生沈廷翰子延祐，一字举人李恂子□□；曦出者一，许聘新城廪生王象明子与长；曙出者一，适淄川庠生王孟谦子尊生。曾孙三：毂，聘淄川庠生王广生女；玢，未聘，俱鸿胤出；璲，未聘，衍胤出。

史训氏曰：余览太孺人之始卒，暨其子姓之兰茁而琳植也，因叹母氏之于家世何钜也。安母自绾缡执壶以来，细之浆酒脯饱，以至交徹式谷，食指、小星之戴，宗党、部民之祝，是宜福禄长康、躬被蝉爰之锡，何舟藏之速邪！然至行一日格神秖行，百年不能发柔荑，况匪促邪？伫见食母之报者未艾也。是宜铭。铭曰：

士族不芳芳于嫁，珥麟乃趾。夫子不仕仕于离，衷服乃紫。于公之门业乃尔，母德骘之如层累，片石丰碑云不死。

## 邑增广生王万川公暨配边孺人合葬墓志铭

吾长之东郭王氏，士族也，仕族也，亦世载其朴茂俭恪之德，而永昌厥后之族也。天启壬戌，王氏有将期颐之寿母，诸士抻方拟选言崇酒往为庆，而忽有西池之招，鹤驭摇摇，去不返已，族党惜之。母之嗣君性至孝，业已贡于天子之廷，应丽仕籍日且久，乃笃念将母，不问除目。戚里每有为嗣君劝驾者，曰："古人一日之养不以贵倨易，何有乎鸡肋而忍绝裾？要之所乐不存焉，惟日为母氏祝鸠杖、视匕箸。于于北堂，百年无恙，莫贵于斯。"孝哉！即昔人所称《白华》、《南陔》之彦，不挚于此。母逝不数旬，嗣君辄蚤营窀事。一日手两尊人状过余，长跽而泣曰："先君弃不肖五十四祀矣，维时不肖孤甫九岁，且不知何以藏吾父，而安得有共藏不朽者。今双璧且共瘗，谨询之长者，得先君生平，大都并阿母淑状可附在家乘者，勒其梗概，乞太史氏一言，泉壤之光。”训斩焉缞墨中，毫楮俱废。第念贞珉之词亦惨漠，冥淡之致何嫌于有言。因受简焉。

按状，公讳邦教，字牖民，万川其别号也。始祖宣为元忠显较尉，战徐中山王，以力屈没王事。稽之表墓者云：名将贤相，代不乏人。宣后以《易》登明经选，自平湖丞昶始。昶生淳，遵化知县。淳生叔圭，以明经授山阳县佐，履任仅三月，辄赋《归来》，其生平高义，载在志中。叔圭有丈夫子四：伯邦治，邑庠生；叔，丁卯举人邦礼；季邦禁，礼部儒士；公其仲也。公洎伯叔同籍博士弟子。公蚤慧，甫咏芹藻试督学，即占高等，补增广生。山阳公喜曰：“尔曹肯肆力伊吾，不以尺寸自封，何难远到？”乃间以家政问公，而不及课叔子之专一。公亦寻以家自任，兼事铅椠，不无劳且瘁矣。叔氏业日进，旋领东省乡书，亦公之裨益居多也。一时士之负笈从叔氏者甚众。会上大夫檄叔氏业会城，寻上公车，诸门下士雅不欲散去，谓有公可升皋比，日有授。公悉心督诲，辨难往复，每达夜分不厌。诸士领风旨，罔不心折，且习公之化雨春风，视叔氏加恬，曰“有明道、伊川二先生之别”云。亡何，公移居别疃，强半问农事。又，嗣君既入小学，胥公亲授句读，解字义，已知嗣君异日将拓世业，而光大之不第绍厥箕裘已也。公病疟，历久不愈，竟以此捐馆舍。

时嗣君方十一岁，茕茕子母，相依为命，匪边孺人柏舟自誓、才节两茂，乌有今日哉？嗣是营公葬事、董家务、课嗣君读、治女奁、办嗣君婚娶，虽叔氏种种佐之，而母孺人之咀辛茹苦亦甚矣。孺人自于归以来，黁缊脱粟之外，毫不引以自奉。其事舅姑则备极旨甘，即醴洗羹芼，无日不躬亲得当者。介妯娌谐甚，逮下宽和，即有过，未尝小挟，庭无詈音。敬老恤迫、分甘推食之事，无日无之，孺人之天姓[1]然也。岁戊寅，嗣君补博士弟子员，母意稍抒。辛巳，嗣君始试督学，弁多士，食饩。时太翁尚在，曰：“此尔母推食之报也。”是岁，堂上姑病，孺人左右倍谨。姑卒，哀毁逾节。有伯氏子化远，与嗣君同受业于叔氏，孺人并力食之，一视同育，八载如一日。伯氏尝语远曰：“吾子异日移孝母者孝叔母。”远以万历壬午领乡荐，其事孺人果如伯氏言。内侄边庭、肃庭襄侄化远，孺人胥命嗣君授之经，兼授餐，均期有成。丁亥，山阳公卒，孺人拮据大事，一称叔氏议。女卒，遗八岁甥，为之鞠育、授室，诸戚属待孺人举火者未易更仆数。迨孙胤茂入邑庠、胤升入胄监，母喜日昌炽，各加劝勉。乙巳，张令君如庠，议以母节达直指，直指旌之，岁给粟，示崇诸明府。及官于斯者时额其庐，率凛矣，冰霜不二，可风语士大夫寿母之

① “天姓”，据文意，当作“天性”。

词，大都羡孺人母子节孝，足表里闾。不独母之多，历年所已者状有之曰："母年逾九十，崇奖于荐抻，见美于当路。蓬茅辉映，依希诰纶，善哉！可谓好德知足、奉母知荣者已。"孺人竟无病，一日忽不语，遂考终焉。何敛福之备也！

公卒于隆庆二年七月二十九日，距生嘉靖十一年十二月初七日，得年三十有七。孺人卒于天启二年四月初九日，距生嘉靖十一年九月初十日，得年九十，有一男，惟嗣君一人，应万历三十六年岁贡，尚未仕。宜系以铭，铭曰：

德必有抵，祚必有启。公也裒衣大袑而谭羲经，而未献于墀。母也饮冰被霰而代燕翼，而未及于綍。短于结缡之车，长于玄伷之室。孕为曾闵贤者出，阶有兰玉文且质。前人未纛纷缃帙，含淳固兮应茂实。双珠之藏完且密，谁其志者史氏笔。

## 承务郎四川布政使司经历司经历华铉王公墓志铭

天启壬戌冬仲，邹之王生履恪持乃翁经历公状过余里，长跽乞铭。余距先恭人大故仅逾小祥，逾麋觽砺之佩久解于悬，敢弄柔翰而缛之词乎？然既附姻娅，与公生平颇悉，且圹侧之言以质实称不朽，无庸藻缋。不佞居忧之人，亦何嫌为夜台友人一次生平、缀家世邪？遂不果辞。

按状，公讳廷荐，字简明，别号华铉。其先琅琊之裔，世居青城镇，陇碣在焉。七世祖贲徙家邹平，成庙时仕为大同府同知，加衔布政司参议。六世祖琭有隐德，五世祖晟为博士诸生。其曾祖黄山公诰以明经教谕鄢陵，祖复庵公阳亦博士弟子员，以子贵，累封奉政大夫、南京湖广清吏司郎中，进四品服。公父讳之士，号少庵，登隆庆戊辰进士，历官直隶河间府知府，配韩恭人，举丈夫子三：长，直隶大名府滑县训导廷对；次，纳级指挥廷奏；公，其季也。时太翁筮仕颍州守，公甫生，继擢南地部郎，适淄川韩约庵公官同部，有女未字，遂委禽焉。公生而颖秀，貌端气和，自童时即驯雅如老成人，太翁特钟爱之，每携之宦邸，历守南北四郡，罔不从。郡事冗剧，太翁间有不畅于怀，以公在左右，辄燕笑为尝。又，南土卑湿，太翁数病疟，母韩恭人病胃脘，公朝夕奉侍，两尊人实赖焉。壬辰，太翁归自河间，旋与韩恭人相继殁。公痛幼失怙恃，哀毁溢节。癸巳，襄事如礼。甲午，孙太恭人卒，公痛太翁先逝，不获躬治太恭人丧，因偕两兄加意窀事，罔弗致，里人贤之。乙未，公游成均。戊戌，仲氏入资为济南卫指挥。时练习戎伍，伯氏下帷坟典，盖两兄不遑内顾，家务悉付公。公家子姓婚嫁之费甲于里门，且授室多而臧获林立，则食指如猬，聚口成嚣，董之良不易。公不辞劳怨者二十年，如茹荼蓼，心知其苦而人未必以为尟也。戊申，如例加布政使司经历。己酉，伯氏念昆季共食，颇烦料理，议析业。作三阄，诣太翁灵座下，以次探取。公所得二区，稍远而瘠旷，而多废人，或难之，公独谓："一椽一陇，先人之泽。方凛凛世守之未能，瓯脱何嫌也？况授之大人，实式灵之，抑又何言？"于是葺屋粪田，拮据聿新，而赀用微诎。公性雅宜幽赏，喜种花植卉，为向暮自娱计。今柏成围、竹成林，花径兰畦，绣错相望，悉公手泽也。岁乙卯，二东大饥，易子折骸[①]，所在见告。公家庾就匮，括赀转输数百里佐之，然时出以救活戚里若而人，无德色。

丁巳，谒选铨部，授四川布政使司经历。以道远不欲往，况入蜀乎？顷之，复念"叱驭蚕丛夫非人臣与"，苟可为官家效一命，何畏焉？然匪多费斧不可达，强半称贷，而橐中再诎矣。既就道，间关万里，风霜饱历，幸未病。既履任成都，署多清暇，琴书自乐，泊如也。方岳陈公雅重之，已而逆直指于中江，山溪崄巇，不胜劳瘁，因叹曰："只身天末，纤趋迎人，惧不喜秋风莼鲈，能无勃然季鹰之想？矧薄田敝庐，何以易五斗？胡不归，杜门课孺子，乃羁此邪？"因决计返，卒未遂。日于邑不快，而疾渐作已。蜀岁例贡上用锦箑二物，该司所职，每差出，僚侪纷起图之。时方岳知公清慎，足办此，独以畀公。公辞之再四，上大夫愈重公，听之。会一邑视篆者缺，太守以丞呈，两台不可，复委公，公辞弗往。其廉静自好，大都尔尔。亡何，请以病归，日怏怏，疴且积。方岳陈公时馈药饵、馈食品，存问无虚晷，竟不起，惜哉！幸陈公为置百金之棺，抉格赙赠，护輀安返梓里，厝于堂，亦散秩之不易得于上大夫者。伯子拟急营葬事，以格于形家言，汔今甫举，非漫也。嗟嗟！

以余所闻华铉公之为人，大都孝友质直、坦率无机、恭而有容，事两兄惟谨。伯兄素率子弟甚严，公事之如父，终其身无迕语。仲氏性宽和，喜宴乐湖山别墅之间，壶觞吟啸，追随不少舍去，雅有埙篪之和。恤孙氏孤子，课成立，抚某氏孙女，厚治奁嫁之。大祲之岁，弃小儿于道者无算，公收十余全活之，今无恙。居恒供白衣大士、梓潼帝君甚虔，舍利、浮图之建，捐赀相佐，不胜指数。花月之夕，时时拈佳句，尚留里耳。公之入蜀也，余举酒饯送，曾约："归之日，当为余道剑阁、二峨、终南、太乙之奇，云橐诗奚，为余解脱。"而不虞其赍志掩秀，溘焉长往也，岂不悲哉。公生于隆庆四年十一月初六日寅时，卒于万历四十六年五月二十日未时，得年四十有九。子二：长即履恪，府庠生，娶宁国府经历孙栻女；次履端，聘邑举人孙扩女。女一，即余次男孔和所聘者。孙男一：承甲。孙女一，俱履恪出。兹卜天启三年三月六日，

① "折骸"，据文意，当作"析骸"。

葬公于城东之新阡。坐壬面丙，盖长白一脉之吉壤也。是宜铭。铭曰：

士以不失德为令名，以能远游为豪举。公不蹶其家声，畴匪用誉。人以陇蜀为畏道，而叱驭以往。岂穷乡老諪槁项蓬艾者流哉？一遨一游，胡生不浮，乐胥斯丘。

## 承事郎副兵马指挥参寰王公墓志铭

参寰王公殁而掩于堂者十五春秋已，以子孤且幼不任大故，需成立始议举。比岁壬戌，乃延堪舆卜幽宅，选吉于天启改元之三年癸亥季春十六日举焉。其子庠生肇京先期征志于余，泣而请曰："吾父历久不归黄垆，以孺子稚耳。今孤业授室，入黉序加弁者数年，一日不葬吾父，父魂未妥，弗妥则弗化，弗化则弗灵，是我子母自稽其庇荫而不知务也。况姑丈每以斯举诲孤，孤不敏，敢不祗承？今父且坳矣，窀侧之铭以累姑丈。谓吾父生平知己无如姑丈者，得史氏一言，死且不朽。"再下拜。又何忍辞？夫志以状，勒肇京所为状，寥寥何冯焉？无已，请述余闻，可乎？

公讳席正，字子舆，参寰其别号也，世居长山县之巽方十五里张家庄。始祖彦礼生希道，希道生璟，璟生孝，任灵璧县主簿。有子六人，公父讳东江，号及泉，其五也。以庠生例入太学，未仕，卒，生公一人。公生而慧，既读书咏芹藻，数年始入赀，授副兵马指挥。公为人骯髒多义气，能急人。居恒乐与余语，亦喜余之廓略，无多嗜好，不利人之有情致，迂散不为市心，雅与公契合。余犹忆其言曰："吾侪家室稍温，宜慕义而轻利。古人不以钟庾伤烈士之心，不以阿堵忘葛藟之庇，不以黄金携芝兰之友。其所觭重，有在非苟为脱掷而已也。"故公之宗人、友生，待公以举火、终赋、婚嫁、丧葬者时有之，未可更仆数。既为赀郎，诸一时群胶庠狎宴游者不无畛域，相视成疏阔。公必岁时置酒相招，情益洽。或忽逅，必揖人。雅歌、投壶、呼卢、陆博，率移日弗厌容。有语涉谑浪、恢谐乍出、刺人听闻，曲谨之士视鼻而敛足者，亦无不色变。然徐知公无它，且以征狎也，益欢。坐是，戚里谓公"有舌病，无心病"，亦公之大都也。公自轻肥，然喜谈清事。暇日每品较前人图画、摩挲古鼎，客有抗尘容高自封殖者，公不谓是，溪山之屐，罔不追随。一日置酒白家疃之水滨，邀我二三兄弟连袂踏歌，参差沙汀间。举网得鱼，即支釜河曲，掬白水烹活鲜数头，醯梅之味不入涓滴。诸伧父方诮，谓腥不可尝。稍焉鱼熟，命酒，就釜间共尽之，无遗羹。又共讶奇绝，谓入口生平未曾有者。公大喜，长啸数声，响薄林渚，不啻孙登之苏门也，豪哉王生！恐白疃水树回岸中，至今有余音耳。岁乙巳、丙午间，公任北城兵马，适神庙倦勤、百吏废法之时，而辇毂下尤甚。诸恃势怙宠抗敝而挠法者，无日无之。然亦无不比于司城者，乃内竖戚畹辈，此庇甲、彼庇乙，日玩弄司城者于股掌，莫可谁何，公独抗执不阿。一阉宦毙人杖下，将鞠，听其侄以数千金请解。公峻谢不受，竟伏法。司礼较尉某倚势，数请托，曾不一徇。时秋淫，都城民舍塌坏无算，公捐俸钱，择本坊贫甚者补葺如干椽，迄今有尸祝之者。又，侍御某授意公追夺某玉带，代为罗织，公坚不听。侍御怒，坐它故论公不法，复唆使豪珰，将凌公，公遂抽簪拂袖归。区区下吏，不屈权贵如此，岂效龌龊辈杀人媚人者之所为哉？时公以未举子置侧室黄氏，归逾年即诞肇京，甫三岁，公辙口授书，一二过即能诵之。今列在青衿，以行谊举高等，学使者贺公，大加优诩。夫肇京翩翩佳致，慧而有韵，诚能力学弗惰，好行其德，将公所未竟何不可酬？异日者易司城之门而式廓增之，胥公之宽大正直，不为机械所留也，公亦可以瞑已。

公生于嘉靖四十年七月二十五日，卒于万历三十七年十一月初七日，得年四十有九。娶邑庠生石栋女，早卒；继娶章丘元城县丞高应玘女。子一，即肇京，邑庠生，娶余仲弟国子生鸿范女。有女二：一适邳州吏目沈希孔子庠生如芳，石氏出；一许字淄川文水县知县韩卿扬男庠生溥子茂周。孙女一，许字工部精膳清吏司员外郎安曦男庠生启胤子。今距太翁冢数武而得吉阡，为公之藏，且长发之祥矣。是宜铭。铭曰：

公既儒矣不逢年，未为不姱修也。公既仕矣不逢人，未为不树声也。磊磊落落亨素封，曾微计倪之营营。都有口碑里耳公，有子有子迈良弓。松楸欲茂笼水东，宜尔子孙将丛生，余铭公兮绥厥衷。

## 故辽阳督粮通判前诰授奉训大夫涿州知州左公墓志铭

余以万历戊子入省试，偶与莱阳左季子舍相比，闻季子读书之音，洪若鸣钟，细如唳鹤，已知比舍郎非畴伍人。询之，知为左季子。乃季子与余出入相望，亦以余之行视足、坐视鼻，从携无姣丽，曰：“刘伯子必端人。”因交相投刺，渐以盏匕相拉，谈文论世多白眼，罕所许可，计莫逆于心者且三十余年已。今上改元辛酉，余以使事海外返，九死之余，复居忧，懵罨如土偶，不辨六书。忽季子冢君懋颖跋涉千里，为公问志。余且泣且辞，辞以病，辞以居忧，弗获。曰：“阿严居尝以先生为生平知己第一人，又，先生橐笔承明金马之庐，片言存录足不朽。且封树矣，微先生，孰令吾父不没没邪？”因惨然额之。

按状，公讳之似，字用孚，别号昆楼，世家东海，为莱阳右族。其先赠公□□，生五丈夫子：长，侍御之宜；次，乙酉孝廉之有；次公，胥出董宜人；一胞出继母刘者，为武举生之武、府经历之注。公蚤孤而慧夙，练习世务，喜诵读，目涉不遗。既廪胶庠，每试必先人。公伟干雄姿，善谭说，声动四座，对知己酒，无不击节雅歌，杂以谑浪，足破岑寂而连朋袂，人兢亲之。乃慷慨任侠，能急人，不为龌龊细态，里中益推服，谓左生当大受，讵久侪诸生中者？万历癸卯，以《礼经》荐东省。维时赠公病且笃，公兄侍御君以抗言迕指，谢事归里门，仲氏孝廉公甫捐馆舍。鼎盛之族，不无气色稍异，赖公一举而旧阀聿新。公性孝友，诸父昆弟之誉，不逊闵骞。公事凡四上，不第。癸丑谒选铨曹，授京兆之涿州守。盖冢卿既伟其丰仪之魁奇，而才华复尔，方为涿求人，遂明以涿俾公糊名之牍，不待其词之毕也。既莅事，则急罢诸秕政，如除扛头、裁班军、清徭役、去羡金数事。涿当都门孔道之会，轮蹄如织，殆无昏晓，日可千计。即巧为应，恐匪抗而阻，则靡而伤困，且不支。公为置大车百有二十，每车可抵夫若骑数十倍，总之持符至涿者强半裁抑，岁省不啻万计。涿务庞杂，每视事，案牍山积，公剖决如流水，即食寝可废，而事无尘阁。余丙辰、戊午两过涿鹿，公款余数日，整暇自如。即对客批答，每杂以诙谐，无俗吏容。居四年，荐牍凡二十上，多首列治行，为畿辅最。奏绩，神宗朝赐锡命为奉训大夫，两尊人如其秩，旦夕且内擢。乃忽挂吏议，以不能俯仰诸贵人也，公飘然拂衣归。会中丞汪静峰公知公才可裨国事，又东方政急求如公之敏给干济不可得，曷可罢去？旋揭于朝，主爵者亦憾言事者之不实，一如中丞议，授以经历职衔，令公泛粟海上，以饷辽士。因裹困中菽，得千石，载之行，用佐军刍。乘风破浪，公且以败着为壮游矣，辽人德之，经略以闻。公悉心饷事，尽核诸侵渔弋猎者还之，军士每及期给散，未尝括余自入，士饱马腾，无脱巾之虞，公之力也。时辽方缺人，公才足兼摄，经略熊公及诸监军咸倚重公。既治饷，复令治兵，并抚民。其旁午拮据之状，已三倍于涿，况复烽火一传，即跃马负剑，戎服登陴。又辽城修守，畚锸轒辒、钉板火马之属，胥与公取具焉。会沈阳给赏，忽□贼突至，公分视北城。贼黎明直入，众认为我兵，弗意，幸公望而知之，惊呼“贼至”者三，旋以一炮溃去。尔时匪公在，则沈阳之陷，不待辛酉之三月已。公既改授别驾，当事者谓不足酬劳勚，方议复前秩，用阶不次之迁。忽一日，甫拟趋谒熊公，尚坐厅事理戎务，疾遽作，喑迷。有顷，监军偕诸府佐奔至相视，已溘然逝已，惜哉！一时共事诸君挽章云：“兵以十三万，于公果腹。马以八万计，于公待秣。粟以百万、刍以千万计，于公转毂。下至米盐琐屑，一丝一镮，于公取裁。所谓百忧感其心、万事劳其形，生非金石，虽欲不死，不可得矣。”公之实录也。

距生于嘉靖四十一年十月初三日亥时，卒于泰昌元年十一月初十日戌时。配赵氏，封宜人。赵，莱之昭族也。有丈夫子五：长即懋颖，成山卫廪生，娶进士陈宪女孙，出廪生讱者；次懋勣，太学生，娶右佥都御史孙旬女孙，出廪生鸣玘者；懋廉，娶别驾王纳谟女孙，出儒士在泽者；懋桂，娶知州、封户部主事宋兆祥女，俱出赵宜人；懋立，幼，未聘，侧室蔡出。女三：一适运使赵垌孙游击将军以钦子大嵩卫增生尔汲，赵出；一适庠生梁天黌；一字太学刘博文子□□，俱侧室宋出。孙男八人：玿，聘诸生姜泻里女，懋颖出；珙，聘诸生孙如子女，一聘廪生吕九围女，余未聘。孙女四：一字拟工部主事浦延祐子□□，懋颖出。余未字。

史氏训曰：公之治涿，长君所为状与余之闻见如左。即贤且才，不过一劳守耳。公之于辽，则有可以试生平而未竟者，余所重惜也。公有定远之虎头，岳峙电目善骑射，自为诸生，即喜谈壮猷伟略，不沾沾毛锥帖括，令榆关之外再假岁月，伫见策奇竖骏，不负挟持，何夺之速也！岂去涿之垒块未消，以一身付飓涛夜烽间，不无铄而尽邪？乃视后之轻肥塞上、辽溃而逃与河西之未见□而抱头以窜者，不当有死事之恤邪？或在东方耆定之后邪？天启二年某月某日，葬公于某处。是可铭。铭曰：

貌颀颀而如山兮，才迅决以如川。刃断蛟而截犀兮，理繁蝟而恬然。弃五马兮拥楼船，泛海涛兮伺狼烟。唱料量兮舞龙渊，人所弛兮公所肩。丈夫七尺各有便，既艰历兮安永年。膴膴东莱卜原田，沧桑之阅惟神仙。藏卜石兮筑牛眠，海云覆兮夸澄鲜，人间空自濡蜗涎。

四素山房集卷之十六终

# 四素山房集卷之十七

济南刘鸿训青岳著

## 行状

### 资德大夫南京都察院右都御史赠太子少保可泉宋公行状

万历戊午季秋五日，南京都察院右都御史可泉宋公卒于官。总宪、礼臣次第闻于朝，上震悼，赠太子少保，予祭予葬如令甲。其孤开春将襄大事，请椽笔志而铭之，匍匐数百里，以状属余。余惟公与家大人夙深兰臭，余晚进，曾奉颜色，每追念生平，方惋结于衷，敢以不文辞？

按履历，公讳仕，字原学。其先邯郸人，元末避地平原，家焉。曾王父锡，工部营缮所丞；王父台，怀庆府知事；父以方□赵藩引礼，累赠中宪大夫、都察院右佥都御史；母杨氏，累赠恭人。公生有异征，十二从怀庆公肄业邸中，读《易》，一阅即了大指。太守朱公见而奇之，延与子同社者二载。岁较士，太守令就试，督学使者奇之曰："中州安得此异才冠多士如宋生者！"比东归，试督学，复第一入邑庠。商宪副负人伦鉴，见公文大奇之，曰："平原灵气毓于兹矣！"辛酉领乡书，辛未成进士。先是，出闱中旋里，道傍得一铜章，篆"辛未进士"四字，藏之袖中，是科果登第，释褐衡水令。巨珰冯保方贵，家深州，族人凭藉暴横，州人怨次骨，睥睨莫敢谁何。公以法绳之，始敛迹。已而调遵化，遵化近抚镇，辕门供亿频烦，夙称疲困。为从裁节，且清租徭、祛宿蠹、新学宫、振士习，民厝帡幪而不知征呼，士靡然向风而争自淬励。丁丑，征入为御史，以外艰归，号痛几绝。服阕，□原官奉命按蜀。蜀戚史恣睢，执而置诸理。守帅郭成贪偾，以白简弹去之。蜀困于财赋，下檄履亩，务底于平，盐政尤为民患，以废井岁赔课九千奇金。核实请蠲，上报可。永宁宣抚奢效忠死，弟进忠烝其妇，世统妇攘其子业，以利进忠。事闻，公檄之曰："子继父，未闻妻继夫。况失身于夫之弟，安得窥利于夫之子？"世统惧曰："宋公寸管，严于百万雄师矣。"壬午，大比士，较阅号称得人。杨太史用修遗文散落，檄所司搜辑，较订得八十一卷，为刻于官。已而按东吴，所兴革十二事，如厘空役、置繇票、立循环、严那移、慎刑狱、戒凌虐罪囚，禁□赃以全无辜、惩骚扰以饬粮运、罪火化以敦薄俗，皆凿凿石画，吴中至今放行焉。丙戌，监南宫，试京畿，刷卷，晋顺天府丞，奉命监视大工，两赐金币，晋大理左右卿。谳狱平恕，民称不冤，升都察院佥都御史，拜畿南巡抚。甫受事，即画敝政，整饬将吏，若长令淫刑以逞也、横敛多羡也、盛旗吹厨传以媚使客也、尝平仓积粟不以实也、水利不修灾伤不省也、窃矿利以酿乱也、武弁以赀得官而朘下也、兵伍之以游食冒饷也、尺籍不满也、战马不蓄也，悉论如律，唯是三辅吏治无敢败群者。时灾祲数见，方□请蠲请赈，适潞藩之国，民惊扰窜匿。公酌往例，授以调度，事办而官无滥费。内珰慑公宿望，一遵约束，莫敢肆鸱张。南宫张进士庚以疑误致妻死，妻家具状上闻，下两台理，当事依违者久之。公参以情法，竟直其事，以巡阅劳晋俸一级，赐金币。考三载绩，移左佥都御史，旋晋副都御史，巡抚应天。道府长吏于尤辈不职，以总揆里娅人，莫当其锋。公立疏斥之，比转南大理寺卿，斥者衔夙愤，多方相中。即托疾乞归，见晛聿消，已而舆论亦大明矣。里居二十余载，以两台疏荐荐至，起南京刑部侍郎。履任，疏四事：曰蠲恤当议，曰榷政当革，曰贪墨恶政当湔，曰累臣岸狱当原。忠猷直气，都人士壮之。国子生周逢泰为仇家诬构，几落籍，察其冤，出之，仍令应秋试，即掇巍科。周以是旦夕尸祝公。丙辰入贺，过里，将营菟裘而终焉。就家晋今官，疏辞。奉旨："卿猷望素隆，留台重任，特兹简畀，宜遵旨赴任供职。"戊午，始勉之官。首疏大僚缺乏，代摄三部，拮据尽瘁，心血为枯。大抵请上补大僚与言官也，不报，复两疏乞休，俱奉温旨恳留，不允辞。即于是年秋仲病脾，减匕箸，仆从请家报，不应，意以乃嗣方有事文场，恐不终试耳。越月，竟不起。比其孤奔至，丁尚书、罗侍郎、陈总宪已经纪其丧矣。嗟嗟，伤哉！

公坦衷无他肠，临事侃侃不阿。公为江陵所取士，向江陵柄政时，群情如骛，公足不濡其门，颇衔之，然而骨鲠之性弗顾也。戚大将军贵显时，高视不欲为儒臣下，独敬惮公。东吴，三相故里，口最难调，公屹然中立，相自交誉公。公性耽书史，净窗明几，手一编，自少至老如一日。尝筑绎幕园于郊，艺松植竹，疏沼种鱼，日与赵廉宪、霍侍御、高明府赋诗于中为乐，所著有《存笥集》《绎幕园稿》传于世。公之里居也，杜门却扫，不与人世事。事苟不平，未始不勃勃千[①]怀。东省荐饥，邑尹刘公思诚字民不啻襁褓，卒中谗，几不免，公为白上大夫，竟直。尹今祀于乡，则公持论之力也。尝苦旱，民不能二餔，复有贡马粟米之役，逋逃殆尽。因向当事者白状，当事者为设法抚恤之，民始安井里如故。甲辰疫，死者枕藉泽量，公捐地置义冢，人以为掩骼之仁，亦若是耳。邑黉宫如青乌家言，宜于其后建高峰，公捐五十缗，谋诸缙

① "千"，据文意，当作"于"。

绅，为筑楼数丈。嗣是甲第蝉联，人文宣朗，胥公赐也。邑关厢湫洼，雨至即病涉，捐赀营桥梁，往来颂之。事继母孝，朝夕匪懈。均属毛，事两叔，敬恭犹严父。婿邢□蚤孤，视犹子。董廷策父殁，孑立无资，公以□谊抚之，与子列，以中表女侄张妻之，今补诸生宋如春即其人也。杨恭人女侄许字张懋勋，张贫，至不能具羔雁，公出泉帛为成礼。韩某业师子、刘某座师子、于某同年子，各各家渐落，每出橐中装遗之时有无，不为厌。邑广文赵炘倦游，贫不能归，公廉知，备赈其家。姻友邢孝廉计偕病疫，为理医药，愈乃已。或以疫易染人告，叱去之。公之务为德如此，比没也，里人若信若疑，悲号震地。旅榇既至，走迎辐辏于路。

公生嘉靖戊戌九月二十三日，距卒，享年八十有一。配王氏，诰封恭人，继张氏，俱先卒。公举子辄不育，以仲弟腾之仲子嗣，即请状孤诸生开春，今奉恩予荫者。开春甫产，公命侧室王鞠哺，屡有奇疾，护之备至。孤今谈之，犹泣数十行下。比长，娶任氏，生员光讷女；继娶董氏，临邑生员池光女。女五：一适刑部郎中张敬男生员基，王恭人出；一适临邑举人邢王道男太学生固，侧室孙出；一适举人赵时和男生员见辰，侧室姚出；一适临邑行太仆寺少卿邢侗男生员王桓；一适陵县御史康丕扬男涵，俱侧室王出。孙男一，尚幼，董出。孙女一，许字举人孙似古男克继，任出。嗣君招形家，卜新兆于东郊，距邑五里许。天之所开，必佳城也。

史氏鸿训曰：嗟夫！公通籍四十八年，里居参半，澹于仕进，即古人难之。清白之操，终始不渝。俸入外，家无余赀，里之儿童走卒皆能知宋公名，诵公德，叹公守正而甘苦。余向墨守章句，跼蹐山窗，不与闻户外事。家大夫浮沉仕路三十余年，眇所契，惟公之相慕相信，不以屈伸二。家大夫亦时道公生平大都，余窃聆一二。岁丙辰，公自留都入贺，余得执通家谊数晋谒，见公身不满七尺，庞眉浩气，即之蔼如。然耿介，昭晢不堕，世格屹然。畴昔闻望，不以老而衰也。顷之，余以请告先出春明，未遑叩公行事。兹亦袛从嗣君所列，得公梗概，终落落如晨星，曷足悉公？则拾遗补漏，惟先宿赐，且将借鸿笔而抒轴之。区区勒状，附以不朽，独为宋氏家乘增重已邪？

## 累封恭人先妣孟氏行状

天启改元之七月壬子，吾母孟恭人以天年卒于家。卒之日，为不肖鸿训归自朝鲜之十三日。不肖实夏杪之晦入里门也，自海上得家大夫手书，知母病，仆三至，云“且瘥”以宽我。及入拜榻下，则骨柴弁而目离迷，握手大叫，声不属。不肖虽草疏，乞宽假报使命，不遑它及，然犹时诣榻前，剖瓜匕粒，视神气益损。我母亦怜不肖之劳苦殷念，强进数口，神色日益。僮婢日报茹咽有加，不虞其一朝夺也！母生平大有可述，拟徐徐阅长年者考外祖家世。又，从家大夫宦邸数十年，不肖以居守未从，迨不肖癸丑成进士，历九载，晨昏旷缺，淑问懿德，强半弗习，即欲谒诸名硕，乞一二表志，藉不朽有待也。无奈拘拘形家言以窀事吉期迫甚，酉则利，戌否，亥亦如之。又不肖异域之魂未招，海上之惊饿奄然，未一滋息也。匍匐重趼，实不克任。因草勒一状，附在家乘，俟异日不肖傥有起色，不即填沟壑，尚当备拾以请。

按，外祖讳文灿，世居长山之太和里，即余里也，舍相距仅七十武。其人慷慨多英气，洞识事机，喜急人，甚于己私。邑大夫时呼张宪及外祖二人至公庭，曰："汝两人侠而信，人不畏县官之三尺，而取直于汝两人之一言。"已复伴至戚王姓者薄游于秦之延安，王死，外祖因代摄其事且数月，上大夫义之。旋客死于秦。家大夫初仕晋，岁遣筑塞卒侦其坟券，始负骸骨归葬里中。家大夫每为儿辈言："汝外祖有古王孟、郭翁伯之风。汝母慧，有力，善知人，可与图大。不屑屑兢尺寸、课丝缕而较铢两，则汝外祖之以也。"我母生数岁，不易许字。里有彭姓者将约婚，从祖孟七太翁阴诺之，外祖微闻，即厉声叱曰："薰莸鸾枭，殊藏异臼。吾女当贵，何虑乎好逑之愆期？谁为主彭氏盟者？立已之！"亡何，吾家往征名，外祖喜甚，曰："连理之兆，二姓夙叶。"且闵余大母高太安人霜帷之凄，曰："当畀归吾女，伴刘氏节姑、外祖母李孺人。"果以吾母畀归家大夫，时母甫十三岁，为嘉靖庚申。吾母性至孝，事大母跬步不离，大母亦以女抚之，不类妇与姑也。继曾大母张有季祖父母在，我母为异室孙妇，可无问。母必时其寒燠茵被之，岁有加，众服其敬老之笃云。喜任事，更娴女红。隆寒长夏，时时以刺绣组紃诲伯父四女子曰："丘嫂任井臼，吾为嫂治衣，嫁四女无虑衣。"次第具然，未尝不时，分伯母井臼劳。家大夫自诸生至为孝廉，藉甚于乡，乡之誉髦多负笈门墙者，岁束脡可数十金，悉恣伯父取给，秋毫不入室。历十余年，母与家大夫两安之，笥无新裁，不恤也。伯父数置庶，不无嚣争，母从中委调，得无大戾，晚岁相视，每诵及辄泣感。余家数世清贫，家大夫领乡荐，又数年，仅茅屋十余椽，瘠土不百亩。迨丁丑食禄天家，始渐构厅事一二楼居，子侄辈既各有室，不共藏，又不能两为壮丽而后析处，奈之何！我母力劝家大夫："田惟瘦，屋惟高完，悉以逊伯父。但受东垣狭地，乃孟氏之冢累累在，力不能畀为移，而营一亩之宫。"家大夫卜度未决，母罔为意，然竟如母言。伯父母没齿称吾母贤事，未可更仆数。家大夫为令、为谏官、为南北曹郎、为监司者四性，执法介特不阿，母时伺颜色，颂佛偈一二语宽平之。浮沉仕路且四十年，我母微言婉色，匡助居多。家大夫每昼晤一客，暮必述其懿美。或语貌行持未强人意，吾母辄按所述声响评其人之始卒休咎，不爽毫发，如冢宰某、给事某、孝廉某，尤奇中，出人意表。芝醴根源亦容有之，则又我外祖豪举洞识之以也。不肖兄弟三人，东西南北延师友十余辈，母加意供给，食饮必选择，不丰美不以致肄舍。诸师友每别去，咸泣下，声谢户外，且传颂："佐缁衣之好，无如刘母者。"我大母苦节历两壬子，自戊寅吾父遣安车迎入晋之泫阳，阅三十五年，一旨一甘，惟母氏藉。迨庚戌，大母年且九十，老病浸寻，不离茵榻者三载，药饵匕箸，接膝亲尝，视喘息，每数夜不一寐，目赤背痛不为疲，即栉盥厕牏之细不以假人。家大夫时秉手称谢曰："贤哉安人！尔能笃于姑若此，可追余戾，庭闱之光。"我母纯孝天植，骨力修颖，方期寿享不减大母，何胃脘宿疴百作百愈不为害？从我父于泸，间关万里，土兵之变，抱惊怵不去怀，舆疾北归，足皮脱数寸，老医不辨症，几殒，戒后事。会止安稳驿，渐瘳，幸抵室且颐养二十年，目不孝成进士、读中秘书、授编修，顷以皇考御极，普天袭庆，晋封恭人。今上登宝箓，凡在班行，允锡后休，又不肖训东藩之役，夷氛海飓，曷翅九死？乃竟不死而获返子舍，昕夕视色笑，尚意未艾，岂知一眩竟不起邪，痛哉！擗踊旻呼，抑又何及！

距生于嘉靖二十七年十月二十二日亥时，卒于天启元年七月十三日巳时，得年七十有四。有不肖男三人：长即不肖鸿训，登万历四十一年进士，观都院政，改翰林院庶吉士。丙辰，授编修。庚申，钦赐一品服，充正使官，赍诏敕往谕朝鲜国。娶通政使曲迁乔女，卒，赠孺人；继娶太学生王东汉女，封孺人。次鸿范，绩学不第，以廪列补国子生，娶衡府审理边臣女，卒，继娶廪生曲迁中女。次鸿采，邑增广生，娶衡藩仪宾聂三乐女，育女一，适山西文水知县淄川韩卿扬子庠生溥。孙男四，出鸿训者二：长孔中，聘淄川县举人韩源女；次孔和，聘四川布政使司经历邹平王庭荐女。鸿范出者二：长孔修，娶浙江巡抚淄川高举女；次孔大，未聘。孙女十一人：长适翰林院捡讨新城王象节子廪生与亮，卒；次适保定巡抚淄川韩浚子庠生茂槐；次适兵马副指挥王席正子庠生肇京；次适鸿胪寺署丞新城王象壮子与一，俱范出。出训者五：一适礼部仪制司主事新城王象晋男庠生与朋，一适太学生淄川韩潜子茂稷，一适青丰县知县淄川王祚永子序，一适工部营缮司主事安曦子嘉胤，一未许字。采出者二：一许字纳级指挥曲汪如子倬□，一许字蓟州道兵备副使淄川高捷子莹秋。

是岁十二月初六日，归葬祖兆之巽方不数武，从母命，不改卜也。不肖既草状已，复思孰不为子而无母氏圣善之誉，乃吾母淑闻芳华，充于里闬，再被天藻，讵云没没？惟是执妇道六十年，尺寸不逾，业已膺吾父荣、享不肖所徼大官之饩，玉粒金钱，每岁数走苍头遣送不乏，乃居恒身无尺帛，即布素率取儿女浣敝之余，百纳千纴，聊以卒岁。藜藿之盘以佐脱粟，箧无一钱之蓄，即有入，悉以时六亲之举火，而盖臧获之无衣。事无细大，有家大夫及不肖兄弟商略，移晷未定者，每片语划然，岂非须眉丈夫之所难哉？古女史所载慧而贤、温而有执者，不肖未敢称引缛笔端，并以俟名硕大君子异日之如椽耳。谨先付梨枣，用待贞珉云。

## 先考妣行略

天启甲子献岁，孤鸿训勉从府君指，再入春明。不弥三阅月，遽闻府君大故。麻衣成，即陛辞，犯暑南奔，食寝昒乱，水火弗中理，仅不死。归，哭府君于堂。则又自孤舞象以来所历，府君乡国屯亨、坚白独往之状，触在手泽，一瞬一周，涕泪不自禁，目益眩悠，忽如有失。故蚤图所以纪府君，不能也。盖惟不及诀，故痛淫，痛淫则追思不就列，况孤病不能思乎？弟辈若三二老友从旁为孤称说，奈聩聩何？然已奉彤家言，归壤有筮，又都门一二大老俨然临况木主，微有叩请，不见鄙夷，将何持而往？乃杜却，亟理药饵，再阅月始有惺存，勉勒《略》，自多挂漏，然为琐、为溢、为不蒙，皆匪人子之真爱其亲者。且以罔赐言之君子，孤则何敢？

谨按，府君讳□□，字惟衡，初号静所。岁丙戌，忽梦一人语府君曰："公性自静，胡不以'顷阳'易之？"觉而喜，遂更号"顷阳"云。我始祖善兴徙自宁津，卜长山南二十里太和庄，家焉。善兴生谦，谦生拳，拳生达，达生元，元生玺，是为府君曾祖，恪勤朴茂，乡有孟翁者以不贰称之，生伯能，大有隐德。齿且黄耇，一日忽昏仆如病风状而非也，家人环救，不逾时，觉，辄起，曰："适玄帝盛幡幢来招我，云：'尔善人，素无别号，今以'古玄'命汝。'"异哉！性简重，耽读竺乾、柱下书，喜蔬食，一帛衣可二十年，语步不爽寸尺。厥后，子姓中人品享受，率以得古玄祖之多少为程。生余大父天赐、叔大父天爵。大父用府君恩命，赠承德郎、刑部河南清吏司署员外郎事主事。大父洁行孝友，树德施义，诒后人食报无穷，及大母高太安人苦节淑特之事，载在王大司马《志》中，不覆述。大父生二人，长伯氏一桂，次府君。府君甫十一岁，大父蚤病，逝。剧时，招高太安人，指伯氏曰："是儿不类儒，我生不克业儒，而尚慕儒业。"指府君曰："属之读，务竟成，无废我逆知，若当用诗书耀吾家也。"大母竟如大父弥留言，延师教府君，岁加供，督加严。家惟捐瘠数亩、牛二角，与邻人纠连耒耜，为嫠孤卒岁计值。朱明五日，当礼西席，罔所厝，即择一牛之硕好者易五金，强半入西席，始郎安[1]，里人

①"郎安"，据文意，当作"即安"。

心折大母高识。府君学日殖，为文深入，不袭它人吻，喜诵古文词。嘉靖壬戌，补弟子员第一人，时府君年二十有一。是岁，邑大夫季试士，辄首府君，旋饩学宫，每试多弁诸士。乃徒步携书簏往赴较，其尝也，一车一蹇，不假于人，曰"安余素"。家贫无书屋，寒冬促构数椽，伐新木、掘生土为筑，不旬日茅覆成，即下键其中。燎木削枅栌之余，为燠土木，湿液滴沥如雨，衣籍染点，竟日夜读弗顾，而手龟足浮肿如瘤矣。庚午，中山东省试第七人。辛未，落第归，遴秦汉迄有宋名篇亡虑数百首，言言成诵。甲戌，再不售，复取六经拔章什脍炙足裨宏构者又数百条，既毕诵，令门人执简默覆，不爽只字。丙子，入胄监，大司成戴愚斋先生特器重，拔弁成均士，曰："如某某琳琅端雅，才品并佳，恐海内士不多得。"明年丁丑，举进士，复第七人。时闱中拟元数日，竟以北卷，抑为《羲经》第二人，属金庭朱先生所拔。先生出语府君曰："公之不为第一人，匪主试者意，实某逊谢之过也。"然制举之言一出，已藉甚艺林、纸贵长安矣。乃府君不务夸诩，敝帚视之，今历五十年，尚可悬国门、质词坛也。

本年六月，授晋之高平令。时江陵秉国，务久任，府君历二考，抚字勤劳，境内日殷阜。邑有豪右赫奕，噬乡人如虎而抟击时闻者，府君廉其仆之首恶，闻诸直指，得遣戍，土人稍安枕，而蔑抑之囮已不可救矣。逾六年，子惠沁人腹。去之日，士民攀号，乃竟畏豪势，不敢为府君立尸祝焉。越二十余年，豪焰既灰，诸父老宿儒皤然追叹而为之祠，立石纪往事如昨。又逾年，一孝廉始为府君言之。六载苦心，久如逝水，顾安所得，何武去后之思邪？可为泫然。己卯、壬午，分较晋闱，得士凡十人，两省元俱属府君拔。又所得士先后服官，政率循卓，有异闻。如今少司空白君之为选郎以执持削籍，周君一梧之治苏门以击强御连贵人解任去，其它骏伟表时，与府君同一质直骨力者十且六七，是亦声气之求，而兰畹之同风也。癸未，行取，已考注北吏垣。一府佐解银入都门，衔晋令时所要不满志，投揭权要，立易南吏科给事中，府君不为动。越旬日，府佐以侵尅解银下比部狱，诸荐抻以为诋诬循良之报。吁！亦偶然耳。入留垣疏凡十余上，其最著，如故相余党棼淆黑白如哄，府君出《定国是》一疏，划然掊击，以正直忠厚诸君子为标。皇祖赫然震怒，欲如《疏》中所指尽加斥治，赖政府力解，而明旨有"切责姑饶"之语。翌日举朝入谢过，盖未出掖门，而龂龂衔之者矢不令府君有尺寸前趾矣。仕路三黜，此实基之。亡何，升陇右道佥事，莅任不周岁，剔蠹扇秕，部氓大利赖。如秦州旧输西镇饲刍不数千束，费浮千余金，秦大病。往治兵于秦者讵不以争？未得也。时大司马李公次溪抚三秦，府君列是役累民状如毒痛剥身，书凡三上，李公勉从之，许岁输银七十余两而止。允文到日，秦军民少长男妇，无不欢而泣、泣而歌颂者，不啻赐租、复家之诏下山东也。丙戌大计，以知县降闲散，且离秦，城中数千家悲号震天地。即日，诸军民于西城玉泉山负土构木，为府君建生祠二区，盖军民各一，今屹然与李白祠并峙。且秦自国初二百余年，治兵使者不啻百易，未闻尸祝一人，而有之自府君始，可询也。至諴子惠神于感人，政不必久于秦耳。

里居四载，日奉高大母匕箸，课三孤读，不问生产。破缃素数千卷，每一卷卒业，辄摘录示我曹。今绚然箧中，不啻珠累玉储也。庚寅，补茂山卫知事，之任不数日即告归。参知冯仰芹先生强府君一游塞上，纵观居庸、紫荆之胜，诸将吏送迎馈遗悉谢绝，归矣。辛卯，升稷山县知事，治稷二年，一如筮仕时，无迁客漫不事事态，稷人戴之。壬辰，升南驾部主事。自稷旋里，悬橐示儿辈曰："尔试简西来行李，曾有稷之一钱不？"儿辈喜谓府君曰："吾父视刘宠且异矣。"癸巳春，之南驾部，专理船政。艅艎如鳞集，夫匠万指，新故舱造，料理庞杂，于中衙胥旗甲之弊椒不可问。府君蚤夜殚精力注，为《船政要览》一编，规条程量，纤细必列，下至木削、钉头，无不综核如陶长沙者。乃拨运有期、回空有禁，令贡珰卫弁不得如昔滥役而积猾，见年亦无所售其借口遭风盗、鬻敝舟之奸。后十年，孙月峰公来总留枢，得《要览》一刻玩之，击节叹服，因寓书朱金庭相国云："如此真才，今何在？任何官？胡不及时大用？"岂知磨蝎守命，已浮沉秦地，将赋《归来》矣。

甲午，播酋跳梁，黔蜀骚动，显皇帝遣南少司马邢公往图之。邢与周大司马夙重府君，特疏请赞画其事。时廷议剿、勘互争，府君冒雪取夷陵道抵重庆，侦知酋情事，笑曰："杨应龙穴中斗鼠耳，何遽以兵？"遂抗议主勘。邢公韪之，即属府君与蓝田张公偕诸道府深入，逼酋巢之安稳驿，勘焉。酋至，谬为稽颡，实拥恶苗数万，俾酋妾田氏严阵以伺。时同事者数酋罪，声色过厉，酋虽匍匐阶下，怒形傾眦，几不测。府君神气闲定，徐呼酋名曰："尔先世恪守忠顺，尔何鷙鶩至此？彼賨之五司七姓，日供尔刀俎不足，尔罪尚可贳乎？第皇恩宽大，念尔有从征微劳，姑贷尔。尔乃不能贷秦民邪？于铄王师，何难荡尔一鸟巢也？尔自度之！"夫寥寥坦夷数言，为酋开示罪福耳。酋遽感泣，叩头流血，献首恶十二人，入赎银四万两，仍留爱子可栋为质，勘局以完。是役也，遣重臣、宿将且观之兵，不足折酋之气，府君从容谭笑，令悍酋弭耳。时二千石王君在旁，谓酋曰："你刘祖爷说的是。"酋始服。非府君一人之功，谁之功也？然府君耻自伐，不冀人知，人亦无知之者。假令后之镇蜀者稍有戎索，或不至耗官家金钱数百万，博荒徼尺幅，致水蔺狐兔之悲，兵连祸结，诒西南数十年之忧，迄今不可收拾也。

乙未，升刑部河南清吏司员外郎。是冬，叙勘播功。奉旨查有相应郎中员缺推补，赏银二十两。会倭奴侵朝鲜，东鄙弗靖，南省台疏荐边才，首推府君。太宰采舆论，以职方正郎请。值神庙静摄，启事什九中留。厥后始知李大将军如松窃弄魁柄，以职方非其习昵，不可，且憾府君对朝抻有慢易语，致不报。此李顺衡辽抚密谓府君者，嗟嗟，将军竟何如哉！征府君，眼未始不慧耳。乃弥兢兢，奉职西署，暇则与诸名公订社谈诗，盱衡千古，视冷曹陶然也。丙申，奏满，受恩命。是岁，两宫灾。丁酉，复毁三殿两门。圣怒蕴隆，公车之章寥寥也。府君方栖迟郎署，忠耿勃发不逊留垣时，于是上疏极谏，大略谓："猜疑日烦、刑罚日峻、诛求日急，三者大拂人心、乖天意，灾变所繇仍也。"侃侃二千余言，胥诸臣所不敢言者。疏上，诸僚侪大为府君危，赖圣度如天，置弗批答。同曹郎曾君可东平反弗协，致刘给事疏纠，赃迹秽甚，末段泛蔑西曹一二语，府君艴然曰："曾污则射曾耳，何得概加诋毁，短志士气，且鄙夷西曹无贤者邪？"因出揭，代十三署抒不平之鸣，词甚劲，不啻面加谯让，刘亦语塞，诸寅友咋舌韪之。戊戌，借差归省，旋改四川司正郎。都城探丸、椎埋之奸宾繁有徒，各衙门一参送，则大珰及强有力辄以钱神故纷为关说，三尺几冯凌矣。故大司寇每攒眉摇笔、出入莫决者，则批发四川司。或冤狱哀号，数以求听于某司某青旻，为言至则如律立剖不少假，遂成铁案，迄今都城之尸祝府君者不一姓。

己亥，播酋以当事之激，复猖獗，残破綦江等处，势岌岌，府君奉特敕以少参备兵叙泸。时兵将未集，府君飞徼调永宁、镇雄诸土司兵，分屯泸、合要害，以遏酋北突之谋。寻捐赀抉格，广募土箸[①]，不数旬，应募之士，合主客、土汉不下五万众。复虞饷之不给，则又奖率诸土司，使各输粟军前，以宽民力。选廉干佐领，分局缮制器械，务求破阵长技。于是分营列寨以需师期，而战守有具矣。有乡兵头领周老虎、熊似龙者，泸市恶少也，窥得一青衿杨春芳饶家赀，即诬以窝藏奸细，擅领兵围其居，攘掠殆尽。杨生渡江奔诉，府君密遣一备御禽老虎，杖杀之，似龙逃匿。复使人绐之曰："周既死，数百人可无领袖邪？"似龙果出投，见，亦杖杀之，择一廉勇者领其众。军士股立弁，泸人大欢。谢凤翥参知秉手向府君曰："老先生真降龙伏虎手也。"庚子二月，将出师。时镇雄、马湖兵分屯泸城内外，可万三千人，杯杓之忿遽大哄，乘墉对垒，浮尸江面。府君闻变，呼轻舆，率二三材官，冒矢石入乱军，睨若无人，徐以旗招二目把至，勉以急公战、戒私斗，呼酒来，勒令插血[②]和解，两军唯唯而退。此际，匪府君在，几无泸已。泸民观者复扬言曰："唆令相杀者，领兵官李茹也。"府君心知之，

---

① "土箸"，据文意，当作"土著"。

② "插血"，据文意，当作"歃血"。

恐亡命，佯为充耳。抵合江营，茹以橐鞬见，方数其罪，毙杖下，泸人悦服。又，两军斗时，实镇雄先杀人。盖苗众犷悍，其目把燕庆润，又夷之奸黠者。府君密白督台，尽返其五千众，且以润罪微语土知府陇澄。润还，澄立斩之，胥府君镇静中作用也。师次合江之燕子坝，会淫雨，府君露栖布帐，坐卧之具尽委泥淖，指挥旁午，目不交睫，旬日头须为白。其最艰则拮据峙粻，飞挽于悬崖削壁之间，十钟仅达一石，乃不决一夫臀、不扼一吏颈，而士马腾饱，卒绝庚癸呼，亦难矣。厥后，三省八路虽云合力入剿，而合江一路将士取道独险，转战独力，斩馘收降独多。六月六日破海龙坉，酋已雉经自焚，赖本路将士投身烈焰中，攫酋躯出，不则元凶立烬无冯已。且酋之子孙妻孥悉属本路俘获，无一脱者，而本路五万众又皆府君辛楚之所调集，付之一不虐士卒、不惜死之吴大将军广，而将军解甲殒身，曾无上赏，何怪乎呕心白首之监司仅仅列名铜柱，而鸟尽弓藏也？

先是，选兵蔺州，女宣抚奢世绪持金银器具及代行帐千金为献，曰“如例”，府君立叱去，无纤入。及播平后踏看疆界，则水、蔺、播三土司实土相错，从来称戈，不无侵失。督台李公用张廉访、高司李谋，按图索之水、蔺，二土司大哗。府君曰：“兵燹初定，姑与疮痍之众休息可也。况安、奢占地，皆畴昔夺之杨氏，非攫之官家者，恐无益于索，且启之衅。”繇是张高二君不怿，且以受贿诋，而督台之疑成矣。辛丑，大计，拾遗竟诬坐，致府君平调焉。不数年，水西觖望，渐狂逞。李芳麓侍御按蜀，始纠论昔之为谋弗臧，而特举府君持议之正，娓娓数百言，深憾媒孽府君者，盖逆知水蔺之祸，不待今日矣。惜二十年后，西南焦头烂额，庙堂竟无追念茂陵徐生者，可为浩叹。

时拂衣归，萧然行李，惟娄门一片石耳。乃叹曰：“高达夫五十始为诗。予幼牵帖括，未能兼此。往再令晋中，初理《骚》《雅》，业有类次古唐之意。顾数年兵刑鞅掌，未竟绪。今里居岑寂，政可效昔人玩弄迂事。”乃遍搜李唐而上古集，破数千卷，各卒业，仿唐应德《稗编》之法，剪截鳞次，户榻墙牖，曹汇如列。维时得术山人良知，间引不孝辈品骘较雠，五易裘葛，汇为二十八卷，命名《诗宿》，独以山家食贫，不足佐锲以传。

乙巳冬，枢部覆叙播功，钦赏银二十两，准复职。因叹曰：“吾箧中列宿可吐芒矣！”丙午，补贵州都清道，未任。闻少宰杨公云：“刘君再游万里，复令之贵竹，苦矣。料其人，必孤介君子也。”府君亦不往干。讵意甫出都，旋改商洛道。念关中文物故都，杀青易就，因走书李翼轩、朱兰隅两公，征之序，以竟此志。会藩臬几空署，府君移驻省会，兼摄六篆，文案如山，抱牍之吏如蚁。府君剖决如流水，无滞，虽尘庋久远，罔不翻阅，甲允乙驳，吏胥不克舞智而阴阳之，视诸署充布，时倍森竦，诸台叹严敏焉。稽赎锾，则为前任诸监司代抵，各属库贮数千金，羡则捐修城、赈贫、兴学。付《诗宿》于梨枣，余则籍之遗来者。垂白胥吏咸诧，得未曾有。戊申，升清军兵备道副使，职掌繁杂，舞文之薮也，莅此者数以不职劾去。府君详稽掌故、厘宿蠹，如：清军则卧批之，甄手自启闭；屯政则收纳之，弁严按核；邮传则滥假之，裁不避津要；备兵则破例较阅城营，两操必躬督。仍三试武学诸生，拔其尤，薪水而提诲之，得智勇廉干数人，已登隽会举而未获大用，恬静不贿进，则府君之所养也。其他惠商、便民之政，未易更仆如。赍捧濒行，市商百余人环跽交衢，酌酒进曰:“自上台莅秦，遍摄诸篆，越三岁，官民平市，不亏一钱。”攀舆号泣不忍闻，秦人异之，亦足觇府君一班矣。

己酉，念大母且九十，亟乞休归，友人挽之力，竟借入贺万寿行。既出关，藩臬及全陕诸属夫金之馈何啻千百，府君概谢绝，清风两袖，自比古人。又，旧事，守令暨监牧大吏入都必有投遗，府君垂橐而入，无所将，大非时局。又，大计伊迩，入贺者台省铨曹送殿最数纸，任书所知，用佐察典。府君曰:“衰庸应斥，惟予一人耳，它非所知。”而司察诸君，益不相原矣。陛辞归，闻不孝孤中省试，亦第七人，喜曰：“青箱可寄，更不复令人间呼小草矣。”岂意当路厌薄古道，以皤皤不涅，坐老例致仕。又，闻计前中州孔侍御首以卓异属府君，而苛责筐篚者力沮之，曰:“齿迈矣！”夫沮亦何损？适遂初耳。既县车，汛治一斋，理邺架万余卷，丹铅且遍。倦则兀然一蒲，披混元服，栩栩移时。间邀韩氏诸君子为五老社，月一聚，肴箧简啬，相与为出世谭，情致澹远，宛矣香山、洛下之风焉。壬子春三月，大母高太安人龄九十二，不病而逝，时府君年七十有一，尚过哀。里中老友执《礼经》饮酒处内之说，左右慰解，弗应。是岁冬杪，毕封树，一准先民，观者则之。癸丑，鸿训成进士、入词林，读中秘书，府君益喜，加匕箸，时手书北寄，勉孤以三无负，曰:“老夫生平清谨自矢，儿幸无相忘。”孤用是惴惴，每自讼驽劣，无它伎俩可取世资者，而徼冒乃尔，良以府君所至。喜造士，所造士无不脱颖而出、翱翔中外者，胥一时名流，曷可胜举？孤亦偶承荫藉，为府君一光验盛德事耳，又何敢负府君哉！戊午春，偶梦高牙大纛，自云中下一椽史，类仙吏，持手版来迓，府君麾之去。觉则神思弗鬯，手足浸弱，虽未痿痹，而五十余年占跸之苦辛、忠爱之郁结、操持之勤渠、兵刑簿牍之劳瘁，盖于播之役已微见龙钟，恃骨力清胜，弗为念。然积劳成火，郁火为痫，时有瘥作，而泉石萧散之岁月，尽消劘于药裹中矣。慨自庚戌里居，每痛吾邑挨甲收受之累，如蚕食编户，相率递尽耳。乃累岁焦舌秃颖不能得，痛益甚，因极力谋邑长，且亟请之上大夫，迟徊五载，始允招商之议，幸檄吾邑，勒石县前示永久。并德仓漕米数千石，尽行改折，免五百里输纳苦，不可谓生于长、不负长人者邪！

辛酉秋，先恭人病逝，府君悲悼甚，曰："老景哪堪此！"然每自宽，日共术山人凭几静对，扬榷古今，或坐胡床，偕二三方外友钓于孝水之涘，或小眺南村松墅，逸趣自饶也。癸亥冬仲，夜梦邑大夫赠户扁，题"四四"两字，觉知有异，密诫苍头勿告儿辈。然犹每食饘粥三四盂，料元气脉脉长也。闻孤量移宫允，且以今上覃恩，府君再晋阶中议大夫、资治尹，加喜曰："尔奉使东国，苦甚。吾闻史官居里中无迁秩者，或政府轸尔劳，可之任，一觐冲主朝讲之盛，无重念老人。老人之欢也。"孤泫然辞，不可，日促之行。乃奉命以甲子入春勉，别膝下。何意仅两越月，即以孟夏，为天启四年四月十二日，府君登玄穹矣，"四四"之谓邪？闻先数日，自绝粒，灵府清虚。易箦前日，夙兴，呼巾栉。两弟劝止无过劳，府君正色曰："如何不胜栉沐？"比弹冠正襟，趋坐堂中，息已不属。诸子姓、亲知相守至夜分，忽开眼环视，喜曰："好，好！"无它语，似无憾于人间世矣。我府君考终哉，嗟嗟！奈不孝孤之不获一诀也，心痛曷极！

府君嶙峋颀干，岳峙渊渟，丰准博颔，眉骨隆起，音琅琅如鸾鹤之鸣，修髯尺许可数。一日与正一真人并游都市，市儿群聚，争识张正一面孔，咸误指府君，曰："宛矣仙人，殊哉！"或曰："若为正一，此非是。"市儿哗然唾笑，同游者每举为谑浪云。府君强毅沉挚，务自信，不辨訾謷。故含沙之射，所入不免。其最可叹惋，如：高平时易活税为死税以便商，弹者曰府君"改用活税"；播事两度，不受一馈，曰"胁制将领而索之赂"，曰"土司之贿"。如千古咏"千谤无片实"，又云"庶以白黑谗，显此泾渭质"，府君之谓也。府君文宗六经、诗企陶谢，为四六韵语，食顷可数百言。所著启札既寿梓，其它古文辞若歌什，未质寓内，则不孝辈之任也。嗟嗟！自髫至暮，抱婴赤心不少变。目不识阿堵何物，乃駊历畏途三十余年，无择言、择行，而一遇艰大，奋身独往无返顾。恐海内宦游人如府君混沌未凿者不再见，何怪乎听人揶揄，漠不修怨，而三仕三已也？

礼曰："士一娶二人。"府君不置侧室，结发偕老，惟我母先恭人一配耳。先年我母殁，宜有志窀中。以鸿训海外来，病甚，又徇葬家山运之言，急襄事，草勒一状，颇冗，悉未敢并上，致累名公剪撮。兹谨再案：先恭人孟氏，同里孟翁文灿女。尝闻孟翁豪有力，乡取平，邑令取衷，有古剧孟、郭翁伯之意。我母生数月，里有彭姓，家殷富，力请约婚，外祖厉叱妁人曰："吾女当贵，彼枭雏岂鸾匹邪？"亡何，吾家往征名，外祖喜曰："连理之兆，二姓夙叶。"且闵余大母霜帷之凄，曰："当蚤归吾女，伴刘氏节姑。"不数年，果于嘉靖庚申母龄甫十有三即归矣。性至孝，事大母六十年，纤琐无疏节。比大母垂老，益慎毖，即栉盥厕牏之细，不以假人。府君每秉手谢曰："尔笃姑如此，可逭余戾。"府君自诸生至孝廉，藉甚于乡，乡之誉髦多负笈从者，岁入束脡可数十金，恣伯父取给。母曰："宜恭伯氏，吾笥中无新裁，弗恤也。"迨丁丑，府君既食禄，始小构厅事一二楼居，诸子侄各受室，弗克聚，又艰两营。母力劝府君曰："田惟瘦，屋惟高完，悉宜逊伯氏。但受东垣狭地，徐图之，藏身可耳。"府君叹曰："我非伯鸾，汝真孟德耀矣。胡不可者？"府君为令、为谏官、为南北曹郎、为监司者四，率执法介特不阿。母时伺颜色，颂佛偈一二言宽平之，匡助居多。为不孝三人东西南北延师友十余辈，母加意供给，食饮必选择，不丰美不以致肄舍。诸师友每别去，咸泣下，声谢户外，且传诵"能以中馈佐缁衣之好，无如刘母者"。府君每昼晤一人，暮入必述其懿美，或语貌行持未强人意，吾母辄按所述声响品其人之始卒休咎，不争一发。故府君尝谓儿辈曰："尔母慧有力，善知人，可与图大。不屑屑兢寸尺而较铢两，芝醴根源亦容有之，则汝外祖豪举洞识之以也。"母既膺吾父荣享，又不孝所徼大官之饩，玉粒金钱，每岁走家僮遣送不乏。乃居恒身无尺帛，即布素，率取儿女浣敝之余，百衲千纴御之，藜葵之盘以佐脱粟，不蓄一钱。或有入，悉以时六亲之举火而盖臧获之无衣，曰慈曰俭，母之宝也。宿病胃脘，百作百愈，无害。从府君川南万里，土兵之变，惊怵不去怀。舆病北归，足皮脱数寸，老医不辨何证，且戒后事，亦无害。又颐养二十年，以不孝徼覃恩晋封恭人，方相庆期永世。只以不孝朝鲜之役，辽路梗塞，闻航海归舟溺者再，病中忧念，遂不起。幸不孝生返子舍，甫十三日而见背已。

我母生于嘉靖二十七年十月二十二日亥刻，卒于天启元年七月十三日巳刻，得寿七十有四。府君生于嘉靖二十一年十月二十五日子刻，卒于天启四年四月十二日巳刻，得寿八十有三。丈夫子三：长即孤鸿训，左春坊左谕德兼翰林院侍讲，娶通政使司通政使曲迁乔女，蚤卒，继丧太学生王东汉女；次鸿范，廪例国子生，娶衡藩典宝边臣女，卒，继娶廪生曲迁中女；次鸿采，增生，娶衡藩仪宾聂三乐女。女一，适文水知县淄川韩卿扬子太学生溥。孙男五，出鸿训者三：孔中，聘淄川举人韩源女；孔和，聘四川布政使司经历邹平王廷荐女；孔武，聘淄川举人韩岱女。出鸿范者二：孔修，娶浙江巡抚淄川高举女；孔大，聘常州府通判王象奎女。卜于天启五年正月二十四日，奉厝祖兆左方之前数武。

夫双玉并瘗，副之贞珉，敢以不质之言辱先人哉？爰念府君生平耻言人过，多奖藉，乃受蔑，不务白劳勚，如未尝有。比归老，日益静默。或友人诵府君所历，曰："虚泡微尘，乌足覆说？"然云鹤空度，尚遗音影，而况盖棺论定，弗垢弗滓，无不可诏示子姓者？又自壬辰以来，孤训、范率居守，代理家政，独采往从宦邸，其于府君心迹行事，夙条记如缕，罔所遗。因草一帙示孤，孤读之悲喜交集，曰："府君之所不欲言与孤之所不能悉者，吾弟能言之有据。"历历直书，无只字臆拟者，政不孝孤不为琐溢不蒙语之意，并以似大君子，乞鸿笔赐之斧藻，即过而存之，以志府君一世之拙。府君死且不朽，不孝辈亦死且不朽。斯顶斯踵，宁足为报邪？临呈不任涕零。

## 翰林院简讨王公暨配毕烈妇行状代父

余乙未七月从巴渝邮报中见疏简讨君变者，辄大骇，黯淡不休，如抚棺而哭之。已复见一侍御奏烈妇，则简讨配毕孺人也，愈大骇，黯淡不休，如临两棺而哭之。比余勘播事竣，归里舍，则侍御君以两行实属余为状矣。以余习王氏家世，且知简讨君也。余敢不缀若实需裁鸿笔云？

谨按，简讨君，新城人，讳象节，字子度，别号翼吾。祖太仆公勤事死，厥先君计部公出赈山右，活数十万人，亦殁饷江淮，可不谓世忠邪？母于宜人，生子四：长侍御君象蒙，次邑学生象震，次乙未进士与君同举于乡者象斗，次则简讨君也。君生而大慧，啬笑语，甫十龄即能诗，累累盈帙也。飞白、篆、隶诸体不按墨习，而各各见工。尝置砖书屋枕之，手一编似齁齁者，实不寐，识者业奇之矣。计部公尝以太仆公善状谂诸子，君独退而笔之，积成编，不语诸人。比得自遗稿中，则封识宛然，揭以时日，盖戊子六月也。君即以是岁举东省，而计部公独不获闻捷书。君痛是，淬学三年如一日。计部公尝游云中，见□尘且逼，辄走堡避颓关庙处，以新庙貌祝，得免，未遽新。君中蓄之，日有贬损，别注诸一箧，计卒先君子志，非冥事是惑耳。辛卯，释计部公麻，上春官。余会入计，君偕伯氏过余，谬与余谈业，余已抵掌为君喜，知遂成壬辰进士已，且拔吉士第一人。先是，君所居室有黄蛇蜿蜒飞入，人异，期之。君但笑曰："偶然耳。"甲午，授翰林院简讨，充纂修国朝正史官。所居湫隘，聊堪风雨，君安之。日茹淡素，时且匮，以称贷给也。一僚友嘲之曰："王子，齐之世家也，又称贷而益之。子诚齐人也？"公翕然澹泊焉。每退食，即友缣缃，不为一不可晓语置去，盖君天性嗜读书。既处中秘，谁复能敖以不知也？乃终不以说铃自耀。里中人过之，无不促膝具食，夜审其下榻状者，周空乏，不恤其藏，间有横加者，直逡巡谢过，不为忤。私干则徐徐杜之，更曲相劳，人亦不赍怨去。盖君之襟度高阔、流品希遘如此。

君既素癯躯，不惜下帷，又多君古文辞，从丐者相属于门，每薄暮自公，辄又焚膏达丙夜，以勉应诸属门者，迄无虚日，顾不自知其当膏肓病已。而毕孺人知之，每相诫，独不可驱已。渐困，诏毕孺人后事，无陨妇贞，毕焚香露祷，愿以身代。且急，毕神色不能堪，如欲先简讨死者，不谓更作计死也。毕幼闲女则，识古人烈行，甫十六，归简讨君，称王氏少妇，事舅姑，蔬粢必选进。乃又善处，诸姆无介谇语。方计部公在殡，每于尝荐外，脱簪耳易鲜异为献。及偕入燕邸，并称贵人，乃时时以俭朴佐简讨君。或简讨君出，即日晡莫归，不命匕箸，夜秉烛兀坐待。比简讨君病，闻作苦声，即啮臂分若痛，齿次骨，血龈具在。时伯氏暨嫂同京邸，毕占知简讨君无起色，乃抚伯氏二子，泣谓嫂曰："我方笄适王，十余年三育而三殇之，命复何言？第夫且死矣！兄若嫂母我恤，独不痛夫君弗后，令虚游人间，作王氏庭中枯株乎？且吾嫂贤也。"言之，泣不能饮。嫂遂谋伯氏，伯氏曰："我独无心？直恐向吾弟口之转添病耳。"遂以次子与亮许诺。毕即携亮至简讨前，曰："伯嫂俾亮为若后，若知之乎？"简讨首肯，毕又痛呼曰："君勤念姑，今且拟归。君病若此，奈何？"毕自简讨君卧，七日不下咽，一夕入门，仆，移时方苏。众楚楚，上食，仅濡唇即麾去。乃犹虑嗣事，从容谓嫂曰："嗣定，夫足瞑矣。但我身悠悠，傥不能竟抚，亮亦属我邪？"嫂惊讶，再许之。毕哭谢曰："嫂归，谓诸伯姊好奉姑嫜。"若遂不得把手一诀也，天乎！顷之，呼简讨君曰："我昨犹几而生，而今已矣！"痛欲绝已，属诸婢谨守无转睫，遂潜诣寝内，扃，自缢。众觉，解之，口迸出鲜血数升，渺无息已。视鼻间微动，心隐隐作升气状，然饵投已不纳矣。时四月念二日也。比次日戌时，简讨君甫盖棺，毕息乃灭。呜呼深哉！简讨君已愦然，付嗣事不问，毕雍容从伯嫂定大事。呜呼奇哉！毕心誓随简讨死也，乃留线线不遽绝之息，以彰其恋恋不独生之肠，真烈丈夫不能得于天者哉！

维时宗伯上之天子，天子悼之曰："毕氏贞烈可嘉。"命竖坊旌之，仍赐祭一坛。盖我国家旧未有之特恩，毕沾之矣。意云霞半开，天乐如闻，千余年后，重觅人纪白玉楼邪？简讨君自可化去，毕孺人正亦仙偶邪，而遽曳其后也。乃于世则烈矣，于清朝载锡之光，死且不朽矣。

简讨君以隆庆戊辰生，殁于万历乙未，享年仅二十有八。毕孺人少简讨一岁，邑廪生昌女。昌祖亨，官司空尚书，为弘治间名臣者。余次子鸿范有女，业许聘于亮有年矣。

四素山房集卷之十七终

# 四素山房集卷之十八

济南刘鸿训青岳著

## 墓表

### 明资善大夫工部尚书赠太子太保用斋刘公墓表代父笔

大司空用斋刘公，以万历甲寅殁于官。越明年，余师少宰将为弟司空理葬事，特走书函司空状，督余表其墓。余与司空同朝二十年，标品猷念，夙钦于中，况严以师命，曷敢辞？

按状，公讳元霖，字元泽，别号用斋。其先五世祖繇兴州徙任丘，历四世，太翁柱峰公生，以庚戌子大夫臬佥中州，寻封吏部左侍郎，如余师官，又寻以司空尚书赠之。余初于公先世未有考，今始知公之荄大而泓深也。《易·革》之《繇》曰：“大人虎变，未占有孚。”公将诞，有虎奋手伏之兆入太翁梦，寤，生公。公头角岳岳，入塾辄端恪，非大人之协与，秀颖奇慧，识者蚤知公为非尝人。弱冠，荐北畿贤书。庚辰成进士，出令安阳。安阳人有狡而喜讼者，公戢平之，抚摩善良备至，每举一政，必以精意丽古法，若俗吏、伪吏缘饰虚恢之辙，悉屏去，今安阳俎豆方馨也。用最状擢铨曹郎，时铨政率中梗，公不茹不啮，周历诸司，能令主上不猜，士抻与附后先，惟公一人。擢太尝少卿，历时，迁都察院右佥都御史，巡抚浙江，提督军务。公念吏治、民生惟抚臣是听，圣天子以全浙畀我，乃浙视诸路为剧，而海汛、兵刍、赋课、织造之役种种，视诸路难，额日益，征发日骚，内不任裁抑而外不任侵渔，民不胜搜括而商不胜罢顿。公前旌未入，而浙之一切孔窦业属公燃犀。已至，则持大体、推赤心，揆文奋武，激扬百吏，而尽其材。首驱车理汛事，金塘、海门、雷岙、石坪，三醮五屿之间，有完策焉。诸海上备兵使者及将领，雅欲人与地习重易置，尤重官军调发。时朝鲜被倭，沿海戒严，部檄数征水陆精兵于浙，驻蓟、驻辽、驻鸭绿，发可二万有奇，军兴且二十余万。兼以黔中采木之役，坐浙协济复数万，公筹之悉如议，所条上诸疏，具见苦心云。

先是，倭初封，公辄虑匪茹，蚤疏浙西兵务六事，既而封事果中变。朝鲜急，公投袂曰：“兹岂东南偃革之日乎？”更修六事，复绘沿海城垣、水寨、官兵哨守、信地为图款咨部，迄为成事。其后夷使突入，有鸡笼、淡水之警，公议大将驻定海，控全浙，其诸防御，越在临海者策应。兵食罔攸济，公请重将权，重监司，设游兵，议粮饷、战舰、战马、岁饷之税，各为额，无浮苛。且举旧增田地山三派，悉除之。公莅浙八年，省可百余万，而民困苏，海波不惊已。既妖党倡乱，矿议兴，榷议亦起。或藉名复市舶、增两关税，搜及库藏，括余盐，无何勘寺田、金矿、大木并议织造，属内监公节缩诸税佐军需，竟不以渔商等属算缗。中使且抗疏，极言言利者欺诞状，将蕴利生祸，恶可底止？即多不报，而显制微干，令两监心慹，卒听公约束，所留多已。初税使增盐课三十万，复议三万，公疏特减三之一。又浙东三府苦南粮本色，比岁嘉湖雨潦苦漕输，全浙苦京粮及旧逋。又明年，田蚕大伤，苦输京绢丝绵。公先后十余疏，半得请。又请停织造、请宽运、请停改段、请留帑金，旁及户工军器、草折工料之需，无不悉心极力，上筹国用、下恤民生，为浙图秋毫，至已。其礼士大夫，殷而有体，人谓勘董尚书、范司成两事，乃严桐乡二孝廉之辱，令曷各攸当也！公考绩，加秩右副都御史。

无何，以太公忧归，居三年，日侍太夫人，不欲出。上以大工肇举，拜公少司空。迟回数月，入辄视尚书事。时库藏匮竭，工作繁兴，事例鲜援纳，而外解题留日伙。公一意节缩，罢一切不急务，度不可罢，则择郎吏心计有执者授之。一二年间，积至九十余万，将作之役，无不参预。中官公概狃玩之，格其侵冒。时陈珰寿自负心计，借工作要金钱于例外，公每裁之，例内尝延至三年，索且剧，仅半给。时多传派，造运不遑。如传造南京器皿，溢额，乃竟如公请，徐办无溢。又磁器土青之采竭，扰且甚，鲜红等器九事，屡冶不就。公疏称："陶泰山罍，虞夏俭德，宁有淫巧？无益，徒饱阉人者哉。"公以在浙知织造，苦内珰顺促，未完袍段，复称内库缺乏，欲如原请数，以一岁完三运。公酌裁六运为三运，以三年报峻。顺又挟北虏市赏为渔，拟造赏段悉如改段式。公力阻之，册封冠三百副、耳索珠至百二十二万、全身翠毛十八万有奇，他料各千万，疏恳罢之。珰如翼虎，飞抟人肉，更中于织造诸商役，鲁保死，成堂二珰代之，横益甚。内有局珰升，日事请传，狐假兽攫，费逾尝派四十万。公引皇上初年服御岁额，视近日苏杭机杼之累，糜膏血供蠹余，为言不报，国家营造专隶将作，而物料本色皆取外省。后以外解远，涉积猾揽纳，始令输折色召买，而中涓督收垫费为烦，有领值不供垫费者，于是贷办料贷缓比，借径预支，会有会无，展转覆匿。及无赖子弟窜名作奸，郎吏馔茹，不察诸弊，公条分缕析，得一切杜绝，宽严之法，不困商、不病国。初，采木役下，川、湖、贵三省，大者以数十百万，价以九百余万。公酌量八款以请，欲皇上以搜括还外府，以征榷为经费，圣明岂有爱焉。每一役兴，必遣官督理，寻迁寻复遣，工不考成，而奸缘为利。坐是诸陵桥梁，鸠工阅五年，费不赀，数数易监督，未竣。公持议，择司属俸浅有精力者专委，不更差，务告成事，月稽而岁考之。有玟园之役，约金钱五十万，以诞育东朝，请隆于昔，因选委张主事孝加衔驻昌平，严谕考成之令，遂尽洗侵冒，节省视原估且强半，历三寒暑奏完。已河之役，猾胥利决便侵牟，公请疏壅厚堤、急浚故道杀水势，其大要在开韩坝淤土，以胶土修培，遥缕俾归仁大堤，得永为泗陵捍蔽。又严失事以惩奸玩，预储蓄以防仓卒，功罪激劝，督之总河，识者是之。乃恳请，未得命，每以为忧。公念太夫人甚，屡疏乞归。上命摄司寇，无何，摄总宪。各有表著，不虚拥。既晋尚书，徼隆恩及二人，图归愈切。会慈圣有事山陵，冒寒，竟不起，惜哉！

余闻“有大度者未必有大才，有大才者未必密综理”，公外恢恢而中灼灼，守吾师“汰棼”两字，能谈笑调内珰于股掌，不为虐。在浙福浙，在冬官治冬官，各以极难之时厘奸剔蠹，公私裨益而声色泯如，即古干济名臣不逾也。余特列公之大者表诸隧道，俟式墓者观焉。

# 四素山房集卷之十九

济南刘鸿训青岳著

## 祭文

### 祭高东溟巡抚文

惟公秀挺而娠兮，云有佳征。金波入怀兮，詹吉而生。繄翁繄母兮，清约其庭。头角丱抚兮，羌异时之峥嵘。辟珥负剑兮，诗书是营。犹未舞象兮，词吐如倾。千言立勒兮，壮夫所惊。弱冠蜚英兮，属被紫青。柔兆困敦兮，呦鹿食苹。修翮徐纾兮，大奋于庚。剖竹三辅兮，再借圻荆。祝祠相望兮，两地蠲烝。乃簪惠文兮，珥笔霜棱。入诛恶珰兮，出埋轮于都亭。载晋棘卿兮，定国持平。浙人之祐兮，秉钺而行。露濡三周兮，颂言如龄。安南来飓兮，舟子俘兵。公独徐察兮，乃得其情。喜给资斧兮，讵但弗刑。事闻神庙兮，嘉尔空澄。益爵酬金兮，海夷是凭。曰惟尔功兮，填抚之程。含沙忽射兮，匪关听荧。訾訾罔极兮，聚蚊为霆。云胡不归兮，松菊凋凌。亦有宗党兮，山主月朋。千金可散兮，佐士读与氓耕。眉寿岳岳兮，共视百龄。二竖胡从兮，数阒中扃。三秋弗觌兮，使我心怦。遽而箕升兮，实陨名星。乃乱曰：公不自尊兮下鄙萌，余有雁行兮缔之盟。容阿咸兮托门衡，素旐发兮霓车征。刑牲絜酒兮荐藜羹，知公襄羊兮殁也荣，福唐相国兮铭其城。

### 祭王立宇巡抚文

惟公岳神之降，畀于名宗，世德是求。爰及儿齿，星铓宝颖，亦孔之修。祥发敻异，沦质复殊，蚤迈众尤。冏卿死滇，廉访陨泰，忠勤所繇。精闵之毓，及公三世，申命用庥。弱冠登朝，卓焉循茂，所在棠留。既冠惠文，稽迟珥笔，富韫嘉猷。亦越数年，西台始入，寒蝉是羞。持以介特，抱以皓素，而罔兢绿。每有条上，石画如选，不啻救头。东□祸发，一鼎同沸，谁为薪抽。不坠惟天，不崩惟地，可无杞忧。惟公眉宇，闵闵恤恤，力排啁啾。四尽三空，畿辅为甚，持斧往谋。赋车籍马，治兵组甲，何稽可搜。既急军兴，还愁野哭，神运鬼筹。形以日疲，精以日耗，金石孔锼。天子嘉劳，乃眷南国，锡之九旒。填抚陪京，实佐庙略，嘉言置邮。主忧臣辱，公呼私竭，首击侵牟。履亩考课，察吏安民，威折长秋。二竖既侵，莲警狎至，耽彼上游。仍戒方舟，往阅水犀，载沉载浮。鞠躬尽瘁，死而后已，今之武侯。公颇知余，余更知公，南北悠悠。倏而闻变，如扑玉斗，枢钮何酬。冲圣大业，中兴伊始，公遽天游。痛安可起，轸安可赎，绠泪如油。考功勒状，宗伯作铭，胡美不收。墓门丰碑，爰表其大，属余所紬。迈迹诒燕，琅玕有森，无忝前流。剡剡扬灵，先辰一酹，丹旐为柔。小松如羊，大楸如盖，观察首丘。孝子忠臣，是聚是侍，夫谁与俦。

## 祭张封君文

惟翁乡邦之彦，士林之型。载毓灵区，宿儒是承。伏胜之里，亦受壁经。既早蜚声，乃笃诒燕。爰有哲嗣，棠金赤箭。负剑口授，笔挟光电。弱冠登朝，剖符作宰。三辅之邢，神君磈磊。藜藿之养，易为陆海。子既隆茂，翁为逋臣。浴情迪德，返其天真。掌中文酒，诗俦玉人。庞眉颖出，鲐背伊丰。坐我闲雅，示我混同。于性无凋，于岁何穷。忽厌尘界，而游上玄。岂曰遗荣，道藏则全。翁既归矣，不为斥仙。日升之福，数乃西颓。比邻罢杵，梁木其摧。不贰慭遗，士髅为哀。嗣君云贵，帝命用申。斐然初服，衣被方新。何以载之，丰碑茂林。大峪之麓，龙蛇之窟。中有吉阡，邵师所卜。以待我翁，遂为神室。某也分则，犹子谊切。扶木狗马之恙，不能往复。稚子恭代，生刍一束。语啬情真，契阔生死。祝翁之窀，悲易为喜。不腆下陈，聊一临只。

## 祭王葱岳太夫人文

于维太君，婉嫕贞慈。行为妇则，动合母仪。嗣归封公，和鸣以静。媲美前徽，内范克映。举案之敬，提瓮之勤。解佩和丸，良友严君。有鹓其雏，观察铨部。元配所遗，咸我覆露。观察繇郎，褰帷大邦。良二千石，春雨秋霜。铨部筮仕，两令名邑。制锦烹鲜，晋衡百职。维此两贤，国宝家珍。受教封公，亦式孺人。封公之戚，以母代父。综理内政，用笃周祐。观察早世，未竟厥施。铨部方起，如海之弥。时危借材，待之而办。引领虚席，以观旋转。乃恋孺人，趦趄未行。竟不慭遗，堕此婺精。云惨北堂，风凄中寝。内外悲痛，迟我流品。某等自交铨部，夙闻母良。私淑阃范，示我周行。云胡妖梦，鱼轩蚤驾。遽从封公，逍遥长夜。虽然不仕而贵，封公为夫，不孕而子，两贤齐驱。纡紫拖金，承欢绕膝。荣名无疆，百千万亿。絮酒炙鸡，遥奠惟馨。肃然灵风，愿迟仙軿。

# 公祭赵慕衡年友文

呜呼！凡功名寿考，非捷取而幸徼者，其始或啬，而其终必丰。业丰取于造物矣，守之以啬。能居其不足，而留其所有余者，其受享固未之有穷。故蜉蝣终朝，鸾鹤千载；朝华易落，松柏尝茂。从古修短荣瘁之理，绝不相贷。而如我赵任甫者，何独乖造物之尝，而只增吾党之慨也！君以騄駬之才，追风逐电之步，即当早骋天衢，舒徐玉辂，而犹然迍邅也，孝廉而一毡也，头胪如许，始袖然上第而胪传也，发何艰也。人情几年约结，一朝满志。初不胜其牢骚，忽不禁其炫异。而君澹然无嗜也，能必让、智必质也，衣尝敝、食尝粝也。朝夕吾伊手一经，以躬迪其嗣也，居何瑟也。吾侪尝私语曰："如任甫者，澹泊宁静，此必公辅之器。"即体故清癯，而食天和、饮地德，孰测其长年之所？既胡一别三，期弹指间，已成隔世。呜呼！问君之室，萧然环堵。问君诸孤，靡所恃怙。问君灵輀，尚风雨于四壁之间，而未归藏于一抔之土。以世眼观，谁不叹曦？驭之如驶，而悲任甫之独苦。以道眼观，人世皆客，一真是主，适来时而适去返真，岂区区以块然之形，与长年者为伍？且也天之报善，不尽于其身、于其子者，子之受数，必视父为长，况君子有马氏之最良、有陈氏之元方？允矣世发厥祥，而任甫未竟之业，又譬诸薪尽而火传者未央。某等俨音徽之如存，悼人琴之俱丧。数千里而遥，不能炙鸡絮酒，以相向缄词致诔，神已怆然。在彭蠡之浒、匡庐之上，知君之灵，能鉴兹惆怅，而不自知涕泪之浪浪也。

# 祭王太夫人文

今寓内称环，奇蝉奕世，桢王国者，如我山左桓台王氏，其于方舆，指不再偻矣。譬之灵株，何枝不珍，何叶匪宝？梱内梱外，敛福自考。阳德母仪，硕大而保，夫且逾百年而永好也。顷岁癸亥中冬，太夫人路族者寿终于堂。越丙寅初夏，将返乎广莫之乡。追厥洪庞，饱历而昌，可谓生有余享，没有余将者矣。即欲娇楚些以摛词，歌雍门而下泣，亦羡而忘其伤也。载诵生时，承注何多。临淄之湄，姒蒂源阿。于归少傅，象服委蛇。承颜奉慈，备极纯和。陆海之御，帝赍前罗。酬彼显相，渐被盈科。伯氏夏卿，沃美婆娑。天禄如霖，仰彼滂沱。亦笃仲氏，弥翼叔君。宗伯大夫，斯恩斯勤。贵人之将，珠箔有文。四世绕膝，五华交芬。天家多故，政倚司马。睆厥方来，如川至者。甫老而传，康强祝嘏。福埒郡国，炽焉大夏。一日之待，且庆及宗社也。胡天不吊，戢及太母。朝议夺情，司马归旅。天子轸其纯孝，而锡之温语曰："遂汝忱哉，其晋尔母被服，增尔母俎豆、吉宅、宫墙，爰旌华胄。"于铄太母，可谓天路翱翔、九霞同骤者。与小子某年谱之裔、萝附之余。瞻溯丰懿，遥袭芳誉。一夕之亏，如彼望舒。何以荐盘，山骰蔌茹。要珮云何，焧焧仙裾。灵兮有来，瑶圃湘渚。

## 同门公祭吕太孺人文

于惟吕母，坤舆结秀。毓太乙之符贞，孕终南之云岫。澹泾渭而容与，泳沣浐之灵漱。既拜翁嫜，乃虔井臼。自归大吕，中仪云茂。内执牙筹，大吉日富。蓝田之英，于焉作觳。玉发兰茁，映彼阶陀。荐之承明，为斗南子。不知其母，嗣君迪美。白皙通眉，神惟开只。挥笔如椽，掞藻若驶。藐兮姑射之仙人，沨沨乎大雅之音，而不杂以流徵。同籍唱传，众称佳士。西京之彦，翩然青紫。请假遄归，一剂甘旨。改岁谒选，析铜汾水。绛之去秦，不远千里。方驾而迎，眉寿介喜。揖绿华与西池，奏云璈而餐雪蕊。聚顺之橐方开，而鸿纶之章未被。见斗南之扶摇，既驾鹖冠垂緌矣，而未得分天家一日之禄。以前罗乎八簋，嗛嗛胡多，讵云车之崦指。嗟嗟，丈夫有志，宁无赍往。懿彼吕母，有子旷朗。亦既见之，璇题银榜。与兀然白屋之下，萧然手一卷，而头角昧爽者敻殊已。独憾晲凤翘之方来，制翟氅而未成。蒿簪淑佩，五花稽明。归鸾诰乎泉台，洒天酒于前楹，是可悲鸣耳。某等谊均犹子，夙聆徽音，政伫兰堂之启处，佐哲嗣为循良也，胡为乎倏月没而珠沉？酌芳酤兮列糈，托柔翰而抒心。倘载笔乎史室，愿附母德于内则之林。剪帛弗华，鉴此中忱。杳然三千，云务其馨。

## 祭何太夫人文

惟灵宝婺歙精，金枢缊彩。育龙眠之颖秀，孳桐陂之清泚。曰嫔高阀，百祥开只。峨峨太翁，一德匹美。制锦用襄，神明之宰。栉纵夙勤，苹蘩佐旨。实维丹穴，德辉三指。实维璇渊，翩其玉蕊。伯氏含章，邦之彦士。仲氏方岳，横金拖紫。皱历有年，展采饬簋。如圭如璋，洋洋盈耳。龙綍荐至，光华层累。叔吾师也，起家太史。宛委为簏，良玉为隅。若耶涌笔，咳唾明珠。神澄太液，胸浣冰壶。寤言姬孔，杼轴黄虞。东壁西昆，天禄石渠。盖宰割大理之望，久系于寰中；而平章密勿之衡，尚稽于天衢。皇皇将母，数奉潘舆。大官之饩，不足为娱。既翼东朝，载晋国师。师不视事，惟母之怡。王事靡盬，云胡不咨。曰有其人，北堂眷斯。矧矣岳仲，母心之悲。何以乐胥，有子不违。母氏用豫，上寿不衰。训辈有虔，祝嘏陈辞。冲圣嗣服，眷彼宫僚。南顾于桐，旧贯琼条。宜晋揆席，出入丹霄。帝曰锡类，暂移斗杓。晋贰秩宗，入座参寥。迟迟其来，奉母逍遥。母为色喜，神盎翠翘。胡倏遐升，鸾辂云韶。不肖小子，霰萱有萎。异域归来，草土迷离。万里师门，庆吊罔知。待其闻讣，嗟咨涕洟。尺帛咏些，兖野阻逵。戎剪甫平，乃戒傒厮。瓣香束刍，远道差池。何以代忱，稽颡送之。寿母既仙，天露愈震。丰碑华表，一梧一松。吾师大襄，移孝作忠。悠游紫阁，亶受何穷。太母之荫，宛矣高春。

## 丑榜公祭潘怀鲁佥事文

呜呼！豪杰之生也为国而生，豪杰之死也为国而死。死不如生，何为轻生？生不如死，何敢恤死？若公者，可谓曙于君臣之义、达于死生之理者与？公之阵亡也，或者曰："公督军者也，非治军者也。诸道皆全，公独不免。可以无死而死，死伤勇乎？"呜呼，是乌知公心哉？越甲至齐雍门，子狄死之，不为古今之美谈哉？罪莫大于负恩，惨莫甚于杀戮，耻莫大于辱国。□受中国累世豢养之恩，一旦背负，矫焉称兵，诱杀我商民，歼我大将，夺我城堡，此岂臣子食能下咽、义复顾身之日哉？尺书嫚骂[①]，大言无忌，目中已无朝廷。儋人之圭，食人之禄，主忧同忧，主辱同辱，力能歼□则歼之，不能则以身殉之而已矣。此公志也。不然，贼势猖獗，万众魄丧气夺，公独慷慨请督饷而东；开原危矣，纷纷称病挂冠矣，公闻命，毅然就道。独非人情也乎哉？方公身被重创，军溃兵乱，犹从容呼其仆人，授以道印，赴州投递。君命为重身为轻，可谓处颠沛流离而不乱者矣。凶问既至，主上恻然伤悼，满朝文武百官洒泪东向而泣。天下之人，无论知与不知，无不欷歔而叹息之者。吾辈兄弟之痛，又何言，又何言！间尝读史至忠臣义士捐身殉国之事，未尝不口诵心慕，慨然想见其人于千载之上。今乃得目击公，千秋万岁后，称吾榜中有死事臣，某艳羡赞叹，如吾辈之慕说古人，其荣多矣。吾辈今日哭公，将称"公之孀妇幼子，茕茕无告"以恤悯公，公必以我为庸陋鄙夫，可羞可耻，而不愿置之于耳。又将称"天子之宠，赠荣褒恩逮祖考，荫流子孙"以慰藉公，吾意公必曰："吾非有所为而为之。"又将称引古仗节死义之人如颜平原、张睢阳辈以赞美公，公必曰："吾何知古人？吾直行吾心而已。"日者□得志愈肆，内地兵败气沮，莫可谁何。公之英灵，万古尝在。公之义气，死而愈烈。吾意冥冥有知，必且毗裂发指，激烈奋发，阴助大军殛□杀□，一举而韰之，以雪国耻、报主恩，而后公可以瞑目于九原之下乎？吾知公必颔余之言以为然。

---

① "嫚骂"，据文意，当作"谩骂"。

## 失题

有伟笃莫兮，降德孔丕。誉浃儒林兮，行修帝里。胡不夷犹兮，跻彼期颐。玄阴惨薄兮，靡独憋斯。伊者狂走兮，惝恍以疑。翳吾师之体国兮，期奉身而膏埏也。汔旋转之维艰兮，神惙惙而靡宁也。怅旃席之孑然兮，惟雁鸿之相诉也。伫天路之廓清兮，斯洛社之骈英也。彼苍者天，胡不念旃。殒兹吉良，促之百年。羌京邑之盘礴，翕碣石而爰膴。既塞渊以开源，游芬涟而恢渚。允棣萼之参寻，作栋梁维天柱。矧庭桂之森森，悉瑞世之神虡。泽苟被于后昆，何必躬斯缨组。荣光熻以委蛇，盖月愉而岁栩焉。鼓缶之非辰，终大耋之岩阻。重曰：商风兮始长，天高兮难量。谁邀兮白云乡，宁谷兮鲜祥。都人士兮失所望，怛可知兮吾行。沴有除兮眚有禳，靡所救兮若怅。回睇兮星光，聊以荐兮椒浆。

## 祭王华玄经历文

余受嗣君勒状，既已志君之墓而铭之已。越举輀大厝之期，余复刑牲崇酒、剪帛摛词，而诔君于墓门。嗟嗟！君已长毕，抑又何言。惟是君之冲于度、长于才谞、末于雁行，尚当多所竖立，食福未艾，何夺之速邪？往者君将入蜀，余折简枉君，以当祖饯，时甚暑，君辄有不胜卮匕、数起旋车之色，知君之神已渐随。窃忆一日之疲，转睫可苏，然几能堪关陕汉沔之迢递、栈道剑门之阻修？风雨晦冥，豺虎昼啸。既车徒之踽踽，何护劳之可恃？即君无病亦病矣，矧抱病携家，间关万里邪？蜀藩冗剧，君有司存，曰锦曰箑，上贡实殷繁也。君廉可任货，干可任理，职掌之属可曰无兢，而君不任。一邑之篆，众吏所膻，上大夫力以畀君，而君不任。嗜淡乐恬，用自怡悦，亦可以啬神积精，引厥天年，何竟不能遂生还也？即余欲有以佐君于宦、佐君于家，聊效葭莩之谊者，胥以君之不能待而付之罔然已？君居不择拓，食不择肥，处有令闻，而出无贪泉之酌。矧同气之和，叔世所难，而况世禄之家乎？世有垂白久视，操戈室中，贻子姓以祸胎，作乡邻之话柄者，视君之贤而蚤逝，所得孰多也？矧颀颀令嗣，驯谨克家，户牖既密，启侮何从？余不佞从旁一臂之助，亦无庸君之灵爽绕绕为也。三灌椒浆，夜台永隔，君其居馨。

## 祭浦昆溟文

公之殁且岁余矣。余与公，东省、南宫皆同举，并出何、胡两先生之门。客岁，公之变，蓬海友人走马于陵，赫蹄传示，惟时余神魂飞越，恨不即至海上抚木长号，宣我悲愤。亦何至逾年不遣一力，瓣香崇酒，往代一哭，凉薄如路人邪？嗟嗟！此公所鉴知，余又何言？追惟丑春放榜后，公过余邸，屏僮仆泣诉，大都屈抑而不能即伸之情，与秦之吕斗南同一隐痛。而吕犹豪爽自遂，故生吕鞠吕之家，胥游于斗南，寒暄疏密中无能如斗南何者？阅数年，一见斗南，神愈王，而公则大异，是公纡曲积愫无可自宽，而人亦不能为公宽也。丑秋，出治南乐，南乐之人爱之，而不足以解忧。再移治长垣，日久，垣人戴且颂，雅有父母神明之誉，而不足以解忧。分较京闱，所获多名士，余置酒为公贺，而不足以解忧。午冬入计，清介循望，几噪都门，旦夕拜征书，余置酒为公贺，而不足以解忧。公以留部，暂假归里，寻有读礼之戚，三载间别，余忽从海国取道于登，握手知己，非不喜余之生还也，乃察公于气息壶觞之间，总属忧郁阴晦，不乐生人之态。余微问故，公亦一二吐露，率不可解，余已知公非久视尘世人矣。公孝廉时，从封翁徽歙读书课艺，骎骎藉甚徽歙间，方陶然自乐也。一日郁愤勃发，即出登歙之南山禅院，拔所佩小刀入胸寸许，傔从骇，持之，昏仆良久始寤。夫公固沉慧，宁有病狂？自刃之事则甚矣。人情有所不伸，而穷迷乖刺，无所不有，公安得不以隐痛死哉？嗟嗟！昆溟愚不可及，第至以愚而死则过矣。然不可及之愚，未有不以死见者，昆溟之过不亦宜乎？死之日，人皆惜公，余独重公、仰公，在圣贤仁义中正之外，贤于斗南远矣。嗟嗟！此未可与跳越物情、笼络乡曲者道也。请书而焚之，飞灰入云，公灵下鉴，或歆我一卮乎？

## 同李年翁祭张茂才文

死生亦大矣，然亦尝事。我辈习闻达生之言，每有可惊可悼之触，恬平视之，不数日可置去，何于六始殁而不能去怀也？六始殁且数月矣，初闻之邹簿，再闻之赵慎初年友，胸臆之间，犹似生六始无恙。追邹簿有子茂才来晤都邸，财知六始果以修文仙去。不复觌六始面孔矣，惜哉六始！余恶藐孤者家温厚而仇诗书，六始无之；余爱不假父师之教而天性遒上之人，六始有之。余喜少年老成，不惟自课，而且能为仪者之大有造也。六始自致才名，兼督诸弟，每岁递一人咏芹藻，家世蒸然起矣。岁甲寅，六始以世交来问业于刘。又以刘生读《易》，不能为六始说《毛诗》，复借刘生先之李，乃执经于李之门。岁时令序，辄以雪酒、佳核诸品，远自平原数百里，饷余两人于燕。余两人俱在冷署中，每闻腊气，即涤盏待雪酒至，而数年之饷不爽，何渥且久也。六始为文温粹，可攫科名，有兼才家箬，视祖父有加焉。喜游四方才士而善择其人，各有弋获，不虚交。即起平原公子与九京，政堪伯仲，而六始有其风，无愧平原世家也。令弟追悼六始，复以讣致余两人，余两人痛六始情均也，因共为诔，以代抚棺之哭。

六始有知，其尚阴骘诸弟，以大尔家。余两人与六始之交，载以不朽矣。即云六始无恙也，何以加兹？

## 祭李绳白知州文

语有之："信终德，友终伦。"则以生人之最重，无如友而知而信之。或屈于四伦者，无不伸于友也，亡论其它。试览古有妻孥，不识其友，识之何？以故，无亦它人之识、衣冠笑貌之尝，而友人之交以神、识以神也。公于余初与以忘年，继瓜葛于戚党，最晚以弱息诺公幼子。盖蹇修之始未举，长诀之疾已革，余岂不知？公之年且七十，即弱息归李，未必及公旨甘，公亦未必能久视，十余年尚抚我弱息，听锵锵之鸣也。余知公于众人之外，初终不渝，故不惜晚盟，不计儿女之异日。不然，弱息□堕地，环四境而走妁问名，岂无阀阅数辈？只缘无以将余之知公，故公一问即报可，亦以为公幼子有岳氏，足瞑公目耳。今公玄兆既毖，良辰已蠲，朋好如集，芸浆沓至，余即不文，独无它词以当楚些，而仅以知公、缔公，付之裂帛邪？盖以公之幽石，余所志也。人谓肖公之生平，非余不能矣，又何言？第公大父长白先生在肃皇帝朝郁为干济大臣，无纤芥可訾，而易名之典历久弗逮，则近先生之居而显于先生之后者，何能辞责也？余有言诺，公以待余之可，为余心耿在，顾所待何如耳。束刍崇酒，不禁悲思。无言不践，公其弗吐乎！

## 祭王太孺人文

刘子不为缘缛语而乐道上善，故祝不缛、诔不缛，生死大故。祝诔笃情，而胥以耳目之不饰，走笔为之，无亦率于野乎？以余夙闻王太孺人生平，不可多得，乞所为托玄石而志不朽者，于子姓又不可得，况言不出梱、行不逾里？刑牲絜酒，胡可以无词？嗟乎！余犹忆闻之先恭人及戚里，又迩年时时闻之女儿者，皆质语也。大都太孺人惇庞简素，无非无仪，幽闲词寡，备极逶蛇。亦有六珈、五花之被而笥焉不垂，匪无瀡瀡、滑甘之馈而主焉不御。伟哉！太翁亦仕亦隐，日乐道于筑圃诛茅之间者数十年，太孺人以昔之事堂上者，修举案敌体之恒仪，而一匕一俎，罔不大丰美而慊。适伯子既贵，仲氏久领乡书，诸子诸孙，峨峨森森，不减谢庭之宝树。则极人世快意当前、可赞眉寿而难老者，亦于都盛矣。何释太翁不偕之大耋期颐而奄忽西池耶？帝纶未艾，庆阀方新，太孺人有孙坦腹于余室者，千里汗血，余国宝期之。兹者菲草之荐，忘其谫荒，亦习太孺人之真品渐于乡邦，躬上善而食报无方也。余以不缛乎？其居歆乎！

## 祭徐太淑人文

于惟太淑人政不出梱、名不外扬，余小子何述焉？然吾师观察公为母仲子，煌煌凤纶之锡至再、至四，且视世者春秋八十有三。又吾师与家人夫称莫逆垂三十年，其所耳太淑人钟裕之贞慈、悠游之蔗景，不为不习且质矣。顷吾师以手书圹记见示，始知宣城寿母婺陨玉瘗，而门下小子未闻风影，尚拟摛祝嘏之词为寿往将也。嗟哉！母匪大贞，师胡以贤？母匪大惠，师胡以才？母匪开祥殊异，师胡以卓绝而大誉？乃来览记所称，生于都下，字于金陵，视乡曲老妪之保诲，已自敻然。乃太淑人复自谓："老人年逾八帙，心头不着一物，尚如在闺中时。"异哉斯言！珠胎月孕，尘土安蒙璠璆？石皮砻斧，何从想坤舆之未剖？溯玄感于方冲，乃诞吾师，岳岳隆隆。吾师自起家杞令，以至执宪齐鲁，罔不啮柏砺操，载星宣瘁。玄藻之镜高于士林，而褫墨之寒懔于吏治。迨将母之念浡生，悬车之情日挚。觉负米者徒劳而无益，捧檄者动色而无味。眷焉萱景，天之赐，即吾君之赐也。三公之所弗偿，忍绝裾而再弃。孝哉吾师！初心为遂，兰芬玉森，食福方炽，何物仙舆？遽返如驶。又闻吾师结庐窀门，缅萦色笑，昕夕尚食，晨昏怛悼。讵哀母之畏雷，亦艾慕之如少。视逝如存，何寝何庙。一日千秋，丹情寂照。呜呼！孝亦至矣，可移为忠。母魂既康，国难如丛。将起吾师，爰立孤公。帝赍母仪，贲兹幽宫。实国人之推毂，岂余小子之私悰？谨裁纨素，抒写忡忡。遥望宁宣，拜手长风。幸吾师浇酒焚词，为致盻躬乎。

## 癸亥升右中允告祖父母墓文

孙自丙辰请告归，薄展祖墓。戊午再入春明，越明年，分较礼闱，得十八士。寻记注起居，编纂章奏，管理诰敕。迨辛酉，奉上命出使朝鲜，归路梗塞，航海旋，狼狈万状，抵子舍仅十三日，即罹我母孟恭人之变。麟玉之服以葛麻尘掩，薄游之诉以哭踊隔绝。今甫届禫除，遽蒙圣恩，擢右春坊右中允，脱之史职，惭厕宫僚矣。陟清华之一级，追潜德于九原。敢不并告乎？聊荐馨闻，不胜溯慕。

## 告母氏墓文

儿生无曾子舆、阮孝绪之行，而所得于我母之荻诲熊慈、芳流祉羡，一何多也！顾此藐躯，每增惭负。前月勉焉从吉，未捐缟素，不意遽蒙圣恩，擢儿右春坊右中允矣，事在十一月初六日。寝原梦绕，已分隔于长安；天路宏开，复再荣于哀绪。母之荫也，儿何令闻。谨肃戒尝仪，薄申一告。

## 上馈府君文

先是，十九日之夜，训儿梦我父寝疾，亟召儿至榻前，出手握儿曰："儿来也！儿来也！"相对含泪，复谆切提诲可数言，大指不越慎密，而响闻不尽审。儿才转睫，我父即衣冠楚如，曳杖东方行无返顾矣。悲哉！是儿不孝，不获与父诀于家；又殡玉于堂者数月，将魂魄咸在，知大厝逼届，补此一诀耶？悲哉！视易箦遗命之诀，痛且倍万，儿恨不能奉杖屦俱往也！我父生平洁若冰壶，贞于介石，文章德业，秩位不半，敌世亦有，知之者皆正人君子之不我仇嫉与空眼无交之人也。然蔑不务白德，不务见毕力营职，而遗其肥膴如遗腐草，殆清忠而畏人知也。故生平所不欲言者，今儿辈什七言之，以告一二大老，乞志、乞表，被石、被木，幽藏显垂已。夫古之人皆然，吾父应不以儿辈为浅薄也。一切葬务，仰体父心，概从凉约，独是事有不克自治乞于戚里者。所乞甚简，而戚里以丰美应，大骇众目，宁无滋惧？或儿辈望不足为仪、信不足为劝乎？或山川土垒之神，欲以父之不受于生者，稍示敛其介，备用彰伟人、表殊迹乎？何不戒而然也！夫终旬之构，一日之观，昙影空华，密谛乃现。儿以此知吾父之生平伟矣大矣玄矣，可食报于人世者多矣。儿又闻灵蛇衔珠，以酬志子肖之喻也。儿辈扪斯毛骨，谨凛寤寐，雅欲不大戾于前趾。然一聩一醒，惟庆余是恃。倘我父不重弃儿曹，亦乞诸冥骘而已。悲哉！我父自悬弧迄升昊八十三年，胥宇斯土，用开阀阅，乃诘旦遽祝輌迋邪？虽神返宗祏，簪舄宛居，而柩侧庭除，裂肝肠而哭我父者，恐泪尽而继之以血也。薄荐今夕優乎，一命觞匕。

## 丁卯先大夫忌辰祝词

追惟甲子奉讳，今历四辰已。此辰前数旬以来，远慕加殷，幽肠倍结，良以我父隆德雄文，表垂未至，国纶家庆，半入奇遭。我数世醇闷之守，岂曰遗荣乎？而乡邦九六之推，料我父空漠付之，不谓儿不孝之罔责、之谬巧矣。第子情未遂，控衄有加，水饮火食之人，讵无郁怅？欲写未能。我父旧卧阁南，曾饲二鹿俱牡，入春，弱以强殪，曾熟荐庙中，迩强者益犷悍，触藩求死。夫郊佚卒无狎群之乐，久畜增魂寐之惊。儿思政切，匪曰牢牲。惟有兹辰，刑而醢之，一荐几筵，分大成之一豆，象尊品之迥殊。儿辈侘傺无聊之意，如有托而毫末瘳焉。

## 祭家庙文

鸿训材不匹于中人，修未追夫吉士。徼冒灵祐，不啻三加，殊用惴惴。今且繇左春坊左谕德历级而上，授詹事府协理府事、少詹事兼翰林院侍读学士，充《神宗实录》副总裁官，躐崇膴矣。揆厥繇来，自我高祖而下四世，皆反情和志，比类成行，穆如渊如之古君子也。训有闻辄慕慕，必追追，而勖食报之人共矢，无忝无论，远而不仕、肥遁畎亩者，即我父科名岿然，浮沉仕路垂四十载，乃历盘错而弥朴，茹世味而转暗。挤之且恬，锢之乃亮。即古之高隐，无此笃修，是所从也。呜呼！继今皇路里居，一视前趾，家食鼎养，溯厥根荄。苟尺寸之表扬，胥蕴隆之吐露，训何有焉？兹礼服有严，未敢墓告。不腆尝祭，薄旅祠前。衷愫其少抒乎！

## 枚卜祀先考妣文

岁丙寅，冬，不两月，往返燕邸，摧揉于权逆之手，削我职衔，夺我二亲诰命，知二亲在天之灵怡如也。归而夷犹田间、登陇式庙者周年矣。云胡不乐，妄想奚生？哪期嗣服圣人英明神异，灼八方之幽隐，洞仕籍之冤抑，除奸歼佞，重辟贤关。儿得尾诸荐抻，曜于光明，复恩命，幸矣！何意主上过信廷推，疏名词林诸臣之后，听枚卜焉。一日主上召三阁臣、二台省于乾清宫，降阶焚祷，阄十臣之名入金瓶，祝曰："宰相，股肱重臣。如得其人，社稷之福。朕不敢自专，仰祈昊天锡我良弼。"祝毕，取金箸探取，首得儿名，再得三人。阁臣等复恳请益二人，六臣同授东阁大学士兼礼部尚书。旷典异数，千古希闻，盛矣！夫五人，悉先朝儒硕，雅称纶扉，乃庸劣如儿，谬忝班联。匪我二亲积累高厚，格于重玄，曷克有此？敢不斸锄夙秽，精白承休，竭忠密勿以亮工，殚厥心猷而襄事。期不负所生者，应无弗至也，二亲实阴牖之薄焉展告。宛觌音容。溯慕之极，能无凄惋！

## 祭仲弟文

扰扰扶舆，兄弟孔多。分形析产，孰曰惟和。乃余一本，三株婆娑。先德单厚，贞介嵯峨。至我严氏，泰岱长河。袭庆承休，岁月蹉跎。所就不齐，所抱无吪。有是必温，白首无它。不愧友于，脊令谐和。汝之得天，独为朴茂。纯白既备，胡晦胡耀。余志汝墓，一字一肖。形隔幽明，质言匪貌。昆弟友朋，既悲且笑。所笑维何，足传神妙。汝妙传矣，抑又何悼。两侄析业，一壮一少。伯叔在焉，何美不诏。新黍三酹，仰天长笑。兄兮弟兮，肝胆可照。

## 先恭人堂祭文

黄流东注，白日西倾。逝者如斯，以莫不终。此以语于观化者之目，则与空俱尽，夫复何言；以语于孺慕者之心，则生我罔极，未敢据以为真也。呜呼悲哉！我母已矣，儿心则否。吾家距长白之麓不数里，有美诸峰，奠丽坤隅。夫坤，于称为母，于数为众多，宜有慈寿，表厥山川之灵。我祖妣高太安人九十有二，淑贞难老，夫非其征与？我母秀骨惠心，作法勤啬，应过其历，而所得仅七十有四。岂粗粝自将，颐不尽腴耶？肝怒时逢，情不尽夷耶？胃有夙疴，喜茹姜桂、中黄，倏聚而倏散耶？盖自视含以来，哭罢转疑，疑则弥为悲号，而怅乎不知其所以也。每吊客入门，无不颂母福，尚歉母年。怜儿之归从万里，母如有待而永诀也，以此慰儿，稍薄终天之憾，似矣而儿实不受。夫我母于归我父，六十年于兹，以病为生而毫不以病废，夙夜栉纚，以事孀姑。旨甘杖屦，祗敬匪懈，笃于孝。脱粟惟饺，衣被惟余，笃于俭。不肖辈胥既艾欲壮之年，抚之如婴儿，视诸妇如属毛，笃于慈。釜庾周亲，倒囊弗惜，婢仆晨昏，与荫与濡，笃于宽仁。既神啬而喜施，宜首敛乎五福。又儿训史职三年，天语煌煌，新纶且俞再被，夫没被孰与生被？况儿自矢：奏满之日，即乞身归侍之日。椿萱交映，昼锦未开。仅以海国之残魂，握手弥留之病母。旬余之待，犹弗待也。病母之音不悉，病母之容不似。十有三日之母子，奄然一瞬之房皇。恐行道之人，为予心恻也。棺木未饺，购椁蜀材。既坚既泽，参强人意。而一夕回禄，灾独及此。草草易置，□刺予心。匪儿至不孝，何不能以秋毫致母至于此极也？儿惟有蒙面独哭，泪如绠縻，抱惜终身已耳。乃若我母之归天，则有但应色喜，不必介蒂于一室者。我父矍铄，倍于初秋。范弟宿疴，痊其八九。采弟慧人也，昔但见其质义，今日见其宣慈。兰玉之荄，天衢之门也。修孙、中孙、和孙各率教，四孙命名孔大，神日王，我妹暨诸女孙、户内户外之人，每哭我母，胥尽哀。恐益之耋，益之耄。世不乏寿母，未必如吾母得天之多也。呜呼悲哉！母色喜而儿不见，儿呼号而母不闻，诘朝且奉玉瘗重泉矣。宾至如云，佥云无憾。儿何得以为无憾也？草勒生平，杀青既竟，数日前曾以一帙焚告几筵，惧不足以状我母，儿罪滋甚。仰居歆于今夕，当耿注于千秋。

## 祭韩平宇文代父

悲哉！大厦之难为承也。悲哉！前人之无蛊而有蛊也。悲哉！瞿瞿良士，误以肉躯为金石、以百年为千秋也。韩平宇殁，人皆悲之，余胡不悲？余蚤悲之矣。余于约翁藩伯垂暮之年已，不惜约翁之来日无多，而惜平宇之脊非五金、肩非柱础矣。余于约翁仙游之夕，已不哭约翁之生无令名，而哭平宇君之贤且才，无不脊承而肩举之矣。余维时虽口呼藩伯，掌擗藩伯木，临藩伯之竁而长号也，然藩伯已矣，余岂为藩伯？余与韩氏数为儿女盟，今余女孙，为平宇家仲子妇，其一也。余爱平宇，不见则思，见必款款，必无一语落格套。且非轸非庆，如喜如惋，余见他人未必尔，是诚何心？即以诘余，余无以应也。余头须如雪不遑拈，顾见平宇鬓发骤白，日殊月异，不觉低回咨之。余拙宦行泥涂三十年，事九十老亲，课三顽钝子，不遗余力，形类山癯，不恤也。见平宇黧燥无膏泽，不胜酬接，不觉微语讽之不去口，悲哉。君之骨貌神思可度上寿，而仅垂艾，只以脊不胜而罔攸代、肩不胜而罔攸弛。人间有不得不茹之苦，欲吐而不能者，变为结轖内溃、愁悒无聊之症，而故托耳目之娱，以自诳其元神。即当日之药匙、针芒，皆姑试之，以解妻孥儿女之盻盻耳，岂愦愦以往耶？悲哉！愚昧不肖之人，未有以劳瘁死者；以劳瘁死，惟贤且才。即不胜其任，犹胜也。况两嗣君在，即君在。能树德亲仁，保世滋大，又何憾也？训儿读书中秘，不能临君一哭，老人率诸子弟，洒酒挥泪，哀此交情。君之家有女孙焉，余与儿曹已知君不了之肠已。余又何言！

## 祭安母刘太孺人

惟母坤元储粹，宝婺降精。是生右族，占凤知兴。婉仪兰洁，贞衷玉莹。亶陈诗而习礼，动左琚而右珩。作嫔大家，儆戒鸡鸣。苹蘩治馈，克享宗祊。爰相赠公，日峥月嵘。烁烁东星，翼翼南征。肆长祥之浚发，苞桂萼与兰丛。乃赠公遄化，柏舟幽盟。桓桓伯氏，世厥干城。仲氏崛起，载谒承明。蔚凤翮而豹变，洵珠映而冰清。分铜畿辅，茂实英声。云中五袴，岘首碑铭。眷翟褕之异数，迓纶黻之殊荣。匪昕伊夕，摇曳玦珵。胡为乎捐芝幄而不御，渺飞霞而上升？黯北堂其集霰，摧椒茝之落英。瑶簪堕而珠委，金炬烬以帷空。既歌难老，嗛嗛百龄。哀讣忽传，震悼屏营。矧同籍之犹子，类飙撼而震惊。幸集都门，惨望素旌。暂剪纯帛，聊写忡怦。明水倾卮，为洒前楹。母兮下鉴，鹤驭鸾笙。尚飨！

四素山房集卷之十九终

# 补遗

## 摩诃顶看云记

云之为物，幻矣哉。《传》云：“太山之云，触石不肤寸，而霖雨遍天下。”向特闻其语耳，今始亲见之。游八柱台之次日，或谈摩诃峰之胜，且曰是长白绝巅，可以观海，海如盂；可以望岱，岱如砺；可以宾日，日如珠。余心动，遂偕赵子云章暨弟二人，连骑行，抵回路峪。众议暂憩，以需来朝。余曰：“行也，何蚤暮之恤？”或疑乏山舆，余曰：“走耳，奚舆为？”乃攀葛揽藤而上。及至顶，已昏黑，叩僧房宿焉，众咸和衣敛息。俄顷赵子出便，旋忽大呼曰：“诸公起，云兴矣！”乃升寺中高阁以眺，灏气冥蒙，大地一色，不辨涯际，群峰仅露其髻。自远村近疃以逮佛阁僧寮，悉坠云族，所谓如盂、如砺、如珠者，俱不可见，而弥望如絮、如波涛。僧从旁指曰：“某处且雨，才及山半耳。”众俯视，则雷电轰掣，历历可辨，声亦不大震，而峰顶则晴自若也。未几，云自下而上，及游人之足，俄及腰膂，俄及肩，俄浮额上，皆拂拂有声。然则飞仙御气，岂绐我哉！众咸诧，谓生平游观，此为第一。独所携酒为奴所扑，赵子撼之。余曰：“是清虚世界，自不宜著一点污浊也。”适有人自山下来，云：“今晨雨泥没履。”方悟僧言不妄。归录次之如左，以备遗忘焉。

（出嘉庆《长山县志》卷十三《艺文志二》）

# 皇华集

# 柳根序

## 皇华集序

皇明受天命为天子，六合之内，八方之外，寸地尺天，莫非属国。惟我康献王立国之初，太祖高皇帝洪武二十五年命国号曰“朝鲜”。盖以我东藩为殷太师肇封之地，故仍其旧号，视若内服。自是以来，朝廷凡有庆慰，必拣选使价，颁诏若敕，先于万国，东人以为宠。夫天下称庆，如册封国本、诞生皇子皇孙，不一其事，而惟登极为莫大之庆。圣人作而万物睹，其诞降德音，固宜极天下之选而遣之。自景泰倪、马暨嘉靖唐、史，圭璋令闻，皆可为矜式。至于近世，隆庆许、魏，万历韩、陈，儒雅文采，犹在人耳目前后。诸老先生高躅清芬，久而未沫，长使东人自不能忘。天启元年夏，翰林院编修青岳刘先生、礼科都给事笋江杨先生奉新皇帝之命，来宣泰昌若天启登极二诏敕，斯又旷世所未有之盛典也。伴送使李尔瞻回自西路，厘次《皇华集》一帙以进。我殿下受言嘉之，惟远传是图，即令书局印之，命臣为之序。臣窃得以卒业焉。

是集即两先生所赋诗若文也，间亦窃附东方人唱酬之作。古者有采诗之官，《国风》取曹、桧、周诗，编《鲁颂》，今其述此意也耶？至如观于太学，招诸生赐书籍与纸，诸生献启以谢，是则前代《皇华集》之所无也。吁，亦盛矣！两先生或盛之玉堂，或立于殿陛。职亲禁地，官以谏名。居则赞皇猷，出则扬休命者，乃其职也。况其流风余韵，足继前人者乎？今兹至于斯也，肃敬将礼，周旋中规，东人动色，快睹凤凰。及其竣事而还也，衮衣不可见，甘棠不复憩，东人怅望，莫絷白驹。我殿下欲报皇恩，则昊天罔极，欲留使华，则宾不顾矣。其所殚心而致力者，只在广布《皇华集》，使两先生诗若文，出于游戏翰墨、形于咳唾霏屑者，长留于宇宙间，以为东人咏叹景慕之地，宜殿下若是其拳拳也。臣窃念两先生出疆之时已有□警，入国之后，辽沈失守，道路不通，仙槎之返，不于鸭绿，而于清川。龙节前导，海波安流，河伯冯夷，拥卫后先。越辽海，抵登州，如履平地，以达天阍，庶不负孔圣“使于四方，不辱君命”之训，是岂但以发于性情，而为治世之音鸣大雅之盛而已者哉？将见敷奏明庭，洞达边情，使威灵震叠，疆场晏然。则两先生使乎之称，愈益彰于天下后世矣。臣仍窃伏思之，往在万历丙午春，翰林院修撰朱先生、刑科都给事中梁先生钦承宠命，颁元孙庆诏于小邦，臣于是时猥受远接使之命。至于今日，获遇天下莫大之庆，叨奉王命，托名卷端，以垂不朽，又何其幸也。

是岁秋七月既望，朝鲜辅国崇禄大夫、领中枢府事、臣柳根谨序。

## 刘孔中序

先大人以天启辛酉，偕杨笋江奉诏赍朝鲜。朝鲜固文物邦也，君若臣雅尚文墨，一入彼疆，遂多酬和，累而成帙。如集中李观松、朴叔夜辈，咸以博赡称，而柳公根亦其选也。其国主令弁集首，略悉出使颠末，杀青缮写，一一精妙。彼中以为袭宝，而中朝未能博传。兹拣先大人遗稿付剞劂，而《皇华集》独为一编。其杨先生及东国诸公作，以繁委，未敢该载。仍书柳君一叙，亦不没属国文华之意，并存其真切云尔。夫东国恪奉正朔，往使如许、朱诸先生各有赓和，遂成故事。而先大人所著作者，独越数岁，为贡役迂道函致。东人所感深矣。岂非清操雅望，足动怀思，不独以歌咏耶？因文见志，是在后之君子观焉。

庚辰春仲男孔中谨识

# 皇华集诗

济南刘鸿训青岳著

## 辛酉二月奉使朝鲜出都

晴云瑞日下丹书，麟服新垂白玉琚。
为指开城宣正朔，暂辞清禁向扶余。
双纶捧出天颜喜，五月归来臣力渠。
惭愧终军同济里，忍教□气未全除。

## 潞冰曲

潞冰坚，艅艎不须缅。潞冰柔，渡浅不没胫。仆夫岂不栗？已肩星使乘。艅艎岂不归？春涸杳难定。潞冰宁有心？舟车奈可听。

## 鼎居歌蓟门道中

昔度古咸阳，天马磯磾数千里。今视北平外，神龙排岛牵海水。帝者之都天所开，但看流峙控埏垓。于中奠鼎纽绵促，一隅之据空周回。天中邙雒直如线，只可公刘后稷之叶留天眷。石头城枕大江澜，雄堑如何但小安。钟山孤揭悬日月，挥戈不早愁虞渊。惟我文皇具天眼，复有岳渎百灵为贡万年不拔之图版。左翼徊翔山海东，右臂十倍秦扶风。龟蛇入蟠坎水底，薇垣上覆皇极中。从来背脊倚亥子，离明赤驭抱双珥。东望扶桑西崦嵫，蜿蜒南陆如尺只。神光下济九州从，斗极所指咸朝宗。乌兔几曾经没灭，大明此日临高春。申秋两度黯风霾，天启重轮烛泰阶。有漏何妨炼石补，天子日跻九五齐。河清已奏圣人符，阴山遮莫蕃胡雏。纵有肃慎罔两冯，出没霜威肯贯秋。塘蒲卜年甫历姬之三，穆穆皇灵讵可探。渔阳西向望天表，杞忧从此不须谈。

## 晓发蓟州

桃花初绀野篱边，龙池盘山又一年。

石晋千秋沦大漠，皇舆此日属郊廛。
阡头暖霭看流水，柳末春容送织烟。
待得城南香稻发，驱车早已别朝鲜。

## 玉田三首

采亭桥下玉田西，仍有寒浆驻马蹄。
何物双环能种得，
至今石子尽堪疑。县以汉人阳雍伯义浆得异人授石子一升，种之，获玉环五双，故名。

春畴乍启湿云屯，雪压茅棚辨远村。
候吏不嫌相送苦，飞将提酉入朝暾。

徐乐当年述土崩，七侯空尔肆凭陵。
汉家天子称英略，
犹自闻言类饮冰。乐玉田人两喻足怵千古。

## 榛子城中歌

金针蒿，莫食心，心炊难再发，但念白玉根。盘中鱼，莫食翅与颊，翅颊岂无味？一漱复一涉。古来达士爱观生，请君临著[①]学惺惺。

## 迁安里二首

茅屋鸡啼日影黄，春山犹自类冬荒。
土人曾否餐桃李，不见遗核出短墙。

连宵击柝复关弓，寂寂沙村听晚风。
一卷素书能刻烛，何妨高卧日曈昽。

---

① “著”，据文意，当作“箸”。

## 七家岭东发

滦鲤三分爨，卢龙百里沙。东郊没阡陌，西野尽污邪。山色浑相抱，川原迴若遮。平荒无远树，旷漠绝啼鸦。纵可穿七札，何繇觅五豝。厨中辞宿肉，囊底赖新茶。命匕非云薄，乘轺愿已奢。登台问狼火，隔岭想芦笳。神悚云梯直，风吹胡雁斜。壮游自辛苦，高植谢豪华。

## 憩安河墩

列雉大如碗，停镳惜一杯。
坊存孤竹里，楼望西门台。
欲下夷齐拜，还愁仆马催。
太行南麓上，何故托崔嵬。

## 永平三日歌

北平山上树，遥望如蚕丛。北平城下水，漫衍狎游龙。东南岚霭对盘餐，滦波鲫鲤吞钓竿。使君初□长七尺，石弁携来腹若盘。曾见滁人赠枯鱼，题封三尺劳函书。天津海口繁水族，大者不及滦之余。谁谓清澜无巨鳞？前人考镜犹然疏。曾司农，陶太守，两人高才浮八斗。莎亭衙寂无多筹，开帘摇尘如邀游。朝暮卷舒挹灵妙，何当吏隐复丹丘？快哉此地诸君侯。

## 初望海志喜

家邻北海隔苍茫，路入辽西始望洋。
岭外突如天眼合，帷中惊作塞云长。
潮头不没秦皇岛，石擘堪寻烈女肠。
更向塔山台上立，恍疑身世在鼍梁。

## 抚宁东下五首

柳线摇深绿，榆孩已破黄。凌晨山海道，恍矣见扶桑。

膏土枯千里，春耕乍抚宁。岚光浓欲滴，别自有山灵。

海气浮天外，石门尽郁蓝。逢迎擐赳赳，侍从戴毵毵。

夜马下山坂，黄标插领头。辽阳催鸟火，三日过滦州。

东望秦皇岛，关南十里遥。学仙无胆力，不敢入洪涛。

## 摩多楼子

□□孽盈贯，豕突异播酋。天道有回旋，疆吏争一筹。黄沙泥红血，大将英魂别。伯有尚为鬼，金人日闻鳺。午张酉必戢，皇灵方欲震。待余渡江来，天家贺执讯。

## 医巫闾四首

春风飒沓塞云高，城外闾山寄兴邀。
胡地飞来千岁雪，海门吹入五更涛。
晴岚妒日深于染，奇嶂排空似拥旄。
更把医巫频镂指，磨将片石勒吾曹。

千尺凌屏浸碧潭，山僧独老曰空庵。
松团煮水甘曾苦，雪顶安禅静是贪。
北地冱寒应不到，中天法雨共谁参？
无劳洒酒酬筇竹，得绝尘埃意亦酣。

水帘直上法王台，琪树何年此地栽。
鸟道空翻千界合，海风吹息万缘开。
娲簧遗迹无人识，炼石神工莫浪猜。
寄谢山灵欲归去，巫咸为我恐重来。

龙涎石乳滴岩端，瑶草仙芝竟可餐。
鸾鹤洞中谈浩劫，骆驼峰外散清欢。
氤氲更觉山容蔼，留滞方知旅梦宽。
自是主人能爱客，不教岑寂落词坛。

## 沙岭昧爽

寥落词林已九秋，椿萱霜雪两盈头。
通纶冷谢鸡喉宰，作赋高随虎观游。
世上浮名怜海曲，橐中乡味慰边愁。
来朝欲入辽阳署，前席何人肯借筹？

## 三岔河

汉家天子《大风歌》，猛士于今又渡河。
白骨已膏原上草，红颜犹扫镜中蛾。
频年庙算还应少，此日军需恐未多。
若得上方金再发，伫看京观筑江沱。

## 入海州境喜赋

麦陇柴篱更鹊巢，夜来人语渐成譊。
何时金甲销将半？遍插犁锄是乐郊。

## 鞍山道中五首

天马行云去，空鞍此地留。似怜行役苦，聊为解长鞦。

西岫松如荠，东峰濯若童。岂无风萼子，衔鸟落山塍。

四友庭中树，春姿尚未生，兰嵎朱太史，曾结岁寒盟。

纱幌垂篮笋，寒飙隔一层。不知春欲暮，日日踏冰凌。

道旁望山寺，人言可避胡。止怜石溜上，僧磬发清孤。

## 辽城放歌行

榆塞东藩固，襄平亦茂区。海山环浸叠，有美东南隅。千峰达绵藐，穹壑络单于。横江野人穴，茧毵复何虞。中亘三川险，西窥百落胡。辽阳信开拓，羁靮首东□。石门届两关，出没凛行途。总之无远略，见月始关弧。惟有□□种，频年作糗糊。前人骇满万，稔祸肆天□。藁街县其□，破巢不取雏。纵令羽翼长，乳卵繁以孚。边吏日相狎，置酒欢朋呼。执御匪造父，泛驾玩其驹。我车未必朽，不戒等推枯。著面羞黑子，搔肤类皮愈。主人傥知医，展爪扫平芜。出柙恣抟噬，还山听负嵎。一虎何足道？羊豕日投驱。尚方劳陈乞，海内愁飞刍。四载杳成画，数手传兵符。昔余坐瑶林，闻檄病头颅。岑岑不能言，言之与人殊。奉使入属国，辽士半车徒。方饮辽人水，辄为辽人图。长揖握符者，莞尔聊陈敷。鄙哉东方生，忍不竭其愚？丈人持玄著，余袖出骊珠。何须二三策？片语辄相娱。每见乡邻斗，却步罔不输。闻之承蜩人，置足如橛株。抟黍弄婴儿，悬金饵壮夫。柔条垂美实，老齿亦前徂。古人云必有，赏格胡为乎？丈人筹已熟，余言幸不孤。龙飞赋河清，豹略协良谟。余渡鸭江来，铙歌鹭已朱。既空老上庭，还计辽人苏。辽人甫生息，春雨无愁租。悉心善将来，九寰覆一盂。辽蜀两相望，金标峙镂镂。余亦归石渠，从容陈客諏。

## 辽阳东趋

山头雪白柳丝黄，太子河边道路长。
铁骑凌风喧腽膊，雕戈带雨洗光琅。
戍楼昼日传铃柝，候吏荒城觅酒浆。
为爱千岩松色好，不知开眼是他乡。

## 青石岭

木密桑麻野，石疑虎豹群。种田耘鸟路，举火烛星文。
僰地连笮笮，辽人接海濆。九夷通道处，不雨亦氤氲。

## 小石门逢朝鲜使臣

春衫白斗笠，冲泥迎我车。戚容婉致词，雅似汉襟裾。雨中禁长跪，相视何容与。云为先皇来，启口道勤渠。前行负岩侍，后载屏荒庐。二子疑职官，敛衽独向余。行行意已挚，礼节宁云疏？

## 上巳日霁趋通远

东峰云尽如脱帽，千条雪水青蛇踔。车下仆人殊可怜，泥涂蹇足踏春田。不知田中更浮淖，车前已踣后仍效。须臾摩天岭上行，山腰回合重中平。祷得山神阳铰奇，清风徐来谁能知？志喜不诵多罗尼。

## 凤凰城望南山

别却医巫美是阡，辽城东去尽如眠。
寒容突削苍冰出，宝气翻腾紫玉联。
天外啄回朝帝里，人间雉堞纪周年。
名山未必都游遍，且为经过赋此篇。

## 三月十日渡鸭绿江

此日登舟问海涯，敢云星使到仙槎。
滔滔江水分三渡，落落堪舆自一家。
文簟初平青雀舫，春风欲老白杨花。
请看馆吏郊迎处，压岸旌旗尽彩霞。

## 新安馆杨掌科湛我初惠诗草，感之偶成一律，并示李观松政府

牛耳骚坛代执盟，偶从东国漫相评。
古人已自吹三籁，我辈何劳铸五兵。
帘外喜闻山鸟和，曲中如见海云生。
青莲又向扶桑吐，只恐扶桑独擅名。

## 定州宴后再投李观松问奥

珍筵再设见宽舒，礼度雍雍迥自如。
坐上贵人并曳履，堂中舞队尽垂裾。
欲将浮蚁通兰味，且乞新诗到笋舆。
此会逢君原不偶，已知了却夜来书。

## 新安道中三首

路入新安景自殊，士人迎我倍睢盱。
山川已喜开双眼，况有春蔬饷我厨。

地名铁岘义何奇，满路标题每若斯。
为问尉侯浑不解，李玄桥畔漫吟诗。

溶溶春水泻春田，不见犁锄插畔边。
莫以乘轺星使过，遂令田畯避人眼。

## 纳清亭之乐偕杨都谏、李赞成因纪其事

东来富逸兴，桓山瞰流水。今日纳清亭，锅潭复尺只。傍午小憩来，已驰四十里。嘉傧善为娱，乐事般般起。隔岸张射侯，布坐松阴里。举网出小鲜，不以登于篚。杨公智于侪，立令付清泚。余既惬同心，李君赞名理。宁损盘中餐，无殢心头美。侍儿尽欢颜，仆夫亦解喜。古人谈扩充，无如轲夫子。吾侪道眼开，万象无生死。从此百年间，三心永相矢。

## 嘉平馆隅一松奇绝，为赋

寻岩惟见此株奇，十二重楼宛在兹。
痈肿哪同枯栎树，葳蕤初发华平枝。
巢云有伴千年鹤，广乐无心四序吹。
偃盖龙蟠何足数，山楹徙倚为题诗。

## 渡大定江，因忆杨都谏谈五日竞渡事

山雨空濛云影薄，大定江头早潮落。五两骈然作跨虹，东藩赖尔资雄略。玉节先驱龙昼吟，金钲还徙吞舟鳄。□荆两翼插松枝，藉茅飞渡还腾跃。绛衣百队射波红，武夫照水翻绰约。豪来欲歌渔父词，仍访秦皇驱山铎。空江亭子枕江皋，忙忙未眺愁雨脚。东方才子政不乏，何时夺笔临江阁。为请贤王结构新，不妨宏敞涂丹雘。归来正及龙标时，好办兰桡聊戏谑。

## 即日渡清川江宿安兴馆二日得八绝句

**问江源**

清川大定渺难分，津吏喁喁若有闻。
太白山中江水发，不知何处问檀君。

**安州城**

睡眼初醒尚作花，山城宛矣走银蛇。
江干已自垂黄幄，又系骖驔白鼻騧。與前候骑似之。

**馆内东隅小阁**

□霜阁上漫焚香，紫电楼西望百祥。楼名。
明日晴光应放出，一声歌发和沧浪。

**夜坐**

百雉千檐高复低，雨中烟树更离迷。
今宵刻烛谈清事，不觉梨花作雪泥。

**初译马名**

丱岁曾读昌谷诗，马名果下少人知。
偶从东国探书史，始信权奇产在兹。

**馆人禁彪**

馆下何妨笑语喧，寸心如水岂为烦。
总然不似巴江上，认作长藤挂夜猿。

**城头马**

燕剪平分阁外烟，朝来霁色更堪怜。
何人戏作吴门马，未若楼西匹练川。

**偶忆李观松远使之劳**

度雨飞花晻画楼，萧萧吟格似清秋。
灯前忽忆青莲榻，瘦骨能无作旅愁。

## 迎慰第三宴再观舞队二首

高堂击鼓舞蹲蹲，酒政初删雅意存。
最是贤王能爱客，侍臣三遣到江门。

双袖郎当拂素蜺，花冠十二舞罗齐。
也知不是纤阿态，故学红妆待品题。

## 宴后登百祥楼谈艺兼之证学

已开嘉宴接芳洲，又上祥光百尺楼。
千古文章称彀率，几朝词赋擅风流。
共将麈尾酬江南，肯堕鱼筌负钓舟。
东国不须愁证学，箕畴之外复何求。

## 肃宁馆朱太史所题锦香亭下有莲沼，余携来蓟酒尚余一提，招三友小集赋此

锦香亭外小蓬壶，水上田田半有无。
一镜不波云叶乱，三星如照野塘孤。
蓟门腊酒今全发，山馆春篘尚可呼。
待得朱明重借宿，满池青盖已相扶。

## 箕子墓

下拜曾焚草一篇，寥寥数子隔重玄。
高山仰止箕畴在，更嘱宗人护墓田。

## 井田

古道榛堙几事留，偶从东服踏平畴。
区分百二皆同井，穆穆王风尚可求。

## 箕子井

玉甃寒泉深百尺，手提素绠出云液。
瓦杯冷对古人心，秋光一片千年碧。

## 浮碧楼饮后小憩涵碧亭

丹峰咫尺绫罗岛，酷似江南鹦鹉洲。
莫怪前人浑浪取，请看波上锦鳞游，

轻风丽景漾晴川，浮碧檐前载酒船。
游客有来还自去，孤亭终日醉江烟。

## 酒岩

汉水葡萄李白馋，东方何以酒为岩？
不知奇事销沉尽，洗盏江亭下夜帆。

## 白银滩

笔床茗碗绣江干，竟日题诗兴未阑。
曾绎杜陵吟夜识，眼中先见白银滩。

## 麒麟窟

真人既辟小洪荒，跨得金麟入彼苍。
为问鼎湖何处是？空留石窟老江乡。

## 德岩

石负山城江啮石，小鳌断足遗一只。
平壤千秋永不倾，石是主人江是客。

## 乙密台

谁见仙人太乙符，荒台千尺枕城隅。
三山有日鸾笙发，还过灵区启密图。

## 练光亭次许颖翁韵。余诸生时曾于梦中得句，竟尔奇符。颖翁旧号海岳云

井田踏遍练光来，城上空亭已洞开。万里白波明皛皛，江流至此独滐洄。岸上绿云春暮树，拂舞天光盘岛屿。渔舟千片逆楼船，明日使臣从此去。大江欲衍辟群山，德岩漩作落星湾。夜来举火明额字，此亭恍矣斗杓间。我欲题诗

剪楮叶，仰见前人歌白雪。海岳风云梦里同，欲学流萤度明月。石火忽而六十秋，雕甍依旧俯江流。江头吊古应无数，感怆惟有殷仁丘。仙院箜篌已在手，昨日流音今日否。拟向主人披素心，练影早落杯中酒。连朝羽檄自西飞，悔别沧溟负钓矶。幸有大同江上色，时时摇曳待余归。

## 龙女井

天女蹁来匹帝孙，野史谓王建为唐宣宗子。灵姿独向洗头盆。
君王应抱千秋恨，古井妆台对墓门。

## 南城钟

三尺蒲牢百尺台，倭奴曾此骇风雷。
岛夷正是爰居鸟，万石鸣时羽自摧。

## 开城东朝馌歌

南岩树似立，马夫戴青笠。妇赤踝，日初出，馌岩下。泥犁压草水镜明，归来稻苗如翦平。

## 远怀五首

紫薇枝头缀红景，扇叠青铜覆双井。
王建城南飞柳花，长白返旆秋光冷。

甲子周回二十年，长春阁下好开筵。
归心更比飞云疾，海水茫茫尚各天。

彤墀拜舞别龙楼，指望朱明报冕旒。
牟麦已舂新粒熟，片帆才挂海潮头。

豺虎纵横辽水东，义州西望旅人空。
何时更唱清平曲？紫燕江风处处通。

壶榼夹路出春明，纨扇题诗送客行。
临别所云高丽纸，不知何日赠燕京。

## 渡临津江

江水原称共，山泉此地多。云晴白曳练，草长绿浮波。
潮下胶舟腻，桥边锦鹢摩。西来成五渡，前路是东坡。

## 开读纪事

四月十二日，国王躬率世子及文武群臣出郭，恭迎诏敕，欣惟是日乐舞前导之盛、老稚夹观之繁，具见举国钦承挚意。乃龙亭甫升殿，骤雨大至，王及世子、官僚屏息阶下，幄次廊庑间无哗，稍俟设置既定，雨止，雍容成礼。纤悉曲中，洵可赞尚。越二日，休沐之暇，偶拈五言一章，用志厥美。

衔凤丹将吐，函芝此日开。碧蹄五夜雨，洒道绝尘埃。霁色来畿甸，欢声勃若雷。旗纛轻旖旎，仙驭引蓬莱。七旒躬伏迓，一索谨趋陪。剑珮锵锵度，簪绅济济材。万舞纷前导，千容轮轴回。皇泽原大沛，汉诏及时来。百拜承天语，嵩呼接上台。金石和雅奏，礼数肃雍哉。文教名邦洽，九服弁伦魁。吾生本齐鲁，仰止尼山隈。每觌有礼人，心醉与徘徊。矧兹八区间，弦诵湛英才。洋洋吾党风，景物类徂徕。目击浮耳闻，企羡何崔嵬。劳人小憩余，走笔赠琼瑰。

## 南别宫开宴

上公趋翼翼，递进黄金杯。
罄折兼盘辟，魁姿复异才。
仙音浮海峤，清醥醉蓬莱。
为问哪堪此？人从北极来。

## 江头晚归

城上云生埤堄齐，归心早已度辽西。
崦光欲下浮青紫，又向离宫驻马蹄。

## 王世子设宴南别宫，赋以志喜，并鸣分袂之谢二首

汉江白岳炳英灵，国祚千年奠此京。
已识蒙泉浑未汩，还占震器夙凝成。
慕华馆下人如玉，南别宫中液是琼。
昨夜阶前劳伫立，东方已动少微星。

青盖飞来云母车，威仪再接倍舒徐。
双瞳照座澄秋水，片语传宣奉简书。
礼度罔愆看执玉，声容有节听垂琚。
明朝别去浑无赖，纨素题诗赋乐胥。

## 朴南坡议政偕予游汉江，携其大父延城公所得于陈修撰、倪学士诸前辈诗什索题数言，用附袭宝。以予首爱倪公，遂次其韵归之

比肩千里一士接踵百世一士总相知，我遇公孙兴不羁。
二百年来周正朔，三千里外汉威仪。
钱塘学士回鸾古，长白书生附骥垂。
断璧残圭君自宝，莫教瓦砾杂瑰奇。

## 长途无所事事，偶简《东国史略》一通，有合于心辄漫拈一绝，积至十二首，令书记录得一纸，烦门下呈送国王澈览。倘有可采，即日发下，命工曹作坚厚小匾一面，精刻而雅妆之，仍于朔日前见惠一阅，照后送国王，悬之便殿。或者鉴古准今，保邦凝命，细及游艺娱情之妙，似不逾此。且贤王厚德冲襟，缁衣笃好，不佞区区迂生，报称无以缶奏虫鸣尔，仰酬之一快事耳。昨与明公舟中谈心，妙若执契，经国之略，操持之卓，不佞且中心藏之，虚往实归矣。旦夕定别，虔惟心鉴，临启驰溯

**檀君**

妙香生白檀，檀为真人发。九种色相空，勃窣成理窟。

**箕圣**

剖心与抱器，讵不只千古？惟有佯狂人，来辟扶桑户。

**文武**

代有居西干，文武袭唐风。柔翰傩龟泽，绛衣存朱蒙。

**辟佛**

竺乾入东海，漫浪自符秦。祸隐不可见，天眼无迷津。

**碓乐**

粒陈丐儿绝，贱贝掠窃灭。中有百结生，碓乐今为烈。

**率居**

老松绘壁成，乌雀欢来集。僧繇及虎头，分庭应角立。

**薛聪**

花王良粲粲，孰与白头翁？燕处小屏间，此道何时穷？

**金生**

金生昌林碑，宋人宝厥墨。此物千余年，询之尚可得。

**于必兴**

水木别根干，衣冠器具因。洞玄人代有，不改玉龙珍。

**赵云仡**

大海联诸岛，三韩络百洲。虎符传定后，筐篚属前旒。

**美俗**

籍茅自不倾，缟衣责无色。粟布日中交，澹焉称乐国。

**勖赞**

河洛本玄同，箕畴亦大衍。五福六极陈，识取在黾勉。

## 吏曹参议李文甫水镜堂放歌行

龙湾馆前接行厨，云是龙门千里驹。丰标未学观松古，流云可媲天闲驱。远将王命相迎慰，天曹早陟科名贵。汉渚宏开水镜堂，桥梓棠棣簇蓊蔚。津梁遥带瞰饮虹，箭郊铜雀西复来。楮子棋名蹲瑶岛，桑田沙院留玄风。青溪冠岳罗除前，纱窗竹几拥云偏。三角灵山倚天起，书堂遥曳白峰烟。终南国都峙堂北，仿佛应否崤函色。争妍竞秀时卧游，消忧何庸筑凿力？繁华欲遗朝槿荣，百灵栖息摇心旌。中有主人称文甫，风行水度无留情。携来一掬辋川图，散去山阴鉴水湖。雪夜频移访戴楫，月明自有裴生呼。安道子猷小可羡，摩诘汔今流紫电。诗中有画画中诗，好于文甫重相见。

## 歌成均馆李大司成文幼双岩亭

江皋两纳锡，号为兄弟石。结亭名双岩，灵物方肇迹。岩下埙篪吹，江云遏空碧。空碧不可见，风烟朝暮变。于中歌既翕，承欢列芳宴。大人为国柱，四子领绅荐。水镜傍岩明，宝树交葱蒨。少年才子别墅开，披风踏月白云隈。有时染翰临纨素，玦霜雪华纷玫瑰。殷践猷，贺知章，标称五总夸胸藏。君家龟石必有取，酉岩腹笥或相当。我愧陶隐居，尔乏茂先囊。何时过东郊？为我启缥缃。

## 梧木院北再望崧岳

崧岳东下涌嵯峨，迢递千峰指顾过。
旧自金郊夸玉笋，初从梧木数青螺。
云归上界芙蓉湿，雨度中天翠霭多。
始信看山宜看尽，莫教别去惜差讹。

## 再赠李观松赞成，用志相与之雅

高馆栖长夏，疏棂度好风。良朋僻东郭，清梦隔南宫。水镜承休沐，山盘退自公。追随劳使节，酬和尚诗筒。不减星轺致，翻增文垒雄。淇流清见底，嶰谷挺中空。余力知神王，澄怀识道充。王庭黄阁赞，东国白头翁。薛聪故事。鹓羽纷丹穴，鸿勋锡宝弓。谦光怀翼翼，雅度挹冲冲。小别疑经岁，长途惜转蓬。乞将君子竹，写入峄阳桐。

## 剑水馆有感辽事二首

赤土山前剑水浔，寒芒千尺夜龙吟。
生平不学白猿术，亦有昂藏未了心。

玉龙皑皑挂南天，梦里提将湛碧泉。
纵使□箛沸辽水，有时尽扫勒燕然。

## 生阳道中写怀

五月山丹灼火明，才停布谷啭流莺。

春裘未解辞清禁，夏葛将残犯暑行。
哪得王臣终蹇蹇，只缘归路尚营营。
何人能鼓抟风翼，不作扬帆海上程。

## 朴观察四岁儿能大书，且字画奇整，令人惊喜

书来如斗大同门，四齿婴儿异可言。
海国山川原秀绝，朴家汗血早云喷。
邺侯应对真堪喜，白傅之无未足论。
为尔赋诗留左契，悬知总角已承恩。

## 别议政府赞成李观松四首，并请教惠志远逆伴送之劳，聊以旌谢

辽水鸭江东复东，君来花发荫山红。
而今榴火将垂实，往返忽如社燕空。

与子劳劳畏简书，江楼山馆几停车。
总然得句时相忆，秋菊春兰隔影疏。

慧眼逢君便识君，天涯初合即离群。
百祥楼外江烟暮，闷默无言意若焚。

囊中芝谱尚萧条，汉渚白岩剩有苗。
采得一株光烨烨，长春阁里破岑寥。

## 杂志一首

蚕峰空自想云英，一别西来隔汉城。
漆树疏垂羊枣叶，丹枫密剪泽兰荣。
石皮绣虎兼文豹，春山草生而不生草木处率多似之，未审前人曾道破否。
楮练霜华带雪琼。
更把油煤和鼠尾，新词日日写河清。

## 赠平壤观察使朴叔夜

白浪兼天树外明，雨中烟水带平城。
使君画舫劳相候，客子新诗复漫成。
绝代逸才怜叔夜，千秋藜火愧更生。
江干不尽言别意，努力前途护令名。

## 赠吏曹正郎徐都监南岳

崔亮停年法，山公启事条。流品在铨次，黜陟民不佻。君为吏曹郎，贵倨隔群僚。往来随使节，暂尔涉炎献。丰容未之见，寄语聊相招。请从畴伍中，神晤想霞标。

## 歌金东村四友堂

坡仙曾结无言师，东村今植无言友。骆驼峰下选幽奇，三楹小筑疏窗牖。六时烟景看变幻，四壁图书恣探取。徂徕之枝山甫株，庾梅淇竹相招呼。雨旸风日无不可，中有良士称瞿瞿。我歌四友赠主人，愿君勉学眉山苏。

## 赠柳都监明洲

人情课向背，交谊惜别离。往复三千里，形影尚差池。君是名族人，髦士粉相随。自号明洲子，天镜时一披。努力服成均，冗司无鄙夷。

## 书权氏《宝翰承恩录》后

煌煌天藻，清汉掞章。滔滔鸭水，供我壶浆。波臣有鲫，展鳍乎太液之傍。

煌煌天藻，舒回九重。眷言丽国，侯于大东。波臣有鲫，泳日出于紫极之宫。

煌煌天藻，挥及海壖。甸服为辽，次旅朝鲜。波臣有鲫，曷畏乎怀美之不宣。

煌煌天藻，孰克仰赓。咄咄权生，染翰承明。波臣有鲫，世戢屏营。緊惟孙子，永贲藩王之京。

《天藻颂》四章，三章六句，一章八句。

# 皇华集启文

济南刘鸿训青岳著

## 谢国王书

远承使问，并荷腆加。即尚未觌德贤王，而庭下官联境内风物，已自足扬贵国之盛美，慰新主之劳。臣表贤王之折节矣，感戢可云，肃此申谢。秋毫之将，统容异日躬展。临启悬溯。

## 又

中朝使臣之事贵邦，与贵邦之优礼中朝使者，业二百余年矣，然未有如贤殿下之稠叠缱绻、悉虑周防惠吾二人者。吾二人自渡鸭江以来，日闻警报，舌不知味，身不贴席，虽礼数之苟完，觉神魂之轶越。匪贤王时时慰劳，曲赐体恤，走苍衣于水滨，先其所往，联青雀于海峤，为祝安流，几能风生两翼，飞渡洪涛耶？陛见登奏，当为一一抒陈。仰动天颜，伫有温旨，以报贤王耳。李赞成尔瞻，学行才情，大有根气，当为贵国名议政无疑，鉴别倚毗，何事区区一言。安州节制使南以兴，英资伟略，区画周详，咄卒之顷，井井立办，果是干城腹心之寄。义州郑节制，值边方多故之时，煞有主持，不至淆乱，即不佞每差一二走往来江上，郑君不以承指之故轻易放行。不知者以为逆命，而不佞私心韪之，不敢不为殿下告。若不佞入境初心，斤斤自爱，无奈独为君子，有忝卫蘧。故不觉种种违愿，抱惭而行，料贤殿下不为共工之讨耳。返忆王城，可胜眷恋。临启不尽溯洄。

## 又

不肖薄福之人，猥奉简书，远使贵国。日沃餍明德，被服珍异，业知弗克享也。铁山、旅顺之间，衣衾图籍及拜赐于贤王者，尽付海洋，惟文席练纸，管城麋逾，差足夸乡闾耳。贤王闻此，应捧腹笑刘生之无当也。天兵渐集，水陆俱有次第。贤王宜选将练师，戒严江上，以相犄角，宁先时无后时，庶不负王本兵、熊经略、陶王两抚台属望贵国之意。异日者犁庭扫穴、勒石燕然，亦当与贵国共一光华耳。

恃在纳交，预布肝膈，幸贤王留神图之。使旋声谢，临启可任远溯。

## 与李赞成书

不佞沾波贵国之秾、海上艰危之苦，已奉告贤王，在随行官役耳目中，不复赘。惟是荒稿一卷，亦付沧波，即无可存，不佞何忍终弃？劳门下或刻成《皇华集》，或誊录一册，临风却寄，庶与门下及贵僚友赓和诸篇，同付梨枣，不佞袭光多矣。东望汉阳，可胜怀感。

## 蟠松已化不必吊说

余入车辇馆，见壁间所揭诸先达诗什，其咏蟠松之虬异无论已。乃自兰嵎朱太史后，率以觅其奇而不得，悉为追慕悼伤、无可聊赖之词，而未闻别开一义，何旧恨之绵连而新欢之坐失耶。夫《易》称旧德，《诗》咏作求，轲夫子云“故国不以乔木”，义正相符，理堪提说。夫物无稚则无老，老而不化，稚于何生？有国有家者，直患子弟之才贤不及前人，不能阐绎世德作求之旨，以光大于奕世，令祖宗来栉风沐雨之缔造、霜戈雪案之垂诒，日剪月伐，山原童濯，后先俱尽，是可伤也。有其存之，何美弗绍？矧车辇馆之四射，阴森茂密，夹路迷岩，小大参错，虬株不乏。类儿孙之绕膝，似昆曻之充庭。铜干霜皮，宛然祖父；枯枝上挺，俨矣高曾。居诸若流世，无千岁之眼，然未有子弟不为祖父、祖父不为曾高者。余以为，车辇之间尽可喜也，无可悼也。非谓前人悼其见闻，余也踵至之晚，而顿无怀古之思也。又闻松千岁者根株断朽，罔有不化。故或为伏龟，或为青牛，或为康牛之石。触机变幻，莫可穷诘。盖灵物不滞化乃返真，乐莫大焉。若夫端木之楷、尼父之桧，瓦栏玉槛，永护陵坛，亦好事者之所为耳。阙里之重，岂其繄斯？余今见山馆诸松，殊动食旧、作求之意，而不徒以蟠松遗事重车辇也。无亦曰：“世德之象也，恒茂之区也。”欣尝未厌，因登小舆，行五里许。松尽处，至林畔馆，阻一日雨，遂走笔书之，以问赞成李君。将各有所勉，且以志余喜也。

## 白云书院序

大道明晦之机，繇人而造，无关于天。学人惟不达无关于天之意，故萎薾之夫渐成沉痼，茫荡之士动称象罔，而曰“学乌庸于讲为”。又疾夫季世好名取资者流，拥皋比为渔矶，垂麈尾为香饵。牒谱兰芝，实启终南之径；轻轩朱陆，隐操俎豆之戈。竺乾借牖于阙里，昙影之纲弥天；寇周缵服于崆峒，滉瀁之波卷地。多言之祸，销除无时。学乌庸于讲为？曾不思丽泽交沁，心悦宏开。尼父深衷学忧不讲，故无人一启钥，而芟榛遵途，奚自有人乎？呼聋而振聩，梦觉有期，斯不第一堂一聚、一陬隅、一都邑棼理之关，实清弗清、宁弗宁、贞不贞三灵之籍也。兴言千古，惕息可云。训也逢人瞻宇，辄引苾芬。入境采风，旋知号召。天启元年，以主上膺箓之庆，有事朝鲜。渡鸭江，国君以议政府赞成李观松氏充远接使，逆诸境上，一见知其为个中人也，即赋《君子篇》贻之。提挈匝两月，每于诗什间致此意，曰“无言早已聆其多”，曰“只恐扶桑独擅名”，曰“欲将浮蚁通兰味”，曰“已知了却夜来书”，曰“李君赞名理”，曰“东国不须愁证学”，曰“瓦杯冷对古人心”，曰“澄怀识道充”，曰“东国白头翁”，曰“小别疑经岁，长途惜转蓬”，曰“大人为国柱”。迂直如刘生，心胆唇舌，不习为谀，亦曾未爽额一人。故中朝士大夫欲刘生有面谩之容而不可得，岂独谀一观松、爽一观松耶？必不然也。迨返旆，抵黄州，观松令译者持所为白云书院状，索余题留数语，不觉跃然大喜，曰：“刘生岂爽额一人者耶！”余逆知观松为学问中人也。

书院建于王京城外三角山之白云峰下，士子讲业者甚众。俎豆弦诵，既成规式，已六七年于兹，则观松之功亦宏且著矣。乃观松不自属托之乎？佩服。其师承郑来庵先生，再溯及来庵所师事东国大儒曹文定公者，曰：“尔瞻不敏，酌水思源。觉路堙芜，后踵之罪。大人临贶末藩，嘉与士类。百祥楼之刻晷，既挈领裘；成均士之俯酬，惠言根气。敢乞数行文字，聊志斯地根概，焕揭讲堂，为士子耸动之举。”夫余固多言人也，而复凛凛于学，忧不讲之义，且自负独有契于“天何言哉”之一语，故敢冒昧而谈，谓大道明晦之机繇人而造，无关于天也。闻之善说天者曰：“天字上二画，重阳之气耳。匪有人以运乎其中，胡以成其为天？”故曰:“圣为天口，贤为圣译。天不言而天之心则欲言也，圣人口代天言，实体天心，第桴答谷应，不得已而为言。”亦越敷陈，开来继住，宁有缀生枝以剪采、击定水而狂波，若后人之为讲者哉？尼父无言之欲，正欲端木子以文章归性，道见洙泗之教，足配行生，关钥之通已绝中下，其为讲也，更深切而著明矣。故士君子承天觉人，理物弘化，能令日月常明，人心不死。奸僭之孽不斩而自绝、回歧之营不攻而自破者，惟此讲学之一事耳。我中朝二百余年，理学大明，种种语录之行于世者，料东国已闻且见之。迩来吉水邹南皋先生、嵊县周海门先生，皆天授真儒，阐发天泉，证道之旨最为精切，著述诸刻，大裨圣宗。朝鲜使臣入天朝，不可不觅来一览，亦白云书院之一助也。伟哉，观松此筑，将尔国之治术、道术、人心、习尚，实式赖之，独曹、郑二公藉之不朽哉？观松勉旃，庶无负国君载锡嘉名之意云。

## 《遁村诗集》小引

诗道盖难言哉！昔人谓“天籁心声，别才别学”，良有渊旨。故匪冥悟斯义、独泳性天者，恐不必遵此径而游也。彼夫效颦学步、傍篱拾沈之士，不足言已。亦有拟山鸟之磔格、慕野狐之穷奇，自标异才，殊乖风雅，一隅数年，暂窃声称，每每有之。乃余于斯道，敢谓曰“知”，然生平未尝苟赞一人。孔门商、赐，可与言诗。余悦之，学而未能也。顷有事东国，得日与李观松薄言唱和，尘虑稍涤。观松每谬相许可，谓仆可与言诗者。于其别也，以九代祖遁村先生诗集属余引其端。余于先生所为诗不少概见，闻裔孙观松称：先生在高丽末恭愍王朝登第，官宝文阁直提学，问学节行，推重一时，独与高丽忠臣郑梦周最称莫逆。尝以抗直忤贼僧辛吨，吨将杀之，先生窃负其父避之永川。及吨诛，自号遁村，退居骊州，躬耕诵读，聊以卒岁。今读郑公哭先生三诗，知先生激烈正直之气不减颜常山、岳武穆之为人，而逸韵清风，复有灞桥、辋川之致。盖遁而肥、穷而工，谅先生之人与诗，则可谓云尔已矣。观松道姿峭格，出之浑然，余兹以知观松者知先生之具有异资，必能独泳其性天者也。遁村诗刻久行于世，锓梓蚀没不可读，先生之子孙方重付剞劂。余舟次清川，且发矣，卤略引端，不无佛头乘粪之诮。杀青既，竟却寄一册，用资臆言，无以海天为遥也。

## 李观松风树斋赞

李氏德荫，葱郁涟川。宝盖化生，堪舆家以主山为化脳。澄波外缠。世有吉壤，子鲜闵骞。人言观松，孝格玄重。岁在乙未，屺忧绝饘。怛焉周岁，覆茅一椽。王裒在侧，皋鱼省愆。观松何憾，痛惟昊天。悲风发发，楸影翩翩。黯淡有蹙，无第三年。敬觇德容，逆卜其全。人之根荄，邦之大贤。孰不有亲，毕力谁先？《南陔》、《白华》，为续斯篇。

## 大学士砚铭

砥如坎如，濡如贲如。友楮室之皤如，镇丹地而黔如。芝琅煜如，丝纶密如。

# 明原任大学士青岳刘公传

夫崇济之业所以考名人，忧患之心所以正君子。是故苞桑休否，蒺藜乘刚，负弘者无狭摹，审端者无回志，亨困之德，笃于刘公矣。

公讳鸿训，字默承，别号青岳。其先自宁津徙居长山，始祖善兴。善兴生谦，谦生拳，拳生达，达生元，元生玺，玺生伯能，伯能生天赐，凡传八叶，代为闻人。博陵士族之宗，琅琊人伦之盛，所自来已。天赐生公父观察顷阳公。厨仓言乎其学，江海以为之才。强诤之声，体雍冈凤；于蕃之绩，追峻嵩高。教笃庆流，法宜绳继。公其长子也。

公生有异征，幼形奇表。黄中等身之书，流睇可尽；长吉呕肝之语，义手能成。总角丱兮，名欢一郡。十举不第，囊锥相疑。几及会稽富贵之年，始售广川天人之对。故知淇音不争于急节，修翎必资乎利风。遂以隽选，为翰林院庶吉士。橐笔三期，声称日出，授官翰林院编修。公综习典常，精疏义务。昌黎文起，当一变之时；习生史才，有不常之誉。知制诰一年，独持体要，如丝如綍，其道可观。较士春官，囊综梗梓。庐陵之勒，轧茁兴国之榜，龙虎方斯，蔑如也。于是国家多故，显皇帝奄弃天下，贞皇帝俄继上宾。鼎湖再号，连山几沸。离婁觊轩权之座，旭驭委虞渊之都。公乃戟手振髯，昌言声义，规责时宰，其音琅然，同列闻者舌呿而已。寻奉诏以两朝敕旨颁谕朝鲜，赐一品章服。时建囗日悖，制阃非才，公道经三韩，为出筹箸，听者藐藐，中用惋忧。既渡东江，俄闻烽信。名城隳为旃裘，岩镇移于老上。公投车握愤，击楫明安，弭节玄菟，大礼克举。又以海国我之外篱，绥遐激忠，存乎推置。于是裁约享馈，章示规绳。是使卉服之长，冠带而问诗书；穷岛之人，啁嘈而赞仁义。公之能也。复命，擢右春坊右中允，旋晋左谕德。遭顷阳公忧，摧毁之诚，几于死。孝服甫禫，起少詹事。维时节甫乘权，膺固骈戮，嵎虎惧其多翼，谒者怪其有儿，招延苟朋，刲割刚士。公入都门，义形难犯。珰之群儿以难告珰曰："党渠不除，后其哜噬。"繇是矫旨褫公冠衣，而公自喜，言笑宴宴。三公于我乎何加，党人无惭于不与矣。跨卫还里，弥益夷犹。非有山鹿庖厨之惧，野鹏坐隅之感，阳阳陶陶，貌日华举，古之乐天知命、无入不自得者夫？居之二年，否极以喜。今皇帝乘乾出震，锄奸显忠，金天作则九黎诛，玄华升而四凶革。访予落止，悬鞀辟门，有诏廷臣，极搜旧德，凡疏朝野十人，比于周乱，公名与焉。皇帝考慎，旦日召执政以下，入对乾清，焚香祷天，冀得良宰。覆名金甓，明凭帝赍，首探得公，上心甚悦，即家征公为礼部尚书，兼东阁大学士。发册遣使，肩背相望，控辞不听，凡五阅月，随使者至阙下。陛见之日，鹤立鹄举，音吐轩訇，上遥见目成，喜著瞳采。当此之时，地气犹结，首肱分道，荃蓏竞时，睍莫穷瀌，陆有留苋。产禄窟而犹在，牛李垒以方争。纶扉之长，引质溥先朝之嫌；画诺之司，惭丙魏同心之致。公至木强，感知气昌，章邪摘疑，断断如也。于是奸徒大沸，剡手须剸，遂乃召鹰起犬，移眩缁素，有腼面目，视人罔极。商英报元佑之憾，宗孟以司马为讥。赖夫圣人瞻言，王赫斯怒。刑天干戚投于帝江，营蝇樊榛欻然离破，群迷衷圣，国是以明。公是用感泣刻肌，益靡避慑，因承密对，力言："吏速化则治不成，民重征则盗不息。"又言："帝王之道，必世后仁。譬身元气，久自蒸彻。"又请涣居益馈，任人责成。既以鱼水方孚，无言不得，退朝目送，势所难居，遮道手加，情何易答。且夫指天画地，庄论也以为过厉，其气虽谊，辟不必成。终会食拂须，夤衷也以为孤，遂其情，即微言可以弋祸，始终之际，明哲所忧。会以京军置帅，制书不符，议者毛吹，归诸机密，原其显过，小事糊涂，阁班后公，则犹叔季。而言者仓卒承诘，遽以公称。值上励精无私制治，不欲使天下揣疑秘旨，以为天子箝键言路，袒翼凝丞，乃下所司，杂施穷鍜。孔璋石烈，今世所稀，呫嚅之间，已成大狱。诏下，戍公雁门。

公奉命坦施，北向稽首："臣误弥天，死不足塞。幸承贬窜，夫复何云？"即日徒步出国门，书衾悴然，见者哀叹。至则杂诸戈殳，致恭其帅，虽元镇吉阳，不移崛强，而子方淮水，能听风波。循省之余，益修性命。暇或摊书莳药，赋诗泳游。间选缁流，与争道韵，悠如也。亡何，寇犯五台，雁门云扰。公奖鼓家杂，仗剑登陴，倾囊鬻装，以享战士，贼不敢犯，孤城获全。方之段干深坐以保西河、王蠋闭门而全画邑，虽休瘁不同，抑亦各有其力者乎？风霆易渫，水石能明。天下方矫首跂遵鸿之仪，五位或拊心思放麑之过，讵期疾作，竟致弥留，以崇祯七年二月之初二日卒于谪所。枯竹未生，曷明不负。牛车俱见，已白非欺。悲夫！既卒，大吏以闻。诏辞感恻，听诸子得以其丧归葬其土，仍敕给传官为治行，非诸流人可得而望，斯明至仁之存乎坠履，定论之准诸盖棺矣。

公泰山之容，沧溟为量，髯戟载义，眸电曜灵。正骨严颜，晶衷博体。室鲜抱裯之媵，门无弹铗之宾。矜岸方幅，不以厉物；静穆虚澹，不以笃时。道广涣群，才周胜钜，迷觚资其断斧，惊帆恃其智樯。然而挺柯寡枝，遥流不曲，体诚曰坦，测表云疏，此其所短，是以困也。夷考生平，每逢奇异，读见黄衣，死流巨响。负瘕临危，化人馈之神药；涉波胥溺，灵禽定其倾舟。岂惟生有自来，抑亦诚之通召然欤？

公生嘉靖四十四年七月九日，享年七十。元配累赠夫人曲氏，同邑通政使曲公迁乔女；继室累封夫人王氏，同邑太学生王公东汉女。齐德均礼，踵美增华。鸡旦奉以翱翔，鸠桑形诸带弁。亦簧翻之唱和，梁笱之规随也。曲归公七年，以劳殁。王后公一年，以悲殒。丈夫子三人：孔中、孔和、孔武。女五，婚嫁皆名族。尚平志遂，宝树交辉。父业代终，祖笏行献，龙文麟窟，挺挺抎抎。孔中等卜吉，今岁嘉平八日，将奉公柩暨曲、王两夫人，合葬黄家庄之东阡，礼也。千里重趼，问传于不佞。不佞生平蕲向，目击手书，石室所藏，参之家乘，谨崖略诠次如右。嗟乎，伏波发稿，不假大招之文；玄成仆碑，共切重兴之望。于刘公又何惑焉？国子监祭酒、经筵日讲官、通家侍生倪元璐顿首撰文。

# 附　录

# 附录：刘鸿训生平及著述年表

刘鸿训是典型的文臣，仕宦生涯基本都在翰林院和馆阁、宫闱度过，因此生平著述颇富，刻印传世的有《四素山房集》《皇华集》《玉海纂》《困学纪闻钞》等数种。现根据其作品透露的时间线，考证刘鸿训生平与著述情况如下。如有疏漏，还祈方家指正。

**嘉靖四十四年（1565）乙丑　一岁**

七月九日，刘鸿训出生。出生日期据倪元璐《明原任大学士青岳刘公传》（以下简称倪《传》）。

**万历元年（1573）癸酉　九岁**

数岁时曾患重病，得有道之人赠药方愈。《东林列传·刘鸿训传》："生数岁有疾，已殆，一道者见之色动，以两指探户枢尘丸之，一投而愈，人咸怪之。"倪《传》云："夷考生平，每逢奇异，读见黄衣，死流巨响。负瘕临危，化人馈之神药；涉波胥溺，灵禽定其倾舟。""负瘕临危，化人馈之神药"当指此事，姑系于本年。

**万历五年（1577）丁丑　十三岁**

父一相举进士，家境转好，刘氏始得构楼而居。据刘鸿训《先考妣行略》，刘父一相为诸生时，"家贫无书屋，寒冬促构数椽，伐新木、掘生土为筑，不旬日茅覆成，即下键其中"，"迨丁丑，府君既食禄，始小构厅事一二楼居，诸子侄各受室"。

**万历十年（1582）壬午　十八岁**

本年前后曾游历南京，并结识父亲的同年好友邹元标。《温青霞吉水》云："邑有南皋先生，羽仪当世，岿然卓绝……家君与此老为同门友，臭味特入。弟总角时，亦曾于留都数瞻丰采……"总角指成年以前，姑系于本年。又，《上邹南皋年伯》云："小侄训，自白下得奉台颜，有道风仪，系诸肺腑，真有又从而维之者，至今寤寐中恍在左右，不谖也。"亦可证鸿训在南京结识邹元标事。

**万历十三年（1585）乙酉　二十一岁**

刘鸿训第一次参加山东乡试，落第。倪《传》云："总角丱兮，名欢一郡。十举不第，囊锥相疑。几及会稽富贵之年，始售广川天人之对。"倪说刘鸿训"十举不第"，"十"实为概数，不可望文生义。考鸿训《报冯少墟先生》云："某齿逾强仕，九试而后举于乡。"可知他连续九次参加乡试，至万历三十七年

（1609）才考取。往前倒推，其他八次分别是万历三十四年（1606）、三十一年（1603）、二十八年（1600）、二十五年（1597）、二十二年（1594）、十九年（1591）、十六年（1588）、十三年（1585）。

**万历十四年（1586）丙戌　二十二岁**

父一相降职离秦，在家闲居四年，以督促鸿训等三子读书为事。《先考妣行略》："丙戌大计，以知县降闲散，且离秦，城中数千家悲号震天地……里居四载，日奉高大母匕箸，课三孤读，不问生产。破缃素数千卷，每一卷卒业，辄摘录示我曹。"

**万历十六年（1588）戊子　二十四岁**

刘鸿训第二次参加山东乡试，落第。

**万历十九年（1591）辛卯　二十七岁**

刘鸿训第三次参加山东乡试，落第。

与弟鸿范等在长白山中读书，并结识陈似斋。《答陈似斋》："往者辛卯，不肖兄弟读长白山中，得瞻道范，盖二十三稔于兹矣。"

**万历二十年（1592）壬辰　二十八岁**

父一相由稷山知县升南京驾部主事，在家停留时，以官箴教鸿训等。《先考妣行略》："壬辰，升南驾部主事。自稷旋里，悬橐示儿辈曰：'尔试简西来行李，曾有稷之一钱不？'儿辈喜谓府君曰：'吾父视刘宠且异矣。'"

**万历二十一年（1593）癸巳　二十九岁**

有《寿少崖李先生八十序》。少崖李先生，指李汝桂，泰安人，理学家，当时在泰山主持育英书院。李生于正德九年（1514），本年八十。鸿训是山东学子，李少崖则是山东著名教育家，两人应有过从，故有祝寿之举。

**万历二十二年（1594）甲午　三十岁**

刘鸿训第四次参加山东乡试，落第。

**万历二十三年（1595）乙未　三十一岁**

有《上高使君凤阳代父》。书中有"某冲雪而度摩天，披星而转三峡，易壮为老，皮毛止能附骨。幸扬酋就勘，行释重负，了此孽磨足矣"等语，可知是父一相勘定播州杨应龙归来时事。勘播时间，《先考妣行略》云："甲午，播酋跳梁，黔蜀骚动，显皇帝遣南少司马邢公往图之……时廷议剿、勘互争，府君冒雪取夷陵道抵重庆，侦知酋情事，笑曰：'杨应龙穴中斗鼠耳，何遽以兵？'遂抗议主勘。邢公韪之……"又，《翰林院简讨王公暨配毕烈妇行状代父》云："余乙未七月从巴渝邮报中见疏简讨君变者，辄大骇，黯淡不休，如抚棺而哭之……比余勘播事竣，归里舍，则侍御君以两行实属余为状矣。"可知刘一相参与勘播，是上年末"冒雪"前往，完成则在本年，故系于此。

有《翰林院简讨王公暨配毕烈妇行状代父》。考见上。

**万历二十四年（1596）丙申　三十二岁**

有《与徐荐所使君代父》。据《江南通志》，徐荐所名榜，南直隶泾县人，万历癸未（1583）进士，官至浙江右布政，与书信中“老公祖表东郡”相合。书中有“弥两月，始购杨酋一哀语”，知是勘播后事；又有“除日见儿辈字”语，知是上年除夕之后代父所作，时间当在本年初。

**万历二十五年（1597）丁酉　三十三岁**

刘鸿训第五次参加山东乡试，落第。

**万历二十七年（1599）己亥　三十五岁**

父一相以少参备兵叙泸，参预剿灭播州土司杨应龙之役。母孟氏随行，途中病重，几至不治。《先考妣行略》：“己亥，播酋以当事之激，复猖獗，残破綦江等处，势岌岌，府君奉特敕以少参备兵叙泸。”《累封恭人先妣孟氏行状》：“从我父于泸，间关万里，土兵之变，抱惊怵不去怀，舆疾北归，足皮脱数寸，老医不辨症，几殒，戒后事。会止安稳驿，渐瘳。”

有《与陈茂才二昆》。书中有“家君游趾方舒，乃复行万里，分天家夜郎虞也”等语，“复行万里”，可知是父一相备兵叙泸时事。

有《答王大中丞全皋》。书中有“家大人二毛淹濡，乃作蜀区之游”语，但不能确定作于刘一相第一次还是第二次游蜀时，姑系于本年。

**万历二十八年（1600）庚子　三十六岁**

刘鸿训第六次参加山东乡试，落第。

**万历二十九年（1601）辛丑　三十七岁**

父一相辞官归里，与鸿训等商较，编成《诗宿》。《先考妣行略》：“辛丑，大计，拾遗竟诬坐，致府君平调焉……时拂衣归，萧然行李，惟娄门一片石耳。乃叹曰：‘高达夫五十始为诗。予幼牵帖括，未能兼此。往再令晋中，初理《骚》《雅》，业有类次古唐之意。顾数年兵刑鞅掌，未竟绪。今里居岑寂，政可效昔人玩弄迂事。’乃遍搜李唐而上古集，破数千卷，各卒业，仿唐应德《稗编》之法，剪截鳞次，户榻墙牖，曹汇如列。维时得术山人良知，间引不孝辈品骘较雠，五易裘葛，汇为二十八卷，命名《诗宿》，独以山家食贫，不足佐锲以传。”可知鸿训等参预过《诗宿》的品评、考校工作。

**万历三十一年（1603）癸卯　三十九岁**

刘鸿训第七次参加山东乡试，落第。

**万历三十四年（1606）丙午　四十二岁**

刘鸿训第八次参加山东乡试，落第。

有《复周怀白民部》。书中有“家大人再起东山”，可知是辞官归里重新起复后事；又有“林箐织云，鸟道千里”等语，当是父一相刚被任命为贵州都清道时事。

有《与祁尔光》。书中说到父一相任商洛道员时事：“关中藩臬几于空署，家大人以一官摄五篆，案无留牍……”《先考妣行略》云：“丙午，补贵州都清道……讵意甫出都，旋改商洛道……会藩臬几空署，府君移驻省会，兼摄六篆，文案如山，抱牍之吏如蚁。府君剖决如流水，无滞……”刘一相在商洛道时兼摄五职，事当在本年或次年，姑系于本年。

**万历三十六年（1608）戊申　四十四岁**

父一相为商洛道员，任期结束时，刻印《诗宿》。《先考妣行略》：“丙午，补贵州都清道，未任……讵意甫出都，旋改商洛道。念关中文物故都，杀青易就，因走书李翼轩、朱兰隅两公，征之序，以竟此志……付《诗宿》于梨枣，余则籍之遗来者……戊申，升清军兵备道副使。”可知刻印《诗宿》在本年刘一相升职之前。检国家图书馆所藏《诗宿 / 诗人考世》版本信息，刻印时间亦署为万历三十六年，故系于本年。

**万历三十七年（1609）己酉　四十五岁**

刘鸿训第九次参加山东乡试，以第七名中式。父一相告老归里。《先考妣行略》：“己酉，念大母且九十，亟乞休归，友人挽之力，竟借入贺万寿行……陛辞归，闻不孝孤中省试，亦第七人，喜曰：‘青箱可寄，更不复令人间呼小草矣。’”

有《柬李绍泉观察代父》。书中有“弟巅毛种种，跋涉烟浪，幸冯天得土，厮输款了重担，归见老母，角巾平生耳”语，当是父一相最后一次辞官归隐时代父所作。

有《重修长山县城并建奎光楼记代父》。据楼记，长山县令薛氏于万历三十五年到任，三十六年主持维修长山城墙，三十七年主持建成奎光楼。《记》云：“建奎光楼其上……识者已知奎神之有灵，而余长子鸿训果得俊，中东省乡试七名，不可谓祥之不开矣。”可知是本年鸿训中举后代父所作。

**万历三十八年（1610）庚戌　四十六岁**

正月一日，有《庚戌元夜梦语》。

春，第一次参加会试，落第。各传记均未载鸿训本年会试落第事，据鸿训《启王司空弘阳》“小侄落第南旋……小侄已出都门”等语，知是在京城参加会试且落榜之事。又，《报冯少墟先生》云：“某齿逾强仕，九试而后举于乡。泽宫一蹶，时命使然。”“泽宫一蹶”与“九试而后举于乡”分述，亦可知并非一事。而且，鸿训自上年中举，至癸丑举进士，有且只有这一次会试落第的可能。

九月九日，有《庚戌九日访苑山老僧不见》。

有《启王司空弘阳》《报冯少墟先生》。事如上考。

**万历四十年（1612）壬子　四十八岁**

三月，祖母高氏去世，年末下葬。《先考妣行略》："壬子春三月，大母高太安人龄九十二，不病而逝，时府君年七十有一，尚过哀。里中老友执《礼经》饮酒处内之说，左右慰解，弗应。是岁冬杪，毕封树，一准先民，观者则之。"

九月十一日，赴京师，准备参加翌年会试。《寄安元旭》云："客岁重九后二日，弟即裹半岁粻，再上公车，入成均，友四方英妙，亦薄有弋获者。"据"再上公车，入成均"，知是第二次参加会试。

**万历四十一年（1613）癸丑　四十九岁**

春，有《答陈似斋》。书信云："往者辛卯，不肖兄弟读长白山中，得瞻道范，盖二十三稔于兹矣。"自辛卯至本年，正二十三年。书信又说："倘席宠得丑榜，再儌一名，当以拙卷驰奏记室请政也。"可知是本年春癸丑科放榜前所作。

春，有《寄安元旭》。书云："客岁重九后二日，弟即裹半岁粻，再上公车，入成均，友四方英妙，亦薄有弋获者。"可知是本年第二次参加会试时所作。书中未提及自己及第事，又向安元旭求春茶，也应是本年春发榜前所作。

春，第二次参加会试。知首辅叶向高主试，赋《癸丑喜首揆典试》诗。按，叶向高于万历三十五年入阁，其后其他辅臣王锡爵、朱赓、李廷机、于慎行等或逝世或避位，叶向高是此期事实上的唯一辅臣，直至万历四十二年八月请辞。

三月十五日，鸿训登进士第，入翰林院为庶吉士。父一相时寄手书，勉以"三无负"。《先考妣行略》："癸丑，鸿训成进士、入词林，读中秘书，府君益喜，加匕箸，时手书北寄，勉孤以三无负，曰：'老夫生平清谨自矢，儿幸无相忘。'孤用是惴惴，每自讼驽劣，无它伎俩可取世资者，而儌冒乃尔，良以府君所至。"

为庶吉士时，读书勤苦，获得辅臣叶向高的高度期许。《东林列传·刘鸿训传》："万历己酉举于乡，癸丑成进士，选翰林院庶吉士，下帷诵读，如诸生时。叶向高时目属焉，尝笑抚其床，语之曰：'以此俟子。'"叶于明年八月告老，事当在本年至明年八月之间，姑系于本年。

**万历四十二年（1614）甲寅　五十岁**

春正月，有《禁林春望二首》。诗中有"冰鳞迎泮出，冻舌度花来"，知为初春所作。诗集中本诗排在《大行皇太后挽歌二首》前，故系于此。

二月九日后，有《大行皇太后挽歌二首》。据《明史·神宗纪》，皇太后李氏崩于本日，诗当为停灵期间所作。

有《拟宋女直遣嗢突剌来贡名马廷臣贺表乾德三年》《拟上御奉天门视朝毕谕侍臣吴沉以进贤纳谏二事因阐其切要大指谢表洪武十二年》《拟上命侍臣辑古嘉言善行有益皇太子者为文华宝鉴书成进呈表永乐二年》等。三篇作品都是鸿训在翰林院为庶吉士时的习作（小字注明的是事件发生的年代），写作时间在万历四十一年至四十三年之间，姑系于此。

有《祭韩平宇文代父》。文中说："训儿读书中秘，不能临君一哭，老人率诸子弟，洒酒挥泪，哀此交情。"可知是鸿训为庶吉士三年中作，姑系于本年。

有《公祭赵慕衡年友文》。赵慕衡，文中又称其为"任甫"，即赵师尹，万历四十一年探花，居官一年，告病归，卒于家。赵师尹告病在本年，去世当在本年或明年，姑系于此。

有《寄徐孟明省元》。书中云："吾县收头召商一事，家大人谋之半载，心力交劬。"父一相为长山"召商"一事，《先考妣事略》云："慨自庚戌里居，每痛吾邑挨甲收受之累，如蚕食编户，相率递尽耳。乃累岁焦舌秃颖不能得，痛益甚，因极力谋邑长，且亟请之上大夫，迟徊五载，始允招商之议，幸檄吾邑，勒石县前示永久。"可知是父一相庚戌年辞官之后五年事，故系于今年。

**万历四十三年（1615）乙卯　五十一岁**

五月，受诏慈宁宫晋见，有《乙卯五月闻召对喜赋二首》。诗中说"玉署小臣无以颂"，玉署即翰林院，本年鸿训仍在翰林院为庶吉士。

冬，有《玉署读书歌》。诗中有"际兹辰兮安，得雪花拂舞。积瑶京泠浸，绮疏赓大吕"，知为冬日所作。刘鸿训先为庶吉士，散馆后改授编修，前后在翰林院数年，本诗不能完全确定创作时间，姑系于本年。

有《送顾益庵馆师归省》。顾益庵，即顾秉谦。据《明史·阉党传》，顾秉谦是万历二十三年进士，"改庶吉士，累官礼部右侍郎，教习庶吉士"，是刘鸿训为翰林院庶吉士时的"馆师"，曾辑有《新刻癸丑科翰林馆课》四卷，即刘鸿训等丑榜庶吉士在馆之习作。考顾秉谦传，顾氏自天启元年晋礼部尚书至天启六年请辞，期间一直居于重要官位，没有归省的记录，因此其归省事当在万历末。诗中说顾"母氏年跻九"，顾氏生于嘉靖二十九年（1550），本年67岁，与其母年近九十的情况比较符合，姑系于本年。

有《拟御制历代名臣奏议序馆试》。序题下小字注明"馆试"，也是为翰林院庶吉士时的习作，因而题为"拟"。据序文，《历代名臣奏议》由杨士奇编定于永乐十四年（1416），本年是该书编成二百年，以此书为题可能具有特殊的纪念意义，故暂系于本年。

有《明资善大夫工部尚书赠太子太保用斋刘公墓表代父笔》。墓表云："大司马用斋刘公，以万历甲寅殁于官。越明年，余师少宰将为弟司空理葬事，特走书函司空状，督余表其墓。"可知是本年代父所作。

**万历四十四年（1616）丙辰　五十二岁**

正月一日，有《丙辰元日趋朝即事三首》。据诗题知为本年元日所作。又，诗首句云："龙飞四十四。"亦可证为万历四十四年作。

六月，鸿训为庶吉士三年期满，散馆，授翰林院编修。倪《传》："遂以隽选，为翰林院庶吉士。橐笔三期，声称日出，授官翰林院编修。"《东林列传·刘鸿训传》："丙辰授编修，己未分授礼闱。"又，《报邹南皋年伯》云："且解馆授职，从来无此迟延。六月到任……"可知本年散馆较其他年份晚，六月才授编修之职。

六月，有《散馆授职公请启》。据上文所考，本年散馆在六月。

十二月八日，有《丙辰初腊瑞雪偶李圣河自秦来孙尔吉宋子振若承弟集景承弟宅同赋得腊雪培元气五首》。

有《报邹南皋年伯》文。文中忆及过去三年庶吉士生涯，云："庸才拙貌，猥留馆职，然亦以其庸拙，故阁试十五六次俱列十名外，幸不至尾，不免为高才疾足者所嗤耳。"可知是留馆后作，姑系于本年。

**万历四十五年（1617）丁巳　五十三岁**

春，有《河南府通判少溪陈公墓志铭》。文末记墓主下葬时间是"丁巳二月二十五日"，写作当在此前，姑系于此。

春，有《丁巳麦歌》。诗中有"翠颜几变粗成浪，邻家未熟纷相饷"，当为本年麦熟前所作。

八月廿二日，有《丁巳中秋之夕奉觞两尊人越七日始削二章识之》。据标题，诗作于本年中秋节后第七天。

有《安母刘太孺人墓志铭》。铭文云："丁巳夏，司理君手持母状揖余而言曰：'不孝曦，将以冬仲襄先慈事，匪君，谁当志母？'"安曦为母请铭、下葬均在本年，因此写作也在本年。

有《报杨弱水侍御》。书中说："不肖蠹鱼旧生，幸窥中秘……若夫'讨求故实，鼓吹休明'数语，不肖受台教，良自不薄。"杨弱水投书，以"讨求故实，鼓吹休明"期许，可知是鸿训为编修时事，姑系于本年。

**万历四十六年（1618）戊午　五十四岁**

春，父一相病。《先考妣行略》："戊午春，偶梦高牙大纛，自云中下一椽史，类仙吏，持手版来迓，府君麾之去。觉则神思弗鬯，手足浸弱，虽未痿痹，而五十余年占跸之苦辛、忠爱之郁结、操持之勤渠、兵刑簿牍之劳瘁，盖于播之役已微见龙钟，恃骨力清胜，弗为念。"

五月左右，有《靳习鲁巡抚》。靳于中，号习鲁，曾备兵辽海。书中有"辽左边事，老师应有石画，当事者何不借吾师经略而远起杨公为也"，检万历以来杨姓任辽东巡抚者唯杨镐一人，他在万历三十八年闰三月癸丑、四十六年五月壬子两任辽抚，第二次仅任四月即由周永春代任。万历三十八年鸿训尚未释褐，与靳于中有交情的可能性较小，故系于本年。

七月三十日，有《寿少师叶台山六十序代方座师相国笔》。叶台山，即叶向高，生于嘉靖三十八年（1559）七月三十日，本年六十岁。方座师，即方从哲，是万历四十一年丑榜的礼部侍郎、权副主考官，因而被鸿训称作“座师”。

八月，有《回周毓阳辽抚》。周永春，字孟泰，号毓阳，山东金乡人，万历四十六年八月戊辰任辽东巡抚，两年后罢归。书中云：“戢忘归而恬青海，弢繁弱而挂天山。在此行矣，何其壮也。”当是送周永春赴辽抚任上时作。

有《待赠正宇史公暨配董太孺人合葬墓志铭》。文中记董太孺人去世后与王赠公合厝时间是“戊午十月六日”，文章写作当在此前。

有《蒲（浦）昆溟长垣》。浦昆溟，名延祐，是鸿训的两榜好友，其履历据《祭浦昆溟文》罗列如下：“丑秋，出治南乐，南乐之人爱之……再移治长垣，日久，垣人戴且颂……午冬入计……公以留部，暂假归里，寻有读礼之戚，三载间别，余忽从海国取道于登，握手知己……”即万历四十一年癸丑及第后授南乐知县，四十四年丙辰改长垣知县，四十六年戊午冬入计，四十七年留都，之后在老家蓬莱居丧，直到第三年鸿训自朝鲜归来，两人才再次见面。书中说：“六垣左虚，征书非远，拟涤铛拂几，以待襜帷之至。”当是浦昆溟即将上计离任时事，姑系于本年。

有《贞静罗东舒先生祠堂记代作》。记云：“万历戊午，先生裔某复持《罗祠事略》二帙，乞记于余。”姑系于本年。

**万历四十七年（1619）己未　五十五岁**

春，为己未科会试考官。倪《传》：“较士春官，囊综梗梓。”鸿训门生周应期为《四素山房集》所作《序》云：“余以己未闱中得为先生门下士，先生以五珠囊集句评余制艺曰：‘闻诗六艺辨，观漏八风平。以似周克昌。’”可知鸿训为己未科会试考官。本房取士十八人，详见下考。

有《易二房同门稿》。标题意为“己未科治易经第二房同门进士制艺集”，其写作缘起是：“今闱中所获十八士各携旧制如干首，乞余拔而品题之。命不遑制与一评，仍欲人为一况，是余二十余年腐烂习肠犹然未净，请为诸士拈出，博海内一粲，亦印其似不似云何耳。”文中点评了十八位门生的制艺，分别是叶宪祖（名美度）、刘梦傅、徐时御、杨肇泰（名阶平）、张抟九、周应期（名克昌）、黄应伟、张渊美、傅良选（名良哉）、侯德征、梁申卿、邢绍德（名能世）、张敬一、刘继吴（名征梦）、叶成章（名国文）、高若閶、刘勉及、熊仲山。

有《徐时御稿题辞》。本文写作缘起为门生徐时御及第后未授官前乞假归省，请鸿训为其文集题序。

有《丑榜公祭潘怀鲁佥事文》。潘怀鲁，名宗颜，万历癸丑进士，是鸿训同年。据《明史·神宗纪》，本年三月乙酉，“马林兵败于飞芬山，兵备佥事潘宗颜战死”，本文作于潘宗颜死讯传至北京后，时间当在本年三至四月。

本年九月至翌年九月，知制诰一年。倪《传》:“知制诰一年，独持体要，如丝如綍，其道可观。”倪《传》的写作依据是刘家提供的行状，应当不会记错刘鸿训的履历，因此“知制诰一年”说法可信。鸿训知制诰，时间当在万历四十七年至泰昌元年，略考如下：检鸿训所撰诏敕，有《总督蓟辽兵部右侍郎兼都察院右佥都御史文球》，据《明实录·神宗实录》，文球代汪可受为蓟辽总督的时间是万历四十七年九月丁酉，可知至少在此前鸿训已任知制诰；又有《太常寺少卿程绍》，据《明史·程绍传》，程绍在万历中后期居家赋闲二十年，“光宗即位，起太常少卿”，则其任太常少卿时间是泰昌元年八月，可知鸿训在程绍被重新起用之时仍任知制诰。综言之，鸿训“知制诰一年”的时间，大致在万历四十七年九月至泰昌元年九月之间。

有《答文受寰大参》。文受寰即文球，本年九月为蓟辽总督。书中云：“迨有治辽之命，未尝不举手加额，而竿尺未申。”可知是本年文球受命后所作。

有《敕封徐太宜人张母墓志铭》。铭文云：“余夙慕仰松孝行景煜士抻间，岁己未方遂荆识，居顷之，辄手余年友高侍御所为太宜人状，长跽而泣曰……”可知是本年刚认识张仰松不久后受其请托而作。

在京晤见闵逸之，并作《跋闵逸之〈游秦草〉》。文曰：“余神交逸之二十余年，己未秋始得快觌都门……亡何辄别去，归亳，以《秦》帙属余为数言之跋。”可知作于本年。

**万历四十八年 / 泰昌元年（1620）庚申　五十六岁**

七月廿一日，神宗驾崩；八月一日，光宗即位，“红丸案”发，甫一月而驾崩；九月五日，群臣敦请西李移出乾清宫，是为“移宫案”；九月六日，熹宗即位。三月之间大事频发，辅臣失神，鸿训抗颜规责辅臣，赢得同僚称许。倪《传》:“于是国家多故，显皇帝奄弃天下，贞皇帝俄继上宾。鼎湖再号，连山几沸。离娄觊轩权之座，旭驭委虞渊之都。公乃戟手振髯，昌言声义，规责时宰，其音琅然，同列闻者舌呿而已。”又，《东林列传·刘鸿训传》云:“明年秋，二帝相继升遐，宫庭多议，执政大臣嗫嚅不肯言。鸿训特诣直庐，以担当勉之，朝论推许。”

七月下旬，有《劝皇太子登极第一笺》《第二笺》《第三笺》。光宗即位时间在八月一日，此三笺写作时间在神宗驾崩之后至光宗即位之前，即本月廿一日至三十日。

七月，有《乡进士胡公墓志铭》。铭文云：“岁己未，日照令胡公于都门过邸舍……则以惜六弟孝廉光奎之逝也。寻下拜，以光奎志铭请，而未有状。越明年七月，方遣使二千里持状，促余志……余重公之笃友于也，诺使者，挥汗笔之。”可知鸿训为胡光奎撰墓志铭是受其兄之托，受托时间是上一年；本年七月，胡家才派人持胡光奎行状请铭；“挥汗笔之”，当是七月间事。

八月，有《拟册立皇太子文》。皇太子，指光宗长子朱由校。《明史•熹宗纪》：“（万历）四十八年，神宗遗诏皇长孙及时册立，未及行。”册文云：“矧承先帝之遗文，敢后升储之典礼。”可知的确是遵神宗遗诏而行。只不过光宗在位时间太短，还没来得及正式册立皇太子，所以光宗驾崩后朱由校以皇长子而非皇太子身份登基。

八月，有《拟谕礼部议大行王皇后谥制》。大行王皇后，指光宗选侍、熹宗生母王氏，已于上年去世。制书称王氏为“大行王皇后”，可知是光宗在位期间（本年八月一日至九月一日）所拟。

九月初，有《劝皇长子登极笺》。写作时间在九月一日光宗驾崩至六日熹宗即位之间。

有《拟谕礼部进生母王太后谥制》。制书称王氏为“王太后”，可知是熹宗本月六日即位之后事；又，据《明史 • 熹宗纪》，熹宗生母王氏被追谥为“孝和皇太后”的时间是十一月三日。本篇制书的撰写时闫当在这两者之间。

十一月，有《冬至庆贺表》。表中称“御箓初开，履长伊始”，可知是新帝即位之年的冬至所作。天启七年冬至鸿训不在朝，故系于本年。

有《拟宣慰朝鲜从征建□敕》。敕中有“昨疆臣失算，殒将损师，颇闻尔国元帅姜弘立等所部将士亦有斩获之功”，当指上一年萨尔浒之役明军惨败，助明的朝鲜元帅姜弘立向建州投降之后被释放回国之事。

有《温青霞吉水》。书中称温青霞“亦吾丑籍中第一流品”，可知他与鸿训同是癸丑进士；检万历丑榜，仅温皋谟一人是温姓，当为此人，青霞应该是他的号。书称“温青霞吉水”，又云“邑有南皋先生”（指邹元标，号南皋，邹亦是吉水人）。又云：“家君与此老（指邹元标）为同门友，臭味特入……（此老）幽然空谷，且阅三十年矣。即蒲车玄币，旦夕下而往贲之已虞迟暮，况复听之悠悠邪？”邹元标于万历十八年辞官讲学，至天启元年返朝任刑部右侍郎，正好三十年。这里说他“幽然空谷，且阅三十年”，应该是本年或前一二年之事，姑系于本年。

**天启元年（1621）辛酉　五十七岁**

二月九日，与礼科给事中杨道寅分别担任正副使，颁光宗、熹宗二帝即位诏书于朝鲜。倪《传》：“寻奉诏以两朝敕旨颁谕朝鲜，赐一品章服。时建□日悖，制阃非才，公道经三韩，为出筹箸，听者藐藐，中用惋忧。既渡东江，俄闻烽信。名城堕为旃裘，岩镇移于老上。公投车握愤，击楫明安，弭节玄菟，大礼克举。又以海国我之外篱，绥遐激忠，存乎推置。于是裁约享馈，章示规绳。是使卉服之长，冠带而问诗书；穷岛之人，啁嘈而赞仁义。公之能也。”又，《东林列传 •

刘鸿训传》:“天启元年，赐一品服，充朝鲜正使，赍两朝诏往谕。鸿训宣国威德，国王以下皆肃然。”两文均未载明奉诏出京的具体时间,此据鸿训《请假疏》“自二月初九日陛辞出都门”补。

出京，有《辛酉二月奉使朝鲜出都》。诗中有“双纶捧出天颜喜，五月归来臣力渠”，意思是预计五月即可完成使命回国。但因辽路阻塞，事实上迟至六月底才经海路抵登州府。

取道潞河、蓟州、玉田、迁安、抚宁、秦皇岛、鞍山、辽阳等地，前往朝鲜。据《皇华集》，鸿训一路以诗纪录行程：过潞河，有《潞冰曲》；过蓟州，有《鼎居歌蓟门道中》《晓发蓟州》；过玉田，有《玉田三首》；玉田至迁安，有《榛子城中歌》《迁安里二首》；迁安至抚宁、秦皇岛，有《七家岭东发》《憩安河墩》《永平三日歌》《初望海志喜》；秦皇岛至锦州，有《抚宁东下五首》；锦州至鞍山，有《摩多楼子》《医巫闾四首》《沙岭昧爽》《三岔河》《入海州境喜赋》《鞍山道中五首》等；过辽阳，有《辽城放歌行》《辽阳东趋》《青石岭》；至小石门，与朝鲜伴送使李尔瞻（号观松）等会合，有《小石门逢朝鲜使臣》。

三月三日，前往通远堡。有《上巳日霁趋通远》。过凤凰城，有《凤凰城望南山》。

三月十日，渡鸭绿江，入朝鲜境。有《三月十日渡鸭绿江》。

经定州、大定江、清川江、平壤、临津江，抵达朝鲜首都开城。在定州，有《定州宴后再投李观松问契》《新安馆杨掌科湛我初惠诗草感之偶成一律并示李观松政府》《新安道中三首》等诗；过大定江，有《渡大定江因忆杨都谏谈五日竞渡事》；过清川江至安州，有《即日渡清川江宿安兴馆二日得八绝句》《宴后登百祥楼谈艺兼之证学》；在平壤，有《乙密台》《箕子墓》《箕子井》《浮碧楼饮后小憩涵碧亭》《肃宁馆朱太史所题锦香亭下有莲沼余携来蓟酒尚余一提招三友小集赋此》等；过临津江至开城，有《开城东朝馌歌》《远怀五首》《渡临津江》等。

四月十二日，在开城举行开读仪式，朝鲜国王李珲率领世子和群臣出城恭迎；典礼前骤降大雨，雨止后成礼。鸿训《开读纪事序》云：“四月十二日，国王躬率世子及文武群臣出郭，恭迎诏敕，欣惟是日乐舞前导之盛、老稚夹观之繁，具见举国钦承挚意。乃龙亭甫升殿，骤雨大至，王及世子、官僚屏息阶下，幄次廊庑间无哗，稍俟设置既定，雨止，雍容成礼。纤悉曲中，洵可赞尚。”

四月十四日，有《开读纪事》诗。诗序云：“越二日，休沐之暇，偶拈五言一章，用志厥美。”可知为开读仪式后两日所作。

在开城期间，两使臣曾参观朝鲜太学，赐诸生书籍文具。柳根《皇华集序》：“至如观于太学，招诸生赐书籍与纸，诸生献启以谢，是则前代《皇华集》之所无也。”

在开城期间，居南别宫。有《南别宫开宴》《江头晚归》《王世子设宴南别宫赋以志喜并鸣分袂之谢二首》《朴南坡议政偕予游汉江携其大父延城公所得于陈修撰倪学士诸前辈诗什索题数言用附袭宝以予首爱倪公遂次其韵归之》《吏曹参议李文甫水镜堂放歌行》《歌成均馆李大司成文幼双岩亭》《梧木院北再望崧岳》《再赠李观松赞成用志相与之雅》《剑水馆有感辽事二首》等诗。

准备回国。因三月十三日沈阳失陷、三月二十日辽阳失陷，陆路梗塞，朝鲜紧急为二使臣造二海船，准备由安州登船，经海路回国。事据《请假疏》："三月初十日渡鸭绿江，才三日即有沈阳之报，为之神魂飞越者数日。至二十日攻陷辽阳，镇江以西道路梗塞……幸于四月十二日抵王京开读，礼成，暂憩南别宫，即与该国君臣日卜旋期，而辽路已不可问。该国星夜为臣等特造二海船，先遣通官人等前探水路，舟楫□具，始于五月朔日繇陆路抵安州，候舟师调集，浮海南下。"

四月底，归至平壤。有《赠平壤观察使朴叔夜》《赠吏曹正郎徐都监南岳》。又有《谢国王书》两篇，第一书当作于初离开城时，简单申谢而已；第二书当作于将离朝鲜境时，书中既表谢忱，又向朝鲜国王推荐李尔瞻执政、安州节制使南以兴及义州郑节制等大臣。

五月一日，朝鲜伴送使李尔瞻送鸿训等过清川江，抵安州。事见上引《请假疏》，鸿训返程行至安州时间是五月朔日。

有《生阳道中写怀》。诗云："五月山丹灼火明，才停布谷啭流莺。春裘未解辞清禁，夏葛将残犯暑行。哪得王臣终蹇蹇，只缘归路尚营营。"

在安州，再游百祥楼。李尔瞻伴送整两月，即三月初至五月初。事见鸿训《白云书院序》："天启元年，以主上膺箓之庆，有事朝鲜。渡鸭江，国君以议政府赞成李观松氏充远接使，逆诸境上，一见知其为个中人也，即赋《君子篇》贻之。提挈匝两月，每于诗什间致此意……"有《别议政府赞成李观松四首并请教惠志远逆伴送之劳聊以旌谢》诗。

六月四日，鸿训与杨道寅各乘一舟，浮海抵达旅顺。途中两次遇到满洲军队，无法靠岸，鸿训令舟人急行至铁山口泊岸；舟遇风解体，登岸后，在当地土著带领下步行二十里抵旅顺，与副使杨道寅会合。惊饿之下，鸿训骤病。《请假疏》："六月初四日行至平岛地方，科臣舟在前，臣舟在后。科臣见岸上有假□贼数人举放烟火，不欲泊舟，遂趋旅顺口。至旅顺，日且夕矣。科臣及随行诸舟渐次入泊，臣舟独后至，见岸上□贼乘马者、步行者关弧举火，列队放炮，十倍平岛，臣独叱舟人过旅顺，趋铁山口，心口相语，谓：'宁死葬海鱼腹中，必不为叛贼所执。'乃终夜风涛达旦，舟渐漏，桅折，时作异响。臣知不可保，急促舟人起维登岸，未能也。忽异风吹舟，薄沙碛。臣欲下，随行诸役力挽臣臂，捉臣两袖，尚谓无虞。臣绝袖奋身跳浅水，半蹶。二水手扶臣，才起立，而舟已沉。再移数步，避潮水击溅，而舟已片片浮矣。衣衾图籍尽付洪涛，即片纸寸缕未携也。臣着小衣，栖息山麓，雷雨大至。顷之雨歇，得一土人前导，步行二十里返旅顺，得副行一舟载焉。泥涂行潦中，相貌如鬼，衣履俱无，得科臣遣送一二衣被，聊足蔽体。然风雨惊悸之余，空饿之腹，支离昏愦，至夕不苏。家僮环臣而泣，而臣之眼泪枯而不能下矣。自是病卧舟中，不问去住，又海水煮米，日勉进数匕，尽结黄痰，呕吐不绝。”又，《题庙岛天妃祠募缘疏首》云：“鸿训奉使朝鲜，以辽路梗塞，问归途于海上。六月四夜，泊铁山口，异风鼓浪达旦，舟漏不可塞。余竟夜不寐，乃合眼，即见一铜像如大士状，旁栖小金雀，殊异之。须臾，惊浪千尺，舟三推到岸。余奋身脱舟下，舟人方扶掖直立，回顾乘舟，已片片逝矣。”又，《东林列传·刘鸿训传》：“时辽阳已陷，朝鲜为造二舟从海道还，遭风舟败，鸿训跳水中，适值浅沙，扶载他小舟，浮沉海波者三日夜。又几溺，忽有小鸟金色集帆上，得达登岸报命。”

六月九日自旅顺出发，浮海前往登州，经三日夜方至。六月十日夜在海中遇大风浪，舟失舵楫。偶见金色小雀栖帆上，因呼庙岛天妃而祷之，风浪始息，得以平安抵达登州。后蓬莱庙岛天妃庙道士募捐维修天妃祠，鸿训为撰《题庙岛天妃祠募缘疏首》。《请假疏》：“入大洋四望，各千余里，旁无岛屿，行三昼夜不能泊，望黄城如在天上。至初十日风浪异尝，竟日夜，舵楫俱尽，时时愿沉、愿覆不可得。臣仰天大呼，果获奇救。”《题庙岛天妃祠募缘疏首》云：“初九日自旅顺而南，昼夜行大洋中，无泊所。至初十日，汔入夜，风涛震荡无宁时，自分必死。忽一小金雀白日落帆上，栖息移时。舟人骇异，谓海洋中四届各数百里，安所得此鸟耶？余为心动，逆料可不死。又，舟人谓鼍矶庙岛二祠，有天妃圣母像，香火在焉，每祷而有应。余跣足长跽舟中，大呼圣母，以余生平乞鉴，且祝绣幡构联，颂扬圣德。言未毕，风涛遽徐徐，岂长年三老之力哉？”

六月十一日，由海路抵登州，父一相派人前来迎接。因路上惊饿成疾，即延医问诊，不料病情反增，只能让杨道寅先行晋京述职。六月二十一日自登州扶病出发，七月一日抵达长山老家。《请假疏》：“臣父连遣家人数辈逆诸海上，言臣父母日相对涕泣，冀臣生还。臣闻此，寸心如割，即延医，连服镇惊涤秽之药数剂，欲勉强驰过长山，一慰二亲，即力疾入都门。不意误用凉饵过多，水泻暴下者数日，惫甚，舆疾行潦水中九日，抵子舍。”

六月，在登州晤见同年浦昆溟。事见《祭浦昆溟文》：“公以留部，暂假归里，寻有读礼之戚，三载间别，余忽从海国取道于登，握手知己……”

七月一日，归家。母病重。《先考妣行略》：“天启改元之七月壬子，吾母孟恭人以天年卒于家。卒之日，为不肖鸿训归自朝鲜之十三日。不肖实夏杪之晦入里门也，自海上得家大夫手书，知母病，仆三至，云'且瘥'以宽我。及入拜榻下，则骨柴弁而目离迷，握手大叫，声不属。"母孟氏夫人卒于本月十三日，逆推知刘鸿训归自此日。

七月初，因母病重，使弟鸿采代为草疏告假。《先考妣行略》："不肖虽草疏，乞宽假报使命，不遑它及，然犹时诣榻前，剖瓜匕粒，视神气益损。"《请假疏》："每欲臣强饮食，而臣之脾胃大伤，吐泄时作，困顿日甚。兼之舟中受湿，右臂麻木，不能执笔。在登州时已知不能手自草疏入告我皇上，实托科臣道寅先代臣一鸣，稍逭罪戾，不知科臣曾为臣一言否。臣又思病体沉重，匪旬日可愈，因于榻前授意臣弟生员刘鸿采代草一疏，急为奏闻。臣虽稍加点窜，而语无伦次，大非入告君父之体。"疏中又向熹宗报告出使归来的事务："原领诏敕筒四件，旧例，事峻应送还礼部，转缴内府，已托付科臣道寅代赍入都，并无损坏。又朝鲜国遣来陈慰谢恩四陪臣，随臣等来至海上，俱遭风，文移、行李大半浥坏，敢附以闻，惟圣明怜而宽恤之。更乞敕下该部，明示此后贡道，用副该国君臣濒行相托之意。"

七月十三日，母孟氏夫人卒于家。《先考妣行略》："距生于嘉靖二十七年十月二十二日亥时，卒于天启元年七月十三日巳时，得年七十有四。"

七月十六日，朝鲜文臣柳根为《皇华集》作序，《皇华集》当在此后不久于朝鲜付梓。时间据柳根《皇华集序》。

十二月五日，有《先恭人堂祭文》。文中说："诘朝且奉玉瘞重泉矣。"可知是母亲下葬前晚的祭文。

十二月六日，葬母于祖茔。《累封恭人先妣孟氏行状》："是岁十二月初六日，归葬祖兆之巽方不数武，从母命，不改卜也。"

十二月，有《送王邑侯上计序》。本文是鸿训在乡守母丧时送长山王知县赴京上计而作。序文说："今上御寓改元之二年壬戌，适海内郡国吏三载入计之期……胥以辛酉嘉平鳞次阙下，日屏息太宰宇外，席舍以听献岁。"可知王邑侯上计事在天启元年（辛酉）十二月（"嘉平"），要在京城等候至正月（"献岁"），故系于本年。

有《熊芝冈经略》。书中言"不肖又二月度辽阳，局外之人，不无闻见。迨繇南卫取道登莱，亦有一管之窥"，可知是本年出使朝鲜归来后所作。熊芝冈，即熊廷弼。据《明史•熹宗纪》，熊廷弼于本年六月丙子为兵部尚书兼右副都御史，经略辽东，这篇书信当作于六月之后。

有《梁丹崖宪副》。书中说到"辽城既破"，据《明史・熹宗纪》，辽阳失陷时间是本年三月壬戌，这篇书信当在此后。书信中鸿训还托梁丹崖转告朝鲜议政府赞成李尔瞻，请求朝鲜方面将《皇华集》付梓后为他寄送一二册。又，《报孙司理》有“梁丹崖虽已抵鲜”语，可知他此行是出使朝鲜，故鸿训有此托。

有《故辽阳督粮通判前诰授奉训大夫涿州知州左公墓志铭》。铭文云：“今上改元辛酉，余以使事海外返，九死之余，复居忧……忽季子冢君跋涉千里，为公问志。”可知是本年居母丧期间所作。

有《资德大夫南京都察院右都御史赠太子少保可泉宋公行状》。黄嘉善《明资德大夫正治上卿南京都察院掌院事右都御史赠太子少保可泉宋公暨配王氏合葬墓志铭》云：“孤以刘太史所撰状来请铭。”又，据黄《铭》，墓主宋仕下葬时间是本年十二月三日，则是先有鸿训《行状》，然后黄嘉善才据《行状》写作《墓志铭》，写作时间当在上年或本年，姑系于本年。

有《累封恭人先妣孟氏行状》。《行状》说写作时“异域之魂未招，海上之惊饿奄然”，可知是朝鲜归来后病中所作。又，孟氏夫人下葬时间是“是岁十二月初六日”，考虑到先写行状再请人写墓志的时间，本文当作于本年八九月间。

有《祭何太夫人文》。文中称何太夫人之子为“吾师”，即何如宠。文中云：“不肖小子，霰萱有萎。异域归来，草土迷离。万里师门，庆吊罔知。”可知是本年鸿训自朝鲜归来并居母丧期间所作，姑系于本年。

**天启二年（1622）壬戌　五十八岁**

四月底，有《孙二如司理》。本文是因年友浦昆溟之死而写给登州推官孙二如的信。《祭浦昆溟文》曾说过鸿训自朝鲜归国时在登州与浦一晤时的情形：“乃察公于气息壶觞之间，总属忧郁阴晦，不乐生人之态。余微问故，公亦一二吐露，率不可解，余已知公非久视尘世人也。”则是浦在此后不久即去世。《与孙二如司理》云：“登城乡官浦昆溟四月十九日之变，逾七日而不肖得与闻。”可知浦死于本年四月十九日，廿五日消息传至长山，鸿训立即写信给在浦的家乡登州做官的孙二如，请求其为浦主持公道。孙二如，名昌龄，时任登州府推官。

六月，有《邑增广生王万川公暨配边孺人合葬墓志铭》。据文中记录，边孺人卒于天启二年四月初九，“母逝不数旬，嗣君辄蚤营窀事，一日手两尊人状过余”，前来请铭，写作时间应在本年五六月间。

十一月，有《承务郎四川布政使司经历司经历华铉王公墓志铭》。铭中开头说：“天启壬戌冬仲，邹之王生履恪持乃翁经历公状过余里，长跽乞铭。”可知为本年十一月后作。

十二月二十八日，有《壬戌除前二日纪事》。

冬，有《答侯休宁晋明》。答《侯休明书》中有“自广宁陷没以来……亡何，蜀黔焰烈于西南，莲妖猖狂于兖野。区区敝址，去邹滕几何”等语，据《明史•熹宗纪》，永宁宣抚使奢崇明反于黔蜀的时间是上年九月乙卯、山东白莲教徐鸿儒部攻破邹县、滕县时间是本年六月戊辰。书中又有“自秋涉冬，百疾交作”，可知是本年冬所作。

有《淄侯李公邹滕之变武戒得蚤淄人戴而歌之漫为一阕志喜》。当为本年六月以后作，考见上。

有《自朝鲜归病起纪事》。诗中说“肌骨藏瘨痏，隔岁发隐疹，手摩如蚕纸”，可知作于朝鲜归来之次年，其时作者皮肤病发作，皮肤粗糙如同蚕纸。

有《报邹南皋年伯》（与万历四十四年的《报邹南皋年伯》同题）。书中有“侄迂阔无当之人，海外游魂，草土哀子。历岁余，仍大病一番”，可知是朝鲜归来一年多之时所作。又，邹南皋即邹元标，与鸿训父一相是万历五年同榜进士，因而鸿训称其为“年伯”。邹元标于本年辞官，天启四年卒于家，书中又有“今伯父行矣，将圣主中兴之业造基何时”等语，与邹本年辞官之事合。

有《承事郎副兵马指挥参寰王公墓志铭》。铭云：“比岁壬戌，乃延堪舆卜幽宅，选吉于天启改元之三年癸亥季春十六日举焉。”可知选墓址在本年，下葬在翌年三月十六日。姑系于本年。

**天启三年（1623）癸亥　五十九岁**

春，有《答朝鲜国王李珲》。书中有“不佞道经子舍，暂依旬余，乃遽罹先慈之变……顷荒芜笔札，漫尘贵邦，原稿俱为苍光所夺。何幸被之绣梓，得于海上飞来耶”等语，可知是母孟氏夫人去世后居丧期间为答谢朝鲜国王寄送《皇华集》而作。书信写作时间不能完全确定，考虑到李珲于本年三月癸卯被废黜，书当作于此前。又，《皇华集》刘孔中《序》云：“先大人所著作者，独越数岁，为贡役迂道函致。”可知从天启元年《皇华集》付梓至寄回国，时间不止一年，故系于本年。

三月六日，有《祭王华玄经历文》。文中云：“余受嗣君勒状，既已志君之墓而铭之已。越举輀大厝之期，余复刑牲崇酒、剪帛摛词，而诔君于墓门。”“志君之墓而铭之”，指上年十一月所作《承务郎四川布政使司经历司经历华铉王公墓志铭》，《墓志铭》记墓主王廷荐下葬时间是本年三月六日，本文是下葬时的祭文。

四月廿八日，有《歌晴晖堂》。诗有“辰年史职乞病归，墓门痛哭读贞珉。越酉九死来海邦，栖息重结双璘珣”，知是为母孟氏居丧期间所作；又有“大人率之登此堂”，可知父一相尚健在。诗又曰：“晴晖堂上祖夫人，朱明念八设帨辰。”可知晴晖堂是为纪念祖母高氏而建。本年又在晴晖堂东西各增一阁，分别名曰竹素、卫生。诗当作于上年或本年四月廿八日，姑系于本年。

五月，有《祭浦昆溟文》。浦昆溟，名延祐，山东蓬莱人。祭文云：“公之殁且岁余矣。余与公，东省、南宫皆同举，并出何、胡两先生之门。”可知两人既是同乡，还同是万历己酉科举人、癸丑科进士，关系非常亲密。据《孙二如司理》所述，浦生父当为华姓，母改嫁后更为浦姓。他本想为浦氏翁婆取得朝廷封诰以报养育之恩，然后奏请复宗华姓，但浦氏不允，而且在经济、情感上压榨浦，浦因此被逼自杀。据上两年考证，天启元年六月鸿训归自朝鲜，在登州曾与浦一晤，其时浦已无生志；天启二年四月十九日浦自杀，鸿训获悉后，担心浦的夫人及五岁儿子会被浦氏继续迫害，因而写信给登州府司理孙二如，请求让华氏抚养孤儿。浦去世“且岁余”，鸿训乃作此文祭奠旧友，时间当在本年四五月。

十一月，有《癸亥升右中允告祖父母墓文》。文中云：“今甫届禫除，遽蒙圣恩，擢右春坊右中允，脱之史职，惭厕宫僚矣。”按服母丧二十七月计，鸿训服阕当在本年十月，之后被朝廷征召为右春坊右中允（据《告母氏墓文》，征右中允事在本年十一月六日），但直到次年正月才在父亲的催促下前去上任。

十一月，有《告母氏墓文》。与上《告祖父母墓文》当为同时所作，两文都作于本月六日之后。

十一月，父一相有异梦。《先考妣行略》：“癸亥冬仲，夜梦邑大夫赠户扁，题‘四四’两字，觉知有异，密诫苍头勿告儿辈。然犹每食饘粥三四盂，料元气脉脉长也。”

十一月，有《中宪大夫都察院右佥都御史巡抚延绥晴宇王公墓志铭》。文中说：“岁癸亥，公曾孙绪不远数舍，持董方岳所为公状，问志于余……逾初冬，禫除，始取诸疏揭实历尽读之，拂几而濡毫焉。”“逾初冬”，当指十月以后。

有《兖州守孙公生祠碑》。本文是山东平定白莲教徐鸿儒部后为兖州知州孙朝肃立生祠而作，据《明史•熹宗纪》，擒徐鸿儒事在上年十月辛巳，之后倡议、立祠、刻石还需要不少时间，姑系于本年。

有《贺赵明翁公祖晋少司马序》。序是为平定白莲教徐鸿儒部后赵明翁晋少司马而作，文中又云：“方拟偕士民合词请命于公，以不肖禁于礼，已之。会六郡大夫促余言，余不肖，又何忍以葛麻讳也。”可知是上年十月至本年居丧期间所作，姑系于此。

有《遥授太医院吏目延庵韩公暨配董宁两孺人合葬墓志铭》。本文作于“太翁高年恣颐养”和“不肖训居忧里中”之时，即天启元年至天启三年；又，铭中记墓主下葬时间为“天启三年□月□日”，姑系于本年。

**天启四年（1624）甲子　六十岁**

正月九日，鸿训在父一相的催促下赴任右中允，不久晋升左谕德。倪《传》：“复命，擢右春坊右中允，旋晋左谕德，父丧归。”《先考妣行略》：“闻孤量移宫允，且以今上覃恩，府君再晋阶中议大夫、资治尹，加喜曰：‘尔奉使东国，苦甚。吾闻史官居里中无迁秩者，或政府轸尔劳，可之任，一觐冲主朝讲之盛，无重念老人。老人之欢也。’孤泫然辞，不可，日促之行。乃奉命以甲子入春勉，别膝下。”正月甲子，即本月九日。

四月初，有《报吴总督本如》。吴本如，名用先，天启四年三月己卯至五年三月戊戌任蓟辽总督。书中说：“今主上日益精明，朝讲之勤，不避暑气。因前月稍稍违和，传谕六宫，百日不得进御。此等戒慎，非大圣人不能，真中兴之令主也。”熹宗身体“违和”之事，《明史•熹宗纪》记云：“四年……二月……甲寅，京师地震，宫殿动摇有声。帝不豫。三月丁巳，疾愈。”可知是夏初写给时任蓟辽总督吴用先的信，时间当在十二日父丧前。

四月十二日，父一相去世，应其上年“四四”之梦。《先考妣行略》：“乃奉命以甲子入春勉，别膝下。何意仅两越月，即以孟夏，为天启四年四月十二日，府君登玄穹矣，‘四四’之谓邪？”“两越月”，《先考妣行略》文首表述为“不弥三阅月”：“天启甲子献岁，孤鸿训勉从府君指，再入春明。不弥三阅月，遽闻府君大故。”距鸿训正月九日入京，实为三个月又三日。

冒暑南下，奔父丧。《先考妣行略》：“麻衣成，即陛辞，犯暑南奔，食寝昒乱，水火弗中理，仅不死。归，哭府君于堂。”

六月，调养身体，撰成《先考妣行略》。《先考妣行略》：“乃杜却，亟理药饵，再阅月始有惺存，勉勒《略》……”可知是父一相去世两月后所作。

九月，有《甲子九月苍松涧五首》。第一首云：“水穷山尽可诛茅，木末云根构一巢。五十年来成底事，何如半晌坎离交？”可知已有出世之志。按，鸿训本年六十岁，“五十年来成底事”当指自幼时受学以来一无所成。

下半年某月十九日，梦见父亲与之诀别，之后作《上馈府君文》。文中说：“先是，十九日之夜，训儿梦我父寝疾，亟召儿至榻前……又殡玉于堂者数月，将魂魄咸在，知大厝逼届，补此一诀耶？”“殡玉于堂者数月”且翌年正月即下葬，应是本年下半年事。

冬，有《送云台王令君述职序》。序文开头云：“今上四年甲子冬，郡国吏当启行述职。不佞以大故里居……”可知是本年冬居丧期间送长山王知县上计而作。按，本序所说的王令君，与天启元年底所送之王邑侯同姓同职，考虑到当时正行“久任之法”，二人当为同一人。

有《朱蓼水相国》。书中说：“襄事之期迫矣，只缘狗马之病缠绵数月，故今所持状略，事虽质而言则芜，恐不足辱元老之一采，奈何！傥老先生终赐轸惜，而被草木以金石乎？鳌戴之私，当于刘氏俱长也。”可知是为父一相葬事请求朱平章撰写墓志铭而作。据《先考妣行略》，刘一相下葬时间是天启五年正月二十四日，因此这封书信的写作时间当在本年。

有《答邢能世公札》。书中说："故初春强颜小草，殊非本怀。迨出而未弥三月，遽闻大故……顷冒暑南奔，食寝俱废，以不孝之素不善病而致染，水火不分，缠绵数月，犹未全瘳，始信老而孺子慕之难也。"称本年初春服阕复官，之后遭父丧，之后大病数月，故当作于本年秋冬。

有《王仪部康宇》。书中说："老年伯与叶老师一归，大关国家气运，看去后景象可知已。"叶老师当指叶向高，叶于本年致仕，故系于此。

有《寿州知州绳白李公墓志铭》。据铭，墓主李邦潢卒于天启三年八月十九日，下葬时间定为天启四年十二月二十二日，本文写作时间在此之间，姑系于本年。

有《祭李绳白知州文》。亦作于本年十二月二十二日前。

有《缪西溪》。书中有"午岁入春明……于吾兄竟缺然一候，罪可胜讨？七年自讼，真欲赎而未能也"等语，戊午年（万历四十六年，1618）在京未能晤面，内疚七年，下推知作于本年。

**天启五年（1625）乙丑　六十一岁**

正月二十四日，父一相下葬。此据《先考妣行略》。

有《缪西溪宫谕》。书中说："承询及先君窀穸，自先慈襄事时，奉先君命早已完治，如形家言，厝于丑年之新正廿四。"这篇书信当作于父亲葬事完毕之后。

有《邀邑侯张云桥》。据《送王邑侯上计序》，万历四十七年至天启元年长山知县为王姓；据《送云台王令君述职序》，天启二年至天启四年，长山知县亦为王姓（两者很可能是同一人）。则是从本年起，长山知县改为张云桥。书中称张知县"上国珍储，扶风美挺"，则张云桥是陕西宝鸡人。书中又说："一庭秋水，觉有余闲；三月苦心，宁忘休夏。"可知是张知县到长山上任三月时鸿训邀其来家做客的书札。

有《李性参太府》。本文是为维修长山城墙而写给李性参的信，请求李性参早日批准本县城墙的维修工程。信中说："新令张君，慈惠精明，力能振刷。"可知是长山知县张云桥刚上任时作。

**天启六年（1626）丙寅　六十二岁**

冬，父丧服除，起少詹事。《明史·刘鸿训传》："天启六年冬，起少詹事，忤魏忠贤，斥为民。"

冬，有《祭家庙文》。文中说："今且繇左春坊左谕德历级而上，授詹事府协理府事、少詹事兼翰林院侍读学士，充神宗实录副总裁官，躐崇膴矣。"可知是接到起复消息后为告祭家庙而作。

很快就因触犯魏忠贤而被阉党排挤丢官，赋闲在家，并被削夺父母封诰。失官原因，倪《传》载之甚详："遭顷阳公忧，摧毁之诚，几于死。孝服甫禫，起少詹事。维时节甫乘权，膺固骈戮，嵎虎惧其多翼，谒者怪其有儿，招延苟朋，刲割刚士。公入都门，义形难犯。珰之群儿以难告珰曰：'党渠不除，后其哜噬。'繇是矫旨褫公冠衣，而公自喜，言笑宴宴。三公于我乎何加，党人无慙于不与矣。跨卫还里，弥益夷犹。"

有《祭王太夫人文》。文中云："顷岁癸亥中冬，太夫人路族者寿终于堂。越丙寅初夏，将返乎广莫之乡。"如果本文是下葬前的祭文，则当作于本年夏。

有《来鹤桥记》。《记》开头说："天启丙寅，计鸿训自海外来六年矣。盖强半病困且千日……一日，郡大夫樊公大瀛以新建泺上来鹤桥纪石见属……"可知是本年事，当作于本年冬起复之前。

有《院山重修碧霞元君宫碑》。碑文末直署时间为"时天启改元之六年也"。

**天启七年（1627）丁卯　六十三岁**

四月十二日，有《丁卯先大夫忌辰祝词》。词云："追惟甲子奉讳，今历四辰已。"本日是父一相去世第四年忌辰。

四月，往西山割麦，午餐时遇到蜥蜴落于左臂，后弟子叶宪祖辞职南归。事见《柬叶美度》："卯年朱明之月，不佞往删西山之麦。方卓午，与二三野老共食，忽于梁间堕一蜥蜴，伏余左臂者久之，方推去。一友人占曰：'此都中相知拂袖南归之应。'越数日，而门下之处分至矣。"

六月十二日，有《施设生邀饮徐丹竹水亭》诗。诗中有"卯年已度百六十"，即丁卯年的第160天。

九月九日，有《丁卯九日登米阜直赋其事》。本日登高，有弟、子参预（"弟儿闱中来"），还有道士（"羽客真仙子，宛也两澄泓"）。

十二月十一日，崇祯帝仿古枚卜事，金瓶选相，首得鸿训名，令以少詹事拜相。三上书辞，不得，于翌年四月入阁。倪《传》："居之二年，否极以喜。今皇帝乘乾出震，锄奸显忠，金天作则九黎诛，玄华升而四凶革。访予落止，悬鞀辟门，有诏廷臣，极搜旧德，凡疏朝野十人，比于周乱，公名与焉。皇帝考慎，旦日召执政以下，入对乾清，焚香祷天，冀得良宰。覆名金甓，明凭帝赉，首探得公，上心甚悦，即家征公为礼部尚书，兼东阁大学士。发册遣使，肩背相望，控辞不听，凡五阅月，随使者至阙下。"自本月至明年四月，正"五阅月"。《东林列传·刘鸿训传》："帝仿古枚卜事，特召吏部尚书房壮丽、左都御史曹思诚、吏科都给事中魏照乘、掌河南道御史安伸等入内廷。帝焚香告天，置诸臣名金瓶中，探之，先得钱龙锡、李标、来宗道、杨景辰，再得周道登及鸿训名，凡六人。有诏，进礼部尚书兼东阁大学士，遣行人至里门召之。"两传均未载明枚卜选相的具体日期，据鸿训《枚卜辞恩第一疏》，枚卜事在本月十一日。

十二月，有《枚卜辞恩第一疏》。枚卜事在本月十一日，疏中又有“何虞本月十一日按吏部咨文会推阁员，臣以废籍，亦得列名”等语，可知作于本月十一日后。

有《黄节庵》。书中说：“自都城被斥之日，即刻饱食闷饭二大盂，颇无凄容……幸相与勉旃，报新圣人。”可知是上年冬被斥、本年八月新圣人（指崇祯帝）登基后所作。

有《报张云桥县主》。如《邀邑侯张云桥》条所考，张云桥于天启五年至七年任长山知县。书中说：“但冷局中人，不宜数谈政事，亦不宜数谒宰官。不肖与牧父，可谓密于心知而疏于颂言者。”鸿训自称“冷局中人”，当指上年冬因忤魏忠贤而被罢官事，故此文当作于上年冬至本年十二月枚卜选相之前，姑系于此。

**崇祯元年（1628）戊辰　六十四岁**

二月廿一日后，有《辞恩第二疏》。疏云：“又于二月二十一日接得行人司行人孔闻籍赍圣旨，促臣赴任。”可知第二疏在此之后数日，姑系于此。

三月，有《辞恩第三疏》。第三疏在第二疏与谢恩疏之间，姑系于此。据《辩诬第三疏》，上本疏时，鸿训在雄县候命。

四月二十七日，到任，入阁。《明史·刘鸿训传》：“庄烈帝即位，拜礼部尚书兼东阁大学士，参预机务。遣行人召之，三辞，不允。崇祯元年四月还朝。”倪《传》：“陛见之日，鹤立鹄举，音吐軿訇，上遥见目成，喜著瞳采。”鸿训《谢恩疏》载有更具体的时间：“谨于本月二十三日陛见，二十四日谢恩。恭候皇上御朝之日，再补面恩。今于本月二十七日到任，随诸阁臣办事讫。”

有《谢恩疏》。疏作于“本月二十七日”“随诸阁臣办事讫”后。

五月，鸿训初入阁，锐意进取，屡次就吏治、赋税及为君之道进谏，深受倚重。倪《传》：“公至木强，感知气昌，章邪摘疑，断断如也。于是奸徒大沸，剡手须劓，遂乃召鹰起犬，移眩缁素，有腼面目，视人罔极。商英报元佑之憾，宗孟以司马为讥。赖夫圣人瞻言，王赫斯怒。刑天干戚投于帝江，营蝇樊榛歘然离破，群迷衷圣，国是以明。公是用感泣刻肌，益靡避慑，因承密对，力言：‘吏速化则治不成，民重征则盗不息。’又言：‘帝王之道，必世后仁。譬身元气，久自蒸彻。’又请涣居益馈，任人责成。既以鱼水方孚，无言不得，退朝目送，势所难居，遮道手加，情何易答。”鸿训谏官员久任之法等事，《明史记事本末》卷七十二载于本月：“五月，上召廷臣于平台……次日，复谕吏户兵三部曰：昨召对九卿科道官，辅臣刘鸿训言：‘吏调甚速，宜行久任之法，责实效。’又云：‘海内罢于赋役，朕甚悯之。夫吏调速则民滋扰，任事久则功易成，自今藩臬郡邑毋轻改调。’”

五月六日，上《辞疏》请辞。疏云："而乃有受事旬日，遽蒙如许訾诟如臣之不肖者，宁不辱金瓯而羞揆路耶？”可见入阁才十日即遭攻讦，因而以“饮食减少，心血耗散”为由请辞。

鸿训在内阁主持斥退阉党，阉党余孽不自安，唆使御史袁弘勋等攻讦鸿训，给事中颜继祖、邓英等为鸿训辩白。《明史·刘鸿训传》："崇祯元年四月还朝。当是时，忠贤虽败，其党犹盛，言路新进者群起抨击之。诸执政尝与忠贤共事，不敢显为别白。鸿训至，毅然主持，斥杨维垣、李恒茂、杨所修、田景新、孙之獬、阮大铖、徐绍吉、张讷、李蕃、贾继春、霍维华等，人情大快。而御史袁弘勋、史𡎊、高捷本由维垣辈进，思合谋攻去鸿训，则党人可安也。弘勋乃言所修、继春、维垣夹攻表里之奸，有功无罪，而诛锄自三臣始；又诋鸿训使朝鲜，满载貂参而归。锦衣佥事张道浚亦讦攻鸿训，鸿训奏辩。给事中颜继祖言：‘鸿训先朝削夺。朝鲜一役，舟败，仅以身免。乞谕鸿训入直，共筹安攘之策。至弘勋之借题倾人，道浚之出位乱政，非重创未有已也。’帝是之。给事中邓英乃尽发弘勋赃私，且言弘勋以千金贽维垣得御史。帝怒，落弘勋职候勘。已而高捷上疏言鸿训斥击奸之维垣、所修、继春、大铖，而不纳孙之獬流涕忠言；谬主焚毁《要典》，以便私党孙慎行进用。帝责以妄言，停其俸。史𡎊复佐捷攻之。言路多不直两人，两人遂罢去。”

六至七月，有《请发沐镇票拟疏》。据疏，云南总兵沐启元病死时间是六月十日，其母宋氏（鸿训原文称沐启元为宋氏之“孙”，其实应为宋氏之“子”）的《请袭疏》传至北京，当在七月。

有《请叙蜀功疏》。“蜀功”，指镇压四川永宁宣抚司奢崇明于天启元年发起的叛乱一事，天启三年四川巡抚朱燮元领兵击败奢崇明，永宁改土归流。但因“川省远在天末，每一陈奏，动辄经年，迄今尚未允叙”，鸿训认为，“黔事未襄，正宜亟酬蜀功，用示激劝”，因有此疏。按，叙蜀功事在七月初，请叙蜀功当在此前。

七月，有《辞叙平蜀加恩第一疏》《辞叙第二疏》。第二疏有“本月初五日复奉圣旨”，可知第一疏在七月五日前，第二疏在五日后。

七月，鸿训加太子太保，旋因请发内帑犒军而触怒崇祯帝。《明史·刘鸿训传》："七月，以四川贼平，加鸿训太子太保，进文渊阁。帝数召见廷臣。鸿训应对独敏，谓民困由吏失职，请帝久任责成。以尚书毕自严善治赋，王在晋善治兵，请帝加倚信。帝初甚向之。关门兵以缺饷鼓噪，帝意责户部，而鸿训请发帑三十万，示不测恩，由是失帝指。”

谏废古钱，不果。《明史·食货五》："庄烈帝初即位，御平台召对，给事中黄承昊疏有销古钱之语。大学士刘鸿训言：‘北方皆用古钱，若骤废之，于民不便。’帝以为然。既而以御史王燮言，收销旧钱，但行新钱，于是古钱销毁顿尽。”事在“庄烈帝初即位”时，当在本年八月前崇祯帝即位满一年之前，姑系于此。

九月，张庆臻擅改敕书事发，牵连鸿训。《明史·刘鸿训传》：“至九月而有改敕书之事。旧例，督京营者，不辖巡捕军。惠安伯张庆臻总督京营，敕有‘兼辖捕营’语，提督郑其心以侵职论之。命核中书贿改之故，下舍人田佳璧狱。给事中李觉斯言：‘稿具兵部，送辅臣裁定，乃令中书缮写。写讫，复审视进呈。兵部及辅臣皆当问。’”

有《辩诬第一疏》《辩诬第二疏》《辩诬第三疏》《辩诬第四疏》《辩诬第五疏》《辩诬第六疏》。据六疏正文所论事实及提及的时间，第一疏、第二疏在九月十三日前，第三疏在十三日后，第四疏在二十六日后。

十月，崇祯帝穷究改敕事，田时震又劾鸿训受贿。倪《传》：“会以京军置帅，制书不符，议者毛吹，归诸机密，原其显过，小事糊涂，阁班后公，则犹叔季。而言者仓卒承诘，遽以公称。值上励精无私制治，不欲使天下揣疑秘旨，以为天子箝键言路，袒翼凝丞，乃下所司，杂施穷鞫。孔璋石烈，今世所稀，呫嚅之间，已成大狱。”《明史·刘鸿训传》：“十月，帝御便殿，问阁臣，皆谢不知。帝怒，令廷臣劾奏；尚书自严等亦谢不知，帝益怒。给事中张鼎延、御史王道直咸言庆臻行贿有迹，不知谁主使。御史刘玉言：‘主使者，鸿训也。’庆臻曰：‘改敕乃中书事，臣实不预知。且增辖捕卒，取利几何，乃行重贿？’帝叱之。阅兵部揭有鸿训批西司房语，佳璧亦供受鸿训指，事遂不可解，而侍郎张凤翔诋之尤力。阁臣李标、钱龙锡言鸿训不宜有此，请更察访。帝曰：‘事已大著，何更访为？’促令拟旨。标等逡巡未上，礼部尚书何如宠为鸿训力辩，帝意卒不可回。乃拟旨，鸿训、庆臻并革职候勘。无何，御史田时震劾鸿训用田仰巡抚四川，纳贿二千金；给事中阎可陛劾副都御史贾毓祥由赂鸿训擢用。鸿训数被劾，连章力辩，因言：‘都中神奸狄姓者，诡诓庆臻千金，致臣无辜受祸。’帝不听，下廷臣议罪。”

关于鸿训失却崇祯帝欢心一事，倪《传》记载了另一原因，即鸿训曾向他人抱怨崇祯帝年幼无知：“鸿训居政府，锐意任事。帝有所不可，退而曰：‘主上毕竟是冲主。’帝闻，深衔之，欲置之死。赖诸大臣力救，乃得稍宽。”鸿训《辩诬第四疏》也曾提及此事，并为自己辩解说：“又引刘述祖告病改票一事诬臣，曾于众中称我皇上为‘冲主’。夫恭敬我皇上之神明，爱戴我皇上之英断，心知我皇上必为中兴令主，每与同官及一时在廷诸臣，无不共相劝勉曰：‘我皇上必为千古中兴明主矣，我辈务祓濯此心，恪修实事，共为第一班中兴良臣。’

同官及在廷诸臣俱可问，而谓臣有率易之言哉？臣于皇上前未尝一语害及言官，何台臣害臣之深也？”

十月十一日，鸿训罢相待罪。《明史•庄烈帝纪》:“冬十月戊戌，刘鸿训罢，寻遣戍。”《明史 • 周延儒传》记鸿训罢相时间在十一月，误。

十一月底，有《辩诬第七疏》。第七疏在十一月二十八日后。

有《与李渤海大参》。书中说 :“弟庸劣无似，误膺新圣人旷世异典，自除前闻命汔于今，神魂未定，不知何以答涓埃也。”可知是上年除夕闻枚卜拜相之后事。

有《胡肖山座师》。书中说 :“辞恩首疏，恐后时遣役，殊觉匆迫。二月初走力专候起居，惟师台谅其未周也。”辞恩首疏事在上年十二月，本年二月又曾派人看望胡肖山，可知作于二月初以后。

有《韩象云相公》。书中说:“迩来旧臣尽去，新卜之萧山、晋江相继亦去。阁中虽四人在事，其于明习裨补之益，靡所禀承。”提到与自己同时入阁的萧山（来宗道）、晋江（杨景辰）相继致仕，据《明史 • 庄烈帝纪》，两人致仕时间是本年六月壬子，这篇书信写作时间当在本年六至十月间。

有《拟谕疏恭录圣谕于前》。文中说 :“大学士来宗道、杨景辰、李标、刘鸿训谨题。”据上文，来宗道、杨景辰致仕时间是本年六月壬子，本文写作当在此前。

有《答熊东星高星垣侯晋明》。书中说 :“诸君子各清秩留都，凝养超越，必有扶世之见，开我尘迷，稍轻罪戾，幸无金玉其音而有遐心。”大意是以大学士身份请诸君子为他多进良言，当作于本年十月十一日罢相之前。

有《王岵云司马》。王岵云，名在晋，时任兵部尚书。书中提及自己因惠安伯张庆臻改敕和御史弹劾受贿二千金两事，并请求王在晋上疏为自己辩白，当作于本年九月以后。

有《张公祖》。书中说:“待获狄姓者，必得大君子持平，以听不肖之心事。”大意是，他被诬受贿是因狄少玄与惠安伯家人勾结所致，因此需要抓获狄氏，才能证明自己的清白。

年初，有《请马邑主送学启》。本启当是为年初长山县试或济南府试送学而作。上文已考知天启五年至天启七年的长山知县为张云桥，则是本年至崇祯三年改为马氏。书中云 :“大冶来自天中，群品毕归乎埏埴；绣毂喜临长白，众材政赖以劘砻。”可知马知县是天中（今河南驻马店）人。据《马二岑邑主》，马知县当号二岑。

**崇祯二年（1629）己巳　六十五岁**

正月，鸿训谪戍代州。《明史 • 刘鸿训传》:“明年正月，吏部尚书王永光等言 :‘鸿训、庆臻罪无可辞，而律有议贵条，请宽贷。兵部尚书王在晋、职方郎中苗思顺赃证未确，难悬坐。’帝不许。鸿训谪戍代州，在晋、思顺并削籍，庆臻以世臣停禄三年。觉斯、鼎延、道直、玉、时震以直言增秩一级。”倪《传》载鸿训赴谪所情形云：“诏下，戍公雁门。公奉命坦施，北向稽首：‘臣误弥天，死不足塞。幸承贬窜，夫复何云？’即日徒步出国门，书衾悴然，见者哀叹。”

鸿训在代州贬所，以读书种药、交友赋诗为务。倪《传》：“至则杂诸戈殳，致恭其帅，虽元镇吉阳，不移崛强，而子方淮水，能听风波。循省之余，益修性命。暇或摊书莳药，赋诗泳游。间选缁流，与争道韵，悠如也。”

有《王肃卿翼城丞》。书中说到自己“至代州已三阅月”，当是本年四月所作。

有《何座师》。书中说：“不肖踉跄出国门，犹望早沾赦命，以故行李寥落，得老师润葛之颁，始剪夏衣，苦可知已。”当是本年夏刘鸿训的老师何如宠给予其经济资助后的回信。按，何如宠已于上年十二月丁丑入阁。

有《晋藩老殿下》。书中说：“不肖训承老殿下洪慈轸注者再，真鳌戴龍嵸，不知所报已。”可知是因老晋王两次赠物而复信致谢。晋王，当指晋裕王朱求桂。求桂死于翌年十一月，这篇书信当作于本年或翌年，姑系于本年。

七月，有《传语二分内宅》。书中提到自己诞辰，据倪《传》，鸿训生日为七月九日。书末云“吾弟面传致之”，又云“今为我诞辰，费汝二嫂母子许多心力”，则为鸿训生日整办礼物的是二弟鸿范之妻，而收信者为三弟鸿采。据作于天启五年的《先考妣事略》，当时鸿训三兄弟共有五子，因此，这里所称的“还小”之“六侄”当是在这之后出生，所以名字未被列入。

有《韩乾宇亲家》。书云：“六月廿八日接台札，已削牍声谢。薄暮再接尊缄……”当是本年七月以后所作。

有《报晋藩殿下》。书中说：“席老殿下灵宠，是秋颇稔。”当是本年秋熟山西饥馑解除后所作。

有《王肖乾》等。书中说：“迩来霜菁日美，代粟之值稍平。仆夫戚额而怨，饥者渐有饱色。弟亦借以下咽，且瘳夙疴。”当是本年秋熟时作。

有《答晋王送山炭》。当为本年冬所作。

有《上晋王寿》。文中有“效三祝者云从，诵九如者蚁附”，是为晋王祝寿之文。

**崇祯三年（1630）庚午　六十六岁**

春，游五台山，有《游五台山歌》《石佛堂古戒律院碑》。《石佛堂古戒律院碑》说：“崇祯庚午春，自代来谒文殊大士……”可知是本年春游五台山时所作，《游五台山歌》“因之重题戒律院，千年一字非解嘲”可证此游。

本年秋，流寇犯代州，鸿训亲率家仆登城守卫。倪《传》：“亡何，寇犯五台，雁门云扰。公奖鼓家杂，仗剑登陴，倾囊鬻装，以享战士，贼不敢犯，孤城获全。”鸿训《宋抚台瀛渚》云：“已将小仆辈各占一埤，共严城守……顷闻翁台有劝输兵饷之示，即遣小仆回搜，得银百两，驰赴军前，聊充犒赏。”《启雁平道丁副使》云：“乘城之日，不肖愿出小仆五人，膺守五垛，容再为捐处，亦维时犬马力止此耳。”两事可与倪传印证。

有《宋抚台瀛渚》《启雁平道丁副使》。《宋》书中先提“己巳冬”的“流贼之耗”，再说“不意午秋后猖獗乃尔”，可知是本年秋后所作。可参上条。

有《孙拱阳少宰》。书中说“恭遇天家大庆，率土均沾”，“大庆”，当指崇祯三年二月庚申立皇太子事。

有《马二岑邑主》。书中说“即天家普遍之庆，尚未豁然一沾，不肖亦未敢问其所以”，当是为立皇太子大赦天下未及自己而发。又，据崇祯元年部分考证，马二岑当指时任长山知县马氏。

有《丁虹野》。书末云：“秋爽，容遣致。”当为本年秋所作。

有《上晋王寿·又》。《上晋王寿》共两篇，鸿训在代州时，老晋王朱求桂在位仅两年，当是上年一篇、本年一篇，均为祝寿之作。

有《张周宇》。书云“唯晋王茂龄上升”，当是本年十一月晋王朱求桂死后所作。又云：“颇闻府中事无大小，咸待决于明公。”则张周宇是晋王府左右长史之类职位。

有《启晋世子》。味其文意，当是老晋王去世时写给晋王世子朱审烜的信。

有《报晋世子》。书中称老晋王为“先王”，亦是朱成桂死后所作。

**崇祯四年（1631）辛未　六十七岁**

七月，有《回晋世子为寿》。书中说：“昔在先王，尝悯帷盖之故，拂拭有加；今我世主，复念狗马之辰，刍牧不绝。”可知是晋世子贺寿的回信，写作时间当在本年至崇祯六年这三年之间，姑系于本年。鸿训在代州五年，还有一些暂时无法系年的诗文，如《谒李牧祠》《雁门邸中偶谈王明府所遗牡丹》《王寿三》《寄王渐余》《孔修侄》等。

鸿训本性好与僧尼等方外人士交游，其著作中多见类似表述，尤其在代州贬所期间。如《寄王渐余》云：“且天生与山僧衲子表里不异，身家儿女，如忆如忘，匪木石而何？”《答三庶尝》云：“区区短发仍在，精神已付空门。”《王肃卿翼城丞》云：“至代州已三阅月，起居食息浑如野衲山僧，全无烦恼。”《史磐石》云：“羁栖雁门，浑如贫衲，殊安之。”《王东里少参》云：“总以禅那淡寂，不有亲疏为念。”倪《传》也说鸿训到代州后“间选缁流，与争道韵”，即喜与僧尼交游。考诸诗文，他与方外有关的作品确实不少，胪列如下：与僧尼交游的有《赠妙峰和尚》《小祇园偕周寤西史静之王元起潘德卿丘介子诸年友访真璘上人得绿字》《庚戌九日访苑山老僧不见》《台山栖贤社鉴玄禅师走乐禅笔见招赋谢》《鉴玄上人》《答彰圆比丘》《答不坏上人》《答清凉石禅师》《答守愚禅师》等；与佛寺有关的有《石佛堂古戒律院碑》《天竺和尚塔铭有引》等；其他还有《书金刚窟册》《与茅庵道士》等。

**崇祯七年（1634）甲戌　七十岁**

二月二日，鸿训卒于代州戍所。倪《传》：“天下方矫首跂遵鸿之仪，五位或拊心思放麑之过，讵期疾作，竟致弥留，以崇祯七年二月之初二日卒于谪所，享年七十。”《明史·刘鸿训传》：“七年五月卒戍所。”《明史》本传所记时间与倪《传》不同，当以倪《传》为准。《东林列传·刘鸿训传》：“七年，卒于戍所。卒时，有大声发于空中，人以为异。”

朝廷准许鸿训归葬。倪《传》：“既卒，大吏以闻。诏辞感恻，听诸子得以其丧归葬其土，仍敕给传官为治行，非诸流人可得而望，斯明至仁之存乎坠履，定论之准诸盖棺矣。”

鸿训墓在长山县东南二十五里。此据《山东通志》卷三十二。

**崇祯八年（1635）乙亥**

五月二十九日子时，鸿训继室王夫人卒，享年五十九。据2020年续修《刘氏家谱》，鸿训两娶，元配曲氏，同邑银台公曲迁乔女，《家谱》所附《礼部尚书兼东阁大学士刘鸿训并妻诰命一道》云：“（曲氏）婉娩有章，勤劬罔后。七年攦指于深闺，双翼分飞于奔月。”则是曲氏婚后七年而逝，无子。继配王氏，同邑太学生王东汉女，据《家谱》所附《明故原任资政大夫礼部尚书兼东阁大学士青岳刘公暨元配累赠夫人曲氏继配累封夫人王氏合葬墓志铭》，王夫人生于万历丁丑（1577）。据《家谱》所附《明故原任资政大夫礼部尚书兼东阁大学士青岳刘公暨元配累赠夫人曲氏继配累封夫人王氏神道碑铭》，鸿训育有三子，长子孔中为王夫人所生，次子孔和为张孺人所生，三子孔武为许孺人所生；另有女儿五人，其中四女为王夫人所生，一女为侧室张氏所生。鸿训入阁后，曲氏、王氏均赠一品夫人。

十二月，刘鸿训与曲、王二夫人合葬。何如宠撰《明故原任资政大夫礼部尚书兼东阁大学士青岳刘公暨元配累赠夫人曲氏继配累封夫人王氏合葬墓志铭》，张延登书丹。毕自严撰《明故原任资政大夫礼部尚书兼东阁大学士青岳刘公暨元配累赠夫人曲氏继配累封夫人王氏神道碑铭》，史永安篆额，韩源书丹。

**崇祯十三年（1640）庚辰**

春二月，鸿训长子孔中为《皇华集》作序，并将《四素山房集》《皇华集》合刻刊行。

**崇祯十六年（1643）癸未**

七月，鸿训门生周应期为《四素山房集》作序。

**弘光元年（1645）乙酉**

福王时复鸿训官。《明史·刘鸿训传》："福王时，复官。"《东林列传·刘鸿训传》："福王称制江南，乃复原官。"福王于崇祯十七年（1644）五月三日监国，十五日即位，改次年为弘光元年。福王在位仅一年即被俘杀，复鸿训官事难以确知是崇祯十七年还是弘光元年，姑系于此年。